Hanns D. Ahrens

Demontage

Hanns D. Ahrens

DEMONTAGE

Nachkriegspolitik der Alliierten

Universitas

Bildnachweis:
Bilddienst Stachelscheid, Düsseldorf
Bildstelle des DGB, Düsseldorf
dpa,
Hauptstaatsarchiv, Düsseldorf

Schutzumschlag: Bine Cordes, München
Druck: Jos. C. Huber KG, Dießen
Binden: R. Oldenbourg, München
Printed in Germany
ISBN: 3-8004-0898-8

Inhalt

Vorwort

Von der totalen Niederlage des Jahres 1945 bis zur schrittweisen Normalisierung der Lebensverhältnisse Anfang der fünfziger Jahre ging unser Volk einen steinigen Weg, der noch auf weite Strecken hin der Erforschung bedarf. Wie schwer dieser Weg war, den uns die Sieger aufgezwungen hatten, konnte die Generation der Jugend einer Überflußgesellschaft kaum begreifen. Schilderungen reichten nicht aus, ihr ein lebendiges Bild jener schweren Zeiten zu vermitteln, in denen der Kampf um das tägliche Brot, um das Überleben der Familie im Vordergrund der meisten stand. Doch das Interesse daran, wie es wirklich gewesen ist, wächst seit einiger Zeit bei unserer Jugend. Konkrete Information anstelle von vorgeformter Indoktrination ist gefragt. Die alten Ratschläge mancher „Reeducation-Experten", die alle Ereignisse von Krieg und Nachkriegszeit auf die vereinfachende Formel von actio-reactio – Ursache und Wirkung (mit deutschen Kriegsverbrechen und deren angeblichen Billigung durch unser Volk, als auslösenden Faktor für alle Handlungen der Führer und Siegermächte) bringen, kommen nicht mehr an. Die Jugend will heute auch wissen, was während des Krieges in Hiroshima, Dresden, Katyn geschah, und wer diese Taten oder Verbrechen geplant hat; sie möchte wissen, was man nicht nur mit den Angeklagten von Nürnberg, sondern auf Seiten der Sieger mit dem deutschen Volk beabsichtigt hatte, und wer diese Pläne für Stalin, Roosevelt und Churchill entworfen hat, wobei der Name Morgenthau keinem Tabu mehr unterliegen kann.
Noch sind wichtige Geschichtsquellen über die Besatzungspolitik der Alliierten in Deutschland nicht zugänglich oder erschlossen und ausgewertet. Eine umfassende historische Bilanz von Demontage und Anti-Demontage muß und wird eines Tages erstellt werden. Dieses Buch zeigt die damaligen einzelnen Bestrebungen auf, insbesondere die gegensätzlichen Kräfte von Vergeltung und Versöhnungswillen, von Konkurrenzneid und Fairness im ökonomischen Bereich, wobei außenpolitische Zweckmäßigkeit und humanitäre Motivationen im Hintergrund standen. Es beruht sowohl auf persönlicher Erfahrung als auch auf Auswertung von Dokumenten und Untersuchungen zu den Demontagevorgängen der Nachkriegszeit. Sieger wie Besiegte des Zweiten Weltkrieges müssen sich der harten Wirklichkeit stellen. Auf

beiden Seiten wurden Verbrechen begangen, die nicht beschönigt werden dürfen, wenn die Beschäftigung mit der Geschichte für die kommenden Generationen von Nutzen sein soll.
Gewidmet ist dieses Buch einem Amerikaner und einem Deutschen, die sich mit größter Energie gegen die Demontage und damit gegen die Vernichtung eines Volkes eingesetzt haben: Frederick J. Libby und Franzjosef Müser!

Demontage als Vernichtungswaffe

Schon zur Zeit Friedrichs des Großen kannte man das „demontieren", nur hatte die Vokabel damals einen anderen Sinn, der freilich, auf unser Industrie- und Rüstungszeitalter angewandt, Gedankenassoziationen wecken kann. Im „Großen vollständigen Universal Lexikon" aus dem Jahr 1742 heißt es: „ Demontiren, einen Reuter vom Pferde absetzen, und seine Montirung nehmen. Ein Stück demontiren, geschiehet, wenn man es von denen Lavetten bringet und unbrauchbar machet." Das aus dem Französischen kommende Wort „Demontage" wird im Brockhaus definiert als „erzwungener Abbau von Industrie-Anlagen, besonders in einem besiegten Lande." Als Demontage im engeren Sinn bezeichnet der Brockhaus die „Entnahme von Produktionseinrichtungen aufgrund der alliierten Demontagelisten nach dem Zweiten Weltkrieg". Demontage im erweiterten Sprachgebrauch meint Produktionsbeschränkungen, Produktionsverbote, Restitutionen, Enteignung von Auslandspatenten, Warenzeichen und ungeschütztem geistigen Eigentum. Die Demontagen sollten bestimmte Ziele der Alliierten durchsetzen. Sie trafen, um einmal die Vorstellung des 18. Jahrhunderts aufzugreifen, die deutsche Wirtschaft wie einen demontierten Reiter, den man ohne Pferd, Montierung und Orientierungshilfe der Wildnis preisgegeben hatte.

Nach dem Ersten Weltkrieg hatten die Siegermächte versucht, Reparationen aus der laufenden Produktion Deutschlands zu nehmen; ein vielfach als wirtschaftspolitisch falsch und verhängnisvoll kritisierter Weg der Entschädigung des Siegers durch den Besiegten. In Jalta (Februar 1945) einigten sich die Alliierten, diesmal die Reparationen vor allem in Form von Demontagen vorzunehmen, mit der Begründung, die Sicherheit vor Deutschland verlange die drastische Verringerung der Industriekapazitäten. Aufgrund der Potsdamer Beschlüsse vom 2.8.1945 sah der erste, 1946 aufgestellte Industrieplan die Begrenzung der industriellen Produktion auf 50-55 % des Standes von 1938 vor. Die Demontage betraf 1800 Betriebe. Die demontierten Anlagen sollten den Hauptteil der Reparationen erbringen. Die Demontagepolitik in der dann praktizierten Form beruhte wesentlich auf dem Einfluß des amerikanischen Finanzministers und Roosevelt-Intimus Henry Morgenthau und dessen Politik der Rache. In Quebec hatte Morgenthau das Konzept durchgesetzt: „Deutschland ist in ein Land zu verwandeln, das in seinen wesentlichen Zügen als Ackerbau- und Weideland anzusehen ist."

Wer sich mit den großen historischen Entscheidungen, den Vereinbarungen von Teheran, Jalta und Potsdam, näher befaßt, wird zwangsläufig dem Begriff „Demontage" eine bedeutend umfassendere Interpretation geben, als oben ausgeführt. Der 1933 nach Amerika emigrierte österreichische Publizist und Volkswirt Gustav Stolper bezeichnete diese Beschlüsse als für das Nachkriegschaos wesentlich verantwortlich. In seiner mutigen Analyse des Abkommens von Potsdam, „German Realities", 1948 in New York erschienen, sprach er von einem Plan zur Zerstörung Europas, der vorwiegend auf das Schuldkonto Roosevelts und Morgenthaus ginge. Was darin unter Demontage verstanden wurde, sagt der „Level of Industry"-Plan, der im Rahmen der Ausführungsbestimmungen des Potsdamer Abkommens veröffentlicht wurde. In diesem Plan wurden die Höchstgrenzen der Deutschland zu belassenden Kapazität für die wichtigsten Industriezweige bestimmt und entschieden, welche Kapazitäten als „unnötig" für die deutsche Friedenswirtschaft zu demontieren seien. Für die Stahlproduktion wurde die Höchstkapazität auf 7 Mill. Tonnen festgesetzt; in der Schwerchemie wurde eine Kapazität von 40 % der Produktion von 1936 als ausreichend für die deutsche Friedenswirtschaft bezeichnet. Im Werkzeugmaschinenbau sollte eine Kapazität von nur 11,4 %, im Schwermaschinenbau eine solche von 31 % der Kapazität von 1938 erhalten bleiben. Die Automobilproduktion sollte auf 80 000Automobile jährlich beschränkt werden, davon etwa je die Hälfte Personenwagen und Kraftwagen. Außerdem wurden noch für eine Reihe weiterer Industrien sehr weitgehende Kapazitätsbeschränkungen festgesetzt, so für bestimmte Chemikalien, Farben, Pharmazeutika, synthetische Fasern, für die Elektrotechnik, Landmaschinen, elektrische Energie und Zement. Alle darüber hinausgehenden Kapazitäten sollten demontiert und den Siegermächten – nach dem in Potsdam festgelegten Verteilungsschlüssel – zur Verfügung gestellt werden. Dieser Teil des Potsdamer Abkommens wurde im Pariser Reparationsabkommen (21.12.1945) noch näher definiert.

Als ich im Januar 1946 zuerst Einzelheiten dieser Bestimmungen erfuhr, mußte ich an das amerikanische Sprichwort denken: „To the victor belong the spoils, to the vanquished belong the toils" (Dem

Sieger gehört die Beute, dem Besiegten die Plackerei). In der Praxis sah das bei den Besatzungsmächten recht unterschiedlich aus. Als zum Beispiel 1947 die Demontageliste für alle drei westlichen Besatzungszonen veröffentlicht wurden, hatten die Franzosen bereits 45000 Maschinen aus ihrer Zone „ab nach Frankreich“ transportiert. In der Reparationsrechnung wurden diese Maschinen jedoch nicht aufgeführt und auch später nicht etwa verrechnet. Die Franzosen hatten dies als „Vorleistungen“ (prélèvements) deklariert.

Vergeltung im Geist von Morgenthau

Auch der Begriff der sogenannten erweiterten Demontage, wie man ihn in Handwörterbüchern und Lexiken findet, reicht nicht aus, um das wiederzugeben, was Henry Morgenthau mit den Deutschen vorhatte. Es ging bedeutend weiter als das, was im sogenannten Morgenthau-Plan und dem berüchtigten Befehl „ICS 1067“ enthalten war, in dem die Ausführungsbestimmungen für die ursprüngliche Besatzungspolitik schriftlich fixiert worden waren. Schlimm genug, was dieser im April 1945 General Eisenhower erteilte Armeebefehl besagte, der bis 1947 Grundlage der amerikanischen Besatzungspolitik war, zweifellos über Morgenthaus Verbindungsleute in Moskau mit den Sowjets abgestimmt, die, ohne viel Federlesens und ohne großen Wert auf Formulierungskniffe zu legen, auf ihre Weise an das Werk gegangen waren, zu demontieren, was zu demontieren war. Alles, was geeignet gewesen wäre, die Wirtschaft Deutschlands wiederherzustellen oder gar zu stärken, wurde laut ICS 1067 verboten. Der Lebensmittelverbrauch der deutschen Bevölkerung sollte auf ein Minimum hinabgedrückt werden. Ohne Rücksicht darauf, daß ein Deutschland, das seiner Kornkammer im Osten durch die russische Besetzung und die Auslieferung Schlesiens an Polen beraubt war, keinerlei Möglichkeit besaß, seine Bevölkerung zu ernähren, wurden die Rationen so niedrig angesetzt, daß die Netto-Überschüsse für den Unterhalt der Besatzungstruppen und der „Displaced Persons“ sowie für den Export verwendet werden konnten. In ihrem Buch „Kostspielige Rache“ hat Freda Utley dargelegt, was es bedeutete, daß der US-Armeebefehl ICS

1067 ausdrücklich feststellte, „Deutschland werde nicht besetzt, um befreit zu werden, sondern als Staatsgebiet einer besiegten, feindlichen Nation". Es bedeutete nicht nur, daß Reparationen und Wiedergutmachungen eingetrieben werden konnten und daß den Besiegten jegliche politische Betätigung untersagt war; jede „Fraternisierung mit dem Feind" war strengstens verboten; „Freundlichkeit" wurde in Einzelanordnungen als strafwürdiges Vergehen bezeichnet, und die Propagierung des Hasses ging sogar so weit, daß den „GIs" untersagt wurde, den Deutschen, selbst Kindern, Essensreste zu überlassen; die Messe-Unteroffiziere waren angewiesen, Speisereste in die Mülltonne zu werfen, keinesfalls den „Feinden" zu geben.

Es muß hier erwähnt werden, daß die auf ICS 1067 beruhenden Anordnungen von einzelnen Amerikanern und Einheiten mißachtet oder umgangen wurden. Viele US-Soldaten haben zahlreichen mittellosen und hungernden Deutschen trotz der Roosevelt-Morgenthau-Direktiven damals geholfen. Andere Amerikaner, über das Verhalten einzelner ihrer GIs, die dem zügellosen und brutalen Bodensatz der Streitkräfte angehörten und unter „befreien" (im Soldatenslang) „klauen" verstanden, empört, durchbrachen bewußt die Schranken zwischen Siegern und Besiegten. Die üble Saat des Morgenthau-Plans, der Deutschland –wie Freda Utley es formulierte – in Ketten gelegt und in Lumpen gehüllt hätte, sollte nicht aufgehen. Die Menschlichkeit als Grundzug des amerikanischen Volkscharakters – ein mindestens ebenso wichtiger Faktor bei der Abkehr von der Politik der Vergeltung wie wachsende Erkenntnis über die kommunistische Gefahr – bahnte allmählich einer Neukonzeption der amerikanischen Deutschlandpolitik den Weg: Marshall-Plan statt Morgenthau-Plan, Aufbau statt Zerstörung, Remontage statt Demontage war die Grundvorstellung, die 1946/47 bereits eine Elite weitschauender Amerikaner in den verschiedensten Lebensbereichen zu verwirklichen suchte.

In dem erwähnten „Großen Vollständigen Universallexikon" wird das „Remontiren" sehr anschaulich erläutert und abgeleitet: „REMONTER ist ein Französisch Wort, kommt in der Music vor . . . neue Saiten aufziehen . . . Remontiren, wird meist bei der Cavallerie gebraucht und bedeutet so viel, als einem Reuter, der um sein Pferd und Gewehr kommen, beydes wiederum verschaffen, damit er Dienste thun könne."

Wann würde, um bei diesem Vergleich zu bleiben, Washington wirk-

lich „neue Saiten“ seiner Deutschlandspolitik aufziehen, um den deutschen Michel wieder in den Sattel zu heben, auf ein Pferd namens Industria, mit dem er in einen neuen Morgen reiten könnte?
Es wird aufzuzeigen sein, wie es den Gegnern der „Remontage“ immer wieder gelang, dem Reiter Barrieren in den Weg zu legen, in Teilen der Deutschlandpolitik das positive Grundkonzept zu durchlöchern; wie bei der US-Hochkommission zum Beispiel Anhänger Marshalls sich mit denen Morgenthaus scharfe Gefechte lieferten, die manche Widersprüche amerikanischer Politik erst verständlich machen; es ändert dies aber nichts an der grundsätzlichen historischen Bedeutung des erwähnten Neubeginns, den man als Durchbruch durch eine Mauer des Hasses bezeichnen kann.
Zur erweiterten Demontage auf wirtschaftlichem Gebiet muß die sogenannte „Entflechtung“ (Dekartellisation) organisch gewachsener deutscher Wirtschaftsgruppen gerechnet werden: Ein Versuch der Demontage wirtschaftlicher Stabilität unter dem Vorwand der „Beseitigung exzessiver Zusammenballung wirtschaftlicher Macht“, in Gang gesetzt schon vor, insbesondere aber nach dem Petersberg-Abkommen vom November 1949. Gustav Stolper hat in „German Realities“ 1948 bereits nachgewiesen, daß der Morgenthau-Plan im „marxistisch-antikapitalistischen Geist“ geboren worden ist: „Unter dem Deckmantel marxistischer Schlagworte und Vokabeln haben die Amerikaner in den ersten Jahren der deutschen Besetzung einen gegen die gesamte industrielle und wirtschaftliche Führungsschicht gerichtete Vernichtungs- und Klassenkampfpolitik getrieben.“
Die ab 1950 erneut tätig werdenden amerikanischen „Entflechtungsspezialisten“ – die im Revier „Totengräber der Ruhr“ genannt wurden – knüpften an diese marxistisch orientierten Konzepte wieder an, bis auch dieses Experiment scheiterte und zerplatzte. Die spätere Konfiszierung privaten Auslandsvermögens durch die USA muß, ähnlich wie die Enteignung von privatem Haus- und Grundbesitz durch die UdSSR – vom Unrecht, das dem Eigentümer angetan wurde, ganz abgesehen – als kommunistisch gelenkter Versuch einer Demontage des Eigentumsbegriffs überhaupt angesehen werden, zum Nachteil der Vereinigten Staaten. US-Senator WilliamLanger, mit dem ich bei der Demontageabwehr zusammenarbeiten konnte, hat am 29. Januar 1951 im US-Senat in einer großen Rede diese Zusammenhänge dargelegt, ausgehend von Zitaten aus dem Kommunistischen Manifest und en-

dend mit einer Analyse der Politik des von ihm als kommunistischem Hauptverbindungsmann identifizierten stellvertretenden Finanzministers der Ära Morgenthau, Harry Dexter White. Es genügt hier, festzuhalten, daß Entflechtung wie Enteignung von Auslandseigentum als Teil einer erweiterten Demontagekonzeption anzusehen und zu analysieren sind.

Den materiellen Demontagen entsprechend gab es noch eine andere Demontage. Vorprogrammierte Kriegsverbrecherprozesse, aufgrund nachträglich geschaffener Rechtsnormen, die auch Wirtschaftsführer, Diplomaten und Beamte einbezogen, stellten eine Demontage des Völkerrechts wie der Ehre von vielen integren Persönlichkeiten dar, denen allenfalls politische Blindheit vorgeworfen werden konnte; es ist bezeichnend, daß sich in diesen Prozessen niemand auf „Befehlsnotstand" berufen durfte. Die Diffamierung eines patriotischen Soldatentums, die Zerstörung militärischer Traditionen, eine systematische Haßpropaganda im Ausland gegen das deutsche Volk, basierend auf der Kollektivschuldthese, zielten auf Demontage des deutschen Namens schlechthin ab.

Die Demontagekategorien sind alle direkt oder indirekt mit dem Namen Morgenthaus und seiner Jünger, der sogenannten Morgenthau-Boys, verknüpft, die ihr Vorgehen mit dem Stalin-Regime direkt oder durch Mittelsleute abstimmten. Unter der Überschrift „US-Minister leistete Moskau Agentendienste – Henry Morgenthau als Handlanger des Kreml entlarvt" habe ich am 29. 8. 1951 in der Essener Allgemeinen Zeitung einen Bericht aus Washington gebracht, in dem die Untersuchungsergebnisse des „Senatsausschusses für Fragen der Staatssicherheit" unter dem energischen republikanischen Senator McCarran wiedergegeben wurden. Die Zeugin Miss Bentley, die als kommunistischer Kurier fungierte, sagte dabei aus, ihr Freund und Parteivorgesetzter Jacob Golos habe sie in alle Geheimnisse der Zusammenarbeit Moskau-Morgenthau eingeweiht; demzufolge war Harry Dexter White mit Miss Bentley in Spionageangelegenheiten zugunsten der Sowjetunion tätig: „Auf unsere Instrukion hin gab sich Harry die erdenklichste Mühe, den Plan Morgenthaus zur Verwüstung Deutschlands voranzutreiben – denn das war ja das, was die Russen beabsichtigten." Miss Bentley gab in der Untersuchung an, auch in Spionageangelegenheiten habe sich die UdSSR der Dienste von Henry Morgenthau bedient. John J. McCloy, der ehemalige US-Hochkommissar für

Deutschland, gab 1953 in seinem Buch „Die Herausforderung für die amerikanische Politik" seiner tiefen Besorgnis bezüglich der „Teile und Herrsche-Politik" der Sowjets gegenüber der westlichen Welt, die sich immer wieder täuschen lasse, Ausdruck. Der stets vorsichtig formulierende Staatsmann zeigte, im vollen Wissen der Zusammenhänge, seinen Abscheu gegenüber dem Zusammenspiel zwischen den Bolschewisten und deren „Fünfter Kolonne" in Washington: „ Die Entdeckung, daß eine Anzahl Amerikaner bereit gewesen sind, Hochverrat zu begehen, als Spione zu arbeiten, hohe Regierungsposten für politische Ziele des Kreml auszunutzen, war ein großer Schock für unsere Gesellschaft."

Demontage der biologischen Substanz?

Der Verfall Europas sei weitgehend das Werk Roosevelts, und die Aufteilung in Jalta sei in einem „Anfall von Geistesabwesenheit" beschlossen worden, meinte Gustav Stolper. Hier war freilich nicht Geistesabwesenheit im Spiel, sondern eine von Morgenthau/White und deren Hintermännern in Moskau gesteuerte Haßpolitik, deren Tragweite allerdings der eine oder andere Teilnehmer in Jalta beim Genuß des Krimsekts nicht ganz begriffen haben mag. Stolper spricht von der „leichtfertigen Abtretung" der wichtigsten deutschen Ernährungsgebiete an Polen; er glaubte, daß dadurch die entscheidende Existenzgrundlage Westdeutschlands vernichtet worden sei. (Theodore N. Kaufmann hatte übrigens schon 1941 in seinem Buch „Germany must perish" vorgeschlagen, ganz Deutschland aufzuteilen.) Deutschland sei aus dem Kriege als „biologisch gestörte Nation" hervorgegangen, unterstrich Stolper. Die Vernichtung deutschen Lebens durch die von den Westmächten gebilligten Massenaustreibungen Deutscher aus dem Osten habe hierzu wesentlich beigetragen.
Freilich wußte Stolper damals noch nichts von dem als „Top Secret" firmierten Papier des Reparationsausschusses in Jalta, mit jenen detaillierten Anweisungen an die Militärverwaltungen der Alliierten in Deutschland, wonach nicht nur Reparationen in Form von Industriedemontagen, sondern auch in Form von Zwangsarbeit („Nutzung

deutscher Arbeitskraft") zu leisten waren. Für die Nutzung deutscher Arbeitskraft sollten Millionen Deutscher eingesetzt werden, die Mitglied der NSDAP und ihrer Gliederungen gewesen waren.
Washington hatte dieser „Idee" bereits grundsätzlich zugestimmt, noch bevor Generalfeldmarshall Wilhelm Keitel und Generaloberst Alfred Jodl die Urkunde über die Bedingungslose Kapitulation unterschrieben hatten. Es war klar: diese Millionen Deutsche würden in Rußland zum „Einsatz" kommen, noch bevor die Organisationen, denen sie angehört hatten, Partei, SA u.s.w., selbst vor Gericht gestanden hätten. Ein US-Marineoffizier namens Ralph Bard, der in Jalta dabeigewesen war, teilte dem amerikanischen Hauptankläger der „Hauptkriegsverbrecher" in Nürnberg, Robert N. Jackson, vertraulich mit, die Russen hätten ernsthaft vorgeschlagen, Millionen von deutschen Männern nach einer Sterilisierung in die Sowjetunion zu deportieren, während die Frauen den Russen zur Verfügung stehen sollten. Dies war offensichtlich mit Morgenthau zuvor abgestimmt worden, der auch offen erklärt hatte, um den Preis der Freiheit müßte man „eventuell auch den Tod von 30 Millionen Deutschen durch Verhungern" in Kauf nehmen. US-Kriegsminister Stimson und dessen Staatssekretär John J. McCloy verabscheuten den Plan ebenso wie Botschafter Harriman, der in Jalta dabei gewesen war, ohne jedoch offensichtlich die Tragweite des Kapitels „Nutzung deutscher Arbeitskraft" damals ganz zu verstehen. Auch Richter Robert N. Jackson widersetzte sich sofort in einem als „Top Secret" bezeichneten Memorandum diesem Lieblingsgedanken Morgenthaus und Stalins; er unterstrich: „ Was die Welt braucht, ist bestimmt nicht die Idee, die einen aus den Konzentrationslagern herauszuholen, und dafür die anderen hineinzustecken, sondern die Konzentrationslager selbst müssen abgeschafft werden." Dieser Formulierung des von Roosevelt und Morgenthau selbst eingesetzten ehemaligen New-Deal-Anwalts und Moralisten kann man nur zustimmen. Die Realisierungschancen sollte man hier nicht überschätzen! Morgenthaus Vertreter bei der Konferenz in Washington am 12. Mai 1945, Isidor Lubin, entgegnete Jackson auf dessen Einwände, das werde die Russen nie zufriedenstellen! Sie würden auf 5 Millionen Zwangsarbeitern bestehen. In Frankreich, fügte Lubin hinzu, sei die Rede von 2 Millionen, die man für die Wiederherstellung der Straßen brauche.
Man stelle sich vor, was geschehen wäre, falls die erwähnten Absichten

in die Tat umgesetzt worden wären; zumal, wenn man sich dazu noch vor Augen führt, was bereits an elf Millionen deutscher Kriegsgefangener in allen fünf Kontinenten geschehen war, die als Angehörige der Deutschen Wehrmacht gekämpft hatten. Es wäre die Einleitung zur Vernichtung des deutschen Volkes gewesen. Die britische Führung hat nach der Kapitulation durch Auslieferung der Kosaken und der Angehörigen der Wlassow-Armee, die auf deutscher Seite gekämpft haben, Ermordung, Selbstmord und Tod von Hundertausenden von Russen auf dem Gewissen. Im Fall der Realisierung der Pläne Morgenthaus wären Millionen Deutsche zwar zunächst als Zwangsarbeiter bei den Sowjets zum Einsatz gekommen; wieviele aber von ihnen hätten überlebt und in die Heimat zurückkehren können? Der letzte Rechtsberater Roosevelts, Samuel Rosenman, gab dem ungläubigen Richter Jackson (der Roosevelt wie einen Heiligen verehrte) gegenüber zu, die Deutschen hätten nach Roosevelts Ansicht eine derartige Strafe verdient. Der Präsident habe sogar ernsthaft erwogen, ob man nicht sogar das ganze deutsche Volk sterilisieren sollte. Als Richter Jackson das nicht glauben wollte, sondern es offenbar für einen schlechten Scherz hielt, schilderte Rosenman dem Weltverbesserer Jackson, der sich damals auf seine „Mission" in Nürnberg vorbereitete, Roosevelt habe sogar amüsiert die Skizze einer Maschine angefertigt, mit der die Operation der Sterilisierung massenweise hätte durchgeführt werden können. Es ist somit keine Übertreibung, von Plänen einer Demontage der biologischen Substanz unseres Volkes zu sprechen.

Unter Berufung auf die Theorien des sowjetischen Professors A.N. Trainin (auf dessen besonders enge Kontakte zur Morgenthau-Gruppe mich 1947 amerikanische Senatoren in Washington vertraulich hingewiesen haben) verlangte Stalin die Liquidierung von 50000 deutschen Ingenieuren und Offizieren, um damit die militärische Stärke Deutschlands ein für allemal zu vernichten. Dieser Plan ist in Irvings Buch „Der Nürnberger Prozess" belegt. Stalin selbst hatte besondere Erfahrungen mit Massenliquidierungen und Deportierungen. Auch nachdem er Hitlers Plan des Einmarsches in Polen zugestimmt und sich im August 1939 in einem Geheimabkommen auch noch den östlichen Teil Polens gesichert hatte (was in Nürnberg, im Rahmen der Siegerjustiz, natürlich nicht zur Sprache kommen durfte), ließ er weite Teile der polnischen Bevölkerung in das Innere Rußlands deportieren und Tausende polnische Offiziere, die den Russen in die Hände gefallen waren, heimlich liquidieren und in Massengräbern in den Wäldern von Katyn, wie an anderen Orten vergraben. Es wäre eine Untersuchung wert, warum die Encyclopedia Americana zwar unter dem Stichwort „Lidice“ über die deutschen Geiselerschießungen nach dem Attentat auf Heydrich berichtet, das Stichwort „Katyn“ – trotz internationaler Feststellung der Tatbestände – jedoch überhaupt nicht aufführt.

In Potsdam war man übereingekommen, daß die Sieger berechtigt seien, Reparationen in Form von Zwangsarbeit zu erheben. Eine Bestimmung, welche die Russen dadurch bis zum Äußersten nutzten, daß sie Millionen von Kriegsgefangenen lange als Sklavenarbeiter zurückhielten und in der von ihnen beherrschten Zone Männer wie Frauen zwangen, in Arbeitskommandos und Lagern für sie zu schuften, wie die Amerikanerin Freda Utley im Einzelnen geschildert hat. Wieviele von ihnen sind nicht nachhause gekommen! Die Erlebnisse der noch Lebenden verdienen festgehalten zu werden, solange es möglich ist, um der historischen Forschung zu dienen. Hierzu gehören auch Episoden heimlich gewährter Unterstützung der Kriegsgefangenen seitens einer Bevölkerung, die selbst oft wenig zu essen hatte.

Der Plan der Auslieferung von mindestens 5 Millionen Deutschen, die als „Nazis“ das Kainszeichen „Verbrecher“ tragen sollten, kam ebensowenig zum Tragen wie der Sterilisierungsplan und Stalins Absicht der Liquidierung einer wissenschaftlichen und militärischen Elite der Deutschen. Morgenthau und dessen internationaler Freundeskreis waren somit gezwungen, zunächst auf andere Methoden der Schwächung der Deutschen zurückzugreifen, wobei dem Einsatz des „Generals Hunger“ eine Schlüsselrolle zukam. Daß die Rachepläne blockiert werden konnten, ist der Besonnenheit und dem Mut einer Reihe beherzter Männer zu verdanken, die – von Gleichgesinnten in anderen Ländern unterstützt – in Washington Morgenthau pari boten. Hierzu zählte nicht zuletzt John J. McCloy, der im Ersten Weltkrieg Frontsoldat gewesen und schon mit 23 Jahren zum Hauptmann befördert worden war, im Zweiten Weltkrieg als Sonderberater, und später als Stellvertreter des Kriegsministers Henry J. Stimson wirkte, der selbst – wie Botschafter Harriman und eine Reihe von Generälen und Admirälen, besonnenenSenatoren und engagierten Vertretern des Geisteslebens – den Mut hatte, sich gegen den Strom einer manipulierten Haßstimmung zu wenden. Die amerikanischen Quäker standen, über alle politischen Meinungsunterschiede hinweg, mit diesen Persönlichkeiten in vorderster Front, so, wie maßgebende US-Gewerkschaftsführer und eine Reihe von Vertretern der Kirchen. Damit kam Morgenthaus „Masterplan“ der Demontage, die biologische Vernichtung der Deutschen als Volk, dessen Durchsetzung die Siegermächte aller anderen Demontagekategorien enthoben hätte, nicht zum Tragen. Doch der Ungeist Morgenthaus war selbst zu Beginn der fünfziger Jahre keinesfalls tot; und es gab noch genügend seiner Jünger, die auf den verschiedensten Gebieten – mutatis mutandis – das Morgenthau-Konzept in Deutschland zu verwirklichen suchten.

1946: Elendsbilder im Revier

Einige persönliche Eindrücke und Zitate aus der ausländischen Presse sollen die Situation in den ersten Nachkriegsjahren verdeutlichen.
Mit Ausweis der Kommandantura Potsdam konnte ich am 30. Januar 1946 die sowjetische Besatzungszone passieren und im überfüllten Zug durch die britische Zone nach Essen fahren. Glück hatte ich gehabt, nach den letzten Kämpfen um Berlin, Gefangenschaft und politischen Verhören, aus denen mich ein sowjetischer Offizier entlassen hatte, meine Familie im Ruhrgebiet wiedersehen zu können. Zwar häuften sich hinter Hamm, Dortmund und Bochum die Bilder der Zerstörungen des Krieges; doch sie konnten nicht ein Gefühl wachsender Hoffnung beeinträchtigen, das wohl fast alle Heimkehrer beseelte. Wir waren noch einmal mit heiler Haut davongekommen; irgendwie würde das Leben weitergehen, und man malte sich schon den Aufbau einer neuen Existenz aus.
Das Problem der Lebensmittelbeschaffung, der Ernährung, beherrschte 1946 zunächst die Überlegungen der Menschen im Ruhrgebiet, und nicht nur dort. Erschütternd der Tatsachenbericht, den Ende 1946 der Newsweek-Berichterstatter James P. O’Donnell seinen Lesern über die Heimsuchung des einstigen Herzens der deutschen Industrie durch den vierten apokalyptischen Reiter gegeben hat. Dieser ungewöhnlich anschauliche Artikel vermittelt ein klares Bild der damaligen Probleme. An einigen Stellen läßt er vorsichtig durchblicken,

das geschilderte menschliche Elend könnte nicht einfach Zufall der Nachkriegszeit sein ...

„Das Einzige, was heute an der Ruhr in jeder Menge produziert wird, ist Elend – und Gerüchte. Einem Bericht des britischen Nachrichtendienstes zufolge ist das häufigste dieser Ruhr-Gerüchte folgendes: Gemäß einer geheimen Klausel des Potsdamer Abkommens soll die deutsche Bevölkerung bis zum 1.4.1948 auf den Ernährungsstand der Konzentrationslager gebracht werden. Natürlich ist dies eine Absurdität. Doch das Gerücht kommt nichtsdestoweniger dem gegenwärtigen Zustand an der Ruhr gefährlich nahe. Vor fast einem Jahr war ich bei einer Pressekonferenz zugegen, in der Feldmarschall Montgomery die Ration von 1250 Kalorien für die britische Zone ankündigte und dazu bemerkte: Alles in allem wären dies 200 Kalorien mehr, als sie in Belsen gegeben wurden. Nach amtlichen britischen Schätzungen betrug die normale Tagesration in der 94. Periode (15. 10. bis 11.11.1946) in Duisburg: 962, in Düsseldorf: 980, in Bochum: 1000, in Wuppertal: 1150 Kalorien.

Es mag für den Leser schwer sein, sich 1000 Kalorien konkret vorzustellen. Eine Ausstellung im Stahlhaus, dem Britischen Hauptquartier in Düsseldorf, macht sie ihm sinnfällig. Sie bestehen aus 3 Brotschnitten, davon eine mit etwas Butter und eine mit Marmelade bestrichen, einer Kartoffel, dem siebenten Teil eines Herings, einer Wurstscheibe von der Größe eines Zweimarkstücks und einer Tasse Suppe. Die Leute hier behaupten, daß man davon leben kann – vorausgesetzt, daß man das Brot bekommt.

Die Tragweite dessen, was an der Ruhr geschieht, geht weit über die Tatsache des gegenwärtigen Elends hinaus, das die Alten und Schwachen still dahinsterben läßt. Dies wäre nur die moralische Seite. Aber politisch und wirtschaftlich ist die Ruhr ein ziemlich genaues Spiegelbild dessen, was ganz Deutschland in einem Jahr sein wird! Irgendwie vergaßen die Experten, die mit solch unüberlegter Sicherheit die Kohle- und Stahlquoten für Deutschland festlegten, in der Absicht, das Land in einen friedlchen Kartoffelacker zu verwandeln, daß der Gegenstand dieser Politik Menschen sind. Der Leiter des britischen Ernährungsamtes in Bonn sagte mir: ‚Wir sitzen auf der Schneide einer Krise, die so scharf ist wie eine Solinger Klinge.‘ Die Schwachen sterben, die noch Kräftigen werden schwach. Zwischen der Unterernährung und dem Hungertod in den Straßen liegt ein Zustand, den die

Ärzte Hungerödem nennen. Im Regierungsbezirk Düsseldorf gab es Ende Oktober 13000 Hungerödem-Fälle.
Karl Arnold, der dreiundvierzigjährige Gewerkschaftsführer des linken Flügels der CDU, gegenwärtig Oberbürgermeister von Düsseldorf, gehört nicht zum vertrauten Typus des wimmernden Deutschen, aber er sagte bitter: ‚Wo weder Hoffnung noch Brot ist, muß eine Nation zugrunde gehen'. In seinem Amte zeigte er mir Fotografien, die mit Bildern des Grauens aus den KZs eine erschreckende Ähnlichkeit aufwiesen. Sie wurden in der ‚Freiheit', einer kommunistischen Rheinlandzeitung, verbreitet. Da ich eine Fälschung vermutete, wollte ich mich durch Augenschein überzeugen. Eine halbe Stunde später habe ich im Städtischen Krankenhaus lebende Skelette gesehen, die kein Fotograf zu retuschieren nötig hätte. Eines von ihnen war Andreas Tietz, dessen Bild in ‚Freiheit' erschien. Er ist 60 Jahre alt, und konnte seine Zuteilung weder durch Arbeit noch auf dem Schwarzen Markt ergänzen. Seit Juni leidet er am Hungerödem.
Unter den Führern im Nachkriegsdeutschland – jener Minderheit von demokratischen Politikern, Gewerkschaftsführern und Erziehern, auf die letzten Endes die ungeheure Aufgabe zufällt, eine an Leib und Seele kranke Nation wieder gesund zu machen – unter diesen Männern herrschen allgemein Hoffnungslosigkeit und Verzweiflung. Da gibt es zum Beispiel in Rath, einer Vorstadt Düsseldorfs, einen riesigen Luftschutzbunker. In diesem unterweltlichen und übelriechenden Verlies vegetieren 118 Ausgebombte und Flüchtlingsfamilien seit dem Zusammenbruch. Dabei ist dieser Bunker von besonderem Interesse, weil in ihm auch eine Volksschule untergebracht ist. In zwei Schichten finden sich 800 Kinder in den Klassenräumen ein. Die Lehrer berichten, daß die Kinder sehr langsam im Begreifen sind. Zwei Stunden vor dem Mittagessen – in einer alten Wehrmachtsküche erhalten sie einen halben Liter Erbsensuppe – beobachten sie mit Spannung das Vorrücken des Zeigers. Die letzte Stunde vor dem Essen dösen sie so dahin."
Die Informationen, die ich selbst von Bekannten und Freunden – aus vielen Ecken des Reviers – bekam, übertrafen meine schlimmsten Erwartungen. In Essen selbst fand am 3. Juni 1946 eine Hungerdemonstration statt, auf der Plakate getragen wurden mit der Aufschrift: „Die Einheit Deutschlands beseitigt den Hunger". Zum damaligen Zeitpunkt hatte die Stadt einen Kommunisten als Oberbürgermeister, Heinz Renner, den die Briten eingesetzt hatten; auch das Sozialamt

war mit Kommunisten besetzt. Ich vermutete, daß der Osten die Situation im sogenannten Freien Westen weidlich ausnutzen würde. Newsweek hielt es indessen für unwahrscheinlich, daß es im Ruhrgebiet zum offenen Aufruhr kommen könnte: „Ein halb verhungertes Volk macht keine Revolution!"
„Aber eine neue Bewegung mit langer Tradition", meinte Redakteur O'Donnell, „bricht sich Bahn. Gegenwärtig ist sie erst im Anfangsstadium. Plötzlich fahren die Züge sehr langsam über den Rhein, und bevor sie deutschen Boden verlassen, fehlt schon eine ganze Menge Kohle. Und in den Maschinen findet man Sand im Getriebe. Und wenn ein Verkehrspolizist in Duisburg Sie höflich und überlegt in die falsche Richtung weist, und in Essen wieder einer, dann wissen Sie, daß passive Resistenz geübt wird."
Was ich selbst bei Fahrten in die Umgebung von Essen beobachtete, war höchst beunruhigend. Zwar waren die Bergleute fast ausreichend ernährt, so schien es mir damals jedenfalls; aber ihre Familien hungerten und froren. Der Kumpel sah, wie die von ihm geförderte Kohle über den Rhein nach Frankreich geschickt wurde, die gleiche Kohle, welche zur Wiederbelebung der stilliegenden Industrie seines Gebiets hätte dienen sollen, die wiederum seine dringendsten Bedürfnisse hätte befriedigen können. Daß hinter dem Ganzen „System" stecken mußte, meinte ich, wie meine Nachbarn, auch aus der Tatsache ableiten zu müssen, daß – den Nachrichten der Presse zufolge – im Hamburger Hafen Schiffe versenkt wurden, die nahrhaften Zusatz in Form von Nordseefischen hätten bringen können. Die amtliche Begründung der Besatzungsmacht lautete, diese Kutter und kleineren Schiffe hätten im Kriege als Küsten-Hilfseinheiten gedient.
Im Oktober 1946 richtete der gewählte Rat der Stadt Essen erneut einen verzweifelten Appell an die Verantwortlichen, die Siegermächte: „Nackter Hunger, Wohnungselend, Kälte und Regen zehren die letzten physischen Kräfte der Menschen auf. Hoffnungslosigkeit, Verzweiflung und Kriminalität werden immer größer. Unsere eigenen Möglichkeiten sind erschöpft. Es geht um die Existenz unseres Volkes!" In der Essener Innenstadt, wo heute die Jugend ihren nostalgischen Gefühlen freien Lauf lassen kann, und wo viele originelle Public-Relations-Aktionen der Stadtverwaltung zur Freizeitgestaltung der Bürger beitragen, fand 1947 eine große Hungerdemonstration statt. In den Annalen des Herzens des Ruhrreviers wird der Winter 1946/47 als

„schreckliche Zeit" verzeichnet: Tausende von Bergleuten zogen mit der restlichen Krupp-Belegschaft durch die Trümmer zum Rathaus und forderten: „Brot, Nahrungsmittel, Kartoffeln!" Diese Situation sollte bis Sommer 1948 andauern. Erst als die „Deutsche Mark" das Licht der Welt erblickte, war die Voraussetzung zu einer gewissen Wende gegeben.

Appell an US-Bürger zur Rettung von Kindern im Ruhrgebiet

In unserer kleinen Stadt lebte ich mit meiner Familie noch in einer relativ günstigen Gegend außerhalb des Großstadtgebiets der Ruhrmetropole, die sich weithin als Trümmerwüste darstellte. Doch auch Essen-Werden, die alte Abteistadt, hatte enorme Probleme der Unterbringung, Ernährung und Gesundheit zu bewältigen. Wie es dort aussah, beschreibt ein kleiner Aufruf in englischer Sprache an die Adresse amerikanischer Bürger, auf schäbig-graues Papier getippt. Der rasch formulierte Text war auf Matrize vervielfältigt worden. Zugleich hatte ich damals eine Adressatenliste amerikanischer Organisationen zusammengestellt, von denen vielleicht Lebensmittelhilfe für Werdener Bürger erwartet werden konnte. Der jeweilige Absender sollte den Text mit Bildern seiner Familie und mit seiner Anschrift an Mr. X oder Mrs. Y oder Organisation Z in den USA schicken. Es sollten nur Tatsachen sprechen, diese aber in einer der amerikanischer Denkart angepaßten Art erklärt werden.
In dem einfachen Hilfsappell unter der Überschrift „Sie haben den Schlüssel zum Überleben eines Kindes in Händen" – mit dem gezeichneten Schlüsselsymbol – standen die Sätze: „Trotz sehr guter Zusammenarbeit zwischen den protestantischen und katholischen humanitären Hilfsorganisationen konnte in Essen-Werden bisher keine wirksame Hilfe für die Kinder organisiert werden, von denen Hunderte eindeutig unterernährt sind, viele in einem höchst gefährlichen Gesundheitszustand, da sie an Tuberkulose, Rachitis, Typhus, Fieber und Dysenterie leiden. – Kleider sind nicht zu bekommen. – Witwen gefallener Soldaten erhalten keinerlei Unterstützung und nur 30 Mark

monatlich für jedes Kind, während schwerkriegsverletzte ehemalige Soldaten durch öffentliche Mittel nicht mehr als 40 Mark monatlich erhalten. – Werdens Kinder hungern! – Wir Bürger einer deutschen Stadt haben den ehrlichen Wunsch, zum Aufbau einer echten Demokratie beizutragen, wie viele Deutsche in anderen Teilen unseres Heimatlandes. – Kanonen statt Butter und Predigt – das war einmal der Schlachtruf vor dem schrecklichen Krieg. ‚Hilfe für die Leidenden' ist die beste Predigt gegen Kanonen-Propheten unserer Tage. Und vergessen Sie nicht: Hunger in Europa ist nicht Ihr Verbündeter – Hunger ist die ‚Fünfte Kolonne' von Chaos und Revolution! Man kann sein Land nicht in Ordnung bringen, wenn man täglich höchstens 1050 Kalorien zugemessen bekommt und eine Schar schreiender, unterernährter Kinder um sich hat!
Nun: Sie können ein Lebensmittelpaket für die hungernden Kinder Werdens absenden. Falls Sie nicht das nötige Kleingeld dafür haben, bitten Sie doch einfach Ihre Nachbarn oder Freunde, an diesem Werk der Nächstenliebe teilzunehmen. Im übrigen können Sie auch ein paar Kleider schicken – selbst alte werden dankbar angenommen und umgearbeitet werden. . . Und Sie? Was erhalten Sie als ‚Gegenleistung'? (1) einen Brief von jenen, denen Sie Ihre Hilfe zukommen ließen– mit Bildern der gesamten Familie, (2) die Überzeugung, eine praktische Tat echter christlicher Nächstenliebe gewagt und die Augen eines hungernden Kindes mit dem Schimmer neuer Hoffnung erfüllt zu haben, (3) die Gewißheit, die Sache von Frieden und Demokratie in Deutschland wie der Welt gefördert zu haben!"
Vielleicht könnte man heute glauben, es handelte sich bei diesem Aufruf um eine Dramatisierung. Daß dies jedoch nicht der Fall ist und wie es damals wirklich in Deutschland – und im „Kohlenpott" besonders– aussah, beweist das erschütternde Buch des aus einer jüdischen Familie stammenden, britischen Verlegers und Publizisten Victor Gollancz, das im Februar 1947 in London erschien und den Titel trug „In darkest Germany" (Im finstersten Deutschland). Gollancz hatte Westdeutschland nach Kriegsende systematisch bereist und dabei eigene Fotos gemacht, die besser als alle Worte die Situation schilderten: Menschen jeder Altersstufe, mit ausgemergelten verhärmten Gesichtern, Hungerödemen, Menschen, die zum Teil auf dem Schwarzmarkt ihre letzte Habe veräußert hatten.
Als ich den einfachen Aufruf einer Reihe von Werdener Mitbürgern in

die Hand drückte und ihn zugleich mit kirchlicher Hilfe nach USA auf den Weg brachte, wußte ich noch nicht, daß ein ungewöhnlich harter Winter (1946/47) so gut wie alle Planungen zur Lebensmittelversorgung über den Haufen werfen würde, so daß bald chaotische Zustände – mit Tagesrationen von 846 Kalorien pro Tag zu Anfang 1947 – im Ruhrgebiet herrschen sollten. Als erstes Echo auf den kleinen Aufruf trafen nach einigen Wochen aus dem Mittelwesten der USA Lebensmittelpakete ein, die eine deutschamerikanische Hilfsaktion in Milwaukee zusammengestellt hatte.

Ruhrkampf und die Situation des Reviers nach 1945

Im Februar 1946 brachte der Rundfunk die Meldung, Frankreich verlange die Abtretung des Ruhrgebiets. Dies war wohl für alle eine Überraschung. Denn sogar der offizielle Morgenthau-Plan hatte nur von endgültiger Abtrennung des Saargebiets an die Franzosen gesprochen.

Noch hatte ich Erzählungen Beteiligter am „Ruhrkampf" der Jahre nach dem Ersten Weltkrieg in Erinnerung. Es schien recht wichtig, die Zusammenhänge dieses Zeitraums näher kennenzulernen, Ursprung, Planung und Ende einer historischen Episode, um daraus Lehren für eine erfolgversprechende Aktion gegen das Weideland- und das Annexionskonzept zu ziehen. Aber kann man überhaupt aus der Geschichte lernen? Ließ sich die Situation von 1923 mit der des Jahres 1946 vergleichen?

Erst einmal schien es zweckmäßig, die Fakten der Vergangenheit kennen zu lernen, wozu neben Zeitungsausschnitten vor allem die lebendig geschriebene „Ruhrkampf"-Darstellung eines Gymnasialdirektors aus Essen-Werden von Nutzen war. (Franz Körholz, Der Ruhrkampf 1923/25 in der Stadt Werden, 1929). 1923 wollten sich die Franzosen zweifellos Faustpfänder für die Kriegsentschädigungen sichern, die aufgrund des sogenannten Kriegsschuldartikels (§ 231) des Versailler Diktats, als (praktisch unerfüllbare) Vorleistung, festgelegt worden waren. Seit dem Ersten Weltkrieg wurde der Begriff „Reparationen“ im heute allgemein verstandenen Sinn angewandt. Entgegen dem dringenden Rat der Briten besetzten im Januar 1923 die Franzosen einfach große Teile des Ruhrgebiets, woraufhin in Berlin die Reichsregierung Cuno zum „passiven Widerstand“ aufrief: Beginn des sogenannten Ruhrkampfes. Am Morgen des 11. Januar 1923 wälzte sich eine lange Heerschlange französischer Truppen – Kavallerie und Panzerautos – auf die Ruhrbrücke Essen-Werden zu. Die kleine Abteistadt wurde zum Heerlager. Bürgermeister Dr. Breuer protestierte erfolglos. Kolonialtruppen führten Requisitionen durch, was die vorherrschende Lebensmittelknappheit verschärfte. Firmeneigentum wurde beschlagnahmt. Der französische Stadtkommandant griff in die Verwaltung ein, ließ den widerspenstigen Bürgermeister am 5. April verhaften und gab am 6. Juli den Befehl, das Rathaus zu besetzen und die Sparkasse zu verriegeln, bei der 17200000 Mark beschlagnahmt wurden.

Rund 100000 Mann französischer und belgischer Einheiten waren damals im Ruhrgebiet. Ihre Zentren waren Essen, Bochum, Oberhausen, Gelsenkirchen, Witten und Dortmund. Die Reichsregierung hatte Beamten und Eisenbahnern im Ruhrgebiet jede Dienstleistung für die Besatzungsmächte untersagt. Ein allgemeiner wirtschaftlicher Streik der Ruhrindustrie setzte ein. Alle Reparationsleistungen an Frankreich und Belgien wurden eingestellt. Daraufhin suchten die Besatzungsmächte den deutschen Widerstand, von einer geschlossenen nationalen Einheitsfront durchgeführt, mit allen Mitteln zu brechen.

Das war auch in Essen-Werden der Fall. Wegen Lappalien verhängte das französische Kriegsgericht schärfste Strafen. Wehe dem, der unter Bezugnahme auf Ausrufung des „Passiven Widerstands“ diesen etwa noch propagierte! So wurde am 27.6.1923 ein bekannter Bergwerksdirektor, Professor Dr. Herbst, in Werden vom französischen Kriegsgericht zu 10 Millionen Mark Bußgeld verurteilt. Viele Haussuchungen fanden statt. Dort, wo sich heute die weltbekannte Folkwangschule als Stätte der Kunstausbildung befindet, wanderten bald schon Bergleute, Ärzte, Ingenieure und Beamte zu Hunderten ins Gefängnis.

Am Karsamstag 1923 kam aus Essen eine schlimme Nachricht, geeignet, nationale Leidenschaften zu entfachen. Französische Soldaten, die offenbar die Nerven verloren hatten, waren bei Krupp gegen eine Menschenansammlung vorgegangen und hatten ein Blutbad angerichtet, wobei 11 Tote und zahlreiche Verletzte zu beklagen waren. So

begann sich ein nationaler Widerstandsmythos zu bilden, der durch die Erschießung Albert Leo Schlageters am 26.5. 1923 (wegen „Sabotage“ zum Tode verurteilt, mit der Unterschrift des französischen Ministerpräsidenten Poincaré), neuen Auftrieb bekam. Eine Reihe von Mitarbeitern der Industrie- und Handelskammer Essen wurde zu Gefängnis und Geldstrafen wegen „Gehorsamsverweigerung“ verurteilt, hatten sie doch in Essener Betrieben an der Organisation von Streiks mitgewirkt. (35 Jahre später, in einem Prozeß gegen Bochumer Demontageverweigerer seitens eines britischen Militärgerichts, sollte der Begriff der Gehorsamsverweigerung gegenüber militärischen Befehlen wieder gebraucht werden, wie noch näher geschildert werden wird.) Zu den durch die Franzosen Verurteilten gehörte damals auch Gustav Krupp von Bohlen und Halbach, dem in Essen-Werden der Prozeß gemacht wurde, in dem man ihm die Verantwortung für das erwähnte Blutbad zuschob. Die zum Prozeß geladene internationale Presse konnte, soweit nicht auf Haß eingetrimmt, die ruhige und würdevolle Haltung des Krupp-Chefs nicht übersehen.
Die neue Reichsregierung Stresemann gab am 26. September 1923 den passiven Widerstand offiziell auf. Trotzdem setzte Frankreich unter Poincaré die feindselige Politik fort. In diesem Rahmen können keine weiteren Details gebracht werden; es geht hier darum, ein Fazit des Ruhrkampfes zu ziehen. Die politische Erkenntnis lautet: deutscherseits konnte angesichts der herrschenden Machtverhältnisse der Widerstand in dieser Form nicht zum Erfolge führen! Der Ruhrkampf war eine ruinös kostspielige Angelegenheit. Der Produktionsausfall traf das Ruhrgebiet bedeutend stärker als Frankreich. Es konnten keine Löhne und Gehälter mehr bezahlt werden! Der Generalstreik an der Ruhr überantwortete Deutschland praktisch dem Bankrott.
Als im Herbst des Jahres 1923 Stresemann den Ruhrkampf abblies, war bereits eine außerordentlich gefährliche Situation entstanden. Die unaufhaltsame Inflation ruinierte den Mittelstand, die nationalsozialistische Bewegung erhielt Aufwind und gewann Anhänger, während gleichzeitig das Elend viele enttäuschte Arbeiter dazu trieb, sich von der sozialdemokratischen Führung ab- und den Kommunisten zuzuwenden. Bei allen Einsichtigen zeichnete sich aber die Erkenntnis ab, daß die Reparationsfrage nur in internationalem Rahmen, unter Führung der US-Regierung Coolidge, gelöst werden könnte, die seit dem Frühjahr 1921 fest im Sattel saß.

Washington war für eine faire Lösung, deren Vorteile der einflußreiche Secretary of Commerce, der Quäker Herbert Hoover, bereits Anfang 1922 in vier Punkten zusammengefaßt hatte, die die amerikanischen Wirtschaftsinteressen ebenso berücksichtigten wie das Ziel der „Rettung Europas vor dem wirtschaftlichen Chaos". Im Sommer 1923 war, vom wirtschaftspolitischen Interesse der USA aus betrachtet, der Wendepunkt von einer abwartenden Politik (von der nur ein paar amerikanische Wirtschaftsgruppen kurzfristig profitiert hatten) zur aktiven Einflußnahme auf das Geschehen in Europa, zugunsten einer Lösung des Reparationskonflikts, erreicht. Die überwiegende Mehrheit der amerikanischen Wirtschaft plädierte für Stabilisierung der Verhältnisse, für Normalisierung des Welthandels und für Herbeiführung einer zumindest relativen Krisenfestigkeit im Herzen Europas.
Die notleidende amerikanische Landwirtschaft spielte bei der Entwicklung dieses Trends ebenfalls eine gewisse Rolle. Im amerikanischen Interesse mußte das „französische Ruhrabenteuer" beendet und der europäische Markt konsolidiert werden; und dazu mußte vor allem eine dauerhafte Lösung der Reparationsfrage angestrebt werden. So konnte die amerikanische Regierung Coolidge-Hughes-Hoover 1923 ihre Deutschlandpolitik auf starke Zustimmung seitens der amerikanischen Wirtschaft und Öffentlichkeit stützen. Sie konnte, ohne nominell die Verantwortung zu übernehmen, im Frühjahr 1924 in Paris ein Verhandlungsergebnis in Form des Dawes-Plans aus der Taufe heben, das in hohem Maße auch amerikanischen Interessen entsprach: einem Wirtschaftsfrieden, welcher die relative Stabilisierung in Deutschland und Europa anbahnen konnte. So haben damals die Amerikaner den deutschen Karren aus dem Dreck gezogen. Ihr Eingreifen schob den Ausbruch der Krise auf Jahre hinaus. Amerikanische Anleihen und Kredite retteten vorläufig die Weimarer Republik und versetzten Deutschland in die Lage, die enormen jährlichen Reparationsleistungen zu verringern. In jenen „goldenen Zwanziger Jahren" hatte es sogar zunächst den Anschein, als sollte in diesem Lande ein gewisser Wohlstand wieder einkehren. Dank amerikanischer Hilfe konnten deutsche Industrie-Unternehmen modernisiert und rationalisiert werden. Es gelang indessen nicht, die Zahl von 2 Millionen Arbeitslosen in Deutschland zu verringern. Die ganze Hoffnung Deutschlands waren weitere amerikanische Kredite, das heißt Stärkung unseres „Beins in

den Weltmärkten", und damit die Chance, allmählich die „verflixten Verpflichtungen aus dem Versailler Diktat" loszuwerden.
Leider kam es anders. Stichworte: Weltwirtschaftskrise – Drastischer Rückgang deutscher Ausfuhren – Stopp der amerikanischen Kredite – Zunichtemachung aller Chancen, seitens des Deutschen Reichs weitere Reparationen und die Zinsen für seine Anleihen, zu zahlen. Ein circulus vitiosus, verschlimmert noch durch das in den USA verabschiedete „Smoot-Hawley-Tariff-Law" und die Ergebnisse der Ottawa-Konferenz von 1931, die das Britische Commonwealth mit einer hohen Zollmauer umgaben – wesentliche Mitvoraussetzungen für den Ruin der deutschen Demokratie: Reduzierung des deutschen Außenhandels um 50 Prozent, Bankenzusammenbrüche, Arbeitslosigkeit, Konkurse, Verzweiflungsstimmung.
Wieder war es Herbert Hoover, diesmal als Präsident, der den Versuch unternahm, die Krise in Deutschland mit Hilfe eines internationalen Schuldenmoratoriums zu bekämpfen. Doch Präsident Roosevelt, Hoovers Nachfolger, gab durch Torpedierung der Londoner Weltwirtschaftskonferenz und mittels Abwertung des Dollars, dem Wirtschaftskrieg mächtigen Auftrieb. „Dieser war aber nichts anderes als das Vorspiel zum Zweiten Weltkrieg", sagt Freda Utley. Amerika hatte dem deutschen Volk zum zweiten Mal in diesem Jahrhundert eine Reparationslast mitaufgebürdet, unter der es ohne Hilfe von außen zusammenbrechen mußte.
Nach dem Ersten Weltkrieg hatten England und Frankreich sechs Monate über den Waffenstillstand hinaus die Hungerblockade fortgesetzt, um die Unterzeichnung eines Diktatfriedens zu erzwingen. Sie hatten – entgegen ihrer Zusage eines „Friedens ohne Annexionen und Kriegsentschädigungen" – die Abtrennung deutscher Gebiete durchgeführt und Reparationen festgelegt, welche unerfüllbar waren und die zu einem übersteigerten Nationalismus auf der einen, Kommunismus auf der anderen Seite führen mußten, und schließlich zur Konfrontation beider, aus der die so geschickt propagierte Spielart des Nationalismus, der Nationalsozialismus, siegreich hervorging.
Die westlichen Alliierten haben 1945, wie Freda Utley es betonte, den Deutschen zunächst von neuem verwehrt, auf Demokratie und Gerechtigkeit zu bauen; während das Jahr 1918 Hitler hervorgebracht habe, sei 1945 die Gefahr groß gewesen, daß sich Stalin zum Herrscher über ganz Europa erhoben hätte.

In der ersten Hälfte unseres Jahrhunderts waren es besonders zwei Persönlichkeiten, die beide durch ihre Politik die Entwicklung in einem fatalen Sinn beeinflußt haben: die Präsidenten Wilson und Roosevelt, beide unter dem starken Einfluß eines Beraters stehend (Colonel Mandell House und Henry Morgenthau). Woodrow Wilson, 1916 wiedergewählt unter dem Slogan „He kept us out of war", hatte im April 1917 Deutschland den Krieg erklärt: „to make the world safe for democracy", die Welt für die Demokratie sicher zu machen; als er freilich später versuchte, bei den Verbündeten der USA für einen Frieden der Gerechtigkeit zu plädieren, scheiterte der ehrgeizige und im Grunde autokratische Mann ebenso wie mit seinem Versuch, durch den Kongreß der USA die Unterstützung des Völkerbundes zu erlangen – was wohl zu seinem physischen Zusammenbruch und Tod (1921) führte.

Franklin Delano Roosevelt, nicht weniger ehrgeizig und doktrinär als Wilson, starb am 12.4.1945, noch bevor seine Abkehr von Moralprinzipien bei Behandlung des besiegten Feindes offenkundig geworden war (Grundsätze, die auch Wilson geopfert hatte, um der Völkerbundidee zum Durchbruch zu verhelfen). Roosevelt hatte unter dem Einfluß Morgenthaus in Jalta Osteuropa „Väterchen Stalin" zugeschanzt. Er war es, der mit dem kommunistischen Diktator vereinbarte, daß Reparationen in Sachleistungen und die Verwendung von Deutschen als Zwangsarbeiter erzwungen werden sollten. Roosevelt hatte keinerlei Einwendungen gegen das Morgenthausche Grundkonzept, dessen Ausführung nach den Schätzungen von Expräsident Herbert Hoover mindestens 25 Millionen Deutsche dem Hungertod ausgeliefert hätte. Roosevelt war es auch, der die Vorschläge zur Internationalisierung des Ruhrgebiets, des Rheinlands, Westfalens, der Nordseeküste und des Nord-Ostseekanals, zur Abtretung Ostpreußens, Oberschlesiens und des Saarlands und der angrenzenden Gebiete bis Mosel und Rhein, zur Teilung von Restdeutschland in zwei autonome Staaten und zur Abhaltung umfassender Kriegsverbrecherprozeße abgesegnet hatte. Er hatte bedenkenlos dem Plan der Enteignung und Vertreibung von Millionen Deutscher aus ihrer Heimat in Ostdeutschland, Sudetenland und Südosteuropa zugestimmt, Menschen, deren einziges Verbrechen darin bestand, daß sie Deutsche waren. (Die Zahl der Menschen, die auf der Flucht oder während der Vertreibung getötet wurden, beträgt 2,28 Millionen.)

Churchill, der britische Konservative und Imperium-Verteidiger, war es, der sich in Jalta Stalin widersetzte, als dieser den Vorschlag machte, nach dem Krieg Tausende von Deutschen zu liquidieren; Roosevelt hatte nichts dagegen einzuwenden. Im Gegensatz zu Roosevelt stand Winston Churchill dem sich so jovial gebenden Diktator Stalin von Anfang an mißtrauisch gegenüber; er war es auch, der den – freilich zu späten – Versuch gemacht hat, Europa vor der Bolschewisierung im Sinne Stalins dadurch zu bewahren, daß er sich zum Sprecher einer Strategie des „Heraushaltens der Sowjets aus Osteuropa" machte, um zu verhindern, daß ein totalitäres System durch ein anderes ersetzt würde. Churchills Versuche scheiterten. Daß die Sowjets Osteuropa fest in den Griff bekamen, ist – so lautet das Fazit historischer Analyse – im wesentlichen der engen Kooperation der Sowjets mit der Morgenthau-Fronde und deren sogenannten „liberalen Sympathisanten", vorwiegend in den USA, zuzuschreiben, die die Deutschen gekreuzigt und die Sowjets als Vormacht in Europa sehen wollten, von welchen Roosevelt meinte, daß sie im Laufe der Zeit den Weg zu einer echten Demokratie finden würden.
Bei der Verleihung des Friedensnobelpreises am 4. November 1954 hat Albert Schweitzer in Oslo einen mutigen Appell an das Gewissen der Menschheit gerichtet, das ungeheuerliche Verbrechen der Massenvertreibung, als Teil alliierter Politik, zu verurteilen: „In schlimmster Weise vergeht man sich gegen das Recht des geschichtlich Gegebenen, und überhaupt gegen jedes menschliche Recht, wenn man Völkerschaften das Recht auf das Land, das sie bewohnten, in der Art nimmt, daß man sie zwingt, sich anderswo anzusiedeln. Daß sich die Siegermächte am Ende des Zweiten Weltkrieges dazu entschlossen, vielen hundertausend Menschen dieses Schicksal, und dazu noch in härtester Weise, aufzuerlegen, läßt ermessen, wie wenig sie sich ihrer gestellten Aufgabe, einer gedeihlichen und einigermaßen gerechten Neuordnung der Dinge, bewußt waren."
Der in seinem Urteil unbestechliche amerikanische Historiker Alfred M. de Zayas hat in unseren Tagen die Unmenschlichkeit der Vertreibung und die Mitverantwortung der anglo-amerikanischen Politik an einer der großen Katastrophen nach 1945 geschildert (Die Anglo-Amerikaner und die Vertreibung der Deutschen, München 1977). Gleichzeitig hat er nüchtern festgestellt, daß die Presse der angelsächsischen Staaten die Vertreibung der Deutschen bis dato nicht ausführlich

dargestellt hat, sodaß die meisten Amerikaner und Briten nicht einmal die Tatsache der Vertreibung kennen, geschweige denn, wie sehr die westliche Zustimmung zum Prinzip der gewaltsamen „Umsiedlung" die amerikanische wie die britische Regierung zu Helfershelfern dieser unmenschlichen Unternehmung gemacht hat. „Weil wir frei sind, können wir gegenüber dem Schicksal der Freiheit anderswo niemals gleichgültig sein", sagte Jimmy Carter am 20. Januar 1977 in seiner Inaugurationsansprache; eben diese Einsicht wurde jedoch in Quebec, Jalta und Potsdam von den westlichen Staatsmännern mißachtet.

Das ganze Ausmaß der Demontage Deutschlands wurde uns 1946 erst allmählich bewußt, und ein Gefühl der Ohnmacht gegenüber einem scheinbar unerbittlichen Schicksal herrschte vor. Kein Friedensvertrag war in Sicht. Es war uns Deutschen allenfalls möglich, ungeachtet der wohl noch vorherrschenden Haßstimmung im Westen, das Unrecht an den Millionen deutscher Ostvertriebener und das enorme Problem der Ernährung und Unterbringung unserer Schwestern und Brüder aus dem Osten anschaulich zu schildern, um den Siegern ihre moralische Verpflichtung zur Rettung der Menschen in diesem kleinen Westdeutschland vor Augen zu führen. Es galt ferner, die Notwendigkeit einer „Wiedervereinigung der Deutschen" aufgrund des Selbstbestimmungsrechts zu propagieren. Und es war Aufgabe der noch denk- und aktionsfähigen Westdeutschen – Institutionen, Politik, Industrie, Gewerkschaften, Kirchen – zur Verhinderung einer neuen Katastrophe auf einen Demontagestopp hinzuarbeiten, um die Grundvoraussetzung zur Wiederankurbelung der Wirtschaft, unserer Lebensvoraussetzung, zu schaffen. War dies auf politischen Wegen bei den westlichen Siegermächten nicht zu bewerkstelligen, so mußte die Mobilisierung der öffentlichen Meinung versucht und eine „Anti-Demontage" in Gang gesetzt werden – mit subtileren Mitteln als jenen, die in der 1923 von Berlin angeordneten „passiven Resistenz" zur Anwendung gekommen waren. Wenn irgend möglich, mußte Vertrauen in die demokratischen Kräfte Westdeutschlands geweckt und damit der übermächtig scheinenden Morgenthau-Propaganda der Boden entzogen werden; dies in der Hoffnung, daß in den USA – wie nach dem Ersten Weltkrieg – der gesunde Menschenverstand siegen würde und so etwas wie ein zweiter Dawes-Plan geboren werden könnte. Denn nur die USA würden in der Lage sein, durch Intervention bei ihren Verbündeten im Westen „unseren Karren wieder aus dem Dreck zu ziehen“ und auf den Weg des Wiederaufbaus zu bringen. Wie aber waren die politischen Kräfteverhältnisse in den USA? Wie stark war die Haßfronde? Wer käme als Verbündeter für die Propagierung des Wiederaufbaus in Betracht? Wer würde die Öffentlichkeit aufklären können? Fragen über Fragen. Eines stand jedoch fest: so schwach wir als Besiegte schienen, wir sollten uns kräftig unserer Haut wehren, und zwar mit klug gewählten Waffen der Überzeugung und des Appells an Fairneß und gesunden Menschenverstand.

Sowjetische Reparationsstrategie

Im August 1945 hatte ich mir einen ersten Begriff von Bedeutung und Realität der Demontagepolitik machen können; Freunde in Potsdam berichteten mir, was seit Abschluß der Kampfhandlungen in Berlin bereits abgewrackt und in Richtung Osten verfrachtet worden war. Die UdSSR hatte blitzschnell gehandelt und – vorwiegend in West-Berlin – schon vor Beginn der Viermächteverhandlungen (1.7.1945) mehr als 340 Betriebe abgebaut, die Mehrzahl davon total. Im Ostsektor Berlins waren etwa 110 Betriebe der Demontage anheimgefallen. Der auch wertmäßig relativ geringe Demontage-Umfang in OstBerlin ist damit zu erklären, daß die UdSSR von Anfang an vorhatte, eine Reihe der dort gelegenen Betriebe für sich arbeiten zu lassen. Auch die Westmächte bauten in Berlin einzelne Betriebe ab. Wie das „Staatslexikon der Görresgesellschaft“ 1958 aufgrund sorgfältiger Errechnung mitgeteilt hat, stellte sich in Gesamt-Berlin der durchschnittliche Kapazitätsverlust durch Demontagen auf rund 40 Prozent, bezogen auf das Jahr 1938. Mit Vorbehalt (da die karteimäßige Erfassung noch nicht erfolgt war) schätzten die Fachleute der Wirtschaft 1958 den Zeitwert der demontierten Anlagen in Berlin auf etwa 2,5 Milliarden Reichsmark zu Preisen von 1938. Wahrscheinlich war der Betrag jedoch höher.

Schon bald nach Abschluß des Potsdamer Abkommens wurde deutlich, daß die Russen nicht gewillt waren, sich an das Grundabkommen der Alliierten zu halten, wonach Deutschland bei allen Maßnahmen als „einheitliches Wirtschaftsgebiet“ zu behandeln sei. Konzeptmäßig nahm die Demontagepolitik in der Besatzungszone der UdSSR einen anderen Verlauf als die der Westzonen. In erster Linie betrachtete Stalin die Demontagepolitik als Mittel zur Erzielung möglichst hoher Reparationsleistungen. In der ersten Zeit der Besatzung gingen sowjetische Spezialeinheiten vor allen Dingen daran, Anlagen des Maschinenbaus, der Feinmechanik und der Optik zu demontieren und nach Rußland abzutransportieren. Weder in dieser Anfangsphase noch später beschränkte sich die sowjetische Besatzungsmacht auf eigentliche Kriegsproduktion und auf Produktionssparten, die nach alliierter Übereinkunft eingeschränkt werden sollten. Ein Drittel der Kraftwerksleistung, über ein Fünftel der Maschinenausrüstung der Braunkohlengruben und Brikettfabriken, zahlreiche Nebenstrecken der Eisenbahn und die zweiten Gleise wurden abgebaut; Teile des rollenden Materials wurden entnommen, obwohl der Potsdamer Industrieplan dies nur auf der Grundlage eines entsprechenden Beschlusses des Kontrollrats vorgesehen hatte.

Bald schon kam den Demontagestrategen der UdSSR die Einsicht, daß bei der Entfernung von Betrieben der Großchemie relativ wenig zu gewinnen wäre. Häufig hätten die demontierten Anlagenteile nur Schrottwert gehabt. Infolgedessen wurde weitgehend von der Demontage solcher Betriebe – wie der Leunawerke Merseburg, der Brabag-Werke, der Farbenfabriken Wolfen, Anlagen der Buna-Werke oder der Elektrochemischen Werke Bitterfeld abgesehen. Diese Anlagen verblieben in Deutschland, wurden sogar „unter Volldampf“ wiederhergestellt und dann größtenteils in Aktiengesellschaften umgewandelt.

Über 1 800 Betriebe der sowjetisch besetzten Zone (SBZ) sind voll oder ganz abgebaut worden. Bereits 1948 waren die Demontagen dort beendet, zu einem Zeitpunkt also, zu dem im Ruhrgebiet Demontagen und Anti-Demontage-Stimmung zum Teil erst in Schwung kamen. In den wichtigsten Produktionszweigen dürfte die sowjetische Besatzungsmacht von 1945 bis 1947 durch Demontagen rund 5 Milliarden– errechnet auf der Grundlage der Reichsmarkpreise des Jahres 1944 – erzielt haben. Hinzu kommen die bedeutend höheren Milliardenbeträge, die von der SBZ als Reparationsleistungen aus der laufenden Produktion in den Jahren 1945 bis 1950 abgeliefert werden mußten. Dazu

gehörten auch Subventionszahlungen aus Länder- und Zonenetats, da durch die UdSSR die Anrechnung der Reparationslieferungen zu Stopp-Preisen erfolgte, durch welche die wirklichen Produktionskosten bei weitem nicht gedeckt werden konnten. In der erwähnten Zahl von 5 Milliarden Reichsmark ist der Wert der sonstigen Entnahmen an Produktionsmitteln nicht enthalten, von denen zahlreiche Betriebe betroffen wurden. Es muß hier der Objektivität halber freilich festgestellt werden, daß die Inanspruchnahme umfangreicher Lieferungen aus der laufenden Produktion, aufgrund geschlossener Abkommen, nicht illegal war. Auch hier hatte Finanzminister Morgenthau seine Finger im Spiele gehabt: die Sowjets konnten sich immer auf ein in Jalta geschlossenes Geheimabkommen berufen!
Die Gesamtsumme, welche den Sowjets aus Mitteln der Sowjetzone bis Ende 1950 zur Verfügung gestellt werden musste, beläuft sich auf

Haushaltszuweisungen	27 800 000 000 Mark
S.A.G.-Gewinne	1 750 000 000 Mark
Notenausgabe zusätzlich	4 200 000 000 Mark
insgesamt	33 750 000 000 Mark.

Für die Jahre 1951 bis 1953 wurden den Sowjets aus den verschiedenen Zahlungen der sowjetisch besetzten Zone 14 400 000 000 Mark zur Verfügung gestellt; diese Beträge wurden – wie in den Jahren davor – hauptsächlich zur Bezahlung von Warenlieferungen verwendet; und zwar sowohl von eigentlichen Reparationslieferungen als auch von sonstigen Lieferungen für den Bedarf der in der Sowjetzone stationierten Truppen und der Roten Armee allgemein. Nicht einbezogen sind die beträchtlichen Gewinne, die den Sowjets aus ihren nicht zu sowjetischen AG-Betrieben gehörenden Gesellschaften in der Sowjetzone zuflossen, zum Beispiel dem Transportunternehmen Derutra, dem Treibstoffvertrieb Derunapht und anderen. Diese Gewinne entziehen sich der Möglichkeit einer Schätzung. Für die Jahre 1946 bis 1953 haben sich Besatzungskosten in der SBZ in Höhe von über 16 Milliarden Mark ergeben. Auf die eigentlichen Reparationslasten fiel in diesem Zeitraum ein Betrag von rund 32 Milliarden Mark in Gestalt von Leistungen aus der Produktion, der sich um den Schätzwert der Demontagen von 1945 bis 1947 in Höhe von rund 5 Milliarden Mark auf rund 37 Milliarden Mark erhöhte. Eine Riesensumme! Dabei sind die Milliardenbeträge der Kriegsbeute, die Erträge der vorübergehend in Besitz genommener Pfänder noch nicht berücksichtigt.

Exilrussische Wirtschaftsexperten kamen 1953 in New York bei der Analyse der UdSSR-Besatzungspolitik einhellig zu dem Schluß, daß die Politik der unbegrenzten Demontagen und Entnahmen – unter Verletzung des Prinzips abgestimmter Wirtschaftspolitik der Alliierten – Hauptfaktor für den Zusammenbruch der Viermächtekontrolle über Deutschland war, mit der Teilung Deutschlands als unabwendbarer Konsequenz dieses Zusammenbruchs. Verfügbare Akten machen deutlich, daß die ursprüngliche Politik Stalins nicht nur die wirtschaftliche Ausbeutung Deutschlands in denkbar großem Maßstab im Auge hatte, sondern – damit eng verbunden – die schrittweise Bolschewisierung, politisch wie wirtschaftlich, wie auch die erwähnte Studie unterstreicht. Die Erkenntnis dieser Zusammenhänge war ohne Zweifel einer der wichtigsten Beweggründe für US-Außenminister Byrnes, am 6.9.1946 seine berühmte Stuttgarter Rede zu halten, in der eine selbständige Wirtschaftspolitik in den Westzonen verkündet und die Absicht bekräftigt wurde, die drei westlichen Besatzungszonen möglichst bald zu einer wirtschaftlich-politischen Einheit zusammenzuschließen. Doch da gab es zahlreiche Bremsen: die damalige Haltung der Franzosen, zahlreiche Einwände der Briten, und – vor allem – teilweise unsichtbare, aber starke Einflüße der „Morgenthau-Boys“ in Washington und in Frankfurt/Main; gewiss hätte auch ein bedeutenderer Staatsmann als Byrnes das Ruder nicht einfach rasch herumwerfen können, wie es auch der kampferprobte General Patton bezüglich der Einstellung zu ehemaligen deutschen Soldaten und Offizieren nicht vermocht hatte – um das Beispiel eines anderen Sektors der Deutschlandpolitik zu erwähnen. Der Faktor „Öffentliche Meinung“ spielte zudem eine bedeutende Rolle. Man mag an die Erkenntnis des großen amerikanischen Staatsmannes Abraham Lincoln denken, wonach dem Politiker mit der öffentlichen Meinung alles, gegen sie auf die Dauer nichts gelingen kann.

In der von den Demontagen, der wirtschaftlichen Zerreißung Deutschlands und den Entnahmen aus laufender Erzeugung am meisten betroffenen sowjetischen Besatzungszone bestimmten Anfang der fünfziger Jahre viele Engpässe die volkswirtschaftliche Entwicklung, so sehr auch Frauen und Männer unseres Volkes in der Ostzone schuften mochten. Es konnte nicht anders sein! Da vorwiegend die modernsten, leistungsfähigsten Maschinen fortgenommen wurden und sich die Einzelmaßnahmen der Sowjets primär auf jene richteten, denen im betrieblichen Gesamtzusammenhang eine Schlüsselfunktion zukam, war eine erhebliche Verschlechterung der Produktionsergebnisse unvermeidlich. Durch Demontagen wesentlich mitverursacht, erreichte das Produktionsergebnis je Arbeitsstunde in der SBZ erst ab 1953 oder 1954 den Stand von 1936 (in der Industrie der BRD: bereits 1951).

Die Demontagepolitik des Westens, in den ersten Jahren nach 1945 vorwiegend im Zeichen der Zerstörung von Industriepotential stehend, kam den Russen auf besondere Weise zusätzlich zugute. Heute wird man wohl kaum noch begreifen, daß die Erfüllung sowjetischer Reparationsforderungen nicht allein durch Entfernung industrieller Anlagen aus der SBZ selbst erfolgte. Fünfzehn Prozent der verwendbaren industriellen Ausrüstung aus den Westzonen sollten, als „für die deutsche Friedensproduktion unnötig" deklariert, aus diesen Gebieten in die UdSSR abtransportiert werden. Es handelte sich dabei um Werte aus der metallurgischen, der chemischen und der Maschinenbau-Industrie; einen Gegenwert in Form der Lieferung von Lebensmitteln, Kohle, Pottasche, Zink, Bauholz und Erdöl und einiger anderer Produkte sollten die Sowjets dafür in den Westen senden. Dies aber geschah nicht. Ferner sollten, gemäß Potsdamer Vereinbarung, zehn Prozent des „unnötigen Industriebedarfs" aus Westdeutschland der Regierung in Moskau übergeben werden; seitens der Sowjets sollte dafür eine Entschädigung oder Vergütung auf Reparationskonto erfolgen. Soweit feststellbar, ist von den im Westen demontierten Anlagen der deutschen Schwerindustrie und des Schiffbaus keine einzige in den vorgesehenen westlichen Empfängerländern wieder komplett aufgebaut worden. Die einzigen Großanlagen, die in Westdeutschland demontiert und an einem anderen Punkt der Welt wieder vollständig errichtet worden sind, gingen in den Osten, primär in die UdSSR. „Uncle Joe" (Stalin) konnte sich wie „Uncle Henry" (Morgenthau) die Hände reiben, als die Schiffswerft Deschimag (Bremen), die Kriegsmarinewerft Wilhelmshaven, die Gießerei und das Stahlwerk Krupp in Essen-Borbeck und die Bandeisen-Walzwerke Dinslaken ebenfalls für die Russen demontiert waren.

Anfang 1946 kam die britische Besatzungsmacht in eine prekäre Lage. Die Sowjets machten keinerlei Anstalten, den Paragraphen 4 a,III des Potsdamer Abkommens zu erfüllen, nämlich Lebensmittel aus der SBZ, als Gegenleistung für gelieferte Industrieanlagen, zu schicken. Durch diese Weigerung wurde gleichzeitig Vertragspunkt 14 verletzt (Pflicht zur Wahrung der Wirtschaftseinheit, gemeinsame Nutzung aller Rohstoffquellen). Die Briten, mit einer chaotischen Wirtschaftssituation im eigenen Lande konfrontiert, wollten die Bürde der Besatzungslasten in ihrer Zone begreiflicherweise verringern. Man wird dies umso mehr verstehen, wenn man ihre Abhängigkeit von den USA zur damaligen Zeit in Betracht zieht, die bereits in Quebec Churchill veranlaßt hatte, die Pläne Morgenthaus zunächst zu unterschreiben, um nicht das US-Finanzministerium – als Instrumentarium der Morgenthaupolitik fungierend – in Wallung zu bringen.
Im ersten Jahre nach Kriegsende war die Selbstversorgung Deutschlands noch „so eben" möglich gewesen. Nun aber wurde es bei der Ernährung wirklich „mulmig". Die zugesagten Lebensmittellieferungen der Sowjets trafen nicht ein. Alle Vorstellungen der Westmächte in Moskau fruchteten nichts. Moskau stellte sich auf den Standpunkt, das Import-Export-Problem müsse als „zonale Angelegenheit" betrachtet werden, bis eine aktive Handelsbilanz für ganz Deutschland erreicht und die Reparationen voll bezahlt seien. In dieser Situation gab der Militärgouverneur der US-Zone, General Lucius D. Clay, am 3. Mai 1946 den zweifellos kühnen Entschluß bekannt, Reparationslieferungen an die UdSSR aus der US-Besatzungszone einfach zu stoppen, bis ein Abkommen über Deutschland als wirtschaftliche Einheit getroffen werden könnte. Es war dies ein Schritt, der mit den Anstoß zum wirtschaftlichen Zusammenschluß der „angelsächsischen" Besatzungszonen gab. Diese Entwicklung trug, ähnlich der Polarisierung in einem Magnetfeld, dazu bei, die Überwindung der deutschen Teilung immer problematischer erscheinen zu lassen und die Einbindung unseres Volkes in zwei gegensätzliche Machtblöcke und Ideologien zu fördern.

Wo finden wir Verbündete?

Ich war vor dem Zweiten Weltkrieg als Austauschstudent in den USA und dann im Auswärtigen Amt Mitglied des Amerika-Komitees unter Botschafter Dr. Hans Dieckhoff, eines vorzüglichen USA-Kenners, gewesen. Aus internen Informationen meiner AA-Dienststelle war mir bekannt geworden, daß US-Kriegsminister Stimson und dessen Stellvertreter, John J. McCloy, 1944 in Gesprächen mit Präsident Roosevelt gegen das Rachekonzept des Finanzministers Morgenthau rebelliert hatten, unter Hinweis darauf, daß Not und Elend in einem Teil der Welt gewöhnlich ähnliche Verhältnisse in anderen Teilen der Welt zeitigen. In einem später bekannt gewordenen Schreiben Minister Stimsons an Präsident Roosevelt von Ende September 1944 stand der lapidare Satz: „Erzwungene Armut ist noch schlimmer, denn sie zerstört nicht nur den Geist des Opfers, sondern disqualifiziert den Sieger moralisch." Eine Elite weitschauender Amerikaner wandte sich noch während des Krieges gegen „Siegerblindheit", die auch den USA nur schaden würde. Der Begriff findet sich schon in einer Rede, die der große, in Liblar bei Bonn geborene, amerikanische Staatsmann Carl Schurz 1899 im US-Senat, gegen den Strom nationaler Hybris schwimmend, gehalten hat. Die eindringliche Sprache dieses Appells ist auch heute nicht veraltet:

„Die Geschichte lehrt, daß der militärische Ruhm die ungesundeste Nahrung für Demokratien ist. Der Krieg erzeugt eine seltsame moralische und politische Farbenblindheit; er erzeugt falsche Ideale von Vaterlandsliebe und bürgerlicher Tugend."

Schurz hatte als Freund Lincolns Deutschamerikaner zum Kampf gegen die Sklaverei angeworben, als General selbst für die Sache der Freiheit gekämpft, um jedoch nach dem blutigen Bürgerkrieg (1861-1865) für Gerechtigkeit und Aussöhnung gegenüber den unterlegenen Südstaaten einzutreten, Gegner der „Morgenthauer" seiner Zeit. Folgende Losung gab Schurz aus, die jeden Sieger sittlich verpflichte:

„Es gibt eine Pflicht, die starke Menschen und starke Nationen mit ausgeprägtem Ehrgefühl nie vergessen werden: daß die Starken ohne Bedenken davon Abstand nehmen, ihre Macht zu mißbrauchen, wenn sie sich mit den Schwachen beschäftigen." Ungeachtet gesteuerter Haßpropaganda gegen die Deutschen, die angeblich seit Jahrhunder-

ten unter verbrecherischen Führern Europa geknechtet hätten, haben vor allem die amerikanischen Quäker bereits während des Krieges die Staatsführung und die Legislative vor Anwendung von Haßmotiven – als Ausdruck von Siegerblindheit – bei der Behandlung der Deutschen wie der Japaner nach dem Siege gewarnt. Wenig ist in Deutschland über die im siebzehnten Jahrhundert im Nordwesten Englands gegründete „Gesellschaft der Freunde" bekannt. Vielleicht liegt es daran, daß die Quäker, ihrer auf humanitäre Nächstenhilfe ausgerichteten Grundhaltung entsprechend, an Eigenpublizität desinteressiert sind, so sehr sie – meiner Erfahrung nach – Geschick in der Propagierung solcher Anliegen haben, die sie als förderungswürdig ansehen. Sie tun gern „Gutes im Stillen". Quäker haben bedeutende Beiträge zu Wissenschaft, Industrie, Entwicklung und Sozialreformen geleistet. Ihre Geschichte ist die mutiger Menschen, die kirchliche Formen und bezahlte Seelsorger ablehnen, an das „innere Licht" – Gott im Herzen von jedermann – glauben und daher mit dem orthodoxen Puritanismus in Konflikt gerieten. Im siebzehnten Jahrhundert wurden sogar Quäker wegen Verkündung ihrer Botschaft hingerichtet. Die bekannteste Quäkerkolonie in der Neuen Welt wurde Pennsylvania, Penns Waldland, in der der große Gründer sein „Heiliges Experiment" des friedlichen Nebeneinander und der religiösen Toleranz durchführte, an dem auch so viele deutsche Auswanderer teilgenommen haben. Quäker haben vielen Hungernden in aller Welt in unserem Jahrhundert das Leben gerettet. Nach dem Ersten Weltkrieg wurden auch an zahlreichen deutschen Schulen Quäkerspeisungen abgehalten. Ihr großes humanitäres Konzept wurde 1947 durch Verleihung des Nobelpreises an das „American Friends Service Committee" und an den „Friends Service" in England geehrt.
Zu den aus ihren Reihen hervorgegangenen bedeutenden Wissenschaftlern gehören der Chemiker John Dalton, der Genetiker Francis Galton, der Astronom Arthur Eddington und der Entdecker der Antisepsis, Josef Lister. Der ehemalige US-Präsident Herbert Hoover, der noch im Alter zum Gegenspieler Morgenthaus wurde, bekannte sich zu seinem Quäkertum, das religiös nicht einfach einzuordnen ist, und bei dem ausgesprochene Rechtschaffenheit, Hilfsbereitschaft und die Überzeugung von der Notwendigkeit verstärkter Abrüstungsbemühungen Hand in Hand gehen. Individualisten wie Frederick Libby in Washington gehörten zum Kreis dieser Minderheit, die solch entschei-

dende Bedeutung im Kampf gegen das Weidelandkonzept Morgenthaus spielen sollte. Eine der ersten Quäkerspenden nach Ende des Zweiten Weltkriegs kam in der Barackenschule des Lagers Kielseng bei Flensburg zur Verteilung, Auftakt für viele andere Hilfsaktionen auf deutschem Boden. Amerikanische Quäker und deren humanitär aktiven Freunde in England – unter Führung von Frederick J. Libby, Generalsekretär des „National Council for Prevention of War" (Nationaler Ausschuß zur Verhinderung des Krieges) – hatten eine Petition zur Verteilung gebracht, dem deutschen Volk in seiner Not einen größeren Anteil an den Lebensmittelreserven der Welt zuzubilligen. Das war bereits 1945 – inmitten einer Welle des Deutschenhasses – erfolgt. Im Verlauf einer Woche unterzeichneten sie 34 Senatoren, ein damals kaum zu erwartender Erfolg! Die Petition wurde an Präsident Truman geschickt der jedoch erklärte, daß zunächst die USA ihre Freunde mit Lebensmitteln versorgen sollten. Das Problem für die Senatoren und die Quäker war, wie man wohl bei Truman eine Sinneswandlung herbeiführen könnte. Libby war außerordentlich aktiv und stärkte die Lobby der Menschlichkeit in Washington mit allen ihm zur Verfügung stehenden Mitteln. Auf die Dauer konnte Präsident Truman die Stimmen einer so aktiven Gruppe amerikanischer Männer und Frauen nicht überhören. Er entschloß sich 1947 zunächst, Expräsident Herbert Hoover nach Deutschland zu entsenden, um die dortige Versorgungslage zu erkunden. Auf der Grundlage des „Hoover-Berichts" erhöhte Truman dann schrittweise die Lebensmittelquoten für die Deutschen. Und Truman entließ Henry J. Morgenthau, nachdem er die Einzelheiten der Pläne des Finanzministers kennengelernt hatte, deren Verwirklichung nach Feststellungen Libbys „bedeutet hätte, daß die deutsche Bevölkerung durch Aushungerung zumindest um ein Drittel reduziert worden wäre."

„SOS aus Europa"

Indessen war die Lage der Vertriebenen katastrophal. Die Franzosen weigerten sich, überhaupt Vertriebene aus dem Osten Deutschlands aufzunehmen, „damit ihre Besatzungszone", in der es genügend fruchtbares Land gab, „sich selbst erhalten könnte". Die Auslaugung dieses Gebiets hatte trotzdem – auch ohne Ostvertriebene – auf weite Strecken echte Hungersnot zur Folge, die erst 1948 abebbte, als Hilfe aus dem Marshall-Plan kam. Es war vor allem paradox, daß die Alliierten in Potsdam selbst die Vertreibung sanktioniert hatten, die US-Regierung jedoch ständig erklärte, die Sorge für die Vertriebenen stelle ein „innerdeutsches Problem" dar. Ich kannte damals den Leiter der Chirurgischen Klinik in Essen, Prof. Dr. Reischauer, der unsere Initiativen gegen die Demontage unterstützte. Er hatte sich nach dem Kriege als Helfer und Sprecher der Vertriebenen-Organisationen einen Namen gemacht. Es schien zweierlei vordringlich: 1. Weckung von Verständnis für die äußerst gefährdete Wirtschaftslage unseres Landes, mit besonderer Akzentuierung der Not von Millionen Vertriebener; 2. Verbreitung der Idee einer Wiedervereinigung mit den besetzten deutschen Ostgebieten (wir differenzierten damals noch nicht zwischen Mitteldeutschland und Ostdeutschland), als Chance zur Befriedung Mitteleuropas, im Rahmen eines Friedensvertrages, auf der Grundlage des Selbstbestimmungsrechts.

Die Morgenthau-Gruppe versuchte selbstverständlich, die Aktivitäten der „Freunde" als „Hilfe für den Feind" zu diskreditieren. Dies geschah mittels gezielter Briefaktionen, die das „Promi Morgenthaus" (wie wir in Anlehnung an das Propaganda-Ministerium von Goebbels sagten), die „Gesellschaft zur Verhinderung des Dritten Weltkrieges" in New York laufend produzierte. Der ehemalige Finanzminister setzte damals das US-Kriegsministerium unter Druck, Anhänger eines „weichen Friedens" mattzusetzen. Nach der Erhöhung der Lebensmittelquoten war der nächste Schritt, den die „Freunde" in Washington für die Deutschen unternahmen, die Einbringung eines Zusatzantrages zum „Gesetz über den Handel mit dem Feind", den Libbys Freund, Albion B. Beverage, ein engagierter Quäker, initiiert hatte; dadurch sollte die Verschickung von Lebensmitteln und Paketen von Einzelpersonen an Individuen oder Personengruppen in den besiegten

Ländern legalisiert werden. Die US-Senatoren William Langer, James O. Eastland und Styles Bridges unterstützten die Zusatzklausel zum „Trade with the Enemy Act“ und konnten sie mit Hilfe einflußreicher Kollegen im Kongreß durchsetzen. Es war dies einer der ersten entscheidenden Einbrüche in das Konzept zur Aushungerung und Versteppung Deutschlands. Er gab der Bevölkerung wieder einen kleinen Hoffnungsschimmer.
Den Kirchen galt unsere besondere Aufmerksamkeit. In den Vertriebenenverbänden arbeiteten Katholiken und Protestanten zumeist kameradschaftlich zusammen. Damals war der „Heilige Proportius“ noch nicht zum Zuge gekommen, unter dessen Szepter später in der jungen Bundesrepublik häufig die Stellen in Ministerien und Behörden zwischen Katholiken und Protestanten aufgeteilt wurden. Als Deutsche zogen die Vertriebenen, ohne Rücksicht auf das Gebetbuch des Einzelnen, an einem Strang.
Es schien jedoch, daß katholische Bischöfe für unser Vorhaben eher zu gewinnen waren als mancher protestantische Würdenträger. Nicht alle waren aus dem gleichen Holz geschnitzt wie der Landesbischof Theophil Wurm in Stuttgart, der den Alliierten seine Meinung unverblümt sagte. Ich habe nie die Antwort eines Oberkirchenrats vergessen, den ich später – im Einvernehmen mit der Libby-Gruppe – gebeten hatte, etwas für die jungen Deutschen zu tun, die im Malmédy-Prozeß brutalen Verhörmethoden unterworfen wurden: „Es tue ihm leid, mich enttäuschen zu müssen; aber die Lutherische Kirche könne sich – nach sorgfältiger Prüfung der Situation – nicht durch Eintreten für beschuldigte Angehörige der Waffen-SS einsetzen. Die Kirche habe schon genug damit zu tun, ihr eigenes Bild von den Flecken zu reinigen, die die Zusammenarbeit eines Teils der Pfarrer mit den Deutschen Christen (Reichsbischof Müller), und damit Hitler, erzeugt habe. Er bitte um Verständnis dafür, daß hier höhere Interessen der Kirche auf dem Spiel stünden.“
Bei einer Aufklärungsaktion an die Adresse amerikanischer Katholiken ließ sich besonders gut der Aufruf des durch seine rechtliche Denkungsart hervorragenden Kölner Kardinals Frings vom Januar 1946 verwenden, in welchem es hieß: „Wir katholischen Bischöfe können nicht länger schweigen zu dem furchtbaren Los von mehr als 10 Millionen Deutschen, deren Vorfahren größtenteils schon vor 700 und 800 Jahren im ostdeutschen Raum gesiedelt haben. Wir bitten und

flehen, die Weltöffentlichkeit möge ihr Schweigen brechen; diejenigen, die die Macht in Händen haben, möchten verhüten, daß Macht vor Recht geht und daß eine neue Saat des Hasses ausgestreut werde, die nur Unheil in sich bergen könnte." Papst Pius XII. hatte Kardinal Frings zum Päpstlichen Protektor für das Flüchtlingswesen ernannt; unermüdlich hat dieser sich der schwierigen Aufgabe angenommen.
Ende 1946 verfaßte ich einen Aufruf „SOS aus Europa":
„Die westlichen Alliierten tragen schwere Verantwortung am Schicksal und an den Problemen der deutschen Ostvertriebenen. Die Frage deutscher Reparationen, die Überwindung der Zonengrenzen und die Errichtung einer zentralen, demokratisch gewählten Regierung für Deutschland sind eng mit der Festlegung der deutschen Grenzen und der Politik gegenüber Ostdeutschland verknüpft. Wir erwarten keine Patentlösung. Wir betonen jedoch: Deutschland wird als Nation untergehen, falls Westdeutschland nicht mit jenen von Außenminister Byrnes in Stuttgart ›unbestreitbar deutsch‹ genannten Gebieten wiedervereinigt wird, die 1919 zu ihm gehörten. Eine Gallup-Umfrage bei den Millionen Ostflüchtlingen über ihre Einstellung zur Heimat, aus der sie vertrieben wurden, ist im Interesse der Demokratie notwendig. Die Demontage der Einheit einer Nation stellt eine Verhöhnung des Selbstbestimmungsrechts dar, das die Demokratien auf ihre Fahnen geschrieben haben. Es liegt auch im Interesse des amerikanischen Steuerzahlers, die Lösung dieses Schlüsselproblems Mitteleuropas nicht zu verzögern. Engstirniger Nationalismus darf keine Stimme im kommenden Europa haben. Brandenburg, Pommern und Schlesien, Mecklenburg, Sachsen und Thüringen sind seit vielen Jahrhunderten von Deutschen besiedelt gewesen. Deutschland ist das schlagende Herz Mitteleuropas. Das Stuttgarter Versprechen von Außenminister Byrnes muß einmal eingelöst werden: ›Die Vereinigten Staaten werden nie die Konfiszierung von Gebieten dulden, die unzweifelhaft deutsch sind, oder eine Teilung Deutschlands zulassen, die von der Bevölkerung nicht ehrlich gewünscht wird.‹
Die größte Völkerwanderung der Geschichte ist in vollem Gang. Keiner weiß, wieviel Deutsche aus Gründen der Rache verhungern mußten. Ganze Familien, alte Leute und Waisen sind von ihrem Besitz wie Vieh davongetrieben worden. Die Geschehnisse im Osten könnten, um ein Beispiel zu nennen, etwa eine Parallele finden, falls die Engländer etwa die Auswanderung aller Deutschen des Ruhrgebiets –

nach dessen Plünderung – anordnen würden; eine phantastische Vorstellung! Können Sie sich in den Staaten überhaupt vorstellen, was es für Ihre eigenen Landsleute bedeuten würde, falls 72 Millionen Amerikaner auf einem Gebiet leben müßten, welches kleiner ist als Nebraska, und falls mindestens ein Fünftel von ihnen kein Dach über dem Kopf hätte?

Bauern, Handwerker, Arbeiter, Intellektuelle, Wissenschaftler, Erfinder, die aus dem deutschen Osten stammen, gehen zugrunde. Die deutsche Jugend hat den Glauben verloren. Wie steht es mit der Atlantikcharta? ‚Freiheit von Not und Furcht' – ist das nicht wieder nur solch ein Schlagwort? fragt man hier. Wir wollen eine saubere Demokratie aufbauen, doch wir stellen die Gewissensfrage: Wie kann das geschehen, wenn unsere Kinder zu Tode hungern? William Doherty hat schon recht: ‚Auf leeren Mägen kann man keine Demokratie errichten. Der Friede in Europa kann nicht hergestellt werden, wenn nicht die christlichen Prinzipien in der politischen Wirklichkeit angewendet werden'. Der Aufbau einer freien, gesunden Wirtschaft ist nur Teil der Wiederherstellung des Rechts; die Rückgabe der unleugbar deutschen Gebiete des Ostens ist das andere Gebot einer freiheitlichen Politik.

Hunger in Mitteleuropa ist die satanische Fünfte Kolonne von Chaos und Revolution. Seit mehr als 10 Jahrhunderten waren die Deutschen Schild der Zivilisation gegen Invasionen des Ostens; und jene ‚unleugbar deutschen Gebiete', die Genosse Molotow heute Moskaus Satelliten übereignen möchte, waren schon von christlichen Siedlern deutscher Abstammung unter den Pflug genommen, lange bevor Christoph Columbus Amerika entdeckte. Schlesien den Schlesiern, Ostdeutschland den Ostdeutschen; das ist nicht ein leeres Schlagwort für uns; es ist die Anwendung des Rechts der Selbstbestimmung und der Grundsätze moderner Demokratie auf einen wichtigen Teil Europas. Die Russen wenden jedoch das Prinzip der ‚Goldenen Kuh' an, die zu gleicher Zeit gemolken und geschlachtet wird; die letzte Entwicklung in den früheren deutschen Ostgebieten zeigt, anstelle von Demontagen, die Überführung von Bergwerken, chemischen und metallurgischen Betrieben, der Textil- und der Lederindustrie in sowjetisches Staatseigentum.

Ist es nicht Wahnsinn, im Herzen Europas die lebenswichtigen Teile unseres produktiven Kapitals zu vernichten, das in Generationen har-

ter Arbeit und produktiven Denkens angesammelt worden ist? Eine solche Politik wird sich auch an anderen Ländern rächen. Glauben Sie etwa, daß Iowa, Wisconsin, Minnesota, Nebraska und Oklahoma größere Prosperität aufweisen würden, wenn Sie einfach beginnen würden, die Industriegebiete um Pittsburg herum zu zerstören? Reparationen? Gewiß – aber in einem vernünftigen Rahmen! Europa braucht Deutschland! – so hat es Senator Conally formuliert!"
Die amerikanischen Empfänger dieser Botschaft sollten zum Nachdenken über die deutsche Frage, die Notwendigkeit der Wirtschaftshilfe, die drohende Gefahr des Kommunismus, die Klärung der deutschen Grenzfrage und das katastrophenträchtige Demontageprogramm gebracht werden.

Hoover-Konzept statt Morgenthau-Plan

Der harte Winter 1946/47 brachte die Bevölkerung des dicht besiedelten Ruhrgebiets, das zudem noch zahllose Ostvertriebene hatte aufnehmen müssen, an den Rand der Verzweiflung. Der von den Briten eingesetzte Ministerpräsident von Nordrhein-Westfalen, Amelunxen, erklärte am 12.11.1946, weite Bevölkerungskreise seien völlig unterernährt, die Tuberkulose verbreite sich in erschreckendem Maß und die Seuchengefahr stehe unmittelbar bevor.
Damals ging das Gerücht um, daß die deutschen Zechen „ertränkt" werden sollten. Freilich ist es nicht einfach, dem Ursprung von Gerüchten auf die Spur zu kommen. Auf jeden Fall scheint es plausibel, daß das Schreckgespenst der „Bergwerksersäufung" mit dem Morgenthau-Plan zu tun hatte, wie ihn der Stellvertreter Morgenthaus, Stalin-Agent Harry Dexter White, am 2. September 1944 Präsident Franklin Delano Roosevelt erläutert hatte: „Aus diesem Gebiet sollen nicht nur alle bestehenden Industrien entfernt werden; es sollte auch so geschwächt werden, daß es in absehbarer Zeit nicht wieder zum Industriegebiet werden kann. Alle noch nicht zerstörten Anlagen sollten völlig demontiert und aus diesem Gebiet entfernt oder ganz und gar vernichtet werden. Die gesamte Ausrüstung der Bergwerke ist zu entfernen; die Schächte sind völlig zu zerstören."

Winston Churchill, Franklin Roosevelt und Josef Stalin auf der Jalta-Konferenz Februar 1945

Das schwarz eingezeichnete Gebiet wurde von den westlichen Alliierten nach dem Waffenstillstand den Sowjets im Austausch für die drei Westsektoren Berlins übergeben

Herbert Hoover, 30. Präsident der USA, führte im Februar 1947 im Auftrag von Präsident Truman eine Wirtschaftsmission durch Deutschland und Österreich und setzte seinen Einfluß gegen die Demontagepolitik ein

Außenminister George Marshall am 5.6.1947 bei seiner berühmten Rede vor der Harvard-Universität, bei der er den Plan des Europäischen Aufbauprogramms (Marshall-Plan) entwikkelte

Paul G. Hoffmann, Marshall-Plan-Verwalter

John J. McCloy, US-Hochkommissar, stellte 1949 die Weichen zum Petersberger Abkommen

Hubert H. Humphrey, Vizepräsident der Vereinigten Staaten, zeichnete für den Humphrey-Report verantwortlich, indem er für den Demontagestopp plädierte

Frederick J. Libby, Generalsekretär des „National Council for Prevention of War" in Washington

Styles Bridges, republikanischer Senator, spielte eine führende Rolle bei der Verhinderung der Demontagen

General Lucius D. Clay und General Sir Brian Robertson unterhalten sich mit Ruhrkumpels

Konrad Adenauer, General Bishop und Lord Pakenham beim Katholikentag in Bochum, September 1948

Auf verschiedene Einwände seiner Mitarbeiter, einschließlich wirtschaftspolitischer Bedenken (im Hinblick auf andere europäische Länder), und auf den Vorschlag nach einer Internationalisierung der Ruhr antwortete Morgenthau am 4. September 1944: „Das einzige, für das ich meinen Namen hergebe, ist die völlige Stillegung der Ruhr. Was aus den Deutschen wird, ist mir egal. Ich würde jedes Bergwerk und jede Fabrik zerstören. Ich bin dafür, daß das alles erst einmal vernichtet wird. Dann können wir uns über die Bevölkerung den Kopf zerbrechen."

Er schlug dem Präsidenten vor, Pioniere sollten in jedes Stahlwerk, in jede Zeche, in jede chemische Fabrik, in jede Raffinerie gehen, Dynamit legen, die Hydranten öffnen, alles unter Wasser setzen und sprengen. Aus der Ruhr sollte, so Morgenthau zu seinen Mitarbeitern, eine „Gespensterlandschaft" werden. Es blieb nicht aus, daß gegen solchen Haß, ungeachtet der allgemeinen Kriegsstimmung, Widerstand geleistet wurde; und dies bereits am gleichen 4. September 1944, an dem Morgenthau Henry Stimson, John J. McCloy und Harry Dexter White zu einem Abendessen eingeladen hatte. Kriegsminister Henry Stimson griff sogleich im gemäßigten und liebenswürdigen Ton ein und unterstrich, die Zerstörung eines so großen Teils der deutschen Industrie würde für dreißig Millionen Menschen den Hungertod bedeuten; in der Kabinettsitzung des folgenden Tages kam es zu scharfen Auseinandersetzungen zwischen Stimson und Morgenthau. Schon im August 1944 hatte Henry Morgenthau dem europäischen Hauptquartier General Eisenhowers einen Besuch abgestattet, um sich, offensichtlich die Konzentration „Ikes" auf ganz andere Fragen psychologisch zu nutzen suchend, eine Art Blankovollmacht dieses wichtigen Mannes für seinen Rachefeldzug geben zu lassen. In der Tat war Eisenhower in jenen dramatischen Tagen des Durchbruchs der alliierten Truppen in der Normandie durch strategische Probleme voll in Anspruch genommen; und er sagte seinem Gast unverblümt, er könnte sich jetzt nicht auch noch mit der Zukunft der deutschen Wirtschaft befassen; dennoch glaubte er, daß eine künstliche Abdrosselung aller Rohstoffquellen, die Morgenthau ihm schmackhaft zu machen suchte, „unsinnig" wäre. So erhielt Morgenthau von Eisenhower nicht jene Rückendekkung, die er sich erhofft hatte. „Ike" ließ sich nicht überrumpeln. Unausdenkbar die Folgen, falls er nachgegeben hätte. Der General handelte instinktiv richtig. In seinen Memoiren sollte Eisenhower später berichten, er habe sich entschieden gegen einen Vorschlag gewandt, die Ruhrschächte unter Wasser zu setzen. Dies wäre „sinnlos und verbrecherisch" gewesen.

Für die Vermittlung eines unverzerrten Geschichtsbildes der vierziger Jahre unseres Jahrhunderts ist es wichtig, darauf hinzuweisen, daß zu den erbittertsten und aktivsten Gegnern des Morgenthau-Plans prominente Juden gehörten. Der britische Verleger Victor Gollancz, dem wir so viel zu verdanken haben, machte in seinen mutigen Kommentaren 1946/47 für die verheerende Versorgungslage, insbesondere des Ruhrgebiets, nicht den „General Winter" oder bestimmte Versorgungsengpässe verantwortlich; er griff vielmehr unverblümt die Alliierte Kontroll-Kommission frontal als „Jünger Morgenthaus" an. James P. Warburg, Mitglied der bekannten jüdischen Bankiersfamilie in New York, hatte in seiner Eigenschaft als Beamter des „Office of War Information" einen detaillierten Plan für Nachkriegsdeutschland entworfen, der im vollem Gegensatz zu den Ideen von Morgenthau/White stand. Seiner Meinung nach sollten die Alliierten nach der Besetzung Deutschlands die demokratischen Kräfte durch geeignete Maßnahmen so stärken, daß das deutsche Volk von sich aus dazu gelange, sein politisches und wirtschaftliches Leben zu reorganisieren und so weit zu bringen, daß es in eine Weltorganisation hineinpasse, deren Ziel die Erhaltung eines dauerhaften Friedens sei. Leider zeigte Roosevelt zwar zunächst Interesse am Warburg-Plan, geriet indessen immer stärker in den Bannkreis von Morgenthau/White, so daß die Ideen des Bankiers nach der Konferenz von Teheran, auf der die Forderung nach bedingungsloser Kapitulation der Deutschen erhoben wurde, als „verfrüht" beiseite geschoben wurden.

Zwar konnte Morgenthau mit der vollen Unterstützung seiner Ideen durch Stalin und Lord Vansittard, den leidenschaftlichen britischen Verfechter eines „drastischen Friedens", und – zunächst – des Präsidenten Roosevelt rechnen, traf aber auf unerwartet scharfen Widerstand bedeutender Persönlichkeiten, in den USA wie in England, die im Sinne Nathan des Weisen statt im Sinne „Henrys, des Racheengels" tätig wurden. Dann aber erstand ihm ein Gegenspieler, mit dem er wohl nicht gerechnet hatte: Herbert Hoover. Der ehemalige US-Präsident, damals 83 Jahre alt, war von Truman mit der Spezialmission „Untersuchung der Ernährungslage Deutschlands" beauftragt worden. Schon 1946 hatte Hoover mehrere Deutschlandreisen unternommen, um sich ein Bild der Lage zu machen. Damals bereits arbeitete er, entschiedener Gegener der „Weidelandpläne", mit Victor Gollancz und dessen großer Hilfsaktion „Save Europe Now" (Rettet Europa jetzt) zusammen. Hoover hatte sich vorgenommen, nicht bei Schilderung des Ist-Zustands der Verhältnisse in Deutschland stehenzubleiben, sondern dessen Ursachen genau nachzugehen und praktische Vorschläge für eine Besserung der Lage zu machen. Wie Gollancz schon sehr früh die Demontagen in dem von alliierten Regierungen geforderten Umfang verurteilt hatte, so verwarf der greise Ex-Präsident in seinem Bericht an Präsident H. Truman vom März 1947 die Demontage- und Vernichtungsphilosophie der „Morgenthauer".

„Es gibt nur einen Weg zur Erholung Europas. Er heißt: Produktion! Die ganze Wirtschaft Europas ist mit der Wirtschaft Deutschlands mannigfach durch den Austausch von Rohstoffen und Produkten verknüpft. Es besteht da eine Illusion, wonach das neue Deutschland, das nach den Annexionen übrig geblieben ist, zum Status eines Weidelandstaates reduziert werden könnte. Das kann nicht durchgeführt werden, es sei denn, wir würden das Leben von 25 Millionen seiner Bürger auslöschen! Wir sollten sofort für alle Zeiten mit Zerstörung oder Entfernung aller Industrieanlagen aufhören, die Güter oder Dienstleistungen für Friedenszwecke liefern können. Die schwere Last, welche unsere Steuerzahler jetzt tragen müssen, ist hinreichend Beweis für die Idiotie solcher Art von Politik. Es ist eine Illusion, anzunehmen, daß man mittels Entfernung industrieller Anlagen für Friedensproduktion irgendwelche sich daraus ergebenden Reparationen erzielen könnte! Die Gebäude, Fundamente, Wasser- und Elektrizitätsanlagen und andere Installationen in solchen Betrieben haben keinen Wert, wenn sie fortgeschafft werden. Alles, was man demontieren kann und was überhaupt einen Nutzwert hat, sind Maschinen. Die Kosten, sie herauszureißen und irgendwohin zu transportieren, wo es weder Facharbeiter noch geschultes Management gibt, machen schließlich auch deren Wert verhältnismäßig gering."

Anfang 1947 war klar, daß ein erbittertes Ringen zwischen den Morgenthau-Jüngern und den Befürwortern einer Eingliederung Westdeutschlands als gleichberechtigtem Partner in die nicht-kommunistische Welt einsetzen würde. Der Ausgang erschien damals noch völlig ungewiß. Was bei der Lektüre ausländischer Zeitungen auffiel, war die Tatsache, daß die Morgenthau-Gruppe eine solch vorzüglich geölte,

weltweite Propagandamaschinerie zur Verfügung zu haben schien. Dieser war es zum Beispiel gelungen, zahlreiche persönlich diffamierende oder lächerlich machende Artikel gegen Ex-Präsidenten Herbert Hoover zu lancieren, der es gewagt hatte, sich gegen den „Weidelandplan“ zu wenden; Hoover wurde sogar als „unverbesserlicher Deutschenfreund“ und „Vorreiter eines Dritten Weltkrieges“ (als Folge der Propagierung des deutschen Wiederaufbaus) verdächtigt.
Das Ziel künftiger Bemühungen war, in den Machtzentren der westlichen Welt, vor allem in Washington, Öffentlichkeitsarbeit zu starten. Nur positive, konstruktive Ideen waren in der Lage, das Negativbild „Westdeutschland“ allmählich abzubauen. Man mußte an den angelsächsischen Sinn für Fairness gegenüber dem Unterlegenen appellieren und so die Demontagepläne durch Aufbaupläne verdrängen und Verständnis für die Nöte der Heimatvertriebenen wecken.

Die Kirche schaltet sich ein

Reischauer, der Universitätsprofessor und Arzt in Breslau gewesen war, hatte den Aufruf „SOS from Europe“ einem zuverlässigen Kreis von Mitarbeitern in der Vertriebenenbewegung zugesandt; Vorsicht war umso angebrachter, als Anzeichen dafür vorlagen, daß die Morgenthau-Gruppe „Intelligence-Experten“ auf die Landsmannschaften, die sie als „revanchelüstern“ darzustellen pflegte, angesetzt hatte. Außerdem hatte ihm die schlesische Dichterin Vally Jung mitgeteilt, daß der Freiburger Erzbischof Gröber den Appell „SOS aus Europa“ für die französische Zone unterzeichnen wolle. Er habe in seiner Sylvesterpredigt erklärt, daß die Rückkehr der Ostvertriebenen in ihre angestammte Heimat mit allen Mitteln gefordert werden müßte.
Als ehemaliger Pfarrer von Konstanz hatte Dr. Gröber schon im „Dritten Reich“ außergewöhnlichen Mut an den Tag gelegt, als er erkennen mußte, daß sein Vertrauen auf feierliche Erklärungen des Staates für Kirche und „positives Christentum“ enttäuscht worden war.
Anfang April 1947 wurden Reischauer und ich von Kardinal Frings in Köln zu einem längeren Gespräch empfangen. Es spielte dabei keine

Rolle, daß wir Protestanten waren. Wir spürten sogleich, mit welch verhaltener Leidenschaft sich der hohe Geistliche für die Hilfe an notleidende Bürger einsetzte, wie sehr er auf Rettungsaktionen in einer trostlos erscheinenden Situation drängte, und welch geringen Respekt er vor Befehlen der Besatzungsmächte hatte, eine Haltung, zu der schon damals Anekdoten im Umlauf waren. Das Wort „fringsen" ging sogar in die Umgangssprache ein. Es hatte seinen Ursprung in der Sylvesterpredigt 1947 im Kölner Dom, in der der Kardinal die Gläubigen ermuntert hatte, Ruhrgebietskohle von den nach Frankreich rollenden Waggons für den Hausbrand zu nehmen, was schließlich besser sei, als zu erfrieren. Unsere Hauptthemen waren: Auslandsaufklärung zum Vertriebenenproblem, Verbreitung des Aufrufs „SOS aus Europa", Möglichkeiten des Widerstands gegen die Demontagen. Der Kardinal empfahl uns, zur Erörterung der geplanten Aufklärungsaktion zunächst mit dem amerikanischen Bischof Muench, der später auch Doyen des Diplomatischen Corps in Bonn werden sollte, Gespräche aufzunehmen.

Bischof Muench, der damals in Bad Homburg residierte, zeigte besonderes Verständnis für die Motivation unseres Handelns. Leider sei von den Politikern, so sagte er, schon viel Zeit mit Unwichtigem vertan worden; pausenlose Aufklärung der US-Öffentlichkeit über das Vertriebenenschicksal und den Demontageunsinn, „zwei sich gegenseitig bedingende Fragen", sei vordringlich. Es sei ihm selbst leider unmöglich, angesichts seiner Doppelfunktion als päpstlicher Visitator und als amerikanischer Bischof, seinen Namen offiziell unter „SOS from Europe" zu setzen. Er gab mir jedoch eine persönliche Empfehlung an den Erzbischof Dr. Gröber in Freiburg und an den ehemaligen Bischof von Ermland, Maximilian Kaller, mit, nachdem er den Text des Aufrufs gelesen und gutgeheißen hatte. Einige Tage später fand die Begegnung mit Erzbischof Dr. Gröber, Metropolit der oberrheinischen Kirchenprovinz, in Freiburg statt. Er war bereits über Inhalt und Sinn der Meinungsinitiative informiert. Er leistete seine Unterschrift unter „SOS from Europe" ohne Zögern und gab mir dann eine Reihe wertvoller Anregungen für die Mobilisierung der Meinung in den USA.

Erzbischof Gröber legte mir nahe, mit seinem Freund Bischof Maximilian Kaller, dem päpstlichen Sonderbeauftragten für die heimatvertriebenen Deutschen in Bonn, zu kooperieren, an den bereits Bischof Muench verwiesen hatte.

Den ehemaligen Bischof von Ermland, mit Frauenburg als Bischofssitz, konnte ich in Frankfurt/Main bereits sprechen, wo er den amerikanischen Besatzungsoffizieren seine Sorgen vorgetragen hatte.
Bischof Muench hatte zudem angeregt, Bischof Kaller um eine offizielle Stellungnahme zu den Auswirkungen der Demontagen für eine Veröffentlichung in der US-Presse zu bitten. Auch Bischof Kaller setzte seinen Namen ohne Zögern unter den Aufruf.
Als ich dem streitbaren Kirchenführer Martin Niemöller in seiner Wiesbadener Wohnung gegenüber saß, erlebte ich einen Mann, der von der Deutschlandpolitik der Westmächte mehr als enttäuscht war, was er sarkastisch zum Ausdruck brachte. Seinem amerikanischen Amtsbruder Frederick Forell in New York hatte Niemöller am 6.5.1947 ohne Umschweife geschrieben: „Ich muß ein Wort an meine christlichen Brüder und alle Freunde richten! Die Westmächte haben Propaganda getrieben mit christlichen und menschlichen Grundsätzen und versichert, daß sie für die Gültigkeit dieser Grundsätze kämpften. Dieser Glaube ist völlig erschüttert worden. Das Ergebnis ist der Nihilismus“.
Der Appell „SOS from Europe“, durch die Unterschriften von hohen Kirchenführern abgesegnet, konnte nun an zahlreiche amerikanische Politiker im Senat und Repräsentantenhaus, an Wirtschaftler und Institutionen gehen. Es war gut zu wissen, daß auch Bischof Muench die Schrift in geeignete Kanäle, einschließlich der Konferenz der katholischen Bischöfe der USA, einschleusen würde.

Hoffnungsschimmer Marshall-Plan

In den Vereinigten Staaten zeichnete sich inzwischen ein Meinungsumschwung ab. Die Moskauer Konferenz der Außenminister (10.3. bis 24.4.1947) hatte unüberbrückbar scheinende Gegensätze zwischen dem Westen und der UdSSR offenbart, die Reparationen von 10 Milliarden Dollar aus der laufenden Produktion und eine Viermächtekontrolle des Ruhrgebiets gefordert hatte, während die Westmächte erklärt hatten, die wirtschaftliche Stabilisierung Deutschlands sei erforderlich, damit es sich in naher Zukunft selbst erhalten könnte. Auch die Franzosen, die das Potsdamer Abkommen nicht unterzeichnet und den US-Plänen zur Schaffung zentraler deutscher Verwaltungsbehörden Widerstand entgegengesetzt hatten (eine Änderung dieser Politik hatte Paris nur unter der Bedingung der Abtrennung von Ruhr-Rheinland-Saar von Deutschland und der Anerkennung der Oder-Neisse-Linie als „endgültig" in Aussicht gestellt), bekamen kalte Füße und widersetzten sich dem raffinierten „Brückenkopfplan" Moskaus. Die Briten, die Vorschläge zu einer Verstaatlichung bzw. Sozialisierung der Ruhr zwecks „Verhinderung einer militaristischen Industriepolitik" in der Schublade und offenbar noch Traditionen ihrer „balance-of-power" im Kopfe hatten, konnten ebenfalls nicht mit von der Partie Stalinschen Ausdehnungsdrangs sein. Auch der Durchschnittsamerikaner, der sich vielleicht bis dahin kaum für Außenpolitik interessiert hatte, verspürte allmählich ein Unbehagen angesichts einer wachsenden Konfrontation mit den Russen und der unsicheren Entwicklung in Europa.

In dieser von politischen Zweifeln erfüllten Atmosphäre hielt Außenminister George Marshall am 5. Juni 1947 vor Studenten und Professoren der Harvard-Universität eine Rede, bei der er einen Plan zur wirtschaftlichen Erholung und Belebung Europas propagierte und erläuterte. Die Verzettelung der Hilfe für die europäischen Länder sollte beseitigt werden; die Volkswirtschaften der einzelnen Nationen sollten zusammenarbeiten; und unter Voraussetzung beginnender wirtschaftlicher Teamarbeit der Europäer sollte von den USA eine umfassende, die Zukunft Europas sichernde Hilfe gewährt werden. Diplomatisch klug, war zunächst keine Aufzählung europäischer Länder erfolgt, die an diesem weitgesteckten Ziel mitwirken sollten. Das Programm sollte nicht aufoktroyiert werden; es wurde nur betont, daß es ein gemeinsames Programm sein sollte, dem sich eine Anzahl, wenn nicht alle, europäischen Nationen anschließen könnten. Das „European Recovery Program" = ERP war geboren.

Molotow reagierte in schärfster Form auf das Angebot des amerikanischen Außenministers und lehnte die Mitarbeit sogleich ab. Diese Ablehnung schloß auch alle übrigen Länder des Ostblocks von der Beteiligung aus, sodaß das Europa unter der ERP-Flagge nur die westlichen Länder umfassen konnte. Die Trennung Europas in ein westliches und in ein östliches Lager konnte kaum augenscheinlicher zutage treten.

Der wohl letzte Versuch der Amerikaner zur Überwindung der Spaltung erfolgte Anfang 1950. Am 28. Februar erklärte US-Hochkommissar John J. McCloy in einer mit Washington und London (nicht mit Paris!) abgestimmten Verlautbarung an die Adresse der DDR, er sehe keine Einwände gegen die Errichtung einer einzigen deutschen Regierung, vorausgesetzt, diese würde auf freien und fairen Wahlen beruhen. Hierauf antwortete der Pressechef Norden der Deutschen Demokratischen Republik am 2. März 1950, seine Regierung sei nicht bereit, einen „Kompromiß mit dem Teufel" zu schließen; freie Wahlen könnten auf keinen Fall abgehalten werden, bevor das Ruhr- und Besatzungsstatut nicht neu konzipiert und die Besatzungstruppen abgezogen wären.
Die anti-kommunistische Nebenabsicht des europäischen Wiederaufbauplans konnten freilich Moskau und seine Satelliten nicht übersehen. Der Kommunismus hatte Fortschritte erzielt; er hatte auch in Westeuropa Brückenköpfe gebildet; er nutzte die wirtschaftliche Krise, psychologisch geschickt, weidlich aus, und die Amerikaner begannen bereits, sich in ihrer Sicherheit ernstlich gefährdet zu fühlen. An die Stelle einer Deutschlandpsychose trat in den USA in steigendem Maße eine Kommunismus-Psychose, die keinesfalls im Sinne der Morgenthau-Boys und der Verfechter eines „harten Friedens" lag. Der Kalte Krieg begann, und damit auch die raschere Verwirklichung der Forderungen von Außenminister Marshall, soweit sie die Bereitstellung amerikanischer Mittel für Europa betrafen.
Am 11.6.1947 brachte Reuter folgende Meldung: „Marshall hat seine grundsätzliche Zustimmung zu einer Entschliessung erteilt, die den Willen des Kongresses bekundet, die Schaffung der Vereinigten Staaten von Europa im Rahmen der UNO zu unterstützen." Der US-Außenminister hatte ausdrücklich betont, daß es nicht Absicht der USA sei, den Völkern Europas irgendeine Form der politischen oder wirtschaftlichen Vereinigung aufzuzwingen. Die künftige Organisation Europas müsse von den europäischen Völkern selbst entschieden werden. Jedenfalls hatte der Vorschlag von George Marshall in aller Welt wie eine Bombe eingeschlagen. Der Begriff „Marshall-Plan" wurde über Nacht allgemein bekannt. Bundeskanzler Helmut Schmidt hat in der „New York Times" zum dreißigsten Jahrestag (30. Mai 1978) die Bedeutung des Marshall-Plans so formuliert: „Aus George Marshalls großherziger und weitschauender Idee ist mehr Nutzen und

Segen für die Welt geflossen als aus vielen anderen Konzepten der Nachkriegsgeschichte. Marshalls Konzept war und ist auf Kooperation angelegt. Die dynamische Grundidee, geboren nach und aus einer Zeit grausamer kriegerischer Konfrontation, beherrscht seitdem wenigstens im wirtschaftlichen Bereich die Geschicke der Welt: Marshall hat exemplarisch vorgeprägt, was heute in Europäischer Gemeinschaft, OECD, Internationalem Währungsfonds, Vereinten Nationen und anderen Organisationen der Zusammenarbeit schon als Selbstverständlichkeit erscheint – bis hin zur gemeinsamen Verantwortung der großen Industrieländer für die Entwicklung der Weltwirtschaft und zur Integration der Länder der Dritten Welt in die weltwirtschaftliche Arbeitsteilung."

Damit war uns die Chance gegeben, die polemische Auseinandersetzung mit der destruktiven Tendenz der von Morgenthau erstrebten Politik der Zerstörung auf den verschiedensten Gebieten zu ersetzen durch überzeugungsstarke Propagierung der Ideen des Marshall-Plans. Unter Berufung auf dies Gedankengut galt es, produktive Vorschläge für die Deutschlandpolitik einzubringen, Demontagen jedoch, als „alten Zopf", meinungsmäßig zu bekämpfen und, falls möglich, zu verhindern. Der Marshall-Plan verlangte den amerikanischen Steuerzahlern, was wir allzuleicht vergessen, erhebliche Opfer ab: etwa 2,5 Prozent ihres damaligen Nationaleinkommens (Bruttosozialprodukt) stellten die USA für den Marshall-Plan zur Verfügung, der zur Ankurbelung der europäischen Wirtschaft, einschließlich Westdeutschlands (kurz zuvor noch „Feindgebiet"), bestimmt war.

Daß dieser, wie seinerzeit der Dawes-Plan, auch der amerikanischen Industrie von Nutzen sein sollte, ändert in keiner Weise das positive Urteil des Historikers.

Scharfe Kritik am ERP haben lediglich Kreise der extremen Linken in Europa geübt, die die Marshall-Plan-Idee als raffinierten „Trick zur Festigung des Monopolkapitalismus" und zur „Verhinderung einer Sozialisierung Europas" dargestellt haben.

Begegnung mit Fred Libby

Schon zuvor ist die Geschäftsstelle des „Nationalrates zur Verhinderung des Krieges“, unter Frederick J. Libby als Generalsekretär, als wichtiges Zentrum des „Kampfes gegen den Völkerhaß“ erwähnt worden. Sie wurde als „non-profit-organisation“ von den amerikanischen Quäkern getragen. Hier arbeiteten Frauen und Männer verschiedener Herkunft, politischer Bindung und religiöser Zugehörigkeit zusammen, die sich klare Ziele gesetzt hatten: Aussöhnung mit den Besiegten, Tathilfe für notleidende deutsche und japanische Bürger, Überwindung einer von Leidenschaft und Animosität geprägten Atmosphäre in den USA, Abbau des Wettrüstens. Nicht umsonst wurde die „Libby-Gruppe“ in den von Morgenthau finanzierten oder mit diesem sympathisierenden Medien häufig angegriffen oder – eine andere Methode der Diffamierung – als „Lobbyistenclub für weltfremde Ideen mit Deutschlandtick“ abgetan. Ich habe jedoch selbst bei meinem Aufenthalt vom Mai 1947 - April 1948 in USA miterlebt, daß Libby über vorzügliche Verbindungen zur Legislative, zu verschiedenen kirchlichen und humanitären Gruppen, zu konstruktiv denkenden Beamten, zu Universitätsprofessoren und zu Gewerkschaftsführern verfügte und diese auch nutzte. In seiner unermüdlichen Aufklärungsarbeit wurde Libby von einem jungen, scharfsinnigen und ideenreichen Amerikaner namens James Finucane („Jim“) unterstützt, der seine Fähigkeiten dafür einsetzte, den Geist der Siegerblindheit zu überwinden und eine anständige Behandlung der Deutschen wie der Japaner durchzusetzen. Jim war selbst nicht Quäker, ein Individualist, den Titel und Protokoll nicht zu beeindrucken vermochten. Libby konnte sich keinen besseren geistigen Generalstabsoffizier denken.
Diese beiden suchte ich auf, um mit ihnen über die US-Deutschlandpolitik zu sprechen. Libby und Finucane hofften aufgrund ihrer Gespräche mit den Vertretern der beiden großen Parteien der USA, daß mit Verkündung des Marshall-Plans der Zeitpunkt gekommen sei, zumindest eine teilweise Streichung der Demontagepläne des Jahres 1946 mit Aussicht auf Erfolg zu propagieren und zustande zu bringen. Das zunächst vertretbare Ziel laute, die zu belassende deutsche Industriekapazität, zunächst einmal theoretisch, auf 70 Prozent des Standes von 1938 zu erhöhen. 1946 hatten die Alliierten ja zunächst nur eine

Kapazität von 50-55 Prozent festgelegt. Schon im August 1947 gelang es Libby und seinen Freunden in der US-Legislative, diese Forderung auch durchzusetzen.

Im Lauf des Gesprächs fragte ich, wer sich in den USA besonders für den deutschen Wiederaufbau einsetze. Libby gab mir eine „Schwarze Liste" der aktivsten amerikanischen Demontagegegner, die von dem aktiven „Promi" der Morgenthaugruppe verschickt worden war. „Sie können gewiß sein, daß dies die besten Anschriften für bedrängte deutsche Firmen sind", sagte Finucane.

Zu den von Morgenthau am heftigsten attackierten Persönlichkeiten zählten u. a. folgende:

US-Staatssekretär General Draper, der bereits 1946 gegen das Reparationsprogramm der Alliierten protestiert hatte;

Universitätsprofessor William Elliot (Harvard), ein Mitstreiter von Heinrich Brüning beim Bestreben, die Demontagen zu stoppen;

Felix Morley, einflußreicher Rundfunkkommentator und Mitarbeiter von Frederick J. Libby und dessen Kreis;

Senator Styles Bridges, der zusammen mit Senator Dworshak das gefährliche Argument aufgetischt hätte, das deutsche Reparationsprogramm komme primär den „Ländern hinter dem Eisernen Vorhang und deren Politik" zugute;

P.G. Hoffman, späterer Marshall-Plan-Verwaltungschef, dem Sympathie mit den Deutschen und Gegnerschaft gegen Mr. Bevin im Zusammenhang mit Demontagefragen angekreidet wurden;

Professor Carl Friedrich (Harvard University), Bruder des deutschen Industriellen Otto A. Friedrich (Chef der Phoenix AG. Hamburg-Harburg, später Präsident der Bundesvereinigung der Deutschen Arbeitgeberverbände) und Freund Professors Elliot, Hauptverfasser des Deutschlandkapitels im „Herter-Bericht", Berater von General Draper, von dem nicht einfach zu überzeugenden General Clay besonders geschätzt, im Schwarzbuch als „besonders gefährlich" bezeichnet;

Kongreßabgeordneter Francis Case (South Dakota), der – wie sein Kollege John Taber und fast alle Mitglieder des von Professor Carl Friedrich beratenen Herter-Ausschusses – im Steckbrief der Morgenthau-Boys der „Sünde" bezichtigt wurde, die Streichung des Reparationsprogramms als „Vorbedingung einer Erholung Deutschlands" bezeichnet zu haben;

Norman C. Collisson, der zusammen mit Mr. Krug, dem stellvertre-

tenden Innenminister der USA, im Auftrag Trumans Deutschland bereist und eine „starke pro-deutsche Voreingenommenheit“ an den Tag gelegt habe;
Clifford Strike, stellvertretender Direktor der Reparationsabteilung in Berlin, der wegen „Unterminierung des Reparationsprogramms“ seitens der Haßgruppe scharf angeprangert wurde.
Aus unserem ersten Gespräch ergab sich, daß Libby persönlichen Kontakt zu Ex-Präsident Hoover und zu Professor Dr. Fritz Baade hatte, der sich damals bemühte, amerikanische Gewerkschaftler gegen die Demontagepolitik mobil zu machen. Gegner langer Denkschriften und Debatten, liebte Libby rasches Zupacken. So hatte er zum Beispiel am 9. Februar 1948 ein kleines Rundschreiben verfaßt, das nur drei Sätze enthielt, aber gerade wegen der Kürze seinen Zweck nicht verfehlte:

Lieber Freund! Eine der schreiendsten Ungerechtigkeiten unserer gegenwärtigen Außenpolitik ist die Demontage deutscher Industriebetriebe, welche Güter und maschinelle Ausrüstungen für den deutschen Inlandsverbrauch herstellen könnten, die sonst aus den USA nach Europa geschickt werden müßten. Dem amerikanischen Volke wurde gesagt, daß die Direktive 1067, die den Morgenthau-Plan verwirklichen sollte, aufgegeben worden sei, da sie die Industrievernichtung und Versteppung Deutschlands bedeuten würde. Die beigefügten Unterlagen sind Teil einer Nachrichtenserie, die wir täglich an die Mitglieder des Senats versenden, um die Mjßverständnisse in dieser Sache aufgrund offizieller Unterlagen zu korrigieren und den Wahnsinn der Fortsetzung des Demontage-Programms aufzuzeigen.

Frederick Libby
Executive Secretary

Zwei Monate später – um ein anderes Beispiel der Arbeitsweise des „National Council for Prevention of War“ zu nennen – verbreitete dieser in großer Streuung einen Brief von Papst Pius XII. an die Führer des deutschen Katholizismus, in dem es hieß, es müßte endlich die Hilfe der zivilisierten Welt beim Wiederaufbau Deutschlands eingeleitet werden, zumal die Vertreibung von 12 Millionen Ostdeutscher – „unschuldiger Menschen ohne irgendeinen Anteil an Kriegsverbrechen“ – keine Parallele in der Menschheitsgeschichte finde.

Libby betonte in unserem ersten Gespräch, die volle Einbeziehung Westdeutschlands und Berlins in den Marshall-Plan sei die aktuellste Aufgabe, und dazu sei Erhöhung deutscher Industriekapazität „conditio sine qua non". Es bestand Klarheit darüber, daß das ERP-Konzept in diametralem Gegensatz zur Direktive JCS 1067 stand, und daß daher mit allen Mitteln versucht werden müßte, einerseits den US-Kongreß hierüber aufzuklären und andererseits meinungswichtigen Gruppen in Deutschland eine Sprachregelung zu diesem Problem zu geben, mit dem Ziel, die Direktive zu beseitigen oder mindestens zu durchlöchern. Sicher war die Sorge der Freunde begründet, daß die Briten nach Bekanntwerden des Marshall-Plans die Demontage bestimmter Fabriken im Sinn der Schaffung vollendeter Tatsachen beschleunigen würden. Zum damaligen Zeitpunkt waren die Demontagen in der britischen Besatzungszone – in der ja wertmäßig fast 34 der demontierbaren Anlagen der drei westlichen Besatzungszonen lagen (Zentren der Stahlindustrie, Seehäfen) – erst zögernd vorangekommen. Auch die Frage der psychologischen Auswirkungen des Marshall-Plans auf die Restitutionsexperten in der französischen Besatzungszone, die General Koenig wie ein Fürst von Baden-Baden aus regierte, war Gegenstand der Sorge. Von Freda Utley stammten bereits sarkastische Berichte über die Besatzungsmethoden der Franzosen. Die FBZ werde als Übungsplatz benutzt, und die Besatzungstruppen brächten nicht nur Frauen und Kinder, sondern ihre gesamte Sippe mit – zu einem Zeitpunkt schwierigster Ernährungsprobleme der Zonenbewohner. Libby wollte auch dies Thema erneut über bestimmte Verbindungsleute im US-State-Department zur Sprache bringen. (Erst Anfang 1948 sollte dank amerikanischer ECA-Zuteilungen an die französische Besatzungszone eine spürbare Verbesserung der Versorgungslage in diesem Gebiet in Gang kommen)
Einige Sorge bereitete der Libby-Gruppe die Tatsache, daß sich das „Promi" Morgenthaus in New York, mit „Committee for Prevention of World War III" einen Namen zugelegt hatte, der leicht mit dem des „National Council for Prevention of War" zu verwechseln war. Vermutlich ein Trick, Verwirrung zu stiften, glaubte Jim Finucane. Vordringlich waren zunächst konkrete Kurzinfomationen für den Senat und das Repräsentantenhaus, „Anti-Demontage-Tips", von einer wachsenden Interessentengruppe gefragt.

Demontage-Erfahrung eines Kongreßabgeordneten

Die geschilderte Hilfsbereitschaft verschiedener humanitärer und kirchlicher Organisationen in USA hob sich krass ab von einer offiziellen Politik der Alliierten, die – so sah es die Amerikanerin Freda Utley – nach der bedingungslosen Kapitulation das „NS-Herrenrassenprinzip“ übernommen hatte: „Wir haben den frierenden und hungernden Deutschen in ihren von unseren Bombenangriffen in Grund und Boden gestampften Städten bedeutet, daß sie weder Gerechtigkeit noch Gnade zu erwarten hätten; daß wir ihnen aber, obwohl wir ihnen zur Strafe für die Verbrechen der Nationalsozialisten das Recht der freien Wahl entzogen hatten, doch beibringen würden, die Demokratie zu lieben.“ Mancher Amerikaner entschuldigte sich quasi für die Politik seiner Regierung, deren Widersprüche der Durchschnittsbürger nur schwer verstehen könne. Ein Geschäftsmann sagte mir im Herbst 1947 in Boston, er werde seinem Abgeordneten „die Hölle heiß machen“, damit Washington den Weg zu einer positiveren Deutschland-Politik beschritte; Hitler sei tot, das deutsche Volk müsse leben, und schließlich werde es immer klarer, daß Amerikaner und Deutsche „in ein Boot“ gehörten.

Ein Beispiel vorbildlicher amerikanischer Hilfsbereitschaft ist die Adoption der Stadt Kamen im Kreise Unna durch die Stadt Bloomfield, Nebraska, die am 24. Februar 1948 offiziell besiegelt wurde. Die Initiative hierzu geht auf den Bloomfielder Bürger Claude Canaday zurück, einen Farmer, den das Schicksal der Menschen im Nachkriegsdeutschland sehr bewegt hatte, so daß er 1946 den Erlös seiner Kornernte – es waren 1030 Dollar – dem amerikanischen Landwirtschaftsminister überreichte, um mit dem Geld Nahrungsmittel für hungernde Menschen in Deutschland zu kaufen. Sieben Monate später überreichte Claude Canaday Präsident Truman nochmals 2000 Dollar. Kurz danach beschlossen die Bürger Bloomfields, eine deutsche Stadt zu adoptieren. Bald schon trafen die ersten Pakete mit Nahrungsmitteln, Schuhen und Sämereien in Kamen ein. Canaday machte auch seinen Kongreßabgeordneten Karl Stefan auf die Not der Kamener aufmerksam. Die Amerikaner aus Nebraska interessierten sich für alle Einzelheiten der Situation, insbesondere die Probleme der Zechenverletzten, von denen durchschnittlich 400 monatlich im Behelfskrankenhaus behandelt werden mußten; sie ließen sich Informationen über den Eiweißmangel der Patienten und die Knappheit an Verbandsmaterial schicken, um mit Hilfsmaßnahmen einzugreifen. Im Mai 1948 flog der amerikanische Abgeordnete Karl Stefan, der in Böhmen geboren war und sein Deutsch nicht vergessen hatte, über den Großen Teich, um zunächst in Berlin mit General Clay die Hilfsaktion zu erörtern. Am 31. Mai 1948 traf er mit seiner Frau in Kamen ein, zu seiner völligen Überraschung von einer großen Menschenmenge begrüßt. Mr. Stefan hörte Kinderchöre mit deutschen und englischen Liedern und wandte sich dann in deutscher Sprache an die Stadtvertretung: „Ich bringe euch die Grüße der Freunde aus Amerika. Eure Freunde denken an euch. Wir wissen, daß ihr Sorgen und Hunger habt. Wir haben ein Herz und wollen euch helfen. Viele Amerikaner haben Vater und Mutter in Deutschland; und wir vergessen nicht, daß vor vielen Jahren deutsches Blut nach Amerika kam. Ein Bauer aus Nebraska, der 80 Hektar Land besitzt und nicht reich ist, hat mir geschrieben und mich gebeten, euch 1 000 Dollar zu bringen. Sein Name ist Claude Canaday. Auf Veranlassung von General Clay habe ich dafür 100 Care-Pakete gekauft. Wir hoffen, daß sie euch helfen! 1 100 Pfund Bekleidung und Schuhe sind unterwegs." Der Kamener Bürgermeister Rissel, der aus dem Bergbau stammte, dankte dem Kongreßabgeordneten für Besuch und neue Spende, vor allem aber für die „geistige Hilfe", die aus der Patenschaft erwachse; die moralische Hilfe Bloomfields sei das „Rückgrat Bergkamens". Diese Hilfe sei großartig, wenn nicht – Rissel stockte ... wenn es da nicht etwas gäbe, das er und die Bürger Kamens nicht verstehen könnten. Der Abgeordnete Stefan machte ebenso erstaunte Augen wie der gleichfalls anwesende Oberst Bert Stahler. Was hatte Bürgermeister Rissel wohl auf dem Herzen? „Nun, ich darf es offen sagen: Kamens ganzer Stolz ist eine Fabrik, die u. a. Lastwagenräder herstellt, die dringend gebraucht werden, um Westdeutschlands Transportwesen, das am Boden liegt, wieder in Gang zu bringen. Wichtig auch für den Export. Und – gerade diese Fabrik soll nach dem Beschluß der Besatzungsbehörde demontiert werden. Wenn das geschieht, verlieren 250 Spezialarbeiter und Handwerker ihre Arbeit! Dürfen wir noch die große Bitte an Sie richten, in diesem Punkte für uns in Washington zu sprechen?" Stefan nickte zustimmend und ließ sich nähere Einzelheiten über die Firma Klein & Söhne geben, wie über die nahe gelegenen Chemischen Werke Bergkamen, die gleichfalls auf der Demontageliste standen. Er sagte seinen Freunden, er sei schokkiert über diese Informationen. Er werde die Strategie des Vorgehens mit Claude Canaday besprechen.

Stefan und Canaday mobilisierten die Bürger Bloomfields zu Petitionen an den Kongreß und an den Präsidenten der USA; und die zuständigen Ausschüsse der Legislative sowie mehrere Staatssekretäre Washingtoner Ministerien wurden ebenfalls über den Demontagefall Klein & Söhne unterrichtet. Aus Norfolk, Nebraska, schrieb der Kongreßabgeordnete Karl Stefan an das „Department of the Army" in Washington 1948: „Die Leute in Bloomfield meinen, daß es, falls der Marshall-Plan und das Ernährungsprogramm der US-Armee in Europa den Menschen dazu helfen sollen, sich selbst zu helfen, unvernünftig wäre, eine Fabrik zu demontieren, die diesem Zwecke dient." Er wies ferner darauf hin, daß er bereits dreißig Fälle von Firmen des Ruhrgebiets vorgelegt habe, die auf der „Abschuß-Liste" stünden, daß ihm jedoch erst kürzlich versichert worden sei, eine große Anzahl von ihnen solle intakt bleiben, um dem Wiederaufbau des Reviers zu nutzen. Ob wohl die Fabrik in Kamen dazu zähle? Claude Canaday flog Ende Oktober 1948 nach Kamen, um „nach dem Rechten zu sehen". Er besichtigte dabei auch die Firma Hermann Klein & Söhne und deren Spezialfabrikate (Schmierbüchsen für Waggonachsen, die 90 Prozent des Bahnbedarfs der Bi-Zone deckten). Dann fuhr er nach Essen zur Villa Hügel, um bei den zuständigen Stellen der Militärregierung die Aussetzung der Demontage der Firma Klein & Söhne durchzusetzen: „Mr. Canadays Abschiedsgeschenk an Kamen", wie die „Westfälische Rundschau" schrieb.

Hilfe und Aufklärung für die Vertriebenen

Im August 1947 traf ich Louis Hofmann, ehrenamtlicher Geschäftsführer der „American Relief for Germany“, einer einsatzfreudigen Gesellschaft mit Sitz in Milwaukee, die mit anderen humanitären Gruppen, auch mit Libby, zusammenarbeitete und viele stille Helfer hatte.

Hofmann entwickelte erste Gedanken zu Möglichkeiten unseres Zusammenwirkens in der Aufklärung über das Flüchtlingsproblem. Zunächst ging er davon aus, wer wohl als Träger einer derartigen Arbeit – hier wie in den USA – überhaupt geeignet wäre. Wenige Personen – darüber bestand Einigkeit – waren in Deutschland damals in der Lage, sich dieser Aufgabe energisch anzunehmen.

Lukaschek war wohl ein „kommender Mann“. Er verhandelte damals mit Dr. Adenauer und hatte vor, nach Caux zu fahren, um dort der „Moralischen Aufrüstung“ das Vertriebenenproblem besonders ans Herz zu legen. Menschlich schätzte ich Lukaschek sehr. Die Frage war, ob er eine derartige zusätzliche Aufgabe überhaupt physisch wie organisatorisch würde bewältigen können. Von einer Versammlung zur anderen gehetzt, im Kreuzfeuer verschiedener Richtungen der Vertriebenen-Politik stehend, im Grunde sensibel, trieb Lukaschek mit seinen Kräften Raubbau. Freilich: ein Mann des Idealismus, der die Kraft zum Handeln aus tiefer Religiosität schöpfte.

Noch bevor er Vertriebenen-Minister wurde, schrieb er mir: „Die Trostlosigkeit unter den Vertriebenen ist so ungeheuerlich, daß ich nicht weiß, wie lange wir es überhaupt noch werden durchhalten können. Ich weiß, daß Sie mir antworten werden, daß alle Stellen besetzt sind. Trotzdem muß ich noch versuchen, überall anzuklopfen, und versuche es deshalb auch bei Ihnen.“

Hofmann meinte, es sei auf jeden Fall wichtig, Lukaschek für die aktive Vertriebenenaufklärung in den USA zu gewinnen, wobei vielleicht frühere deutsche Austauschstudenten mit eingesetzt werden könnten. Lukaschek erkannte die Bedeutung der Öffentlichkeitsarbeit in den USA; er hat auch in der Folge häufig der gemeinsamen Sache wichtige Dienste geleistet.

Zum Zeitpunkt der Unterhaltung mit Hofmann kannte ich leider noch

nicht jenen Mann, der wohl am geeignetsten gewesen wäre, in unsere Überlegungen einbezogen zu werden: den späteren Ministerialdirigent des Vertriebenenministeriums, Werner Middelmann. Dieser sollte wohl stärker als jeder andere Deutsche dazu beitragen, das Vertriebenenproblem in den USA bei Regierung, Kongreß, Industrie und zahlreichen privaten Vereinigungen zu interpretieren.
Auch er wurde von Morgenthau-Seite attackiert. Middelmann hatte die Gabe, mit knapper, einprägsamer Formulierung die Nöte der Vertriebenen seinen amerikanischen Zuhörern nahezubringen. Ich bin in England und in den Staaten später oft auf Spuren seines Wirkens gestoßen. Vor allem haben damals die von ihm konzipierten Schaubilder zum Vertriebenenproblem in den USA eine besonders nachhaltige Wirkung erzielt.
Ausführlich fragte mich Hofmann nach dem Wirken des Geistlichen Rates Goebel, der zu dieser Zeit Millionen von Ostvertriebenen um sich zu scharen begann. Im Ausland wurde er häufig als „Demagoge" und „Nationalist" bezeichnet. Hofmann meinte, dieser unerschrockene Mann sei Seelsorger im weitesten Sinne des Wortes, der – wie der deutschstämmige Pater Reichenberger in den USA – bedrückten Menschen neue Kraft zu geben in der Lage sei.
Er befürchtete jedoch, daß ein solcher Mann in den Strudel des politischen Tageskampfes käme, und damit sollte der Deutschamerikaner nur zu recht haben; denn Goebels impulsive Art taugte nicht für das „glatte Parkett" Bonns. Goebels Verdienste um die Stärkung der Widerstandskraft seiner Vertriebenenbewegung gegen jede Art von Infiltration, wie mancher Erfolg beim Durchstoßen einer Mauer des Schweigens, die in der Welt um das Flüchtlingsproblem errichtet worden war, sind jedoch unbestreitbar.
Hofmann bat, die Vertriebeneninstitutionen darauf hinzuweisen, daß sie ihre Anliegen so allgemeinverständlich und einprägsam wie möglich zur Aufklärung der Öffentlichkeit in USA abfassen sollten. Wie könnte man von einem Kongreßabgeordneten aus Texas oder Kalifornien erwarten, diese Probleme richtig zu verstehen, wenn sich schon Staatsmänner der Westmächte in der osteuropäischen Geographie nicht auskennten? Mit seinem Freund Otto R. Hauser hatte Hofmann in Deutschland einen Film gedreht, der besser als alle Schriften als Zeitdokument die Not der Vertriebenen vor der Kulisse ausgebombter Städte wie Pforzheim, Essen und Hamburg zeigte. Die aktiven Män-

ner von „American Relief for Germany“ sind ab Herbst 1947 mit diesem Film kreuz und quer durch die Vereinigten Staaten gereist, Gelder und Gaben für die Ärmsten der Armen in Deutschland sammelnd.
In Boston konnte ich den gleichen Fragenkreis mit dem protestantischen Theologen Dr. Harald J. Ockenga besprechen. Unser Kontakt hat seinen Niederschlag in Predigten des bekannten Kanzelredners gefunden. Im Laufe der kommenden Monate und Jahre gelang es der deutschamerikanischen Hilfsorganisation, wie der Libby-Gruppe, neue Verbündete und Informationsträger in den USA zu finden. Der Direktor eines viel gehörten Rundfunkprogramms in Chicago („Let Freedom Ring“ – Laßt Freiheit läuten), George Blomgren Dewey, brachte sogar eine ganze Serie von Radiosendungen zum deutschen Flüchtlingsproblem. Hofmann wies mich auch auf die Bedeutung amerikanischer Frauenclubs hin, die einen stärkeren Anteil am öffentlichen Leben nähmen als die Frauen in Deutschland; er wollte sich auch um diesen Sektor der öffentlichen Meinungsbildung besonders kümmern. Manches geschah also; aber es war bei weitem nicht ausreichend, um der breiten Masse der Amerikaner überzeugend die Tragweite des deutschen Vertriebenenschicksals und die Folgen einer Teilung unserer Nation vor Augen zu führen.

Ungewisse Zukunft für die Britische Zone

Mit Libby und Finucane besprach ich in Washington die jeweils eintreffenden Informationen aus Westdeutschland. Im Sommer 1947 war die Lage, insbesondere im Ruhrgebiet, noch immer schwierig zu beurteilen. Wir fragten uns, ob die Briten auf die Stimme der Vernunft hören würden, der der Marshall-Plan Ausdruck gegeben hatte. Noch galt der am 26. März 1946 verabschiedete „Level of Industry“-Plan, in dem die Forderungen der Morgenthau-Politiker einerseits und die von sowjetischer wie französischer und britischer Seite andererseits vertretenen Reparationsforderungen der Siegermächte festgeschrieben waren. Durch diesen bereits erwähnten Plan sollte zum Beispiel die deutsche Werkzeugmaschinenindustrie nur 11 Prozent der Kapazität

von 1938 erreichen; „unnötige Industrien“ sollten, da „für die Friedenswirtschaft Deutschlands überflüssig“, abgebaut und in die Nachbarländer verfrachtet werden; dies alles war mit der „Sicherung vor künftigen deutschen Angriffen“ motiviert. Bei den Befehlshabern der Zonen lagen die Entscheidungen darüber, welche Industrieanlagen abgebaut werden sollten. Großbritannien, das begreiflicherweise die Lasten für die Besatzung und für die Ernährung der Bevölkerung in seiner Zone reduzieren wollte, zumal hierfür zum größten Teil Gelder in Washington angefordert werden mußten, war damals noch für einen etwas größeren Spielraum für die Entwicklung der Wirtschaft in der BBZ. Die Briten hatten im Mai 1947 Lord Francis A. Pakenham zum Deutschlandminister ernannt. Er besaß eine profunde Bildung und wußte als Redner seine Zuhörer zu fesseln; welche Wirtschaftspolitik er aber eigentlich verfolgte, und ob er auf die Entscheidungen des Foreign Office und der britischen Militärs wirklich Einfluß nehmen könnte, war damals noch nicht klar.
Im Juni 1947 war in Düsseldorf der aus der sogenannten „linken Ecke“ der katholischen Gewerkschaftsbewegung stammende Karl Arnold Ministerpräsident von Nordrhein-Westfalen geworden. Seinem Kabinett gehörten Mitglieder aus SPD, CDU, KPD und Zentrum an. Auch Justizminister Heinemann (damals CDU) stand vor schwierigen Aufgaben innerhalb einer Verwaltung, die sicher der Straffung bedurft hätte und der ein besonders „heißer Sommer“ bevorstehen sollte. Verschiedene Theorien über die künftige Wirtschaftsform prallten damals aufeinander. Selbst innerhalb der CDU (Kontroverse zwischen Adenauer und Arnold). Erst ab Spätsommer 1947 rückte das so wichtige Demontageproblem stärker in den Mittelpunkt der Landespolitik. Wirtschaftsminister Professor Erik Nölting kämpfte darum, überhaupt erst einmal von den Briten eine verbindliche Liste der zur Demontage vorgesehenen Betriebe zu bekommen, zu einem Zeitpunkt, da bereits vielerorts kleinere Fabriken unter militärischer Aufsicht abgewrackt wurden.
Der am 29. August 1947 beschlossene „Revidierte Industrieplan“ der Alliierten brachte zwar auf den ersten Blick eine leichte Lockerung der Produktionsgenehmigungsschraube, indessen keine wirklich entscheidende Änderung. Libby machte auch hier den starken Einfluß der Morgenthaugruppe für die Situation verantwortlich. Nominell sollte in etwa eine deutsche Industriekapazität angepeilt werden, die 5 oder

10 Prozent unter der von 1936 liegen könnte. Die Ungenauigkeit der Bestimmungen aber erlaubte insbesondere den unteren Militärverwaltungsstellen, nach Belieben im Sinn der alten Anordnungen fortzufahren. In der amerikanischen Besatzungszone hatte es relativ wenig sogenannte Konkurrenzdemontagen, im Vergleich zu anderen Zonen, gegeben. Nur bei Entnahme deutscher Patente durch besondere Aufspürkommandos, die sich „Technische Kommissionen" nannten, waren amerikanische Konkurrenzinteressenten im Spiel gewesen. In Frankfurt/Main übte man im amerikanischen Hauptquartier indessen Gedankenspiele mit der „Entflechtung" der deutschen Industrie. In der Besatzungszone der Briten wurde die Weiterführung der Demontagepolitik wesentlich seitens der Briten selbst bestimmt. Libbys Voraussage war eingetroffen, daß eine volle Einbeziehung Westdeutschlands in den Marshall-Plan in London alarmierend wirken würde. Die Briten befürchteten ein erneutes Aktivwerden der nicht gerade faulen und einfallslosen Deutschen auf den Weltmärkten. Dem sollte eine Bremse angelegt werden; ein Vorhaben, bei dem Frankreich und Belgien gewiß mitwirken würden. Es war daher kein Wunder, daß bei der Frage der Zuschußverteilung aus dem ERP-Fonds, die im August 1947 verhandelt wurde, die europäischen Industrienationen Deutschland den geringsten Anteil bewilligten. Eine Wirtschaftspolitik begann sich abzuzeichnen, die unter Vernachlässigung gesamteuropäischer Interessen mit Hilfe der amerikanischen Subventionen protektionistische, teilweise merkantilistische Tendenzen verfolgte, keinesfalls im Sinne Marshalls; eine Entwicklung, welche in erster Linie zu Lasten des politisch an letzter Stelle rangierenden Deutschland ging.

Bis etwa 1947 hatten sich englische Wirtschaftskreise im wesentlichen auf Werkspionage und „Patenterwerb" beschränkt, wie es in der Besatzungszone der Amerikaner der Fall war. 1947 wurden dann die britischen Militärdienststellen mit Männern aus der britischen Wirtschaft „aufgestockt". Während bis etwa 1947 die Demontage bedeutenderer Industrieunternehmen in der BBZ dilatorisch behandelt worden war, löste der Marshall-Plan mit seiner Forderung nach Revision der Demontagepolitik bei den Briten den Wunsch aus, wenigstens durch Forcierung rechtlich noch zulässiger Demontagen die Startposition der deutschen Konkurrenten zu verschlechtern, bevor sie, wie England, mit ERP-Geldern unterstützt, an den zügigen Aufbau der Betriebe gehen konnten. Diese Politik möglichst rascher Demontagen von sogenannten „surplus-plants" prangerte die Libby-Gruppe durch sehr detaillierte Informationen ebenso an wie die Gewerkschaft „American Federation of Labour", mit einer Vehemenz, die die Politiker in Washington immer hellhöriger machte, soweit sie nicht unter Morgenthau-Einfluß standen. Wachsende Auseinandersetzungen mit der neuen Richtung der britischen Demontagepolitik waren im Ruhrgebiet vorauszusehen. Dr. Gustav Heinemann, inzwischen Oberbürgermeister von Essen, legte sich in ungewöhnlich scharfer Form mit dem britischen General Bishop an, als dieser am 10. September 1947 erklärte, mit Ausnahme der Lokomotiv- und Reparaturwerkstatt der Widia-Stahlfabrik würden sämtliche Krupp-Betriebe demontiert werden. Am 16. Oktober 1947 schließlich wurde in Berlin auf einer Pressekonferenz der Alliierten die Demontageliste für die Bi-Zone der Öffentlichkeit bekanntgegeben, wozu Generalleutnant Sir Brian Robertson (stellvertretender Militärgouverneur der britischen Zone, später deren Chef) die Erklärung abgab, es sei Sinn der Demontagen, die „Leistung von Reparationen aus der überschüssigen deutschen Industrie-Kapazität" zu bewerkstelligen. In Nordrhein-Westfalen waren allein 249 Werke zur Demontage vorgesehen; Gouverneur Asbury behauptete, daß indessen 99 % der Arbeiter von der Demontage überhaupt nicht betroffen würden, was Frederick Libby als „absolute nonsense" einstufte.

Die Unruhe der Bevölkerung wuchs begreiflicherweise. Ein außerordentlich heftiges Tauziehen zwischen Arnold und Nölting auf der einen und der britischen Militärregierung auf der anderen Seite setzte ein, das auch der mit „Moralischer Aufrüstung" beschäftigte, stets verbindliche britische Deutschlandminister Lord Pakenham nicht zu beschwichtigen vermochte. Politische Argumente wurden deutscherseits gebracht: Hinweise auf den Widerspruch zum Marshall-Plan auf die künftige Belastung des deutsch-britischen Verhältnisses. Offiziell hieß es: keine Änderung der Politik auf britischer Seite.

Als im Herbst 1947 die Belegschaften verschiedener im Ruhrgebiet auf der Demontageliste stehender Betriebe – noch relativ zahme – Kundgebungen gegen die Zerstörung ihrer Arbeitsstätten veranstalteten, wurden die höchsten Beamten der Bi-Zonen-Verwaltung am 28.10.1947 zusammengerufen. Der amerikanische General Clarence L. Adcock und der englische General Gordon McReady erklärten: (1) der Level-of-Industry-Plan und die Demontageliste stellten eine

Einheit dar, ein Wiederaufbau der deutschen Industrieproduktion bis zum Niveau von 1936 würde die Ziele des Marshall-Plans gefährden; (2) alle Lebensmittellieferungen an Deutschland würden aufhören, falls der Widerstand gegen die Demontagen nicht eingestellt würde!
Über diese und ähnliche Äußerungen erhitzte sich eine Reihe amerikanischer Politiker. Es kam zu Debatten im US-Kongreß. Indessen erklärte noch im Januar 1948 der damalige amerikanische Militärgouverneur, General Lucius D. Clay, vor dem US-Senat, ein weiterer Abbau deutscher Betriebe und deren Verteilung an westeuropäische Staaten werde wahrscheinlich zur Beschleunigung der wirtschaftlichen Genesung Europas beitragen. Diese ökonomisch unhaltbaren Argumente waren jedoch nicht in der Lage, ein weiteres Umsichgreifen des Kampfes gegen die Demontagen in einer allmählich wachsenden Öffentlichkeit in den USA – vor allem bei Senatoren und Kongreßabgeordneten – zu verhindern.
Libby und Finucane, die unermüdlich bei der Aufklärung der verschiedensten Sektoren der öffentlichen Meinung Amerikas tätig waren, und deren Argumente nicht einfach beiseite geschoben werden konnten, da sie im Namen bedeutender Persönlichkeiten verschiedener Gruppen – unter Einbeziehung protestantischer, katholischer und jüdischer Sprecher – handelten, machten mich auf eine Beobachtung aufmerksam:
Die Briten schienen, trotz aller entgegenstehenden Reden, noch immer mit der rigorosen Ausführung der Demontagen, insbesondere in bedeutenden Betrieben der Schwerindustrie, zu zögern. Lag das am wachsenden Widerstand der Städte, wie zum Beispiel Bochum, Essen oder Duisburg, die 1947 SOS-Rufe wegen der schlechten Ernährungslage, wie Entschließungen zur Revision des Demontageprogramms publizierten, ebenso wie Vorstände und Belegschaften von existenzgefährdeten Betrieben das taten? Lag es am wachsenden Druck der Amerikaner auf die Briten?
Die Landesregierung in Düsseldorf schlug offensichtlich eine dilatorische Taktik ein und suchte das Gespräch mit den hohen Herren der Militärregierung mit dem Ziel, zunächst einmal die Verschiebung von Demontageterminen möglichst vieler Betriebe zu erreichen, in der Hoffnung, es werde die Zeit für sie arbeiten. Wirtschaftsminister Erik Nölting, auf dem eine besonders schwere Verantwortung ruhte, erklärte ausdrücklich, er wolle unter keinen Umständen als Erfüllungs-

politiker vor der Öffentlichkeit dastehen; die Landesregierung betonte: „Jeder Betrieb, der kein Rüstungsbetrieb war, soll der Friedensfertigung erhalten bleiben. Wir haben keine überschüssige Kapazität!“ War das in den Wald hineingesprochen? Das Problem, wie Libby es sah, war die optimale Koordinierung aller deutschen und amerikanischen Antidemontagebestrebungen. Natürlich erschien es auch wichtig, mit Demontagegegnern in Großbritannien und in Frankreich Kontakt zu halten.

In Frankreich wurde der Widersinn alliierter Demontagepolitik frühzeitig von dem Abgeordneten Grumbach, dem Vorsitzenden des Auswärtigen Ausschusses des Rates der Republik, festgestellt. (Grumbach war als Elsäßer noch im kaiserlichen Deutschland Mitglied des Deutschen Reichstages gewesen). Indessen hatten die Franzosen sich in ihrer Zone nicht nur prächtig eingerichtet – es ging damals das Wort um: „Früher hieß es, der lebt wie Gott in Frankreich; dann sagte man, der lebt wie Doktor Ley in Paris; und heute heißt es: der lebt wie der König in Baden-Baden“ – sie hatten, ohne Rücksicht auf Anordnungen der Interalliierten Reparationsbehörde, zahlreiche Fabrikausrüstungen nach Frankreich gebracht, sodaß die Demontagen – einschließlich der noch 1949 nach Rußland abtransportierten Anlagen – der französischen Zone nicht mehr als die Hälfte ihrer Industrie-Kapazität von 1936 beließen.

In England gehörten zu den Vorkämpfern gegen die Demontagen in erster Linie Victor Gollancz und die Labour-Abgeordneten Stokes and Hynd, die mit 20 anderen Abgeordneten schon im Juni 1948 im Unterhaus einen Antrag auf Einstellung der Demontagen einbringen sollten, ohne allerdings dessen Annahme durchsetzen zu können.

Libby hatte mit Recht darauf hingewiesen, daß bei den vom 12. Juli bis 22. November 1947 stattfindenden Beratungen des CEEC (Committee of European Economic Cooperation) zum Industrieplan, unter Teilnahme von Vertretern von 16 Nationen, lediglich Vertreter der Militärverwaltung der Bi-Zone anwesend waren, keine Deutschen. Gemäß seiner für den Kongreß bestimmten Analyse des Ergebnisses sollte – „ein Hohn auf den Marshall-Plan“ – Deutschland in ein Gebiet verwandelt werden, das aufhören würde, in nennenswertem Umfang Stahl, Walzwerkserzeugnisse, schwere Maschinen und Schwerchemie zu exportieren, während die Exporte hauptsächlich aus Rohstoffen, Kohle, Holz, Schrott und einigen Erzeugnissen der Leichtindustrie bestehen sollten. So konnte Westdeutschland nicht auf die Beine kommen, die Anstrengungen zur Aufklärung der US-Öffentlichkeit mußten verstärkt werden, unter Hinweis auf die unverkennbare Sabotage der Marshall-Plan-Idee. Libby und Finucane drängten mich, diese PR-Kampagne wirkungsvoll bei den amerikanischen Senatoren und Abgeordneten zu unterstützen.

Herter-Plan setzt den Hebel richtig an

Im Spätsommer und Herbst 1947 sickerten in Washington Nachrichten durch, wonach eine ganze Reihe neuer Vorschläge für eine modifizierte, vernünftigere Deutschlandpolitik im sogenannten Harriman-Committee mit dem Ziel ausgearbeitet wurde, der Durchlöcherung, wenn nicht gar Sabotage, des Marshall-Planes zu begegnen. Vorsitzender war der damalige Handelsminister W. Averell Harriman, der von Präsident Truman am 22. Juni 1947 mit Untersuchung dieses Fragenkomplexes betraut worden war und ein Team erstklassiger Fachleute aus Banken, Industrie, Wissenschaft und Gewerkschaften gebildet hatte, um zunächst ein Lagebild zu ermitteln. Man sagte damals, daß das State Department von der Entscheidung des Präsidenten gar nicht erbaut sei.

Der Hauptausschuß für Auslandshilfe des US-Repräsentantenhauses hatte bereits im Februar 1947 das „Herter-Committee" gebildet, benannt nach dem zweiten Vorsitzenden, dem aktiven Abgeordneten Christian A. Herter. Ich konnte eine Unterredung mit dem Vorsitzenden des Unterausschusses für Deutschland, dem Abgeordneten Francis Case aus South Dakota, im House of Congress führen und so ein Bild der Arbeit dieser wichtigen Gruppe gewinnen, zu deren aktivsten Mitgliedern übrigens ein Abgeordneter namens Richard M. Nixon zählte, der als Republikaner ein engagierter Quäker sein sollte. Das Herter-Committee, zu dem James Finucane für Libby Kontakt hielt, beschäftigte sich mit der entscheidenden Frage, ob bestimmte, für die Demontage vorgesehene Fabriken in Deutschland nicht besser in der Lage wären, für die Weltversorgung mit wichtigen Erzeugnissen ihren Beitrag zu leisten, wenn sie in Deutschland belassen würden. Der

Ausschuß hatte völlig richtig erkannt, daß Morgenthau-Leute und Verfechter eines „hard peace" alles daran setzten – unter Nutzung der einsetzenden britischen Politik der Konkurrenzdemontagen – so rasch wie möglich vollendete Tatsachen zu schaffen. Aus dieser Erkenntnis heraus gehörte zu den wichtigsten Empfehlungen die vorläufige Einstellung der Demontagen in den Westzonen, damit die Demontageliste noch einmal durch einen Kongreßausschuß überprüft werden könnte, um festzustellen, wo diese Werke am vorteilhaftesten für den Wiederaufbau Europas – einschließlich Deutschlands – einzusetzen wären.
Als Deutschland im Frühjahr 1948 von Beamten der Militärregierung gedrängt wurde, eigene Vorschläge für die Einschaltung Deutschlands in den Marshall-Plan zu machen, waren weder Harriman-Report noch Herter-Report in Westdeutschland bekannt; wie Professor Baade mit Recht sagt, war dies „zweifellos der bemerkenswerte Fall einer erfolgreichen und lückenlosen geistigen Blockade."
„Hoover-Report", „Harriman-Bericht" und „Herter-Bericht" stellten zusammen eine Kraft dar, die die Negativeinflüße auf die Deutschlandpolitik schwächte. Die Frage war, ob, wie und wann ein entscheidender Durchbruch gelingen würde. Immerhin war eine wachsende Front der Demontagegegner entstanden, die quer durch beide politische Parteien ging. Auch die größte amerikanische Gewerkschaft, zu der Professor Baade solch engen Kontakt hielt, die „American Federation of Labor" plädierte bei Präsident Truman, im Senat und im Repräsentantenhaus sowie in der Presse für den völligen Demontagestopp im Interesse des europäischen wie des deutschen Wiederaufbaus. Neben vielen bekannten Politikern (Taft, Styles, Bridges, Eastland u.a.) und Publizisten (Christopher Emmet, Freda Utley, Dorothy Thompson, James Finucane) hatte sich auch die New York Times frühzeitig in die Front der Demontagegegner eingereiht. Ihr Leitartikel vom 13.11.1947 schloß mit den Worten: „Laßt die Anlagen stehen und fangt mit der Arbeit an!" Kernpunkt dieser Kampagne war der Nachweis, daß die Zerstörung von Industrieanlagen in Deutschland praktisch auf Kosten des amerikanischen Steuerzahlers geschehe. Dies betonte auch Professor Baade, dessen mit Christopher Emmet verfaßte, vielbeachtete Antidemontage-Kampfschrift auch „Zerstörung auf unsere Kosten" hieß. Die Resonanz war angesichts des Vorworts besonders groß, das Herbert Hoover unter dem 27. Dezember 1947 dazu geschrieben hatte, in dem er betonte: „Ich kann nur die Erklärung

in meinem Bericht von vor zehn Monaten wiederholen! Die Demontage und Zerstörung von Werken (ausgenommen Waffenfabriken) sollte eingestellt werden. Wir können Deutschland wirtschaftlich in Ketten halten, doch damit halten wir Europa in Lumpen."
Die erwähnte Kampfschrift trug die Überschrift: „Amerika protestiert gegen die Demontagen" und den Untertitel „Wie die Demontage von Fabriken in Deutschland der Inflation in den Vereinigten Staaten hilft und den Marshall-Plan sabotiert!" Die Argumente von „Zerstörung auf unsere Kosten" waren im Rundfunk von Frederick Libbys Freund Felix Morley verbreitet worden, der bis Anfang Februar 1948 in mehreren Kommentaren den Demontage-Unsinn belegte. Unter anderem behandelte Morley die Auswirkungen der geplanten Demontage der Stickstoff-Düngemittelfabrik Oppau in der französischen Zone. Eine andere, viel diskutierte Sendung war die „Henkel-Story", Demontagepläne bezüglich der Düsseldorfer Seifenfabrik betreffend, welche seit Sommer 1947 mit allen Mitteln gegen das Argument der vermeintlichen Überkapazität zu Felde gezogen war. Ein anderes Mal referierte Emmet, mit Erlaubnis der Organisation „Common Cause", New York, die für ein „Vereintes Freies Europa" focht, über die Broschüre von Emmet und Baade; er schloß damit, daß es nicht einzusehen sei, warum die Amerikaner deutsche Reparationen blechen sollten. Felix Morley hat später auch Texte für seine Radiosendungen benutzt, die ich ihm zugehen ließ (Fall Gelsenberg Benzin A.G. u.a.). Die Formulierungen „Zerstörung auf unsere Kosten" und „Kostspielige Rache" tauchten in der Folgezeit in Leitartikeln immer wieder auf. Der wohl eindruckvollste Beitrag sollte unter der Überschrift „German Destruction at our Expense" in der Ausgabe des Juli 1948 von Readers Digest erscheinen, eine der schärfsten Abrechnungen mit dem „moralisch ungerechten, ökonomisch unklugen und politisch katastrophalen Demontageprogramm". Bemerkenswert in diesem Artikel war auch der Hinweis, die USA hätten die Haager Konvention von 1907 unterzeichnet, welche es verbietet, einem besiegten Lande für Reparationszwekke Privateigentum wegzunehmen, außer, es sei in einem Friedensvertrag vereinbart worden.

Beginn des „Kartoffelfeldzugs"

Da war ich nun in der ruhigen Atmosphäre des alten StateDepartment-Gebäudes, mit dem Geruch verstaubter Möbel, eingetroffen. Hier saß ein Teil des Verwaltungsstabes des Präsidenten; manche Deutschland angehende Frage wurde hier besprochen. Libby hatte mir gesagt, ich sollte mich nicht an der – zunächst etwas trocken wirkenden – Art von Mr. Donald C. Stone stoßen, „Assistant Director of the Budget" der ECA, einem der wichtigsten Mitarbeiter des ECA-Verwaltungschefs P.G. Hoffman. Neben Libby hatten mich bereits führende Persönlichkeiten der „International Christian Leadership", Dr. Abraham Vereide und Mrs. Aymar Johnson, bei Stone angemeldet, der der gleichen Vereinigung angehörte. Ich möchte darauf hinweisen, daß Mr. Stone nicht identisch war mit dem vielgenannten „Special Counsellor" und Chef des „Office of Public Affairs" in Frankfurt/M. (bis 1950), Mr. Shephard Stone, der auf die Lizensierung und Finanzierung deutscher Zeitungen großen Einfluß besaß. Auch Stone in Washington hatte mit Deutschland zu tun, freilich auf andere Art. Ich begegnete einem schlanken Herrn mit gewinnender, von intensivem Denken geprägter Physiognomie. Er hatte etwas von der leicht doktrinär-missionarischen Art mancher Angelsachsen an sich, die man gelegentlich in den Neuengland-Staaten antrifft; indessen: ein Mann des Leistungstypus, skeptisch gegenüber jeder Art von Lobbyismus.

Stones Eingangsbemerkungen über die „spirituelle Rehabilitierung Deutschlands" hörte ich mit Verständnis an. Sicher etwas zu früh, warf ich ein, die physische Regeneration tue zunächst not, damit die Menschen überhaupt in die Lage kämen, über dieses Thema nachzudenken. „Voraussetzung hierzu ist die Normalisierung der deutschen Wirtschaft durch Aufhebung der Demontageanordnungen. Massenarbeitslosigkeit und Verzweiflung können nur Stalins atheistischem Regime in die Hände arbeiten und die These vom grausamen westlichen Monopolkapitalismus erhärten!" Ruhig hatte Stone mir zugehört. Er hatte sich Notizen gemacht. „Leider lehrt die Erfahrung", sagte er, und bewies damit eine langjährige Beamtenpraxis, „daß die Verwaltungsmaschinerie einer Demokratie oft nur langsam auf Touren kommt; es ist natürlich begreiflich, wenn sich die Menschen in Deutschland bisweilen wundern, warum Amerika noch nicht mehr für sie getan hat.

Bei uns", fuhr Stone, leicht seufzend fort, „spielt nun einmal die Innenpolitik eine wesentliche Rolle." Stone gab konkrete Hinweise auf den Druck von Interessen- und Minoritätengruppen auf Senatoren und Abgeordnete unter wahlpolitischen Aspekten, außenpolitische Ziele bisweilen nicht ausschließend. Trotz allem, meinte er, bestehe der Vorteil einer Demokratie wie der USA darin, daß durch „solide Public-Relations-Aktionen" die öffentliche Meinung für eine gute Sache, wie die so vordingliche Wirtschaftshilfe für Deutschland, gewonnen werden könnte. – Ein Wink mit dem Zaunpfahl, der auch den Hinweis einschloß, daß gerade die Situation Berlins in Washington nicht eindringlich genug geschildert werden könnte. „Trotz der erwähnten Hürden", betonte mein Gesprächspartner, „werde ich von mir aus das Mögliche tun. Schließlich müssen wir alle zusammenarbeiten!" Dann stellte ich meine Fragen:

(1) Besteht eine Möglichkeit, den vorhandenen Kartoffelüberschuß der USA (5 Millionen Bushels) nach Deutschland zu verfrachten, um sie an die Bevölkerung, die deutschen Ostflüchtlinge und Vertriebene aus anderen Ländern zu verteilen?
(2) Wann und wie kann eventuell das Porto für Lebensmittelpakete für Deutschland erniedrigt werden?
(3) Was kann zur Aufklärung über das Flüchtlingsproblem auf Capitol Hill getan werden?
(4) Welche Schritte sollten seitens der deutschen Industrie unternommen werden, um die Demontagen zu stoppen?

Bezüglich des Demontage-Komplexes, mit dem Stone nicht im einzelnen vertraut war, meinte er ehrlich, das sei ein „fast unmögliches Unternehmen". Die international vereinbarte Demontage deutscher Fabriken sei wohl „inescapable" (unausweichbar), fürchte er; ich sollte trotzdem das Thema in Gesprächen mit Senatoren einmal anschneiden, möglichst unter Anführung krasser Beispiele und der sozialen Folgen des einzelnen Demontagefalles. Die Aufklärung über das Flüchtlingsproblem lag Donald C. Stone besonders am Herzen. Er würde es insbesondere mit seinen Freunden von der ICL (International Christian Leadership), der ja auch Senatoren, Universitätsprofessoren und Publizisten angehörten, erörtern. Den Punkt: Kosten für Care-Pakete hatte er sich besonders notiert. Die Verschiffung von

Kartoffeln war Gegenstand ausführlicher Überlegungen. Realistisch gesehen, war es ein schwieriges Unterfangen. Es bestand die Gefahr eines Streiks seitens radikaler Elemente der Hafenarbeitergewerkschaft, die sich, auf Ernährungssorgen anderer Länder weisend, vermutlich dagegen wehren würden, Lebensmittel nach dem früheren „Nazi-Germany" zu verfrachten; vor allem waren alle Gelder der Auslandshilfe, die die Legislative bewilligt hatte – Trumans Anforderungen waren stark beschnitten worden, auf nur 300 Millionen Dollar insgesamt – schon aufgrund vieler Anforderungen aus Europa verplant; und schließlich – unter welcher „Flagge" könnten solch große Kartoffelsendungen, wie sie vorgeschlagen worden waren, überhaupt segeln? Ich meinte, wenn alle Stricke rissen, so müßte es gelingen, eine Flagge der Menschlichkeit oder des Goodwill zu propagieren.
Ich hatte das Gefühl, einen echten Verbündeten gewonnen zu haben. Er würde dies Gespräch über den Ernst der Lage mit dem ECA-Chef wie seinen Kollegen und danach mit dem „International Council for Christian Leadership" diskutieren. Stone war an meinen Kontakten zum US-Senat interessiert. Ich berichtete ihm, ein erneutes Treffen sei mit Senator Ralph A. Brewster aus Maine für Anfang 1948 vereinbart. Dieser habe bereits ein „Memo über die Lage in Westdeutschland und Berlin" von mir bekommen; Brewsters Sekretär, Mr. Hartman, habe mir mitgeteilt, der Chef werde in Genf seine ganzen Verbindungen wegen Verfügbarmachung von Transportraum für Lebensmittellieferungen von USA nach Deutschland spielen lassen. Auch habe er sich Gedanken wegen der Frage überschüssiger Kartoffeln gemacht. Stone empfahl, diesen wichtigen Draht systematisch weiter zu pflegen.

Marshall-Plan und Aufbau-Nimbus der Amerikaner

Vielen klugen Herrschern und Eroberern der Weltgeschichte ist es nicht gleichgültig gewesen, wie die erworbenen oder unterworfenen Provinzen – und eine solche war damals Westdeutschland für die Westalliierten – auf die „neue Ordnung" reagierten. In Italien hat sich sogar ein Napoleon mit dem Problem der Gewinnung von Sympathien für seine Herrschaft beschäftigt. Kaiser Augustus hat in der „Königin aller Inschriften", dem Monumentum Ancyranum, kurz vor seinem Tode in einem von ihm selbst abgefaßten Rechenschaftsbericht die Humanität des Kaisers gegenüber den Besiegten unterstrichen, sicherlich nicht ohne publizistische Absicht. „Milde und Gerechtigkeit" sind die Worte, die Kaiser Augustus dabei verschiedentlich unterstrich. Damals war Rom Hauptstadt der Welt; 1947 war es Washington.

Wäre es nach Morgenthau und Stalin gegangen, so hätten die Deutschen, wie die Karthager nach dem Dritten Punischen Krieg, ausgerottet und ihre Frauen in die Sklaverei geführt werden können. Abgesehen von jenen Männern, die nur an Rache dachten, müßte es für das „echte Amerika" und dessen Europa-Politik von Interesse sein, ob und wie die besiegten Deutschen auf die „Großzügigkeit", die „Milde und Gerechtigkeit" der Sieger reagieren würden, nachdem die Verkündung des Marshall-Planes ihnen wohl den Eindruck vermittelt hatte, bald nicht mehr als Parias behandelt zu werden, sondern am Aufbau eines neuen Europas mitwirken zu können.

An diesem Punkte mußte unsere künftige PR-Strategie einsetzen: Taten echter Menschlichkeit auf amerikanischer Seite verdienten Lob; Bagatellbeschwerden waren möglichst zu vermeiden; dem Durchschnittsamerikaner war klar zu machen, daß wir Deutschen unsere ganze Hoffnung auf die Realisierung des Marshall-Plans setzten. Wir mußten positiv und ermutigend auf den sich abzeichnenden Wandel der Deutschlandpolitik der USA reagieren. Diese Erkenntnis habe ich im März 1949 durch Propagierung der „Internationalen Teamwork-Idee" in Aktion umsetzen können. Da die Idee des Marshall-Plans mit vollem Herzen unterstützt werden konnte, würde ihre Propagierung aus deutschem Mund und deutscher Feder echte Öffentlichkeitsarbeit bedeuten, keine Propaganda. Auf diese Weise würde es möglich werden, unseren Freunden in den USA eine stärkere Aktionsbasis zu verschaffen, die „Front des Guten Willens“ bedeutend zu erweitern. Wie ausgeprägt schon bald das Bedürfnis der Amerikaner nach Selbstbestätigung wurde, zeigt zum Beispiel das große Preisausschreiben, das die Marshall-Plan-Verwaltung 3 Jahre später, 1950, durch den hessischen Minister für Arbeit, Landwirtschaft und Wirtschaft propagieren ließ, und bei dem unter anderen folgende Slogans und Verse einen Preis erhielten:

Rettende Idee – das E R P
E R P mit voller Kraft
Europa eint und Werte schafft!
Europa ist im Marshall-Plan
Vereint mit 18 Staaten.
Der Start zum Aufbau ist getan,
Statt Reden folgen Taten

Das war bereits in der Ära John J. McCloy als US-Hochkommissar. Zur Zeit des Augustus wurde ein vergleichbares Echo in den germanischen Provinzen noch nicht durch Preisausschreiben besorgt; die relationes publicae wurden indessen vom ehemaligen Gegner des Augustus, dem Dichter Horaz, aktiviert, der – nach seiner Amnestierung durch den Tyrannen von einst – dessen „Marshall-Plan“ in zahlreichen Versen besang, von denen der folgende aus dem „Epilog“ besonders eindrucksvoll erscheint:

Solang Augustus die Welt als Hort bewahrt,
Wird nirgends blinde Wut sich Waffen schmieden;
Kein Bürgerkrieg, kein Aufruhr, keine Macht
Verscheucht die Ruhe, stört den holden Frieden!

Etwa 1970 Jahre nach Horaz, erschien in Wiesbaden, im Rahmen des erwähnten Preisausschreibens, ein Vers, der dieser Lobpreisung recht ähnlich sieht, nur an die Stelle des Augustus die Gruppenpersönlichkeit ERP, European Recovery Program, setzte:

Elend zu lindern und Angst zu besiegen,
Fäden zu knüpfen nach endlosen Kriegen,
Freiheit und Frieden den Menschen zu bringen –
Dem ERP unser Dank und Wunsch zum Gelingen!

Appell an das Missionsbewußtsein der Amerikaner

Als mich „Marshalls Stabsoffizier“ Stone noch einmal daran erinnerte, daß die Linderung der deutschen Not leider nicht von der amerikanischen Innenpolitik und ihren Meinungsbildungskomponenten zu trennen sei (er empfahl Kontakte zu Gruppen „vernünftiger Deutschamerikaner“), da war mir klar, welcher Weg eingeschlagen werden sollte: Politikern der beiden großen Parteien, Kirchen und Gewerkschaften in den USA mußte ihr historischer Auftrag nahegebracht werden, im Verein mit ihren Verbündeten Europa zu befrieden und neu aufzubauen. Die negativen Begleiterscheinungen der Nachkriegszeit mußten dargestellt werden als dem amerikanischen „Missionsauftrag seitens der Geschichte“ – nämlich Freundschaft, Frieden und Prosperität zu begründen – entgegenstehend. Demontage von Anlagen der Friedensproduktion, Entflechtungen, Produktionsbeschränkungen, Eigentumsbeschlagnahmungen und politisch motivierte Gerichtsurteile gegen Deutsche waren Barrieren, die abgebaut werden müßten. Ein unabhängiges, freies Deutschland als künftiger Verbündeter der Führungsmacht des Westens!

Diese Botschaft war zu richten an die Adresse der Legislative und des amerikanischen Volkes, vor allem der Jugend, hatten doch nur unamerikanische Demagogen jenen, über normale Gegnerschaft in Kriegszeiten hinausgehenden Superhaß erzeugt, der solche destruktive Auswirkungen zeitigte.

Mr. Stone war einer jener Männer, wie ich sie in Quäkerkreisen und ähnlichen Gemeinschaften in den USA schätzen gelernt habe: Phrasen abhold und eher zum Understatement neigend. War er jedoch erst einmal vom Wert einer Sache überzeugt, dann setzte er sich ganz für sie ein. Und wie hat gerade dieser Mann sich in den kommenden Jahren für die Deutschlandhilfe abgerackert! Da waren also in Amerika – in einer von Ressentiment und Haß noch nicht gereinigten Atmosphäre – Männer am Werk, die für die Aufbaupolitik so wichtig werden sollten, später jedoch in keiner zeitgeschichtlichen Darstellung genannt wurden. Hinter dem Finanzdirektor Stone stand eine dynamische Persönlichkeit norwegischer Abstammung, Dr. Abraham Vereide, mit seiner Bewegung „International Christian Leadership“, die ihrerseits wieder

die so wichtigen Aktionen der Libby-Gruppe ergänzte und unterstützte.
Die Bewegung „International Christian Leadership“ war Anfang der dreißiger Jahre in Seattle, dem Unruhezentrum des Staates Washington, gegründet worden. Gut bezahlte kommunistische Agenten waren in Seattle eingesetzt worden, um, gemäß revolutionärer Strategie, die „Gärung“ zu beschleunigen. Dr. Vereide begegnete dieser Gefahr nun nicht mittels politischer Kraftakte, sondern mit der Kraft seines Glaubens und der Unbestechlichkeit seines Wesens, mit denen er daran ging, die Krise zu meistern. Tatgemeinschaft realistischer Idealisten – das wäre vielleicht eine ungefähre, wenn auch nicht umfassende Umschreibung des Wirkens jener Männer und Frauen, die sich in der ICL aus allen sozialen Schichten zusammenfanden, um den destruktiven Strömungen der Zeit im Geiste der Bergpredigt zu begegnen. Die ICL war neben der Libby-Gruppe stärkster Befürworter der Gerechtigkeit für Deutschland und des Abbaus der Morgenthau-Phrasen, sie war der Motor in den diplomatischen Bemühungen um eine deutsche Wiedervereinigung. Wesentlich: der Idealismus dieser Gruppe und ihr Verzicht auf eine Pseudoreligion oder einen religiösverbrämten Society-Rummel. Libby erzählte mir, daß 20 Senatoren aktiv bei Dr. Vereide mitwirkten sowie zahlreiche Abgeordnete des Kongresses. Da ich übrigens im Gespräch mit Donald C. Stone den Namen Fred Libby öfter erwähnt hatte, meinte der zuerst so trocken wirkende ECA-Beamte: Ein Lobbyist sei ich wohl nicht, aber sicher ein Libbyist. Darauf revanchierte ich mich: „Und Sie sind der Stein (Stone), auf den wir Deutschen unsere Kirche der Antidemontage bauen sollten!“

Diskussion mit US-Politikern

Als ich am 17. Oktober 1947 das große Senatsgebäude in Washington betrat, ging mir die Arie des Sarastro aus Mozarts Zauberflöte durch den Kopf: „In diesen heil'gen Hallen kennt man die Rache nicht!" Ob das hier zutreffen würde? Ich war gespannt, welche Grundstimmung mir bei den Besuchen im wichtigsten Gremium der US-Legislative entgegenwehen würde.

Der republikanische Senator und ehemalige Staatsgouverneur Ralph A. Brewster (Maine) empfing mich freundlich. Schon 1937 – während meiner Studienzeit in den USA – hatte ich den prominenten Politiker kennengelernt, der den Grundsatz vertrat: „Der Präsident der USA schlägt vor, der Kongreß ordnet an!" Als er mir die Hand schüttelte, war es, als ob kein Weltkrieg in der Zwischenzeit stattgefunden hätte. Menschliche Wertschätzung stand im Vordergrund. Der Senator wollte meine Ansichten über die Zukunft Deutschlands und die Politik der USA wissen. Ich sagte jenen Spruch, den ich mir eingeprägt hatte: „Why not fight for ERP? – Why dismantling Germany?" Brewster schmunzelte. Das war der Aufhänger für eine Diskussion der Lage, insbesondere in der britischen Besatzungszone und den Widersprüchen zwischen Marshall-Plan-Konzept und Demontagepraxis. Brewster zog ohne Umschweife das Fazit: erstens hätten die Demontagen als Reparationen für niemanden einen wirklichen Wert; zweitens bezahlten de facto, wie auch sein Freund Bob Taft im Senat unterstrichen habe, die amerikanischen Steuerzahler das, was die Superklugen als „Reparationen durch Verringerung deutscher Produktionskraft" bezeichnet hätten; drittens müsse betont werden, daß die USA auch die wesentlichen Kosten für die Ernährung der Bevölkerung in der britischen Besatzungszone trügen; geradezu verrückt (crazy) aber sei es, eine Politik weiter zu betreiben, welche die Deutschen daran hindere, Güter zu erzeugen und zu exportieren, um hiermit die benötigten Nahrungsmittel zu bezahlen. Das waren unerwartet klare, logische Argumente. Für Brewster war der Krieg vorbei. Die Deutschen sollten die Chance haben, ihr Land selbst wieder aufzubauen!

Der Senator war besonders an den psychologischen Auswirkungen der Demontage auf die deutsche Bevölkerung interessiert. Ich gab meiner Überzeugung Ausdruck, eine Fortsetzung der destruktiven Besatzungspolitik der Westmächte würde sowohl von den Sowjets als auch von deutschen Kommunisten unter Max Reimann ausgenutzt werden; sie versuchten – ungeachtet der schlimmen Erlebnisse der Ostvertriebenen – sich jetzt zu Bannerträgern deutscher Einheit und eines „Neuen Europa“ unter sowjetischer Führung zu machen. Kurz gesagt, die Morgenthau-Politik, die selbst offenbar stark kommunistisch beeinflußt sei, arbeite der kommunistischen Politik direkt in die Hände.

Brewster war an dieser Darstellung lebhaft interessiert und bat mich um eine kurze Aufzeichnung zwecks Verteilung im Kreis der Senatskollegen. Dies ist ebenso prompt geschehen wie die Weitergabe von „SOS from Europe“, wie ich später durch andere US-Politiker zu meiner Freude erfuhr. Brewster machte sich im übrigen Notizen zur Ernährungslage in der britischen Zone – in der die Tagesrationen auf 800 bis 900 Kalorien zusammengeschrumpft waren – und zu meinem Vorschlag, überschüssige Kartoffeln und Fett aus den USA zur Verfügung zu stellen.

Kurz nach dem so erfreulich verlaufenen Besuch bei dem Republikaner aus Maine hatte ich, von Fred Libby avisiert, die Chance der Begegnung mit Senator James O. Eastland, einem aus kräftigem Holz geschnitzten Süddemokraten aus Mississippi, Leiter des wichtigen Rechtsausschusses des Senats. Alles andere als ein „New Dealer“ Rooseveltscher Prägung, bereitete Eastland gerade eine große Rede gegen die Demontagen in Deutschland vor, die er etwas später im Senat halten wollte. Dies war mein Thema, und der kluge Jurist freute sich, aus dem Munde seines deutschen Besuchers Ansichten und Argumente zu einer Sache zu hören, die er sich mit überragender Logik und offensichtlicher Leidenschaft zueigen gemacht hatte. Eastland hatte ein gutes Mitarbeiterteam und bat mich, mit diesem weitere Details des Demontagethemas zu besprechen.

Am 18. November 1947 konnte ich, auf Einladung der Vereide-Gruppe, bei der sich inzwischen auch ein sehr rühriger Damenkreis „Women's Group for Germany“ gebildet hatte, und die täglich Besprechungen mit Leuten aus dem Weißen Haus zur Situation in Europa veranstaltete, an einer ungewöhnlichen Aktion in Boston teilnehmen. Unser Freund, der Publizist Felix Morley, sprach dort in Anwesenheit bekannter Kollegen, Mitgliedern des Kongresses, Unternehmern und Professoren zum Thema: „Fortsetzung der Demontagen in Deutsch-

land?“ Soweit ich in Erfahrung brachte, war dies die erste Großveranstaltung in den USA, in der mit Vehemenz eine Einstellung der Demontagen gefordert wurde. Die Initiative, vorzüglich vorbereitet und publizistisch gekonnt lanciert, hatte ein starkes Echo. Felix Morley argumentierte ebenso überzeugend wie in seinen von Morgenthau-Seite so gefürchteten Rundfunkkommentaren. Er zitierte damals die einleuchtende Erkenntnis, die der republikanische Senator Styles Bridges nach einer Deutschlandreise – als Vorsitzender des Bewilligungsausschusses des US-Senats – so formuliert hatte: „Es ist heller Wahnsinn, mit der einen Hand Hunderte von Millionen Dollar hinauszuwerfen, gleichzeitig aber mit der anderen Hand jene Dinge aus Deutschland herauszuschleppen, die es der deutschen Wirtschaft erlauben würden, wieder auf die eigenen Beine zu kommen!“ In den Wandelgängen und Lobbies des US-Kongresses wurde gemunkelt, Expräsident Herbert Hoover sei Initiator der Bostoner Großveranstaltung, des Antidemontage-Spektakels, gewesen. Auch Libby, in laufendem Kontakt zu Morley stehend, hätte es sein können; auf jeden Fall war die Bostoner Kundgebung ganz in beider Sinn.
Einen Monat später hielt Senator Eastland im US-Senat seine große Grundsatzrede, mit der er das Gewissen der Regierung wachzurütteln suchte. Mit Erfolg forderte er dabei die Errichtung eines gemischten Überprüfungsausschusses des US-Kongresses zu allen Demontagefragen: „Die Lösung des deutschen Problems, Herr Präsident“, betonte James O. Eastland damals, „ist von äußerster Wichtigkeit für jeden Mann, jede Frau und jedes Kind in Amerika, für viele Generationen. Die Russen haben bereits das Dreifache des ihnen zugestandenen Anteils an deutschen Reparationen aus ihrer Zone verfrachtet; das ist Tatsache!“ Ganz allmählich zeichnete sich so im US-Kongreß ein Umschlagen des Stimmungspendels zugunsten einer Modifizierung des Demontageprogramms ab, zumal der Marshall-Plan die Gemüter immer stärker bewegte.
Anfang 1948 waren in der britischen Besatzungszone erst 33 Prozent der 495 zur Demontage vorgesehenen Betriebe abgewrackt worden. Es lag hier das noch verwendungsfähige, wichtigste Industriepotential Westdeutschlands; man schätzte: etwa dreiviertel der Industrie-Kapazität der Westzonen insgesamt. Es lag auf der Hand, daß die beginnende Neuorientierung der amerikanischen Deutschlandpolitik, von militanten Gruppen der Legislative in Washington forciert, zu Reibungen

mit den Briten führen mußte, bei denen das Konkurrenzmotiv in der Demontagepolitik jetzt stärkeres Gewicht erhielt.
Im Senatsgebäude mich mittlerweile heimisch fühlend, nutzte ich die ersten Monate des Jahres 1948, die politisch-diplomatischen Imponderabilien des Tauziehens um die Demontagepolitik genauer kennenzulernen. Dabei vermittelten mir Kontakte zu einer Reihe von Senatoren – außer Brewster und Eastland vor allem Langer, Wherry und Styles Bridges – wertvolle Einsichten.
In der ersten Februarwoche 1948 bat mich der republikanische Kongreßabgeordnete Ralph W. Gwinn, engagiertes Mitglied von Vereides „Breakfast Group", zu einer Besprechung zwecks Erörterung des verabredeten Themas „Lebensmittelhilfe für Deutschland". Gwinn kam gleich zur Sache. Es stünde gerade ein größeres Kontingent Sojabohnen zur Verfügung; Details einer Verschiffung sollte ich noch am gleichen Tage mit Senator W.D. Jamison aus Iowa besprechen. Ferner empfahl der Abgeordnete, die noch wichtigere Frage von Kartoffellieferungen mit Senator Capper zu besprechen, zuvor aber die Sache mit dessen Geschäftsführer, Mr. Haynes, erörtern, der selbst schon informiert und Mitglied des Vereide-Kreises sei. Kurz darauf hatte ich – nach Vorbesprechung mit Haynes – mit Senator Capper ein langes Gespräch, in dem viele Fragen amerikanischer Deutschlandpolitik zur Sprache kamen. Der Gedanke der Lieferung überschüssiger Kartoffeln interessierte ihn besonders. Mr. Haynes wurde ein wertvoller Verbündeter bei diesem Hilfeprojekt. Er gab mir auch nützliche Hinweise auf das Verhältnis der Senatoren zueinander wie auf die Rücksichten, welche der einzelne auf bestimmte Wählergruppen nehmen mußte, und auf politische Lieblingsideen, auf die im persönlichen Gespräch eingegangen werden sollte. Während wir durch die weiten Korridore des Senats gingen, um Mr. Hartman, den Sekretär des – abwesenden – Senators Brewster zu besuchen, sagte Haynes unvermittelt: „Sie sollten wissen, daß es noch echte Amerikaner gibt! Deshalb wird sich auch die Deutschlandpolitik bald ändern!" Er erwähnte dann, daß meine Argumente seinen Chef, Senator Capper, stärker beeindruckt hätten, als ich vielleicht bemerkt hätte. Eine interne Aufklärungskampagne im Senatorenkreise werde bestimmt erfolgen. Wie zuvor anderen seiner Kollegen hatte ich dem Senator ein plastisches Lagebild Westdeutschlands vermitteln können. Amerikanisches Geld werde zum Teil am falschen Ende hinausgeworfen, Propaganda und „Reeducation" wür-

den verpuffen, falls nicht Taten und das positive Beispiel der in Deutschland stationierten Amerikaner vorangingen. Der schwarze Markt sei eine große Gefahr. Es müßte der amerikanischen Politik gelingen, die Menschen wieder an produktive Arbeit zu bringen; nicht „Charity", sondern Schaffung von Arbeitsplätzen für Einheimische wie für Millionen Flüchtlinge sei Gebot der Stunde. Dazu müßten zuerst die Demontagen gestoppt werden; die Entflechtungspläne, die eine als Konzernzerschlagung getarnte Demontage industrieller Gruppen darstellten, wie Stalin sie nicht besser hätte in Gang setzen können, müßten revidiert werden, und schließlich sei Soforthilfe für die in Nissenhütten und Notstandslagern hausenden Ostvertriebenen vordringlich. In unserem kleinen Küchenkabinett in den Diensträumen von Senator Brewster besprachen Mr. Haynes, Mr. Hartman und ich anschließend die weitere Taktik des Vorgehens beim „Kartoffelfeldzug". Aufgrund unserer Anrufe bei mehreren zuständigen Stellen ergab sich, daß tatsächlich 5 Millionen Bushels (ein Bushel = ein Scheffel, beträgt 36,37 Liter) amerikanischer Kartoffeln verfügbar waren und mit Liberty-Schiffen nach Deutschland verfrachtet werden könnten. Gemeinsam formulierten wir einen Kurzbericht zur katastrophalen Ernährungslage in Deutschland. Ein weiterer Termin mit Brewster wurde festgelegt; Senator Taft, als Vorsitzender des „Senate Foreign Relations Committee" wurde über seine Mitarbeiter auf Notwendigkeit wie Möglichkeit von Lebensmittellieferungen nach Deutschland aufmerksam gemacht. Das alles organisierte Mr. Haynes. Ein Anruf bei Dr. Vereide ergab, daß die täglichen kurzen Konferenzen seiner „Breakfast"-Gruppe mittlerweile die Deutschlandfrage in den Mittelpunkt der Diskussion gestellt hatten. Mrs. Aymar Johnsons Frauenkreis hatte Kontakte zu Frauengruppen in Westdeutschland und Berlin aufgenommen und besprach Möglichkeiten verstärkter Lebensmittel- und Kleidersendungen. Vereide hatte zudem von einem deutschen Pastor Fricke einen Lagebericht erhalten, der meine Mitteilungen bestätigte und ergänzte. Es war jener Februar 1948, in dem Präsident Harry Truman aufgrund der Deutschlandinitiative unserer rührigen Freunde, wahrscheinlich auch aus eigener Einsicht, seine Minister zusammentrommelte, um die Frage der Rettungsmöglichkeit demontagebedrohter Firmen überprüfen zu lassen; schon 2 Monate später, im April 1948, hielt sich eine technische Mission in Westdeutschland auf, die zunächst einmal eine Bestandsaufnahme machte:

von 186 zur Demontage bestimmten Betrieben in der US-Zone waren damals bereits 81 demontiert, von 223 Betrieben der französischen Zone waren 30 % abgewrackt und von 495 Betrieben der britischen Besatzungszone waren etwa 33 % demontiert worden, eine Tatsache, die britischerseits bereut und zum Anlaß interner Vorwürfe in London werden sollte.

Im Sommer 1948 zeichnete sich noch keine Wende der Demontagepolitik ab. Die Spitzen demontagebetroffener Städte des Landes Nordrhein-Westfalen, wie der Düsseldorfer Oberbürgermeister Gockeln, wandten sich zur Rettung einzelner Objekte hilfesuchend an den Wirtschaftsminister. Die Ministerpräsidenten des amerikanischen, britischen und französischen Besatzungsgebiets gaben in einem Schreiben an General Clay ihrer tiefen Besorgnis über die laufenden Demontageaktionen, besonders in der französischen Zone, Ausdruck. Doch auch General Clay hätte damals, selbst bei bestem Willen, keine Wende herbeiführen können!

Die erwähnten Prozentzahlen besagten nicht allzuviel, da die Größe und Bedeutung der Firmen dabei unberücksichtigt blieb. So viel stand jedenfalls fest: das industrielle Schwergewicht lag eindeutig im Ruhrgebiet, im britischen Militärhoheitsbereich. Ein nicht abzusehendes Tauziehen würde nun auf internationaler Ebene einsetzen. Westdeutschland würde mit konventionellen Mitteln die Entwicklung kaum beeinflussen können, ungeachtet der Tatsache, daß es Ministerpräsidenten, Landeskabinette, Gewerkschaften, Landtage gab. Wir hatten nur die Mittel passiver Resistenz, persönlicher Aufklärung der amerikanischen Legislative und der öffentlichen Meinung sowie der Einladung möglichst vieler Amerikaner, zum unabhängigen Studium der Lebensbedingungen in Deutschland, zur Verfügung.

Ein Satz aus der Bostoner Rede des ideenreichen Journalisten Felix Morley konnte ein Schlüssel zu unserer künftigen Öffentlichkeitsarbeit sein: „Wir können uns keine Politik vorstellen, die besser geeignet wäre, im industriellen Herzen Europas Überläufer zum Kommunismus zu schaffen als unser Demontageprogramm. Wir hoffen ernstlich, daß es radikal revidiert wird, bevor es dazu zu spät ist!“

Diese Formulierung hatte bei den Zuhörern besonders gezündet. In der abschließenden Besprechung über die künftige Zusammenarbeit, die ich im April 1948 mit Frederick J. Libby und Jim Finucane führte, wurde vereinbart, daß alle PR-Maßnahmen, die von deutschem Boden

aus erfolgen würden, in der Grundtendenz zwischen uns abgestimmt werden sollten, um eine optimale Durchschlagskraft in Washington zu erreichen. Polemik gegen die Briten sollte unterbleiben. Krasse Einzelfälle des Demontagewidersinns wie der Demontagepraxis sollten in möglichst anschaulicher Form dargestellt werden; ein breites Raster von USA-Adressen sollte benutzt werden; falls finanziell realisierbar, sollten originelle Public-Relations-Initiativen konzipiert und mit Hilfe deutscher Firmen durchgeführt werden, geeignet, zu den Deutschen den Westzonen Vertrauen zu erzeugen und damit der Meinungsmache von Morgenthau-Seite so weit wie möglich Wind aus den Segeln zu nehmen. Not macht erfinderisch, meinte Libby; ich sollte mir etwas einfallen lassen, für weitmöglichste Verbreitung in den USA werde der „National Council for Prevention of War“ sorgen. Mein Büro in Essen-Werden sollte als Meldekopf fungieren, so lange kein zentrales Demontageabwehr-Büro der deutschen Industrie existierte (zu dem es übrigens nie gekommen ist). Wir hofften, daß der geplante heiße Draht Essen-Washington gut funktionieren würde.
Senator Brewster hatte das Lebensmittelproblem nicht auf die lange Bank geschoben, sondern mit Senator Taft durchgesprochen. Am 10. 3. 1948 erhielt ich von Brewster Nachricht, die Lieferung der amerikanischen Kartoffeln für Westdeutschland sei nunmehr möglich; das Geld für die Verschiffung sei aufgebracht, und die Frage, unter welcher Flagge die Lieferungen erfolgen würden, sei ebenfalls geklärt. Damit hatte sich der kleine „Kartoffelfeldzug“ also gelohnt. Männern des US-Senats wie Brewster, Taft, Langer und Eastland können wir nicht dankbar genug sein, daß sie in schwerster Zeit – ungeachtet innenpolitischer Belastungen – der Aushungerungsmethodik der Morgenthau-Gruppe durch diese wie andere Schritte pari geboten haben.

Remontage des Vertrauens: Brückenschlag zur Jugend

Ein Erlebnis meiner „zweiten Lehrzeit" in den USA möchte ich nicht übergehen, auch wenn es nicht in die höhere Politik hineinspielte. Es war für mich von hohem Erkenntniswert für die Bedeutung des menschlichen Kontakts in der Gestaltung internationaler Beziehungen. In vorweihnachtlicher Stimmung war mir überraschenderweise eine Einladung zum „Bible-Breakfast" des YMCA Washington zugegangen, das am 23.12.1947 stattfand. Wie ich damals, so wird sicher mancher Leser ob des Ausdrucks „Bibelfrühstück" lächeln; was hatte wohl die Bibel mit einem Frühstück erster Klasse zum Preise von nur 50 Cents zu tun?

Mit vielen jungen Menschen aus aller Welt stand ich vor dem großen Saal. Neben mir ein junger japanischer Ingenieur, mit dem ich sogleich ins Gespräch kam. Zur Begrüßung wurde von den amerikanischen Teilnehmern ein Lied dargebracht. Der Leiter der Veranstaltung, der amerikanische Anwalt Brindle, begrüßte uns. Er sprach von der Kraft, die junge Menschen beseele, die sich vorgenommen hätten, eine unsichere, erneut vom Krieg bedrohte und aus den Fugen geratene Welt einer besseren Zukunft entgegen zu führen. Dies sei keine Utopie – es komme nur an auf das Zusammenstehen aller jungen Menschen, die nicht allein im Materiellen den Sinn des Lebens erkannt hätten.

Nun stellte jeder sich selbst und das Land seiner Geburt vor. Er sollte sagen, was ihn bewegte. Neben mir kam der Japaner zu Wort, der vom Aufbau seines Landes nach dem Kriege sprach, von der Fehlkonzeption der Kriegsverbrecher-Prozesse (ohne geschehene Grausamkeiten zu beschönigen); er bat die Amerikaner, „ keine falsche Propaganda zu treiben", „keine'Reeducation' zur Demokratie mit dem aufgehobenen Zeigefinger" zu starten, hingegen der japanischen Jugend Vertrauen zu schenken, die die Zukunft der Nation gestalten werde. Attorney Brindle begrüßte die Offenheit der Aussage des japanischen Gastes. Es sei völlig richtig, daß jedes Land nach seiner eigenen Fasson selig werden müsse. Der Krieg sei beendet, und es gebe nichts Gefährlicheres, als seitens einer Siegernation den Herrenstandpunkt herauszukehren, gegen dessen Überwindung sich gerade die USA gewandt hätten. Echter Patriotismus, von anderen respektiert, biete besseren Schutz gegen drohende Kräfte der Anarchie als alle Phrasen internationalistischer Weltverbesserer. Ich gebe zu, es erstaunte mich, im Kreise des „Christlichen Vereins junger Männer“ solche Töne zu vernehmen. Neben mir, zur Rechten, meldete sich nun ein Amerikaner zu Wort. Sich an den Japaner wendend, sagte er: „Lieber Kamerad aus Japan! Ich bin nur ein schlichter Farmersgehilfe aus Iowa. Aber ich will dir sagen: ich habe mich über deine Offenheit gefreut! Bis vor kurzem habe ich einen großen Fehler gemacht. Ich bereue das. Ich habe die Rindviechereien der großen Politiker immer auf ganze Völker bezogen; doch das ist Nonsens! Mein älterer Bruder ist vor Bataan, beim Todesmarsch, gefallen. Wie habe ich euch Japanern gegrollt! Rache für meinen Bruder – habe ich gedacht! Doch du kannst ebensowenig für den Tod meines Bruders, wie ich daran Schuld trage, daß heute noch Millionen von Flüchtlingen aus aller Welt kein Dach über dem Kopf haben und an Hunger, oder was weiß ich, zugrundegehen.“ Der Versammlungsleiter gab mir ein Zeichen, ob ich nicht etwas sagen wollte, während der Japaner auf den jungen Amerikaner aus Iowa zuging und ihm die Hand gab. Ich sprach kurz von der Blindheit, die jeder Krieg erzeugt, von der miserablen Lage Europas und – vom Gebot der Verständigung zwischen Amerikanern und Deutschen; von den Vertriebenen, von der Pflicht aller aufbauwilligen Kräfte, die Not zu bekämpfen: „Dadurch wird mehr erreicht als durch Millionen Flugschriften. Gebt der Jugend der Nationen die Chance, sich endlich gegenseitig kennenzulernen. Vergeßt dabei auch nicht die Jugend des deutschen Ostens, die Schlimmes durchgemacht hat.“

Ein kritischer Amerikaner meldete sich. „Ihr Deutschen“, sagte er, „habt vor Stalingrad gestanden. Sehe ich es richtig, daß ihr nicht allein vom General Winter geschlagen wurdet, sondern von der Mißachtung des von euren Führern so hinausposaunten, völkischen Prinzips bei der Behandlung der Völker Osteuropas? Ich habe gelesen, daß die Ukrainer zuerst große Hoffnungen auf die Deutschen gesetzt hätten, die bitter enttäuscht wurden.“ Es war eine harte Frage, doch sie war nur allzu berechtigt. Rechtsanwalt Brindle suchte eine Überbrückung des Schweigens. Während der Worte des Japaners hatte ich ein paar Zeilen auf meine Papierserviette gekritzelt, die ich den Teilnehmern in freier englischer Übersetzung langsam vorlas. Wie auch immer heute diese Zeilen klingen mögen – sie sollen hier wiedergegeben werden – entsprachen sie doch dem, was wir jungen Menschen aus verschiedenen Ländern und Kulturkreisen damals empfunden haben:

Laßt uns eine Brücke schlagen
aus dem Dunkel hin zum Licht.
Jugend will die Zukunft wagen;
Feigen winkt die Freiheit nicht.
Allen, die das gleiche wollen,
reichet nun die Bruderhand:
ob die Wetter noch so grollen –
frischer Wind, von Land zu Land.
Daß die Brücke Wahrheit werde,
schreitet froh bereit zur Tat:
lang schon sehnt die alte Erde
sich nach euch, der jungen Saat.

So wurden beim „Bible-Breakfast" Fäden geknüpft, Freundschaften geschlossen.

Versöhnung – das Wort begann mich damals zu beschäftigen. Wie leicht ist es, die Schuld des anderen zu beweisen, schwerer fällt es, eigene Schuld, wie Fehler, Versäumnisse, Schuld und Verantwortungslosigkeit von Politikern und Führern des Landes, in dem man geboren wurde und mit dem man schicksalhaft verbunden ist, zuzugeben. Hiermit ist nicht jener einseitig fixierte Kollektivschuldkomplex gemeint, den Roosevelt und Morgenthau und deren Schüler im Bewußtsein des deutschen Volkes wie der Weltmeinung für viele Generationen zu verankern suchten. Was mich an jenem 23. Dezember 1947 in Washington bewegt hatte, war das Verhalten meines japanischen Tischnachbarn; mit keinem Wort hatte er Hiroshima und Nagasaki erwähnt. Doch die Mehrheit der Anwesenden dachte zweifellos daran. Man muß vergeben und aufeinander zugehen können; nur so wird Versöhnung auf beiden Seiten möglich!

Das Thema der Zusammenarbeit der Jugend klang auch an, als ich am 14. April 1948, nach lehrreichen Monaten in den Staaten auf den Rückflug nach Deutschland wartend, einen überraschenden Anruf des Gründers der „International Christian Leadership", Dr. Abraham Vereide, erhielt. Dabei versicherte er mir, daß er sich mit seiner ganzen Freundesgruppe auch weiter für den Wiederaufbau Deutschlands einsetzen und dieserhalb mit mir in Kontakt bleiben werde; manche der gegebenen Anregungen werde verwirklicht werden; keinesfalls dürfte ich zögern, weitere Ideen beizusteuern.

PR-Chancen als Verbindungsmann auf Villa Hügel

Schon während des Rückfluges nach Deutschland überlegte ich, wie die USA-Erfahrungen und die vielen persönlichen Kontakte in eine wirksame Hilfe für den Wiederaufbau umgemünzt werden könnten. Persönliche Kontakte standen, nach der Freude des Wiedersehens mit der Familie, zunächst im Vordergrund; und ich muß gestehen, daß mir zunächst das Einleben in ein militärisch besetztes Gebiet nicht gerade leicht fiel, nachdem ich in den Staaten die „freie Luft der Demokratie" geatmet hatte. Immerhin hatte dies den Vorteil gebracht, daß ich nun auch in Westdeutschland ohne Protokollbefangenheit mit höchsten Militärs und Beamten der Alliierten, wie mit Größen der deutschen Politik würde sprechen können.

Es hatte den Anschein, daß meine Rückkehr in einem prekären Augenblick der Entwicklung stattgefunden hatte. Am 7. April 1948 hatte der Militärgouverneur der britischen Besatzungszone, Sir Brian Robertson, im Düsseldorfer Landtag eine etwas sibyllinische Rede gehalten, aus der niemand so recht klug werden konnte. Dabei hatte zwar der schlaue Fuchs die Gemeinsamkeit der europäischen Interessen beschworen, von Plänen für Frieden und Wohlstand – auch für die Deutschen – gesprochen, den Marshall-Plan als eminent wichtig bezeichnet, indessen die Demontage mit keinem einzigen Wort erwähnt! Arnold, Nölting, Landtag, Presse, Öffentlichkeit – keiner wußte, wohin der Hase wirklich lief. Anfang Juni 1948 gab Wirtschaftsminister Erik Nölting im Landtag einen Bericht über die völlig ungeklärte Demontage-Situation; kurz danach faßten auf Schloß Benrath die Ministerpräsidenten der Länder eine vorsichtig abgewogene Erklärung zur Demontage ab, in der sie einen Appell an die „wirtschaftliche Vernunft" richteten. Der Spätsommer und Herbst sollte zunächst eine Zeit des Wartens werden. Seit der Tagung des Parlamentarischen Rats im September 1948 und dem Wirksamwerden des Marshall-Plans für Westdeutschland wurden die Fragen nach dem Sinn weiterer Demontagen immer lauter. Zeitlich rückten bei der Militärregierung jedoch andere Fragen in den Vordergrund. Dazu gehörte das Problem ausreichender Kohleförderung, dem die maßgebenden Männer der Bi-Zone besondere Bedeutung beimaßen; aber auch die Meisterung des Flüchtlingsproblems, die Besatzungskostenregelung, der Entnazifizierungskomplex – in eine Art Abnutzungsphase gerückt (bereits seit 1946 ein Problem darstellend) – gehörten dazu, nicht zuletzt auch das sich am Horizont schon abzeichnende Tauziehen um die künftige Wirtschaftspolitik.

Anfang August 1948 suchte die UK/US Coal-Control-Group auf der Kruppschen Villa Hügel, Essen, einen Verbindungsoffizier zur Deutschen Kohlen-Bergbau-Leitung (DKBL), im Glückauf-Haus Essen stationiert. Ich meldete mich und hatte das Glück, gleich angeheuert zu werden. Im Schreiben der Hügel-Verwaltung an den Personalchef der DKBL, Bergassessor Goethe, waren meine Aufgaben genau definiert; bei der Formulierung hatte ich mitgewirkt, um einen möglichst weiten Handlungsspielraum zu bekommen. Als Verbindungsmann war ich für den Gesamtbereich „Public Affairs" zuständig, mit dem Ziel, ein Höchstmaß an Übereinstimmung zwischen der Wirtschaftspolitik des Westens und den deutschen Bergarbeitern, wie der Organisation des Kohlenbergbaus, herzustellen, sowie die Stabilität des Arbeitsprozesses mittels kreativer neuer Ideen zu erhöhen. Weiterhin wurde von mir erwartet, durch Verwirklichung sozialer und psychologischer Assistenz die Kumpels zu unterstützen im Sinne der Schaffung von Zuversicht, Zukunftshoffnung, und dadurch, wie es wörtlich hieß, „radikale Tendenzen abwehren zu helfen". Mit dem englischen Chef der Zivilverwaltung, Mr. P. Giles, war ich darin einig, daß die Anpackung dieser Aufgabe gegebenenfalls auch Kritik an Mißverständnissen oder etwaigen Fehlentscheidungen seitens der Militärdienststellen beinhalten sollte. Mr. Giles meinte, ich sollte dies mit dem Amerikaner Colonel Ulman, dem Public-Relations-Fachmann auf dem Hügel besprechen, dem ich zugeteilt werden würde. Das Grundkonzept sagte mir zu, es bot die Möglichkeit, etwas für die im Bergbaubereich Tätigen und die Wahrung volkswirtschaftlicher Belange zu tun. Darüber hinaus würde mir diese Funktion gewiß die Chance geben, bei Reisen im Revier Demontagedetails zu erfahren, auf die die Freunde in den USA warteten. Die Zusammenarbeit mit dem Amerikaner lief gut an, wenn ich auch den Eindruck hatte, daß der gute Colonel Ulman lieber in Paris tätig gewesen wäre als hier im Kohlenpott.

Die Sorgen des deutschen Steinkohlenbergbaus diskutierte ich mit meinen amerikanischen und englischen Partnern auf dem Hügel. In Gesprächen mit dem Informationschef und den Ressortleitern des Glückaufhauses und bei Besuchen von Zechen eignete ich mir das Wissen um die großen Zusammenhänge dieses wichtigen Wirtschaftspfeilers an. Auch mit örtlichen Gewerkschaftlern suchte ich Kontakt. Diese legten mir zum Beispiel den Vorrang der Unterbringung von Invaliden als Thema für die „Hügel-Gespräche“ ans Herz. Im Nachkriegseuropa fehlte es fast an allem; aber der wichtigste Rohstoff hatte tief in der Erde das Chaos unbeschadet überstanden: die Steinkohle. Es galt daher, wie Ministerpräsident Heinz Kühn rückblickend betont hatte, so rasch wie möglich Kohle zu fördern. Kohle konnte Energie bringen, mit Kohle konnte die Eisen- und Stahlerzeugung wieder beginnen; Eisen und Stahl aber waren Voraussetzungen zur Belebung der übrigen Industriezweige.

Die Jahre nach Kriegsende waren für die deutschen Kumpels besonders hart gewesen. Heinz Oskar Vetter, später DGB-Chef, arbeitete in jener Zeit als Maschinenschlosser auf der Zeche „Robert Müser“ in Bochum. Mit wenigen Strichen hat er die damalige Situation des Bergmannes charakterisiert: „Die Steigerung der deutschen Kohleförderung im Ruhrgebiet war eine der wichtigsten Voraussetzungen für den Wiederaufbau der deutschen, ja der europäischen Wirtschaft. Doch, wie man bei uns sagt: Von nichts kommt nichts! Die harte Arbeit unter Tage konnte nur getan werden, Überschichten konnten nur gefahren werden, wenn man uns Bergleute dazu physisch in die Lage versetzte. Um unsere Ernährungslage sah es jedoch, wie auch bei unseren europäischen Nachbarn, schlecht aus; im Winter 1946/47 gingen deshalb im Ruhrgebiet Hundertausende von Kumpels mit ihren Familien auf die Straße, um für mehr Brot zu demonstrieren. Die Wirtschafts- und Ernährungslage war bei uns so schlecht, daß bei uns die Kommunisten, wie in anderen europäischen Ländern auch, einige propagandistische und auch Wahlerfolge zu erzielen vermochten“.

Dadurch, daß im Sommer 1947 die ersten Care-Pakete mit langersehnten Lebensmitteln im Ruhrgebiet angekommen waren, war die Ernährungslage für einen Teil der Bevölkerung wenigstens temporär etwas besser geworden, doch reichte dies bei weitem nicht aus! In einer Besprechung bei dem zielbewußten Generaldirektor der Deutschen Kohlen-Bergbau-Leitung, Dr. Heinrich Kost (von den Kumpels „Heinrich mit der Nelke" genannt, da er stets eine rote Nelke trug), standen folgende Forderungen an die Alliierten im Vordergrund:

(1) Notwendigkeit höherer Kalorienzuteilung für Bergleute als Grundvoraussetzung besserer Schichtleistung;
(2) systematische Anpackung des Baus solider Bergmannswohnungen;
(3) Durchsetzung der Zusagen, daß die Demontagepläne der Briten bei Bergbauzulieferbetrieben gestoppt würden.

Kost, den die Morgenthau-Propaganda damals als „gefährlichen Nationalisten" , der die Besatzungspolitik der Alliierten untergraben wolle, aufs Korn nahm, ermutigte mich, entsprechende Seelenmassage bei den Herren auf dem Hügel zwecks Erreichung der gesteckten Ziele zu treiben. Was die Förderleistung des Bergmanns anginge, so sollte ich darauf hinweisen, daß mit „Disziplin-Befehlen" der Briten allein keine Steigerung zu erwarten war.
Zur Durchsetzung der Forderung nach Erhöhung der Kalorienmenge für den Bergmann hatte ich dem Chef der „Lebensmittel- und Landwirtschaftsabteilung" auf Villa Hügel, Lambert J. Stahler, einen idealen Verbündeten gefunden. Deutschamerikanischer Abstammung, aus Morris (Minnesota) gebürtig, hatte er im Pazifik gekämpft und war schon mit 36 Jahren zum Oberst avanciert. Mit dem Morgenthau-Plan, seinen Ursprüngen und seinen Helfern, hatte er sich sehr gründlich auseinandergesetzt. Er war davon überzeugt, daß der Plan immer noch in manchen Verwaltungsköpfen herumspukte. Er bat mich sogleich um eine möglichst ausführliche Denkschrift über die Ernährungslage der Bevölkerung in der britischen Besatzungszone, die ich ihm mit Hilfe der DKBL und des aktiven Leiters der betriebswirtschaftlichen Abteilung des Rheinisch-Westfälischen Instituts für praktische Wirtschaftsforschung, Essen, Professor Dr. Wilhelm Hasenack, zusammenstellen konnte. Mit diesen Unterlagen, die den Schluß zuließen, daß die Kalorien für die Kumpels wie für die Bevölkerung bedeutend erhöht werden müßten, sollte nicht wieder, wie im Winter 1947/48, im Revier eine katastrophale Situation eintreten, flog Oberst

Spruchbanddemonstration in der Ruhrchemie Oberhausen

Die demontierte 10000-Tonnen-Schmiedepresse der Dortmund-Hörder Hüttenverein AG vor dem Abtransport

Wandparolen in Bochum

Maschinen der Schiess AG, Düsseldorf, zur Verschiffung in der UdSSR

Demontage
Brot

Ein englischer Offizier heftet die Beschlagnahmeverfügung an das Tor eines Kohlenbergwerks

Victor Gollancz (rechts) 1946 im Ruhrgebiet

Stahler nach Washington, „to raise hell with the bureaucrats". Vor seinem Flug konnte ich mit ihm das Vorgehen in der Antidemontage erörtern. Stahler wollte seine wie meine Bekannten im US-Senat informieren.

Es konnte nicht ausbleiben, daß sich mein Kontakt mit Stahler auf dem Hügel herumsprach und daß einige deutsche Angestellte gegen mich zu intrigieren versuchten. Diese Versuche, mich bei den Briten anzuschwärzen, hatten zunächst keinen Erfolg. Die Zusammenarbeit mit Ulman und Stahler funktionierte weiter gut. So teilte Oberst Stahler mir mit, daß ein hoher Beamter der US-Hochkommission überraschend ins Revier kommen werde, um – nach Besuch der DKBL – eine Rundreise zur Besichtigung demontagegefährdeter Bergbauzulieferbetriebe zu unternehmen, zwecks Erstellung eines Berichts an die Regierung in Washington. Ich lernte diese interessante Persönlichkeit, Mr. Kimmel, durch Mr. Stahler kennen. Das war der Beginn einer lange währenden Kooperation. Auf diese Weise konnte meine Verbindungsfunktion auch im Sinne der dritten Forderung von Generaldirektor Kost genutzt werden: Demontageabwehr im Kohle-Zulieferbereich.

Die Gespräche mit britischen wie amerikanischen Beamten auf dem Hügel, die für die Lenkung des Wohnungsbaus zuständig waren und mir die Frage vorlegten, warum wohl auf diesem Gebiet fast alles stagniere, waren gleichfalls nützlich. Ich hielt in dieser Frage engen Kontakt mit dem bei der Deutschen Kohlenbergbau-Leitung dafür zuständigen Mann, Direktor Johannes Ernst, einem vorzüglichen, besonnenen Planer (später zuständiger Minister in der Landesregierung in Düsseldorf). Wir waren uns darüber einig, daß die Unsicherheit in der Demontagefrage ein entscheidender Hemmfaktor für Initiativen im Wohnungsbau sei. Der zuständige britische Beamte auf dem Hügel teilte übrigens diese Ansicht in vollem Maße. Indessen, dieser Mann hatte keinen Einfluß auf die britische Demontagekonzeption. Als Colonel Ulman mich um meine Ansicht zu Chancen einer Meinungskampagne „Segnungen des Marshall-Plans" bat, antwortete ich ohne Zögern, eine derartige Aktion wäre ohne Sinn, sie könnte sich sogar gegenteilig bei der Bevölkerung auswirken, solange es der amerikanischen Politik nicht gelänge, ihre britischen Verbündeten in der Frage des Demontagestopps zur Vernunft zu bringen. Die beste Werbung für den Marshall-Plan wären vernünftige Aufbaumaßnahmen und die Lösung der Fesseln für unsere Wirtschaft. Eher als erwartet, sollte sich die Situation weiter verschärfen.

Zugespitzte Lage in Essen

Bei einer Versammlung im Zirkus Bügler, Essen, am 12.10.1948, erklärte Oberbürgermeister Dr. Gustav Heinemann, daß, laut Information des Wirtschaftsministeriums in Düsseldorf, der Landmaschinenbetrieb und die Schwerbeschädigten-Werkstatt von Krupp endgültig demontiert werden sollten. Diese Information gab ich sofort an Ulman weiter. Ich beschwor ihn, alles Denkbare zu unternehmen, um eine Demarche der Amerikaner bei Sir Brian Robertson zu veranlassen. Die Beschwerde sei nur allzu berechtigt; die seinerseits mit solcher Verve vertretene und propagierte Idee der Kooperation und Partnerschaft mit den Deutschen werde durch derart kurzsichtige Anordnungen durchkreuzt; die Folge könnten nur militanter Kommunismus oder eine Art von Supernationalismus sein, den sich weder die Besatzungsbehörden noch wir leisten könnten. Ulman setzte sich daraufhin trotz später Stunde mit der US-Hochkommission in Frankfurt/Main in Verbindung. Oberbürgermeister Dr. Heinemann trat im Namen der hart geprüften Stadt mit Zähigkeit für die Landmaschinenfabrik, die Schwerbeschädigten-Werkstatt und die Krupp-Baubetriebe ein und erreichte tatsächlich in einem Gespräch mit dem britischen Militärgouverneur Sir Brian Robertson am 13. Oktober 1948, daß die genannten Betriebe nicht vor Bekanntwerden des endgültigen Plans „Aufbau einer Friedensindustrie in Essen“ demontiert werden sollten. Heinemann hatte dabei betont, daß es sich um reine Friedensfertigungsstätten handele.

Dr. Heinemanns Erfolg war besonders bemerkenswert, wenn man sich vergegenwärtigt, welche Politik die Briten gegenüber Krupp nach dem Zweiten Weltkrieg verfolgt hatten.

Am 16.11.1945 hatte der englische controler, Colonel Douglas Fowles, der Geschäftsleitung von Krupp erklärt, es sei Wille und Beschluß der englischen Militärregierung, die Krupp-Werke vollständig zu demontieren. Kein Schornstein dürfe mehr rauchen; auf dem bisherigen

Werksgelände in Essen würden Grünanlagen und Parkplätze errichtet. Die Herren hörten schweigend zu. Am 30. November 1945 bereits hatten die Krupp-Demontagen mit dem Hüttenwerk Borbeck begonnen, der damals modernsten Anlage Europas. 96000 Tonnen Material wurden mit 5000 Güterwagen und 29 Schleppkähnen nach Hamburg transportiert, um von dort auf dem Seewege über das Schwarze Meer nach Rußland zu gehen. Beim Gründungskongreß des DGB in Bielefeld (April 1947) führten die Arbeitervertreter von Krupp bittere Klage über die Behandlung, welche sie seitens der Militärregierung erführen, die drakonische Maßnahmen ergriffen habe. Noch im August 1950 wurde im Essener Kruppgelände damit begonnen, die Werkstatt der Schwerkriegsbeschädigten auszuräumen, obwohl zum gleichen Zeitpunkt General Bishop auf dem Kirchentag seinen Auftrag betonte, an der Herstellung freundschaftlicher Bande zwischen dem britischen und dem deutschen Volk mitzuwirken. Die „Times" meinte in einem Beitrag vom 7.2. 1949, bei Krupp bestehe noch die alte Werkstradition fort, trotz aller Anstrengungen, sie zu zerbrechen. Die deutsche Leitung der Kruppwerke kämpfe als Treuhänder ihrer früheren Angestellten hartnäckig darum, soviel wie möglich von dem großen Komplex intaktzuhalten. Am 31. Juli 1948 wurde Alfried Krupp von Bohlen und Halbach von der Nürnberger Siegerjustiz zu zwölf Jahren Gefängnis und Einziehung seines ganzen Vermögens verurteilt. Auch ich machte damals aus meiner Meinung kein Hehl, es handelte sich hierbei um ein ungerechtes und rein politisch bedingtes Urteil. Richter H. Jackson hatte noch vor seinem Abflug nach Europa Präsident Truman versprochen, „die deutsche Industrie selbst auf die Anklagebank zu bringen". Dafür wurde an Stelle des schwerkranken Gustav von Bohlen und Halbach und entgegen der ursprünglichen Liste der „Hauptkriegsverbrecher" Alfried benannt, nachdem der französiche Vorschlag, Frau Bertha Krupp auf die Anklagebank zu bringen, nicht akzeptiert worden war. Damals war es der britische Anklagevertreter, Sir Hartley Shawcross, der seine Kollegen warnte: eine Einbeziehung Alfrieds komme nicht infrage, da keine Beweismittel gegen ihn vorlägen. Zweifellos würde der Gesamtkomplex Krupp bei den befürchteten forcierten Demontageaktionen in der BBZ am meisten betroffen werden, falls es nicht gelingen würde, der Demontagepolitik insgesamt einen Riegel vorzuschieben. Damals erschien eine kleine Karrikatur in einer von Libby herausgegebenen Informationsschrift: Ein Gärtner besprengt mit einer Gießkanne, Aufschrift „Marshall-Plan“, den Rasen, auf dem Blumen sprießen. In der anderen Hand aber hält der Gärtner eine Walze mit Aufschrift „Demontage“, die er hinter sich herzieht und die mit ihrem Gewicht, ebenso wie die Stiefel des Gärtners, alle Blumen wieder zerstört. Auch der Kommentar zu dieser Karrikatur ist klassisch:

Das Verbrechen der Demontage

Die deutsche Industrie zu demontieren ist ein Überbleibsel des Morgenthau-Plans. Es entspringt zwei negativen Beweggründen: Gewisse britische Industrielle fürchten, daß die Deutschen sie im Kampf um die Weltmärkte überholen, und die Russen möchten die deutsche Industrie zerstören, damit sie im Kriegsfalle Amerika nicht helfen kann. Die Art, in der wir gut produzierende Fabrikanlagen in Deutschland niederreißen, ist das größte Verbrechen. Ursprünglich war es ein Teil des Morgenthau-Plans, das deutsche Volk zu versklaven und zu liquidieren.

ERP-Spritzen für die deutsche Kohle

Die schwierigen Probleme der Kohle standen weiter zunächst im Vordergrund meines beruflichen Interesses. Die südliche Randzone des Reviers mit ihrer Magerkohle war in einer prekären Situation. Zur weiteren Finanzierung des Bergbaus war die Erwirtschaftung von Gewinnen notwendig. Die Kokereien benötigten als Zuschußbetriebe weitere Hilfe. Neue Methoden der mechanischen Kohlegewinnung mußten entwickelt werden; und das wiederum machte die Erhaltung der demontagegefährdeten Zulieferbetriebe notwendig. Produktionsanlagen und Grubensicherheit waren vernachlässigt worden. Maßnahmen zur Modernisierung und zur Hebung der Grubensicherheit waren vordringlich. Im Jahre 1926 hatte die Schichtleistung unter Tage 2,13 t pro Mann betragen; sie erreichte erst 1952 den Durchschnitt von 1,47 t.

Männer wie Stahler und Kimmel haben viel dazu beigetragen, daß die Marshall-Plan-Verwaltung Mittel für den Kohlenbergbau aus den sogenannten „Counterpart-Fonds“ (Gegenwertsmitteln) der Marshall-

Plan-Hilfe (ERP-Kredite) freimachte. Von 1948 bis 1952 erhielt der deutsche Kohlenbergbau über 500 Millionen DM ERP-Kredite, womit mehr als ein Viertel der so vordringlichen Gesamtinvestitionen finanziert werden konnte. Das Programm für den Bergarbeiterwohnungsbau vergab Förderungsmittel in Höhe von insgesamt 168 Millionen DM.

Schon bei der Hausbaupolitik hatten sich unterschiedliche Konzeptionen der Briten und der Amerikaner abgezeichnet. Zum Verständnis des damaligen Tauziehens auch auf diesem Sektor folgendes Zitat aus einem Brief, den ich am 4. Mai 1949 an Jim Finucane schrieb, der diesen an eine Reihe von Kongreßmitgliedern weitergab: „Heute habe ich an der Vorführung einer für hiesige Verhältnisse neuen Hausbaumethode nach amerikanischem Muster, ‚Tilt-up-Construction' genannt, teilgenommen. Nach meiner Beobachtung ist das britische Engagement der Bi-Zone gegen ein derart großzügiges Wohnungsbauprogramm im Ruhrrevier, das durch Initiative privater Baufirmen zustande käme, da

a) die Briten ihre – sehr unzureichenden – Aluminiumhäuser zu DM 34000.- pro Lieferung (Gesamtprojekt: etwa 25 Millionen Dollar) hier im Gebiet verkaufen wollen,
b) solche private Aktivität den Gedanken der Sozialisierung des Ruhrreviers – mit einem gelenkten Bauprogramm unter Staatsmonopol – vom Tisch fegen würde.

Ich gebe zu bedenken, ob nicht im US-Senat eine Resolution gestartet werden könnte, der zufolge ein kleinerer Prozentsatz des ERP-Fonds für das Hausbauprogramm zur Verfügung gestellt werden könnte, gemäß amerikanischer Projektentwicklungspraxis; und – ob nicht, außerdem, amerikanische Firmen auf der Grundlage vernünftiger Bedingungen dafür interessiert werden könnten, Kapital für ein Hausbauprogramm auf lange Sicht in der britischen Zone zu investieren."

Ohne Fachmann in diesem Bereich zu sein, konnte man sich doch aufgrund gesunden Menschenverstandes bereits ein Urteil über die Ansatzpunkte einer vernünftigen Hausbaupolitik bilden. Von Nutzen für die Sache war es, daß ich eine Art von Katalysatorfunktion wahrnehmen konnte, indem ich die Memoranden zu dieser Frage aus der Feder des Chefs der Wohnungsbauabteilung der DKBL, Direktor Johannes Ernst, über die Libby-Gruppe einem weiten Interessentenkreis in Washington zur Kenntnis bringen konnte.

Im Kontakt mit der DKBL gelang es auch, Vorschläge zu einer „Neuorganisation des deutschen Steinkohlenbergbaus“ abzuwehren, die aus London und Washington kamen, von Schreibtischstrategen revierfremd konzipiert; so sollte ein „Kohleförder-Pool“ gebildet werden, dessen Verwirklichung nicht nur eine Verteuerung der Kohleförderung bedeutet hätte, sondern auch einen organisatorisch, finanztechnisch und politisch heiklen Eingriff in die gewachsene Entwicklung des deutschen Kohlenbergbaus mit seinen so verschiedenartigen Kohlesorten und Förderbedingungen. Nur ein Beispiel für die Gefährdung wirtschaftlich noch nicht gefestigter Gebiete des besiegten Landes, zum Tummelplatz von schädlichen Experimenten zu werden; die sogenannte „Entflechtung“ sollte die Kostspieligkeit solcher Eingriffe zu einem späteren Zeitpunkt besonders unter Beweis stellen.

Böcklers politisches Credo: Verstaatlichung

In den Monaten September und Oktober 1948 erfuhr ich auf Villa Hügel, daß zwischen den westlichen Alliierten ein zähes Tauziehen um Demontagefortsetzung oder Demontagestopp in der britischen Zone eingesetzt hatte; die Briefe aus Washington bestätigten es. In den Unterhaltungen der alliierten Beamten tauchten immer häufiger die Namen P.G. Hoffman, Marshall-Plan-Verwalter, und Senator Humphrey auf, der die Situation in der britischen Besatzungszone persönlich prüfen wolle. Frederick J. Libby hatte mir ein besonders positives Bild von Charakter und Fähigkeit des jungen Humphrey übermittelt. Anfang Dezember 1948 begannen, auf amerikanisches Drängen hin, in London Dreimächte-Besprechungen zum gesamten Demontagekomplex. Ungeachtet dieser Konferenz, bei der es hart auf hart ging, wies General Bishop – aufgrund seiner Weisungen aus London – die Industriegewerkschaft Metall in der ungewöhnlichen Form eines schriftlichen Befehls an, „die Demontagearbeiten unverzüglich fortzusetzen.“ Eine Woche zuvor hatte die Militärregierung in Düsseldorf die „Demontagefibel“ beschlagnahmt, deren Mitautor, der Gewerkschafts-

funktionär Mertens, auf britische Intervention hin sofort entlassen worden war.
Ich stellte mir damals die Frage, welche Haltung die auf anderen Gebieten als militant geltende Gewerkschaftsspitze in der britischen Zone überhaupt in Demontagefragen der Militärregierung gegenüber einnehme, da ich entsprechende Erklärungen zu Befehlen der erwähnten Art vermißte. Wann hatte Hans Böckler, im April 1947 in Bielefeld bei Gründung des „Deutschen Gewerkschaftsbunds“ zu dessen Vorsitzenden gewählt, in ähnlicher Weise wie Ministerpräsident Arnold oder Wirtschaftsminister Professor Nölting, die Briten in aller Öffentlichkeit darauf hingewiesen, daß ihre Demontagepolitik im Gegensatz zum Marshall-Plan stand oder, unter Hinweis auf die Europaidee, den Plan einer „Internationalisierung der Ruhr“ attackiert, wie z. B. Arnold in seiner Ansprache zum Neujahrstag 1949? Beschäftigte man sich bei der DGB-Spitze in erster Linie mit Organisations- und Abstimmungsfragen? Oder hatte das andere Gründe? Im Herbst und Winter 1948 erhielt ich eine Reihe von Anfragen aus den USA wie von amerikanischen Journalisten in Frankfurt/Main, warum eigentlich die maßgebenden Gewerkschaftsführer den Briten gegenüber so gut wie schwiegen, was die Demontage angehe; hätten sie nicht an einen Generalstreik zur Durchsetzung eines Demontage-Aufschubs gedacht?
Dem Oberbürgermeister von Mönchen-Gladbach, Wilhelm Elfes, übermittelte ich auf dringende Bitte der Freunde in den USA die Anregung, an namentlich genannte amerikanische Gewerkschaftsführer (AFL und CIO) Telegramme führender deutscher Gewerkschaftler zu veranlassen. Dies sei umso wichtiger, als sich Professor Dr. Fritz Baade bei den amerikanischen Gewerkschaftsspitzen so sehr engagiert habe. Diese, so hieß es in einem Brief von Jim Finucane, könnten ja nicht „deutscher als die Deutschen“ sein. Kein Echo erfolgte auf diese Anregung hin. Freilich wußte ich damals nur, daß Herr Elfes gute Verbindungen zu deutschen Gewerkschaftern besaß, ohne mir Motive einer Ablehnung der Anregung denken zu können. Über einen engeren Mitarbeiter Böcklers, den ich auf dem Hügel kennengelernt hatte, versuchte ich die Initiative zur Wahrnehmung der Lebensinteressen deutscher Arbeiter zu wecken. Umsonst. In einer Unterredung über meine Amerika-Erfahrungen mit dem Essener Oberbürgermeister Dr. Gustav Heinemann im Mai 1948 bezeichnete auch dieser die Kontakt-

pflege des DGB zu den amerikanischen Gewerkschaften als besonders wichtig. Meine Versuche scheiterten.
Die Gewerkschaft besaß von Anfang an in der britischen Zone eine stärkere Position als in der amerikanischen und französischen. Die wirtschaftliche Vereinigung der britischen und amerikanischen Zone hatte zu einer immer engeren Zusammenarbeit der einzelnen Gewerkschaftsbünde geführt; es war am 6. November 1947 ein Gewerkschaftsrat gebildet worden, dem sich ein Jahr später die Gewerkschaftsvertreter der französischen Zone anschlossen, sodaß es Ende 1948 schon 4779000 Gewerkschaftsmitglieder (ausschließlich Saargebiet und Berlin) bei über 12 Millionen Arbeitnehmern gab. Die Gewerkschafter der ersten Stunde wie Hans Böckler, Matthias Föcher, Willi Richter und Bernhard Tacke, die sich zunächst mit öffentlichen und organisatorischen Aufgaben, darunter der Meisterung der Ernährungsprobleme, beschäftigten, hatten das Ohr der Militärgouverneure und konnten bereits für Millionen sprechen; warum also warfen sie dies Gewicht nicht in die Waagschale in London, Washington und Paris, um erst einmal ein Minimum an „Lebensqualität" durch energische Proteste gegen die Demontage zu schaffen, als Voraussetzung zur Aufnahme eigentlicher Gewerkschaftsfunktionen? Die tapferen Vorstöße ihrer „counterparts" auf der anderen Seite des Atlantik, die Präsident Truman und der US-Kongreß nicht als Kleinigkeit zu den Akten nehmen konnten, bedurften doch der kraftvollen Ergänzung durch politische Initiativen der deutschen Gewerkschaftsführer. Wie war nur die scheinbar passive Haltung des als „elder statesman" der Gewerkschaftsbewegung bei den Briten geltenden Dr.h.c. Hans Böckler oder des einflußreichen IG-Bergbau-Bosses Arnold Schmidt in Sachen Demontage zu begreifen?
Wenn der wie ein knorriger Eichbaum wirkende Böckler auf Villa Hügel mit Sir Brian Robertson zusammentraf, dann wurde ihm eine Begrüßung von einer Herzlichkeit zuteil, die man dem sonst reserviert auftretenden General gar nicht zugetraut hätte! Es klingt mir noch heute in den Ohren, wie der Militärgouverneur an einem Herbsttag 1948 den gerade aus London zurückgekehrten Gewerkschaftschef – damals 73 Jahre alt – mit den Worten empfing: „My dear Dr. Boeckler, we are so very, very happy to have you here again!", um ihn dann dort zum Tee zu bitten, wo einmal Kaiser Wilhelm Gast der Krupps gewesen war. Sicher war Sir Brian daran interessiert, letzte Neuigkeiten aus

London zu erfahren, zu hören, was etwa Außenminister Bevin zur britschen Deutschlandpolitik geäußert hatte. Indessen gewann ich den Eindruck, daß Sir Brian Robertsons Interesse an Böckler weiterreichte als für den Augenblick.
Ein maßgebender Amerikaner auf dem Hügel schenkte mir schließlich reinen Wein ein, was Böcklers relative Inaktivität in Sachen Demontage anbetraf. Sein Hauptanliegen sei – und dies sei auch aus Gesprächen mit Sir Brian Robertson und dessen Stab durchgesickert – Westdeutschland mit Hilfe der Regierung Attlee-Bevin für eine „echte Sozialisierung“ reif zu machen; und diesem Ziel müßten sich seiner Überzeugung nach alle anderen Fragen unterordnen! Nichts dürfte geschehen, und darin sei er sich mit IG-Bergbau-Chef Arnold Schmidt einig, was die Freundschaft zu Ernest Bevin trüben könnte, die für dies große Ziel eingesetzt werden sollte.
Gegenspieler Böcklers und Schmidts in Sachen Verstaatlichung war, wie die Herren auf Villa Hügel wußten, der Chef der Deutschen Kohlen-Bergbau-Leitung, Dr. Ing h.c. Heinrich Kost, seit 1947 in diesem wichtigen Amt als Generaldirektor der DKBL tätig. Kosts Politik war gegen gefährliche Experimente gerichtet, obgleich er Neuerungen nicht abgeneigt war. Indessen stimmte er mit den Alliierten darin überein, daß Neuordnungspläne für den Kohlenbergbau wegen des lebenswichtigen Kohlebedarfs doppelt gründliche Überlegungen erforderlich machten. So wurde auch die Übernahme des Mitbestimmungsmodells in der Eisen- und Stahlindustrie bei der Kohle erst 1951 geregelt. Kost war bereits mit 42 Jahren – 1931 – Generaldirektor von „Rheinpreußen“ geworden, wo er den Bau der ersten Fischer-Tropsch-Anlage durchgesetzt hatte. Politisch konnte der 1933 zweimal verhaftet gewesene ehemalige Reichstagsabgeordnete Hans Böckler Kost nicht so leicht am Zeuge flicken, da dieser im Zusammenhang mit dem 20. Juli 1944 zum Tode verurteilt gewesen war.
Böckler sah die Mitbestimmung in Eisen-, Stahl- und Kohleindustrie, wie ich dann erfahren konnte, als erste Voraussetzung zur Mitbestimmung in allen Industriezweigen – auf dem Prinzip der Parität fußend – an; diese „Co-partnership“, wie die Briten sagten, sollte jedoch nur die Ausgangsposition für eine totale Sozialisierung aller Grundindustrien sein. Er warb für diese Grundidee auch bei der CDU, in deren „Ahlener Programm“ vom Februar 1947 es hieß: „Das kapitalistische Wirt-

schaftssystem ist den staatlichen und sozialen Lebensinteressen des deutschen Volkes nicht gerecht geworden. Nach dem furchtbaren wirtschaftlichen, politischen und sozialen Zusammenbruch als Folge einer verbrecherischen Machtpolitik kann nur eine Neuordnung von Grund auf erfolgen.“ In ihrer Forderung nach Sozialisierung seien die Gewerkschaften, so erklärte Böckler im Januar 1951 einem Auslandsjournalisten gegenüber, viel zu geduldig gewesen.

Natürlich war es das Recht Böcklers, Verstaatlichungskonzepte und andere sozialpolitische Forderungen anzumelden, sie zu propagieren und demokratisch durchzusetzen zu Suchen. Indessen schien er blind zu sein für die Realitäten der britischen Politik, auf die er gesetzt hatte, und die – bei allen Unterschieden zwischen Konservativen und Labour-Politikern – letzten Endes auf das Britische Empire fixiert blieb.

Freda Utley legte im Herbst 1948 Böckler die Frage vor, wie Ernest Bevin Böcklers Argumente gegen die Demontage, die sie für selbstverständlich hielt, beantwortet habe. Böckler fand, so schildert Freda Utley ihr Gespräch in „Kostspielige Rache“, lauter Entschuldigungen für den britischen Außenminister. Böckler sagte: „Bevin ist so überlastet mit anderen Sorgen, so sehr mit den Schwierigkeiten der Außenpolitik befaßt – Palästina, Rußland und all das andere – daß er ganz einfach nicht die Zeit findet, sich unseren deutschen Problemen zu widmen“. Freda Utley war nach dieser Unterhaltung kaum überrascht, als ihr ein SPD angehörender Minister in Düsseldorf zu verstehen gab, Böckler sei „allzusehr auf Großbritannien ausgerichtet.“

In meinen Kontakten zu den Betriebsräten und örtlichen Gewerkschaftsführern hatte ich erfahren, daß der erwähnte Landesminister mit seiner Meinung nicht allein stand. Die mittleren Führungskräfte im Gewerkschaftsbereich waren mit ihren Arbeitern zu Aktionen und zum Streik gegen die Demontage bereit, erhielten von der DGB-Spitze jedoch damals häufig „Dämpfer“, die koordinierte Aktionen unmöglich machten. Zunächst war ich der Vermutung erlegen, Böckler wollte entweder auf einen günstigen Zeitpunkt zum Handeln warten oder nicht das Risiko des Einsatzes der schlimmsten Waffe der Militärs: Drosselung der Lebensmittelzufuhren eingehen. Nun sah ich die Haltung von Hans Böckler in anderemLicht.

Eine der markanten Gestalten unter den sozial engagierten Gewerkschaftsführern aus Dortmund, Meyer hatte schon im Sommer 1948, als sich größere Demontagen abzeichneten, Böckler vorgeschlagen, eine „Einheitsfront" gegen die Demontagen zu bilden, der Industrie- und Handelskammern, Gewerkschaften, Unternehmer, Angestellte, Freiberufler, Geistliche beider Konfessionen usw. angehören sollten. Das Ziel dieses Vorschlags war es, jegliche Zusammenarbeit mit der britischen Militärregierung zu verweigern, solange überhaupt noch Demontagen – entgegen dem Geist des Marshall-Plans – durchgeführt würden. Böckler ließ seinen Stab diesen Vorschlag zurückweisen unter Hinweis darauf, Herr Böckler wünsche nicht, „die guten Ergebnisse zunichte zu machen, die er von seinen Verhandlungen in London und Paris erwarte." Diese Ergebnisse konnten indessen nur eine Rückenstärkung für seine Verstaatlichungspolitik sein. Die USA standen ja nicht auf dem Programm der Reisen Böcklers.

Damals hatte ich noch nicht begriffen, warum Böckler und dessen Freunde weder Kontakt zu den Amerikanern suchten noch vom Marshall-Plan erbaut waren, falls sie diesen nicht völlig ablehnten. Eine internationale Konferenz zum Thema „Marshall-Plan und Europäische Linke", die 1977 in Essen stattfand, hat etwas Licht in die Zusammenhänge gebracht. Zweifellos hat der Marshall-Plan, wie verschiedene Historiker darlegten, einen Wendepunkt in der Entwicklung der Arbeiterbewegung wie in den interalliierten Beziehungen bewirkt, wobei die Frage offenblieb, ob diese Wendepunktfunktion des großen Hilfsprogramms sich als Nebenprodukt ergeben hat oder von Anfang an bewußt einkalkuliert oder beabsichtigt war. Von der Linken wurde jedenfalls bemängelt, und auch Böckler dürfte diese Ansicht vertreten haben, daß die Marshall-Plan-Lieferungen, trotz erheblicher Hoffnungen auf eine sozialistische Entwicklung der unmittelbaren Nachkriegszeit, eine erneute Legitimation „kapitalistischer Verhältnisse" ermöglichten und die Strukturveränderungen zumindest sehr erschwerten.

Es war eine Sache, ob Hans Böckler, DGB- und IG-Metall-Chef in einer Person, die Sozialisierung allen anderen Überlegungen unterordnete, sei es um den Preis einer wirklich engagierten Antidemontage, beziehungsweise in der illusionären Hoffnung, die britischen Genossen würden von selbst einlenken oder – wie die amerikanischen – ihre Regierung unter Druck setzen. Eine andere Sache war es, wie Böckler seine Politik der Sozialisierung und der Ablehnung der freien Marktwirtschaft den Briten gegenüber begründete. Zumindest mußte man

von ihm erwarten können, daß er der giftigen Morgenthau-Propaganda gegen die „reaktionär-nazistischen Stahl- und Kohlebarone der Ruhr" – und damit zugleich den stärker werdenden kommunistischen Kräften – keine Munition lieferte. In den „Gewerkschaftlichen Informationen" vom Dezember 1947 hatte Böckler, sicher von eigenen Erlebnissen und persönlichem Ressentiment motiviert, überhaupt kein gutes Haar an den deutschen Unternehmern als Gruppe gelassen. Was ich jedoch im November/Dezember 1948 über Böcklers Äußerungen in Villa Hügel erfuhr, ging weit über diesen Genossenappell hinaus. Böckler nutzte in den schweren Jahren 1948 und 1949 seine Position, den Besatzungsbehörden gegenüber die sogenannten Ruhrindustriellen en bloque zu attackieren. Was er damals im wesentlichen sagte, wiederholte er in einem Interview des Manchester Guardian vom 8. Januar 1951. Darin gab er zu erkennen, die Arbeitgeber an der Ruhr hätten sich „nicht geändert". Es müßte verhindert werden, daß Geld als Grundlage politischer Macht zur Vorbereitung und Provozierung von Aggressionskriegen mißbraucht werde; wie richtig diese seine Forderung sei, könne man leicht einsehen, wenn man nur die Geschichte der Krupps, der Thyssens und der Stinnes nachlese.
Meiner Überzeugung nach wäre in einer vergleichbar ernsten Lage in England so etwas nicht möglich gewesen. In Notzeiten hätten die Briten an einem Strick gezogen. Angriffe auf britische Unternehmer wären zumindest bis zum Abzug der Besetzer unterblieben. Man hätte ihnen keine Argumente für ihre Maßnahmen geliefert. So aber konnte sich ein Professor Eisler in Mitteldeutschland ebenso die Hände reiben wie die Morgenthau-Zentrale in New York. Kein anderer Gewerkschaftsführer hat, soweit mir bekannt, eine derartige Breitseite gegen die deutschen Unternehmer mit Hilfe einer Auslandszeitung abgeschossen, wie Hans Böckler, der sie der „schändlichen Profitmacherei" für schuldig erklärte. Hier kam der typische Marxist zu Worte. Kein objektiver Beurteiler wird die Leistungen Böcklers für den Aufbau der Gewerkschaften nach Ende des Zweiten Weltkrieges bezweifeln. Das Recht auf Kritik an Auswüchsen oder Fehlern im Bereich der Unternehmerschaft stand ihm natürlich zu. Man braucht nicht Marxist zu sein, um Gestalt und Rolle eines Geheimrats Hugenberg in den zwanziger Jahren wenig sympathisch zu finden – um nur ein Beispiel zu nennen. Aus eingewurzeltem Haß und Ressentiment aber einem ganzen Berufsstand (Wirtschaftsführern und Managern, die sich zu-

sammen mit ihren Betriebsräten, Angestellten und Arbeitern bis zur Erschöpfung einsetzten, um ihre Betriebe gegen die Demontagedrohung zu verteidigen) in den Rücken zu fallen, anstatt sie in Schutz zu nehmen, und die britischen Planungsdoktrinäre gegen diese „schändlichen Unternehmer" zu Hilfe zu rufen, das konnte niemand gutheißen, der einen Sinn für politische Fairneß hat. Diese Meinung vertraten auch eine Reihe amerikanischer wie britischer Gesprächspartner verschiedener politischer Richtungen.

Bedeutende Sozialdemokraten wie Ernst Reuter, Berlin, oder der Dortmunder Oberbürgermeister Henssler hatten in den schweren Tagen der Demontageabwehr nicht wie Böckler das Ziel der Verstaatlichung von Produktion und Verteilung im Kopf; sie kooperierten mit Betriebsführern und Betriebsräten, um die Produktion für alle Mitbürger zu erhalten, beziehungsweise wieder in Gang zu bringen. Unter den zahlreichen Vorstandsmitgliedern von Betriebsräten und Gewerkschaftsfunktionären, mit denen ich in der Antidemontage zusammenarbeiten konnte, war keiner, der solch extreme Ansichten wie Hans Böckler vertrat. Bei allem Streben nach Selbständigkeit und sozialem Fortschritt der Belegschaft arbeiteten sie eng, ja häufig fast kameradschaftlich, mit den Direktoren zusammen, deren Einsatz und Zivilcourage sie achteten. So war die Zusammenarbeit zwischen Direktor Beckhäuser vom Vorstand des Dortmund-Hörder Hüttenvereins mit seinem Betriebsratsvorsitzenden Dietrich Keuning (dem späteren SPD-Abgeordneten und Oberbürgermeister von Dortmund) hervorragend. Mit beiden Männern war ich mir darin einig, daß es Illusion wäre, in der Demontagefrage auf Intervention der britischen Gewerkschaften zu rechnen oder gar auf die Hilfe von Mr. Bevin. Trotzdem wurden sie mit Telegrammen bedacht, um ihre „non-cooperation" in Fragen der Erhaltung der Schweren Schmiedepresse dokumentarisch festzuhalten. Bei keinem der zahlreichen Telegramme und Appelle deutscher Gewerkschaftsführer, die ich von 1948 - 1951 an die Adresse der AFL, der CIO, der Labour-Party und britischer Gewerkschaften formulieren konnte, wurde etwa versucht, versteckte Polemik gegen unternehmerische Verantwortung einzuschleusen; zahlreiche Dokumente wurden im Namen von Betriebsrat und Betriebsleitung abgesandt. Das Gemeinsame dominierte, wie es auch zur Zeit des Ruhrkampfes 1923 – unter anderen Voraussetzungen, aber mit grundsätzlich gleichen volkswirtschaftlichen und sozialen Anliegen – der Fall gewesen war. Als Hans Böckler Ende 1948/Anfang 1949 eine wachsende Zahl von Demontageberichten der Betriebsräte zahlreicher Firmen auf den Tisch bekam, äußerte er sich zunehmend besorgt. Aktionen gegen die für die Briten tätigen Demontageunternehmer (wohl in sein Gesamtbild des Charakters dieser Menschensorte „Unternehmer" passend) hat er schließlich befürwortet. In einem Brief an seinen Freund Bevin hat Böckler sogar am 21. Juli 1949 diesen um „Überprüfung der Demontageliste" gebeten. Freilich fehlte dieser Aufforderung die kraftvolle, leidenschaftliche Sprache der – viel früher erfolgten – Protestschreiben und Protestreden von Dr. Kurt Schumacher.

Zusammen mit Bundeskanzler Dr. Adenauer, Bundeswirtschaftsminister Prof. Nölting wurde Dr. h.c. Hans Böckler am 21. Dezember 1949 in Duisburg wegen Eintretens für die Erhaltung der August Thyssen-Hütte geehrt. Bei dieser Art von Festakt hielt es Dr. Adenauer für richtig, dem britischen Außenminister Ernest Bevin für dessen „Hilfe" zu danken, wobei er unterstrich, Bevin habe – „bekannt als absoluter Gegner eines Demontagestopps" – seine Auffassung weitgehend geändert.

Not machte erfinderisch

Für viele mittlere Betriebe in der britischen Besatzungszone wurde es ab Sommer 1948 wirklich „mulmig"; die Welle der Antidemontageproteste in USA schien die zuständigen Besatzungsbehörden nur zur Eile bei der Demontage anzutreiben. Konkurrenzaspekte spielten zudem eine wachsende Rolle. Die Deutsche Kohlenbergbau-Leitung schickte einige dieser Firmen mit ihren Sorgen zu mir. Ich hatte keine Bedenken, sie bei ihren Überlegungen, wie sie sich am besten ihrer Haut wehren könnten, zu beraten. Auch formaljuristisch, so meinte ich damals, würde mir niemand an den Wagen fahren können. Dabei unterschätzte ich jedoch die Tatsache, daß unter einer Militärregierung die üblichen Gepflogenheiten nicht die gleiche Bedeutung haben wie zu normalen Zeiten. Nun, es ging zunächst alles recht gut über die Bühne. Im Spätsommer und Frühherbst 1948 hatte ich häufig Besuch von Unternehmern aus Westfalen und dem Siegerland, die – zumeist

Inhaber von Kohlezulieferbetrieben – mit Recht um ihre Existenz fürchteten.

Eine Thyssenhütte konnte nicht in einer Woche oder in einem Monat vom Erdboden verschwinden; jedoch ein Betrieb mit 50-100 Mitarbeitern in der Gegend von Münster, im Siegerland oder im Bergischen war relativ rasch lahmzulegen.

Es war zunächst notwendig, meinen Gesprächspartnern klar zu machen, daß das Klischee vom Vernichtungswillen der Sieger durch eine differenziertere Betrachtungsweise ersetzt werden müßte, wobei mir die Schilderung meiner Erfahrungen in den USA half. Als gute Techniker und Kaufleute hatten die Firmeninhaber oder deren Sprecher zumeist keine Vorstellung von der Arbeitsweise des Public-Relations-Experten, dessen Arbeitsziel das „Engineering of Consent", die Kunst der Herbeiführung einer Zustimmung der Öffentlichkeit – beziehungsweise meinungswichtiger Gruppen – zu einer klar formulierten Beweisführung ist; in diesem Falle: warum muß Firma X oder Y für den europäischen Wiederaufbau erhalten werden; warum würde ihre Demontage die amerikanischen Interessen schädigen? Es war nach Ansatzpunkten überzeugender Argumentation zu suchen; die konnten zum Beispiel schon im Nachweis einer falschen Übersetzung der Produktionsart und Funktion des demontagegefährdeten Betriebes liegen. Sehr am Herzen lag mir, im Sinn des großen volkswirtschaftlichen Anliegens, das hier zu verfechten war, die Unternehmer davon zu überzeugen, nicht nur den eigenen Fall zu sehen, vielmehr mit ähnlich gefährdeten Unternehmen Kontakt zu suchen, um so die Voraussetzung zur optimalen Koordinierung des Widerstands gegen die Demontagen zu schaffen, als Kraft, die zum nicht übersehbaren politischen Faktor werden könnte. Die sich so bildende Gruppe war zwar nur, um die Landsersprache anzuwenden, „ein kleiner Haufen"; wir verstanden uns indessen gut und entwickelten schon bald rege Aufklärungsinitiativen gemeinsam.

Die Anfragen über die Möglichkeit eines Eingreifens zugunsten der gefährdeten Einzelfirma wurden anhand einer Spezialliste amerikanischer Senatoren und Abgeordneter systematisch eingestuft, Schilderungen der durch Demontage bedingten Existenzvernichtung der Mitarbeiter wie des Unternehmens standen zunächst im Vordergrund. Bilder der Unternehmer und Arbeiter wie der zum Abtransport vorgesehenen Objekte wurden beigefügt, zugleich mit knapper Schilderung

der Fertigungsart. Ich riet meinen Gesprächspartnern davon ab, direkt an die Marshall-Plan-Organisation zu schreiben; ein Brief des Senators X oder des Abgeordneten Y in Washington würde in der Umgebung des vielbeschäftigten Marshall-Plan-Verwalters, Mr. P.G. Hoffman, naturgemäß stärker wiegen als der Brief mit der Unterschrift eines Fabrikanten aus dem Sauerland. Bald nach Absendung der gemeinsam mit mir verfaßten Denkschrift einer Firma in Düren (Maschinenbau, Apparatebau und Eisengießerei: Zimmermann & Jansen) konnte ich dieser mitteilen, daß aufgrund einer Initiative des „National Council for Prevention of War" die Nachprüfung des Demontagefalles (Demontage-Nr. 294, an zweiter Stelle der Überprüfungsliste stehend), bereits in Angriff genommen worden sei. Weiter hieß es in meinem Brief an Zimmermann & Jansen: „Sie werden verstehen, daß die hier eingeschaltete Organisation in ihren Ausführungen nicht weiter gehen kann; es handelt sich um sehr sachlich eingestellte Personen, die keine Versprechungen machen; der Hinweis: „may probably be saved" – „ wird wahrscheinlich gerettet werden", bedeutet jedoch schon einen Fortschritt!" Die Firma wurde ferner gebeten, eine Reihe von Kopien der Schrift mit entsprechenden Bildern zwecks Verwendung im Gespräch mit amerikanischen Persönlichkeiten in der Bundesrepublik zur Verfügung zu stellen.
Am 18. Oktober 1948 wandte sich Kettenfabrikant Tilemann in Gevelsberg an den Kongreßabgeordneten Ralph W. Gwinn und sandte ihm eine meinerseits gestaltete Denkschrift zum Widersinn einer Demontage seines Werkes, mit ausgesuchten Unterlagen, zu. Sofort nach Eintreffen der Informationen fragte Mr. Gwinn (wegen seiner raschen Reaktionsweise später unsererseits intern „Mr. Blitz" genannt) bei der Marshall-Plan-Verwaltung an. Schon am 22. Oktober 1948 übermittelte diese dem Abgeordneten eine von General Counsel Norman S. Paul unterzeichnete Antwort, die mir umgehend zur Kenntnis gebracht wurde:

„Sehr geehrter Herr Abgeordneter Gwinn, dankend bestätige ich den Empfang Ihres Briefes an Mr. Hoffman vom 18. Oktober und der beigefügten Dokumente von Theodor Tilemann. Wie Sie vielleicht schon wissen, hat Mr. Hoffman einen Industrie-Ratgeberausschuß ernannt, der aus 5 prominenten amerikanischen Industrieführern besteht und von Mr. George S. Humphrey geleitet wird. Der Ratgeber-

ausschuß ist zur Zeit voll damit beschäftigt, Unterlagen über deutsche Betriebe zu sammeln, die zu Reparationszwecken vorgesehen sind. Diese Unterlagen werden in USA und im Ausland besorgt. Sobald die Untersuchungen beendigt sind, wird der Ausschuß einen Bericht mit Empfehlungen an Mr. Hoffman fertigstellen. Wie Ihnen vielleicht bekannt ist, sind zur Zeit Verhandlungen mit der britischen Regierung und der französischen Regierung im Gange, die darüber entscheiden sollen, in welchem Maße diese dazu beitragen werden, dem Humphrey-Ausschuß seine Arbeit zu erleichtern. Einer der wichtigsten Diskussionspunkte ist das Problem, welcher Art die Demontage von Fabrikanlagen sein soll und in welchem Umfang die Demontage vorgenommen werden soll. Diese Frage wird der Ausschuß selbst beurteilen. Obgleich zur Zeit erwogen wird, innerhalb der nächsten Tage eine gemeinsame Presseerklärung herauszugeben, werden wir Sie unverzüglich unterrichten, sobald die Entscheidung gefällt wurde."

Nun wußten wir schon eher, was gespielt wurde. Humphrey, den Libby mir so empfohlen hatte, war eingeschaltet. Wie würden die Franzosen und die Briten reagieren? Immerhin, wir waren „am Ball". Eine Firma in Iserlohn hatte bereits am 16. Oktober 1948 seitens des unermüdlich tätigen Senators William Langer (North Dakota), bei dem sie sich auf mich bezogen hatte, die Antwort erhalten, der US-Senat werde sich bald selbst mit der Angelegenheit befassen. Es war mir klar, daß ein Wettlauf mit der Zeit einsetzen würde; und ich ließ die Gruppe meiner deutschen Gesprächspartner hierüber nicht im unklaren. Die britische Demontage-Abwicklungsstelle der erwähnten Firma in Iserlohn hatte dem Management z. B. mitgeteilt, die Demontagearbeiten würden „auf jeden Fall noch im November 1948 durchgeführt".

Bald schon hatte sich herumgesprochen, daß ich über Libby-Finucane einen „heißen Draht" nach Washington besaß und daß Männer des Kongresses tätig wurden und Detailinformationen zur Unterrichtung der Marshall-Plan-Verwaltung anforderten; vor allem, daß unsere Freunde in Washington Tips zur besten Taktik des Vorgehens sandten. Ich vervielfältigte auch für die Herren der Kohlezulieferbetriebe, zu denen solche des Kohlechemie-, des Eisenhütten- und des Chemiebereichs hinzukommen sollten, Situationsberichte des „National Council for Prevention of War", wie den folgenden, den James Finucane unterzeichnet hatte (datiert 23. September 1948):

„Haben Sie vielen Dank für alle Demontage-Berichte, die Sie und Ihre Freunde uns zugesandt haben. Alle Einzelfälle sind von Interesse; wie wir feststellen können, haben die Unterlagen die Beachtung der hiesigen Beamten gefunden. Halten Sie bitte weiter Kontakt mit uns! Wir glauben, daß hinter der Bühne des offiziellen Geschehens wirkliche Fortschritte erreicht werden. Wir warten auf die Revision der Demontage-Befehle, die innerhalb der nächsten drei Monate 300 bis 400 Fabriken betreffen sollen. Auch der Bochumer Verein steht auf der Revisionsliste."

Kurz darauf baten mich Libby-Finucane, unverzüglich alle Berichte über Demontagemaßnahmen oder Demontagebefehle in der BBZ den Mitgliedern des „Wachhundausschusses" (Watchdog Committee) des US-Senats zuzusenden, mit dem dieser Schritt abgesprochen war. Vorsitzender des Ausschusses war Styles Bridges, den ich ja kannte. Diese besonders wichtige Information gab ich auch dem „Verein Deutscher Eisenhüttenleute" in Düsseldorf, Geschäftsführer Dipl.Ing. Karl Peter Harten, dem „Fachverband Kohlechemie" in Essen, Geschäftsführer Dr. Heinz Nedelmann, und der Deutschen Kohlen-Bergbau-Leitung in Essen, Generaldirektor H. Kost weiter. Die Aktion klappte vorzüglich. Neben dem „Wachhundausschuß" des Senats wurden andere Gremien des Kongresses aktiv; die Libby-Gruppe stieß nach und baute mit Hilfe der gegebenen „Frontnachrichten" einen aktiven Antidemontage-Kreis auf, der auch Gruppen innerhalb der Exekutive einbezog. „Die Flut von Berichten über demontagegefährdete Betriebe", schrieb mir Finucane unter dem 22. Oktober 1948 aus Washington, „ist von großem Nutzen. Wir übergeben das Material den federführenden Stellen in Washington und verbinden dies in verschiedenen Fällen mit persönlichen Besuchen, um die Bedeutung der wichtigen Punkte eines jeden Falles zu unterstreichen."
Eine Reihe von Firmen ging auch auf die Anregung ein, Telegramme ihrer Betriebsräte an die amerikanischen Gewerkschaftsspitzen bei AFL und CIO zu senden, und auch die britischen Gewerkschaften zu kontaktieren. Resonanz bei AFL und CIO; keinerlei Antwort von Großbritanniens Gewerkschaften, wie zu erwarten war. Trotzdem schien es zweckmäßig, die Briten nicht zu vergessen, vor allem jene gegen die Demontage agierenden Persönlichkeiten, wie den Verleger Victor Gollancz, die Parlamentsmitglieder H.R. Stokes und Frank

Byers, Professor J.M. Bonn und andere, die entsprechende Munition benötigten.
Auf Libbys Anregung hin hatte ich eine kleine Denkschrift zum Demontagethema abgefaßt; diese wurde in Washington vervielfältigt und im Kongreß, an Universitäten wie bei kirchlichen Organisationen verbreitet. Ihr Titel: „Demontage-Taktik und Marshall-Plan". Einfach in der Form und unbebildert, erfüllte sie den Zweck rascher Grundinformation. Neben technischen Daten, die ich von Fachleuten erhalten hatte, Produktionsziffern und wirtschaftspolitischen Argumenten, enthielt sie schon einen Teil des Gedankenguts, das die weitere Aufklärungsarbeit – mit dem Ziel, Goodwill und Bereitschaft zur energischen Demontageabwehr zu schaffen – bestimmten sollte.
Auch auf die Demontagen bei Thyssen in Duisburg ging die Schrift ein. „Der 1. Oktober 1948", hieß es darin, „wird der schwarze Tag der Demontage in der britischen Zone werden. Die Kriegsproduktionsstätten, denen kein Mensch eine Träne nachweint, sind fast demontiert. Jetzt geht es aber an die Zerstörung der Friedenswirtschaft, deren Kapazität dringend gebraucht wird, um ein kraftvolles Bollwerk gegen den Kommunismus zu errichten.
Die Demontage des größten deutschen Stahlwerks, der August Thyssen-Hütte, wurde in den letzten Tagen begonnen, wodurch eine Kapazität von 1270000 Tonnen Rohstahl pro Jahr vernichtet werden wird. 1500 Arbeiter haben bereits mit dem Werk der Zerstörung angefangen. Allein die Demontagekosten werden auf 65 Millionen D-Mark geschätzt. Mr. Bevin war nicht ganz zutreffend unterrichtet, als er auf die Frage des wackeren Abgeordneten Mr. H.R. Stokes antwortete, in Deutschland würden nur Rüstungswerke demontiert."
Im Kreis meiner Freunde und Klienten fanden die Kopien aus Libbys Zeitschrift „Peace Action" stets besonderes Interesse, die Kurzinformationen zur Deutschlandpolitik, zur humanitären Hilfe, zu wachsendem Widerstand gegen die Demontagen und zu ähnlichen Themen enthielten.

Konkurrenzmanöver der Briten

Den besten Beweis für Demontageforcierung aus Konkurrenzmotiven lieferten die Darlegungen des britischen Abgeordneten R.H.S. Crossman in „Statesman and Nation“ vom 28.8.1948, die ich sofort ausländischen Freunden und Kontaktpartnern zusandte. Nach Besichtigung des kriegszerstörten Pforzheim hatte Mr. Crossman – leicht erschüttert – festgestellt, die Demontage sei eine sehr plumpe Methode zur angeblichen Reduzierung des deutschen Kriegspotentials. Er meinte ironisch: „Wenn sie mit jenen Methoden durchgeführt wird, die in Württemberg zur Anwendung kamen, dann kann man sie nicht mehr vom Plündern unterscheiden!“ In Hunderten von Exemplaren war bei der Bevölkerung der Jahresbericht der „British Clock and Watchmakers Association“, also der britischen Organisation der Uhrenfabrikanten, verbreitet. Jeder wußte nun, daß sich Mr. Barrett von der Firma „Smiths English Clocks“ gebrüstet hatte, auf seine Intervention hin sei die erlaubte Produktionsgrenze der deutschen Uhrenindustrie von den – seitens der Alliierten Kontrollkommission genehmigten – 72 % auf 50 % herabgeschraubt worden. Jedermann wußte nun, daß es der britische Uhrenherstellerverband „nett“ gefunden hatte, diese Leistung als Atempause für die neu gegründete britische Uhrenindustrie zur Kenntnis zu nehmen.

Die Streuung der Fotokopien des Berichts war schon eine kleine PR-Maßnahme für sich; jeder Kommentar war überflüssig. Mr. Crossman hatte als fairer Beobachter selbst das Stichwort gegeben, das wir zur Erhärtung unserer Standardargumentation so vorteilhaft nutzen konnten: Wenn Mr. Barrett freilich dazu beitrug, die Franzosen davon zu überzeugen, daß die württembergische Uhrenindustrie derart verstümmelt werden sollte, dann müßte er auch den Ruhm für sich in Anspruch nehmen, die amerikanischen und die britischen Steuerzahler mit höheren Kosten belastet zu haben, um den angerichteten Schaden wieder gut zu machen!

Längst ist über diese Vorkommnisse, wie über viele andere der damaligen Zeit, Gras gewachsen. Sie waren nur für die Ergänzung unseres Argumentationsarsenals von Nutzen. „Pforzheimer Uhren“, schrieb ich 1956 amerikanischen Bekannten, „sind wieder gefragt, und Luftgewehre aus Rastatt, gewiß keine Kriegswaffen, gehen wieder in alle

Welt hinaus. Aber es war 1948 wichtig, den Nachweis zu erbringen, daß Konkurrenzmotive für Produktionsbeschränkungen und Demontagen auf Seiten der Alliierten nicht einfach aus den Fingern gesogen waren, oder gar, wie einige britische Zeitungen und Rundfunkkommentare damals behaupteten, kommunistischer Propagandataktik entsprangen."

Presse-Aktion in Washington

Libby und Finucane arbeiteten im Oktober 1948 auf Hochtouren, um die amerikanische Presse mobil zu machen. In dieser Aufklärungsaktion appellierten sie an Nationalgefühl und Unabhängigkeitsbewußtsein der US-Journalisten. Letzte Informationen aus dem Revier wurden mitverwertet; Libby und Finucane brachten indessen diesmal bewußt keine Firmendetails, sondern arbeiteten nur die große Linie ihres Anliegens heraus. Die Herausgeber der bedeutendsten Zeitungen der USA erhielten eine sorgfältig formulierte Botschaft:
„Haben Sie die Notiz der New York Times vom Donnerstag gelesen", so wandten sie sich unmittelbar an den Empfänger des Appells, „daß die Demontage eingestellt wurde? Und – haben Sie gleichfalls in der New York Times des darauffolgenden Tages die zweite Notiz bemerkt, wonach die Franzosen noch nicht ganz bereit seien, ihre Zustimmung zur Demontageeinstellung zu geben? Da wir das Interesse Ihrer Leser an der Angelegenheit kennen, dachten wir, Sie würden sich für eine Analyse der Lage interessieren, wie sie sich uns hier in Washington darstellt. Zunächst: die Nachricht stimmt, daß ein Abkommen über die Einstellung von Demontagen getroffen worden ist; dieses stellt einen entscheidenden Erfolg für alle jenen anständigen Menschen in unserem Lande und im Ausland dar, die den Versuch wagten, der Morgenthau-Politik sinnloser Zerstörung Einhalt zu gebieten!"
Die Zeitungsherausgeber wurden dann darauf hingewiesen, daß unter das getroffene Abkommen nicht alle deutschen Fabriken fielen. Von dreihundert auf der Demontageliste verbliebenen Firmen – darunter solche von Weltruf – könnten nur jene gerettet werden, die aufgrund klarer Nachweise in ihrer geographischen Lage für den europäischen

Wiederaufbau von größerem Nutzen seien. „In der Zwischenzeit", wurde den Briefempfängern dargelegt, „transportieren die Westmächte keine Anlagen der verbliebenen Dreihundert ab. In einigen Fällen werden zwar die Maschinen abmontiert; doch – genau so, wie es unsere Automobilindustrie in Detroit zur Zeit des Krieges getan hat – werden die Maschinen nur auf den Fabrikhof gebracht, gut eingefettet und mit Zeltplanen bedeckt. Falls der Technische ECA-Ausschuß nun entscheidet, daß Fabrik A am Orte selbst von größerem wirtschaftlichen Nutzen ist, dann wird man die Maschinen wieder montieren und laufen lassen. Falls die Marshall-Plan-Behörde anders entscheidet, werden sie nach außerhalb verfrachtet. Die Franzosen spielen noch etwas ‚Fang mich'; doch auch sie werden die Lage bald genau so sehen wie wir, wenn nur genügend Druck ausgeübt wird. Der Marshall-Plan-Verwalter, Mr. Paul Hoffman, gibt sich jedenfalls alle Mühe, gute Arbeit zu leisten. Das heißt: die Demontagen überall dort zu stoppen, wo die infrage kommenden Fabrikanlagen an Ort und Stelle am meisten für den europäischen Wirtschaftsaufbau benötigt werden. Er weiß genau: sollte eine beträchtliche Anzahl dieser Fabriken nicht gerettet werden, so wird ihm der Kongreß in der nächsten Legislaturperiode bei Bewilligung von Geldern für das zweite Jahr des Marshall-Plans große Schwierigkeiten machen!
Also, das Zweckmäßigste, was im Augenblick getan werden kann, ist die Fortsetzung des psychologischen Drucks auf die Marshall-Plan-Verwaltung, auf den Kongreß und auf das ‚Wachhund-Komitee' auf die Senatoren H. Alexander Smith, Henry Cabot Lodge jun., Tom Conally und Patrick McCarran sowie die Abgeordneten John M. Vorys, James G. Fulton, Sol Bloom, John Taber und Clarance Cannon. Es wäre ein guter Gedanke seitens Ihrer Leser, einem dieser Volksvertreter noch heute zu schreiben!"

Wer diesen Brief aufmerksam durchgelesen hatte, war sich darüber im klaren, daß Libby diese Aktion mit der Marshall-Plan-Verwaltung abgestimmt hatte, ohne es expressis verbis zu erwähnen. Die Anregung wurde auch meinerseits aufgegriffen, und so gingen denn in den folgenden Tagen Dutzende von Briefen demontagegefährdeter Firmen an die mitgeteilten Anschriften. Allmählich hatten sich ein eigener Briefstil bei Schreiben an amerikanische Politiker und Leitmotive der Aufklärungsarbeit herausgebildet, die – in Variierung – ständig in die Darstellung des Einzelfalles einzuweben waren.

Slogans für Meinungsbildung

Es war zweckmäßig, bei allen PR-Maßnahmen eine bildreiche Terminologie anzuwenden. In Broschüren und Memoranden – die sich heute im Stadtarchiv Bochum befinden – bezeichnete ich die Demontage als „Verrat an Europa", als „Dolchstoß gegen den Marshall-Plan", als „Meisterstück Stalins" und als „Zerstörung von Vertrauen in die USA". Bestimmte raffinierte Demontageunternehmer in Deutschland, die für jede Tonne zerstörten Materials eine „Schrott-Tantieme" der Besatzer einheimsten, wurden „Zerstörungsspezialisten" oder „Leichenfledderer der Nachkriegszeit" genannt. Englischsprachige Merkverse, die zu meiner Freude auch bald an der Stirnseite einiger demontagegefährdeter Betriebe auftauchten, oder von Belegschaftsmitgliedern bei Demonstrationsmärschen auf Tafeln oder Spruchbändern mitgeführt wurden, waren zumeist einfach-einprägsam und wurden von ausländischen Journalisten zitiert, für die sie ja auch besonders bestimmt waren:

„Mr. Clay, give your Okay:
Stop destruction, stop it now!"
(Mr. Clay, geben Sie Ihre Zustimmung:
Stoppen Sie die Zerstörung, stoppen Sie sie jetzt!)

oder

„Why don't you bolster ERP –
by saving plants in Germany?"
(Warum unterstützen Sie nicht den Marshall-Plan –
durch Rettung von Betrieben in Deutschland?)

Die Weltpresse vermerkte aufmerksam die individuell gestalteten Briefe an Kongreßmitglieder. So schrieb das de Gaulle-Blatt „Le Rassemblement" Anfang Januar 1949, von der Wirkung einer Denkschrift der Vereinigten Stahlwerke (Düsseldorf) ausgehend: „Wenn man dazu noch die persönlichen Briefe deutscher Industrieller an amerikanische Politiker, namentlich an zahlreiche Senatoren, nimmt, dann erst kann man den ganzen Umfang der deutschen Propaganda gegen die Reparationen ermessen." Auch die britischen Zeitungen reagierten „alarmiert". Die US-Senatoren, die sich für den Marshall-Plan engagiert hatten, waren jedenfalls für jede übermittelte Information dankbar. Die Londoner „Times" nahm die auf breiter Front laufende Aktion besonders ernst. So warnte sie noch am letzten Tage des Jahres 1948 vor den „gefährlichen Burschen" an der Ruhr: „Es kann angenommen werden, daß die deutschen Industriellen den Versuch machen werden, bei den amerikanischen Senatoren, wie schon in letzter Zeit, die Lobbyistentaktik anzuwenden. Es ist schon ein Strom von Briefen und Pamphleten entstanden, der erläutert, in welcher Weise jede demontierte Fabrik eine zusätzliche Finanzlast für die USA unter dem Marshall-Plan bedeutet, und in welcher Form dies Programm in die Taschen des amerikanischen Steuerzahlers greifen wird. Die gleiche Art von Taktik wird 1949 wiederholt werden!" Die Voraussage der Times sollte eintreffen.

Auch in dem bevorstehenden erbitterten Ringen um die Erhaltung der Gelsenberg Benzin A.G. (in Gelsenkirchen-Horst), dem damals größten Treibstoffwerk Deutschlands, wurde ein entsprechender Vers in die Antidemontage-Broschüre aufgenommen, der im Spätsommer 1949 in den Wandelgängen des Kongresses zitiert wurde:

Common Sense? Economy?
Gelsenberg backs ERP.
Does it make a bit of sense –
Dismantling at your own expense?

(Gesunder Menschenverstand? Sparsamkeit?
Gelsenberg unterstützt den Marshall-Plan.
Ergibt das überhaupt einen Sinn –
Demontage auf Ihre eigenen Kosten?)

Der Fall Toussaint & Hess

Daß die eingeschlagene psychologische Linie „saß“ und politische Auswirkungen in unserem Sinne zeitigte, dafür darf der Fall Toussaint & Hess als anschauliches Beispiel angeführt werden. „T & H“ wurde einer der in der Auslandspresse meistzitierten Fälle von „Demontage-Widersinn“. Die Story begann im Oktober 1948.

In meinem Arbeitszimmer in Essen-Werden saß ich über den letzten – ermutigenden – Nachrichten von Mr. Libby und Mr. Finucane zur Resonanz der gemeinsamen Aufklärungs-Kampagne, als ich überraschend den Besuch des Direktors einer zur baldigen Demontage vorgesehenen Düsseldorfer Firma erhielt. Es handelte sich dabei um die Firma Toussaint & Hess, die hydraulische Hebezeuge herstellt: TEHA-Kipper.

Alle Versuche der Firma, von der Demontage herunterzukommen, waren bis dahin fehlgeschlagen. Nun sollte noch ein Vorstoß in Washington mit Hilfe von Public-Relations-Methodik versucht werden. Mit dem praktisch denkenden Technischen Direktor war ich mir über die einzuschlagende Taktik bald einig. Es galt, aus dem circulus vitiosus alliierte Besatzungsorgane – deutsche Dienststellen auszubrechen; der einzige Weg, der überhaupt Erfolgschancen bieten könnte, war der Weg zum US-Kongreß. „Das ist also der 'Ist-Zustand'“, sagte ich zu meinem Besucher. „Die Lage ist nicht ganz aussichtslos; es sind auch Ansatzhebel zur Mobilisierung der Meinung in Washington vorhanden; die offizielle britische Politik steht Ihrem Vorhaben freilich nicht günstig gegenüber, kann aber vielleicht von Washington aus im Sinne der wirtschaftlichen Vernunft beeinflußt werden; nun heißt es nur, die richtige Form der Anpeilung Washingtons im Interesse Ihrer Firma zu finden.“

Ich schlug eine bebilderte Public-Relations-Broschüre mit einem kurzen, aber durchschlagenden Text, in einer die amerikanische Mentalität ansprechenden Form vor:

„Toussaint & Hess, Düsseldorf – Hydraulische Hebezeuge für Kohlengruben – Hydraulische Kipper für das Transportwesen – Alleinige und einzige Hersteller in Westdeutschland – sollen die demontiert werden?“

Auf die erste Seite des Rohentwurfes schrieb ich: „Betrifft Demontage-

Nummer 279: Ein neuer Schlag gegen den gesunden Menschenverstand – Taschendiebstahl am US-Steuerzahler!“ Zu dieser Demontage-Broschüre schrieb Senator Robert Taft später: „Zur Politik der Demontagen deutscher Werke zu Reparationszwecken kann ich nur folgendes sagen: 1. Als Reparationen haben sie für niemand viel Wert! 2. Welche Reparationen auch immer zur Zeit durch Verminderung der deutschen Produktionskraft gezahlt werden – sie werden doch tatsächlich von amerikanischen Steuerzahlern gezahlt! Wir tragen die Kosten für die Ernährung der Deutschen – nicht nur in unserer eigenen, sondern auch in der britischen Besatzungszone; und es ist völlig idiotisch, eine Politik zu verfolgen, die den Deutschen verbietet, Güter zu erzeugen und zu exportieren, um so die ihrerseits benötigten Nahrungsmittel bezahlen zu können.“ (19.12.1948).

Der Slogan dieser Kampfansage an die Demontagepolitiker lautete:

„Increase hauling in the Ruhr
is your policy, we guess:
Good advice, to be quite sure,
Don't dismantle Toussaint & Hess.“

Die Broschüre ging an Kongreßabgeordnete, US-Senatoren, an Professoren, katholische und protestantische Persönlichkeiten, Quäkerorganisationen und an persönliche Freunde, die für die richtige Verbreitung am amerikanischen Regierungssitz sorgen würden. Der bekannte Rundfunkkommentator Felix Morley und eine Reihe amerikanischer Journalisten sollten die Broschüre gleichfalls erhalten. Als ich im Düsseldorfer Werk mit den Leuten sprach, kam klar zum Ausdruck, daß sich jeder einzelne für die Erhaltung der Firma und seines Arbeitsplatzes einsetzen wollte! Als Ende Dezember 1948 eine offizielle amerikanische Kommission unter Führung des US-Armee-Ministers Royall die britische Zone besuchte und Villa Hügel besichtigte, war eine zusätzliche günstige Gelegenheit gegeben, die Broschüre in weitere, wichtige Kanäle zu schleusen. Ich hoffte insgeheim, daß sich während des Januar 1949 im US-Kongreß „etwas ereignen“ würde. An einem der ersten Januartage 1949 wurde ich von Direktor Schneider angerufen: „Sie haben uns da eine nette Sache eingebrockt! Eine Gruppe amerikanischer Journalisten hat von Frankfurt aus hier angerufen, es scheint, daß jeder der Journalisten vom Frankfurter 'Press Center' als erster unsere 'Story' bringen möchte.“ Endlich war unsere Public-Relations-Aktion ins Rollen gekommen! Die Amerikaner kamen in die britische Zone, um über die Demontage zu berichten und die „Nachrichten-Blockade“ zu brechen. Ich war mir darüber klar, daß die Firma hier eine einmalige Chance hatte, von der Demontage-Liste zu kommen, vorausgesetzt, daß die amerikanischen Journalisten über die wahre Lage informiert werden und darüber frei berichten könnten. Und die amerikanische Presse berichtete sehr fair. Einen der besten Berichte brachte die „Chicago Tribune“, die Mathieu Toussaint und seinen Partner Josef Hess über die Auswirkungen einer Demontage von allen Gesichtspunkten her interviewte. Daß diese pressemäßige Blitz-Aktion mit der rasch verfaßten Demontageschrift zusammenhing, war klar. In der „New York Herald Tribune“ vom 1.1.49 war eine Senatsdiskussion über die alliierte Demontage-Politik aufgrund der „Toussaint & Hess-Broschüre“ geschildert worden. Unsere Broschüre gehörte zu den im US-Kongreß meistdiskutierten Themen. Der Senator Homer Ferguson, Fachmann für Außenpolitik und späterer US-Botschafter auf den Philippinen, gab der Senatsdebatte über den „Fall Toussaint & Hess“ die entscheidende Wendung: „Ich sehe keinerlei Hinderungsgrund, einer besiegten Nation oder ihren Bürgern zu gestatten, mit unseren traditionellen Methoden der Petition an den Kongreß zu appellieren. Wir beherrschen Deutschland. Ich bin dagegen, deutsche Fabriken zu demontieren, sie nach Sowjetrußland oder dessen Satelliten zu verfrachten und dann noch gar von unseren Steuerzahlern zu verlangen, diese Fabriken unter dem Marshall-Plan wieder zu ersetzen!“ Damit hatte ein führender amerikanischer Politiker die gleichen Argumente verwandt, die die Broschüre herausstellte. Die Erklärung Senators Fergusons hatte „gesessen“. In einem Brief der Firma Toussaint & Hess an einen der ersten und zähesten Befürworter des allgemeinen Demontage-Stopps, Felix Morley, vom 4. Mai 1949 hieß es: „Die Landesregierung von Nordrhein-Westfalen hat uns dahingehend informiert, daß unsere Fabrik aufgrund der Empfehlungen des Humphrey-Ausschusses nicht demontiert wird. Unser Werk beschäftigt etwa 530 Arbeiter und Subkontraktoren, die sich sehr freuen, daß ihre Arbeitsstelle erhalten bleibt. Wir erlauben uns, Ihnen herzlich dafür zu danken, daß Sie dazu beigetragen haben, die Demontage wichtiger Betriebe zu verhindern. Glauben Sie uns: wir heißen das Europäische Wiederaufbau-Programm in seiner realistischen Zielsetzung und seinen humanistischen Aspekten willkommen. Wir werden unser Bestes dazu beitragen, um diese Form der internationalen Zusammenarbeit zu einem Erfolg werden zu lassen. Wir sagen dies auch im Namen unserer Belegschaft."

Chemische Fabrik Holten gerettet

In einer knappen, englischsprachigen Bildbroschüre – unter dem 21. Oktober 1948 – wurden die britischen Argumente für die Demontage der meinerseits beratenen Chemischen Fabrik Holten – zur Theo Goldschmidt AG Chemische Fabriken (Essen) gehörend – widerlegt. Zu den Argumenten zugunsten der Erhaltung von Holten zählten: die Knappheit von Äthylen-Oxyd in der Bizone; die Verfügbarkeit des Rohstoffes, der bei der benachbarten Ruhrchemie AG als Nebenprodukt anfiel; die Einsatzmöglichkeit von Facharbeitern, die britischerseits bezweifelt worden war; und der klare Hinweis darauf, daß die Herstellung von Äthylen-Oxyd seitens der Anorgana Gendorf und der Chemischen Fabrik Holten bei weitem nicht genügten, den deutschen Markt – insbesondere die Lack- und Firnisfabriken – ausreichend zu versorgen; diese waren ihrerseits für die Bedarfsdeckung von Bundesbahn, Bundespost, elektrotechnischer Industrie, Automobil-Herstellung, Bergbau u.a. wichtig.
Die kleine Schrift war übersichtlich und allgemeinverständlich angelegt. Sie brachte ein Analogon aus der amerikanischen Industrie und endete mit folgenden Sätzen:

„Der gesunde Verstand fordert die Erhaltung der Fabrik Holten, da dort die natürliche Grundlage des Äthylen-Oxyds hergestellt wird. Im Falle einer Vernichtung der Holtener Produktion müßte der Rohstoff in einem Sonderverfahren erzeugt werden, das eine mehrfache Kohlenmenge erforderlich machen würde. Die Schlußfolgerung ist leicht zu ziehen: Holten ist nur einer aus einer ganzen Reihe von Fällen der Demontage-Neurose, bei denen letzten Endes die Vernunft den Sieg über eine irreführende Argumentation davontragen muß. Wir glauben, der Wahrheit einen Dienst zu leisten, wenn wir feststellen: Die Demontage von Holten wäre ein typisches Beispiel von 'Zerstörung auf

amerikanische Kosten'. Die Erhaltung des Holtener Werks wird der wirtschaftlichen, sozialen und politischen Stabilisierung Westdeutschlands ebenso dienen wie der europäischen Wiedergenesung".

Amerikanische Politiker und Professoren, maßgebende US-Besatzungsbeamte in Westdeutschland und Villa Hügel wurden mit der Denkschrift versorgt. Am Rande sei hier erwähnt, daß Charles N. Collisson, stellvertretender Dekartellisierungschef der US-Besatzungszone, später vor einem Kongreßausschuß gegen Entflechtungs- und Demontagekonzepte seiner Frankfurter Dienststelle Stellung nahm und trotz positiver Reaktion der Abgeordneten seinen Hut nehmen mußte. Mithin gab es noch amerikanische Besatzungsbeamte, die aus ihrem Herzen keine „Mördergrube" machten!

In dem schwierig gelagerten Fall der Chemischen Fabrik Holten gingen Werksleitung und Berater vorsichtig zu Werke, zumal sich auch einige Labourabgeordnete in London, darunter R.E. Stokes, für den Fall interessierten. England war nun einmal weniger das Land der „Public Relations" als das der „Confidential Relations", bei denen die Wahrung bestimmter Formen eine größere Rolle spielten als in den USA. Ende 1948 wurde die Chemische Fabrik Holten vom Humphrey-Ausschuß zur Überprüfung vorgesehen. Libby und Finucane korrespondierten mit der Leitung der Fabrik. Monate voller Unwissenheit folgten.

Im Februar 1949 wurden aus der US-Zone Telegramme an die US-Senatoren Langer und Eastland geschickt, in denen um deren Einsatz für die Erhaltung der Fabrik gebeten wurde; es wurde gleichzeitig der Besuch eines Ruhr-Industriellen angekündigt, der in Washington einen persönlichen Vorstoß zugunsten eines Demontagestopps machen würde. Bewußt wurde nicht gesagt, daß Theo Goldschmidt, Präsident der IHK Essen, beabsichtigte, den in Aussicht gestellten Vorstoß vorzunehmen. In den Telegrammen hieß es, das Unglück, welches zwei anderen Fabriken gleicher Fertigungsart widerfahren sei, „deren demontierte Anlagen unter freiem Himmel verrosten", könnte noch verhindert werden. Das Telegramm des Betriebschefs von Holten, gerichtet an Senator James O. Eastland, schloß mit folgenden Hinweisen: „Ich bin überzeugt, daß der tatsächliche Grund für die Demontage Holtens die im Bau befindliche Anlage ähnlicher Art in Großbritannien ist, die den Wettbewerb fürchtet! Keine europäische Genesung ohne Festhalten am Grundsatz freien, fairen Wettbewerbs! Die Vernichtung der Friedensproduktion von Holten ist besonders widersinnig vom Blickpunkt des europäischen Wiederaufbauplanes aus und der Gemeinschafts-Idee („European Team-Work-Idea"), die von USA aus organisiert und finanziert werden. Der Fall Holten paßt genau in den Inhalt Ihrer Senatsrede vom 18. Dezember 1947!"

Der „National Council for Prevention of War" beschäftigte sich unterdessen laufend mit dem Fall Holten. Libby selbst unterrichtete Anfang April den in Washington weilenden Industriellen Dr. Theo Goldschmidt über den Stand der Verhandlungen und das Sachinteresse der US-Legislative, um bereits am 19. April 1949 der Chemischen Fabrik Holten telegrafisch seinen Glückwunsch zur Absetzung des Werks von der alliierten Demontageliste übermitteln zu können:

„Unser einziges Bedauern besteht darin, daß nicht mehr Fabriken gerettet werden konnten, um die deutsche und die europäische Wiedergenesung zu beschleunigen. Good Luck! Frederick Libby."

Später hieß es im Bericht des Vorstands der Theo Goldschmidt A.G. in lapidarer Formulierung:

„Die beabsichtigte Voll-Demontage der Chemischen Fabrik Holten, Oberhausen-Holten, konnte nach erheblichen und schwierigen Bemühungen abgewendet werden!"

Westfälische Draht-Industrie „auf Draht"

Die in Hamm beheimatete „Westfälische Draht Industrie" (WDI) war im Herbst 1948 in einer besonders gefährdeten Situation: Schon am 1. Dezember 1948 sollten die ersten Demontagetrupps auf britischen Befehl mit dem Zerstörungswerk beginnen. Die Firma wehrte sich energisch und geschickt ihrer Haut. Zunächst brachte sie eine fundierte und illustrierte Informationsbroschüre über ihre Produktionssparten und deren Bedeutung für den Bedarf der verschiedensten Industriezweige Westdeutschlands heraus, bei deren Verbreitung in den USA ich mitwirken konnte.

Die Empfehlung, mit US-Senator William Langer Kontakt aufzunehmen und die zuständigen Senatsausschüsse zu mobilisieren, war nicht

umsonst; hierzu trug wohl auch bei, daß die WDI nicht nur eigene Interessen interpretierte, sondern darüber hinaus – im Geiste des damaligen Präsidenten der American Chamber of Commerce, John S. Coleman – die „Sache ihrer Nation" vertrat, indem sie grundsätzliche Wahrheiten zum Widersinn der Demontage-Fortsetzung in der britischen Besatzungszone klar aussprach. Senator Humphrey las die Schrift. Senator Langer schrieb der Firma am 25. Oktober 1948: „Es war zweifellos gut, daß Sie mir diese Informationen gesandt haben; es ist haargenau das Material, auf das ich gewartet habe, und ich kann Ihnen nicht sagen, wie dankbar ich Ihnen dafür bin." Handschriftliche zusätzliche Randbemerkung in deutsch: „Ich hoffe, daß sie mir werden oft schreiben". Die Firma hoffte auf den Besuch amerikanischer Fachleute, auf den sie sich gründlich vorbereitet hatte. Die Spannung wuchs. Endlich – am 30. November 1948 – erhielt WDI Besuch von Fachleuten der Humphrey-Kommission. Die Zeit der Herren war knapp bemessen, da noch Dutzende anderer Firmen zu inspizieren waren. Die korrekte Verhandlungsführung durch Mr. Hornak, ein Mitglied der Gruppe des Stahlexperten Mr. Wolf, schuf ein gutes Klima. Über seine Inspektionsergebnisse und eventuelle Überlebenschancen der Firma schwieg Mr. Hornak indessen beharrlich, in dessen Begleitung sich ein Engländer namens Mr. Crooks befand. Offensichtlich war es die Taktik der Amerikaner, über ihre Absichten – Rettung eines möglichst großen Industriepotentials – nichts durchsikkern zu lassen, auch den britischen Kollegen gegenüber. Sie sprachen nur von einer „Funktion objektiver Tatsachenermittlung". Zurückhaltung seitens der besuchten Firmen konnte, ebenso wie eine klare, ja, vereinfachte Darstellung ihrer volkswirtschaftlichen Rolle – anstelle einer Dramatisierung – bei diesen Experten nur von Vorteil sein.
Die Westfälische Draht Industrie sollte besonderes Glück haben, welches ihr freilich nicht unverdient in den Schoß fiel, wozu sicher die Art ihrer Argumentation und – vielleicht auch – PR-Assistenz beigetragen haben dürften. Der amerikanische Senator H. Alexander Smith teilte der Firma am 16. Dezember 1948 auf eine Anfrage vom 6. Dezember 1948 hin mit, Mr. P.G. Hoffman verhandle gerade in London, er sei wahrscheinlich schon zu einem Ergebnis gekommen und werde von Mr. Smith mit Interesse zurückerwartet. Die WDI durfte nach außen hin nichts über den Fortgang der Verhandlungen verlauten lassen, woran sie sich strikt hielt; aber schon im März 1949 wußte die Firmen-

leitung, daß sämtliche Anlagen des Werkes – mit Ausnahme einiger Seilereimaschinen – vor der Demontage bewahrt werden würden. Anfang Mai 1949 teilte die Britische Militärregierung mit, die Firma solle mit allen Anlagen für kaltgewalzten Bandstahl, blankgezogene Vollstangen und Drahtziehanlagen – mit einer Jahreskapazität von 60000 Tonnen – erhalten bleiben. „Gemessen an der anfänglich nahezu aussichtslosen Lage" – so schrieb mir die Firma am 28. Mai 1949 – „ist das zweifellos ein außerordentlicher Erfolg!"
Eine Reihe von Faktoren hat zusammengewirkt, diese Wendung möglich zu machen. Die Libby-Gruppe hatte sich die überzeugende Interpretation der Betriebsleitung zu eigen gemacht und für deren Verbreitung – als einem Testfall wirtschaftlicher Vernunft – gesorgt; aktive Senatoren wie Langer und Smith hatten – im Kontakt mit ihrem Kollegen Humphrey und dessen Experten – den WDI-Fall analysiert und die Rettung befürwortet; und einer meiner Gesprächspartner auf Villa Hügel, Mr. Estill, hatte seine Freunde – sämtlich Demontagegegner – bei HICOG (Frankfurt/Main), wie in anderen Fällen, alarmiert. Soviel kann ich zu den Zusammenhängen sagen; sicher hatte noch eine Reihe anderer Kräfte – möglicherweise im stillen – ihren Einfluß zur Erhaltung der Westfälischen Draht Industrie geltend gemacht. Ein Beispiel vorbildlicher Gemeinschaftsverbundenheit stellt die Mitteilung der WDI an mich vom 28.5.1949 dar: „Es wird Sie sicher interessieren, daß wir beabsichtigen, nach Abschluß unseres Kampfes einer größeren Anzahl von Amerikanern und Engländern für ihre Unterstützung der deutschen Belange in der Demontagefrage unseren Dank auszusprechen, um ihr Interesse an der totalen Abkehr von der Demontagepolitik wachzuhalten!" Dies war zu einem Zeitpunkt, als, angesichts schier unüberwindlich erscheinender Hürden, der Ausgang des großen Parcours um die Erhaltung der westdeutschen Schwerindustrie noch völlig ungewiß schien.
Einen ersten Teilerfolg im Kampf gegen die Demontage seiner Anlagen konnte im November ein anderes Werk vermelden, das sich seiner Haut kräftig und geschickt gewehrt und die Humphrey-Kommission entsprechend unterrichtet hatte: die Hüttenwerke Niederrhein in Duisburg, bei denen ein Stopp der Demontage des Siemens-Martin-Stahl-Werks erfolgt war, die sich indessen mit Zähigkeit gegen die Demontagefortsetzung bei ihrem Grobblechwalzwerk wehrten und hierbei die Hilfe von Kardinal Frings in Köln erbaten.

Obstruktion in Bochum (1948)

In der deutschen Stahlindustrie sollte das Jahr 1948 Manager, Betriebsräte, Arbeiter und Angestellte vor harte Proben stellen. Bei Thyssen in Duisburg und beim Bochumer Verein in Bochum konnte ich ab Sommer 1948 während zahlreicher Besuche erleben, wie nervenaufreibend die Ungewißheit um die Arbeitsplätze von Tausenden von Arbeitern und Angestellten – im Falle des kleineren Bochumer Vereins handelte es sich „nur" um über elftausend – war; Gerüchte jagten sich, außenpolitische Ereignisse verleiteten zu optimistischer Beurteilung der Situation; das Auftauchen von Militärpolizei ließ das Schlimmste befürchten; auf den betroffenen Familien lastete die Sorge um die Zukunft.

Ein Industriekomplex wie der Bochumer Verein stellt einen Koloß dar, der auch auf Befehl einer straff geführten Militärregierung nicht über Nacht abgewrackt werden kann wie eine kleine Maschinenfabrik; da müssen Kolonnen, ja Hunderte von Hilfsarbeitern organisiert und eingesetzt, vermutlich sogar geschützt werden; man muß etwas von Technik verstehen, um Fehler bei der Abwrackung zu vermeiden; man kann Sabotage und passive Resistenz der Bevölkerung nicht ausschließen.

Auch im Offizierskasino der Besatzer wurde eine solche Demontagemission nicht gerade wie ein „Ausflug auf den Montmartre" beurteilt. Während meines USA-Aufenthaltes hatte ich das Problem des Bochumer Vereins nicht aus den Augen gelassen, um dessen Bedeutung Libby mit seinen Mitarbeitern wußte. Daß die ganze wirtschaftliche Zukunft einer großen Stadt wesentlich von der Demontageentscheidung, dem Demontageausmaß, beim Bochumer Verein abhängen würde, war allgemein bekannt und auch einer Reihe von US-Kongreßmitgliedern bewußt. Zunächst jedoch fehlten wirklich zuverlässige Informationen über die endgültigen Absichten der Briten. Vielmehr schien es so, als zögerten sie, aufs Ganze zu gehen und sich auf eine Kraftprobe mit den aufsässigen Menschen des Reviers einzulassen.

Im Januar 1948 legten die Bochumer Werktätigen, einschließlich der Belegschaft des Bochumer Vereins, wegen der katastrophalen Ernährungslage die Arbeit für 2 Stunden nieder. Im Februar 1948 erhielt der Bochumer Verein den Auftrag zur Lieferung der Glocke für die Frankfurter Paulskirche. Ob dies aber ein gutes Omen für Demontage-

Frieden sein würde, schien mir zweifelhaft. Ein Besuch des britischen Deutschlandministers, Lord Pakenham, im Mai desselben Jahres machte zwar Schlagzeilen, bedeutete aber keinen „Mai“ für die Belegschaften der Werke des Bochumer Vereins, so sehr der Gast sich auch bemühte, für „guten Wind“ zu sorgen. Lord Pakenham war einer der prominentesten Männer der „Moralischen Aufrüstung“, deren Anhänger und Freunde damals Tage innerer Einkehr und Beratung in Caux (Schweiz) abhielten.

Im Juni 1948 faßte die Bochumer Stadtvertretung – wie im November des Vorjahres – eine Entschließung gegen die Demontagen, in der Hoffnung, auf die Meinung der Alliierten einzuwirken und vielleicht doch noch eine vernünftige Reduzierung der britischen Demontageabsichten in Bochum erreichen zu können. War es eine Illusion? In jenen Tagen gab der Chefreporter des NDR, Dr. Ernst, in der Sendung „Westdeutsches Tagebuch“ einen erschütternden Stimmungsbericht aus Bochum, der die Verunsicherung der Betriebsleitung des Bochumer Vereins schilderte, die bereits erfolgte Demontage der 6000-Tonnen-Radreifenpresse (zur Herstellung von Eisenbahnradreifen) kritisch behandelte und die Hörer wissen ließ, daß die Qualitätsstahlerzeugung „restlos infragegestellt“ sei. Belegschaftsmitglieder des Bochumer Vereins protestierten Ende Oktober 1948 gegen die Demontagen und behinderten beginnende Abbrucharbeiten an verschiedenen Stellen. Auf der Sitzung der Stadtvertretung wurde im gleichen Monat der besonnene Oberbürgermeister Geldmacher wiedergewählt. Der britische Stadtkommandant, ein Major Wilson, der es gewiß nicht leicht hatte, appellierte an die Stadt, „Mäßigung zu üben“.

Indessen verstärkte sich der ausgesprochen disziplinierte Widerstand der Belegschaft gegen die heranrückenden Demontage-Trupps. „Westfälische Dickköpfe schützen ihre Betriebe“, lautete der lebendige Bericht der „Wirtschaftsrevue Konstanz“ vom 30. 12. 1948 über die Situation der letzten Wochen des Jahres in Bochum. „Von uns wird niemand seine Hand rühren“, habe ein Betriebsratsmitglied des Bochumer Vereins gesagt. „Sollen wir unser Stahlwerk abreißen und das Werk in Weitmar, das 5 km entfernt liegt, wieder instandsetzen?“ habe er gefragt. Auch ein Meister im Hüttenwerk Hörde habe gemeint, die Belegschaft werde die beabsichtigte Demontage der 5-m-Grobblechstraße nicht widerstandslos über sich ergehen lassen; sie habe sich schon einmal schützend vor die Walzenstraße gestellt, als eine fremde

Demontage-Kolonne anrückte!" Die Briten wurden durch den wachsenden Widerstand in Bochum und dessen Umgebung zunehmend nervös.

„Die konsequente Ablehnung jeder Zusammenarbeit seitens der zur Demontage befohlenen Arbeiter des Bochumer Vereins" stelle, so erklärte die zuständige britische Besatzungsstelle der Agentur United Press, eine „klare und ausgesprochene deutsche Sabotage" dar.

Hinzu kam, daß in Bochum eine „Demontagefibel" von Hand zu Hand ging und in Windeseile verbreitet wurde. Auch tauchten Klebezettel und kleine Plakate gegen die Demontagefirmen auf, die im Sold der Briten standen und zusätzlich für rasche Arbeit mit Schrott-Tantiemen belohnt wurden. Auf LKWs wurden Demontagearbeitertrupps aus Essen herangebracht, zum Teil von Sprechchören der erzürnten Bochumer empfangen.

Die Briten entschieden sich nun zum Durchgreifen und bestellten kurz vor Weihnachten 1948 Vorstand und Betriebsleiter des Bochumer Vereins zur britischen „RD & R-Division" Bochum, wo diesen seitens des maßgebenden britischen Besatzungsoffiziers, Mr. Williams, mitgeteilt wurde, aufgrund „abschließender Entscheidung" Londons sei die Demontageanordnung in Kraft zu setzen. „Schöne Bescherung!" sagte ein Betriebsführer, sollte damit doch der gesamte Stahlerzeugungskomplex, einschließlich Stahlgießerei und Gußstahlfabrik, stillgelegt und demontiert werden. Den zum „Befehlsempfang" gekommenen Vorstandsmitgliedern erklärte Mr. Williams sodann klipp und klar: jeglicher Widerstand der Arbeiter oder der Direktion sei zwecklos; falls Widerstand geleistet werden sollte, hätte dies lediglich zur Folge, daß die Demontage mittels britischer Truppen umso rascher durchgeführt werden würde, da die britische Regierung ihre Absichten unter allen Umständen durchsetzen werde. Mr. Williams fügte hinzu, man habe den Eindruck gewonnen, daß seitens der Betriebsleitung des Bochumer Vereins „eine gewiße Obstruktion" geleistet worden sei. Als Mr. Williams indessen von der Betriebsleitung verlangte, ihm eine bindende Erklärung zu geben, „keine weitere Obstruktion zu leisten", weigerten sich die Direktoren Schenck und Schily vom Vorstand, eine solche bindende Erklärung abzugeben; falls die Situation umgekehrt wäre und etwa deutscherseits eine derartige Forderung an ein britisches Werk gestellt werden sollte, würde gewiß solches Ansinnen auch britischerseits als unzumutbar zurückgewiesen!

Die Briten hatten durch Erlaß der Verordnung Nr. 68 Gerichte der Kontrollkommission in der britischen Zone geschaffen, die das Recht hatten, auch Verstöße gegen Verordnungen, Bekanntmachungen und selbst Anordnungen der Militärmacht abzuurteilen; es stellte sich die Frage, wann die Briten, bis Ende 1948 noch relativ vorsichtig operierend, diese Waffe gegen Akte passiver Resistenz, insbesondere Verweigerung von Demontagebefehlen, einsetzen würden.

Ausbau der Antidemontage-Front

Die Beantwortung einer wachsenden Zahl von Anfragen demontagebedrohter Firmen stellte allmählich ein Problem dar. Ständig neue Anrufe, Telegramme, Besuche – das drohte die Arbeit zu zersplittern. Es war auch zeitraubend, die Grundtaktik zweckmäßigen Vorgehens gegen die Demontagen stets von neuem zu erläutern, so gern Rat gegeben wurde. Zudem wußte ich, daß meine Telefonate wie die meiner Kollegen und Freunde abgehört wurden; es war ja nicht gerade zweckmäßig, unerwünschte und ungebetene Mithörer über die nächsten Schritte mitzuunterrichten. Ruhe zum Nachdenken, zur Besinnung war erforderlich; die PR-Arbeit bedurfte der Rationalisierung. So entschloß ich mich, in unregelmäßigen Abständen, je nach Anlaß und Notwendigkeit, Standardinformationen zur Demontageabwehr herauszubringen, die auch englische Fachausdrücke und – besonders zur Information ausländischer Besuche – Zitate amerikanischer und englischer Politiker und Autoren enthielten; ich nannte sie, amerikanisch „Food for Thought", Stoff zum Nachdenken also.
„Food for Thought" gab praktische Hinweise, wie die Firmen ihre Informationen selbst gut gestalten könnten. Es wurden auch jene Slogans und Reime aufgeführt, die speziell für die amerikanische und englische Mentalität geeignet erschienen. Durch Variierung und Wiederholung der gleichen, einprägsamen Grundgedanken sollten die Informationsempfänger zum Handeln motiviert werden. Aufgrund der von dem kleinen Informationsdienst gegebenen Anregungen flatterte so manchem Kongreßabgeordneten oder Senator neben technischen Demontageerläuterungen und Petitionen zur Demontageüberprüfung ein kleiner Merkspruch auf den Schreibtisch. Hier ein Beispiel, das für

Parteifreunde des Präsidenten Truman bestimmt war und von diesen auch zitiert wurde:

Why dismantling Germany?
Don't you see the tide?
Organise for unity,
Under Harry's guide!
Europe and the USA –
Knowing, where to go:
Stop dismantling Germany,
Stop supporting Joe!

In sinngemäßer Übersetzung:

Warum Deutschland demontieren?
Seht ihr nicht das Nah'n der Flut?
Laßt euch doch von Harry führen,
Schweißt die Einheit gut!
Sind Europa und die Staaten
Ihres Wegs gewiß, nur so:
Stoppt die Deutschland-Demontage,
Stoppt den Machtzuwachs für Jo!

Damit wußten die Leser, was gemeint war: Präsident Truman sollte sich rasch dafür entscheiden, durch Einflußnahme auf Demontagebefehle im Sinn ihrer Einstellung die weitere Machtentfaltung von Josef Stalin aufzuhalten.

Die Leser des Informationsdienstes wurden aufgefordert, ihren eigenen Fall durch Übersendung von Bildern der Arbeiter und Werksleitung, selbst von Bilderalben (Aufnahmen aller Mitarbeiter, mit eigenhändiger Unterschrift) und „Human-Interest"-Episoden zu interpretieren. „Lassen Sie", so hieß es in einem der Dienste, „zum Beispiel einen Schlesierjungen darüber berichten, wie er jetzt endlich in Ihrem Werk untergekommen und heimisch geworden ist, nun aber die Frage stellt, ob Mr. Truman auch dafür Sorge tragen kann, daß er nicht wieder eines Tages – als Folge der Demontage – heimatlos auf der Straße liegen müsse." Ich teilte auch mit, welche Kongreßmitglieder ansprechbar seien („nicht nur die Ausschußvorsitzenden kontaktieren!") – und wie wichtig es sei, angeknüpfte Kontakte nicht einschlafen zu lassen, selbst, falls keine sogleich greifbaren Erfolge vorlägen. Vor allem sei es notwendig, über die Darstellung der eigenen Sorgen hinaus auf das deutsche Gesamtschicksal einzugehen. „Das amerikanische

Interesse ist schon sehr gewachsen", berichtete „Food for Thought" Anfang 1949; „nur die Summe aller auf die Gemeinschaft der deutschen Firmen bezugnehmenden Informationen wird das Echo in Washington jedoch so verstärken, daß der Kongreß zu Maßnahmen schreitet, die auch Ihnen – als Einzelfirma – zustatten kommen."
Ermutigend für die Leser war auch der Hinweis auf den offiziellen Bericht der Inter-Alliierten Reparations-Agentur (Paris) für das Jahr 1948, in dem Generalsekretär Dr. Nigel Sutton festhielt: „Der Druck gegen die weiteren Demontagen deutscher Werke wurde 1948 von vielen Stellen ausgeübt. Trotz der offiziellen Haltung fester Entschlossenheit der Alliierten hat die deutsche Aktion die Demontage wichtiger Werke entweder verhindert oder hinausgeschoben".

In der Aufklärungsarbeit mußte auch an die Gefühlssphäre, die Seelenkräfte der Empfänger appelliert werden. Diese sogenannten „irrationalen Faktoren" der Meinungsbildung, die gerade die Morgenthau-Seite so stark zu mobilisieren suchte, mußten in die Arbeit miteinbezogen werden; diese Chancen primär rational denkenden und entscheidenden Betriebschefs, Ingenieuren und Betriebswirten in Westdeutschland etwas näher zu bringen, bemühte sich der Informationsdienst. Dieser brachte auch Zitate amerikanischer Industrieller, die in ihrer überwiegenden Mehrheit – aus Vernunft wie Instinkt – nicht auf der Seite der Demontagefanatiker und der „Dekartellisierungsfronde" standen, sondern, wie Mr. Honeycutt (Vizepräsident der Bethlehem Steel Corporation) die Meinung vertraten, „eine Erweiterung des westdeutschen Industriepotentials sei unbedingt notwendig und dürfe nicht mehr durch längst hinfällig gewordene 'Sicherheitserwägungen' verhindert werden" (11.2.1949). Die Stimmen amerikanischer Gewerkschaftsführer zugunsten eines völligen Demontagestopps wurden natürlich besonders gewürdigt, wobei auf die Verdienste von Professor Dr. Fritz Baade bei ihrer Mobilisierung hingewiesen wurde. Antideutsche Stimmen wurden bewußt nicht verschwiegen, auch um dem Leser vor Augen zu führen, wie stark die Gegenseite durch die deutsche Demontageabwehr beunruhigt war.

In der Auslandspublizistik tauchte freilich immer stärker die Behauptung auf, wir Deutschen spielten die Verbündeten des Zweiten Weltkrieges raffiniert gegeneinander aus. Gerade die Morgenthau-Propaganda nutzte diese „Masche" – Deutsche als üble Intriganten, als opportunistische Verfechter einer „Teile-und-herrsche-Politik" hinzustellen

– zu ihrem Vorteil aus. Es war klar, daß hiergegen etwas unternommen werden mußte, und zwar keineswegs polemischer Art. Ein echter deutscher Beitrag zu einer zukunftsträchtigen und konstruktiven Konzeption wäre das beste Mittel, die Legende zu zerstören, wir seien darauf aus, die ehemaligen Verbündeten des Zweiten Weltkriegs gegeneinander auszuspielen, und die von der Industrie gelenkte westdeutsche Außenpolitik sei eine Schaukelpolitik, die letzten Endes zugunsten des Kommunismus und einer Allianz der Deutschen mit Moskau wirken würde.

Mitte 1948 hatte mir ein an maßgebener Stelle auf dem Hügel wirkender amerikanischer Verwaltungsbeamter, der nach Kräften die PR-Tätigkeit gegen die Demontagen zu fördern suchte, folgendes klar zu machen versucht:

„Ich halte es im Interesse Ihrer Meinung für besonders erforderlich, daß Sie über den Rahmen der von Ihnen mit Ihren Freunden geleisteten Einzelarbeit hinausgehen und in diesem Übergangs-Stadium eine zunächst nicht groß in Erscheinung tretende, zentrale Informationsstelle aufbauen. Diese sollte sich zum Ziel setzen, die deutsche Industrie genau über die politische Entwicklung in USA und die Taktik ihrer Gegner – sowie die Arbeitsweise ihrer Freunde – zu unterrichten, um daraus die Art der Ansprache unserer Leute drüben und der Weltpresse insgesamt zu fördern. Nach Erledigung der Demontage wird die Aufklärung zum Vertriebenenproblem, die Liquidierung des Kriegsverurteiltenkomplexes, die Frage der deutschen Vermögen in USA und gewiß eine Reihe anderer Fragen Ihres Landes dazukommen. Sie müssen unseren Landsleuten auch klarmachen, wie es in der Frage der deutschen Einheit steht. Wenige können sich das so recht vorstellen. Unsere Industrie wurde jedenfalls ohne Zögern handeln, falls sie in einer vergleichbaren Situation wäre.“

Zweifellos: ein vom Konzept her richtiger Vorschlag. Doch es wurde mir leider bald schon klar, daß eine solche Aktion nicht zu verwirklichen war, so sehr ich bei einer ganzen Reihe von Unternehmern damit auf Interesse stieß. Keiner von ihnen konnte eine Entscheidung fällen, für die gesamte Industrie zu sprechen oder zu handeln. Zu Memoranden in dieser Sache war keine Zeit, und schließlich kam ich auch zur Einsicht, daß Westdeutschland für Annahme eines derartigen Informationskonzepts einfach noch nicht reif war. Das industrielle Management arbeitete zumeist in Einzelgruppen; es schien mir bisweilen schon schwierig genug, einen rheinischen Bergassessor mit einem ehemaligen oberschlesischen Unternehmer an einen Tisch zu bringen; noch schwieriger war es eine branchenüberspannende Gesamtstrategie der Auslandsaufklärung zustande zu bringen, so vordringlich sie schien. Ich mußte schon dafür dankbar sein, daß im Ausland eine Reihe vorzüglicher „Non-Profit"-Organisationen kostenlos zur Verfügung stand, die ihre Kontakte und Erfahrungen in gemeinsam konzipierte PR-Aktionen gegen die Demontage und für eine von Rache freie Deutschlandpolitik einbrachten. Schwierig war es auch, einen Teil der Presse für eine aktive Antidemontage-Haltung zu gewinnen. Sogenannte „Nachrichten-Kontroll-Offiziere", persönlich oft mit Ressentiments belastet, setzten nur bei kleinen, „unbelasteten" Minderheiten überhaupt die Fähigkeit voraus, die „Reeducation" der Deutschen vorzunehmen, statt die politische Neuorientierung einem organischen Wachstumsprozeß zu überlassen. Nicht nur der „Ungeist der Ja-Sager", auch der Geist vieler selbständiger Köpfe war demontiert worden, ausgeschaltet aus der Öffentlichkeit; indessen war es bei starken, kritschen Charakteren – Publizisten wie Verlegern – nicht möglich, diesen Geist einfach zu „demontieren"; die Demontagemaßnahmen und der Widerstand dagegen schulten und läuterten hingegen einen, im besten Sinne, patriotischen Sinn; und ich war damals davon überzeugt, daß eine „Remontage des Geistes", in Form einer wirklich unabhängigen Presse, Forschung, Meinungsfindung, nach der Wiedervereinigung Deutschlands möglich sein würde. Einsichtige Amerikaner, Engländer und Franzosen haben in den frühen fünfziger Jahren erkannt, welche Gefahr es für das Entstehen eines wirklich unabhängigen, demokratischen Pressewesens in der Bundesrepublik bedeutete, daß 1945 – angesichts eines großen Mangels an eindeutig „Unbelasteten" – Protektionskinder und Ideologieträger der Siegermächte, ebenso wie Radikalisten und Kommunisten, in manche Redaktionsstube der Lizenzpresse einzogen. Männer und Frauen, die während des Zweiten Weltkriegs in Rundfunk und Presse des Auslands die Niederlage des „Dritten Reichs" propagiert hatten und, wie mancherorts in Süddeutschland, fremde Uniformen trugen, hatten nicht immer das rechte Verständnis für Sorgen und Nöte unseres Volkes. Im September 1951 stellte sich in Hessen heraus, daß kommunistische und radikal-marxistische Literatur, die viel böses Blut machte, mit amerikanischen GARIOA-Krediten finanziert worden war, was zu besonderen Senatsuntersuchungen führte.

Redakteure mit Zivilcourage

Erfreulicherweise gab es damals auch deutsche Redakteure, darunter Nachwuchstalente, die sich ohne Rücksichtnahme auf eine Gefährdung ihrer eigenen Position durch originelle, mutige Berichte im Sinn der Antidemontage verdient gemacht haben. So sorgte Robert Krugmann – damals Hannoverscher Kurier – dafür, daß in seinem Bereich das Demontagethema nie einschlief; mancher Abwehrmann der Briten mag sich damals gefragt haben, woher Krugmann wohl immer die letzten Nachrichten, nicht nur aus Salzgitter und von der Waterkant, sondern vor allem aus dem Ruhrgebiet, für seine abgewogenen, volkswirtschaftlich orientierten Leitartikel und Kommentare erhalten haben mochte.

Seit Beginn meiner Tätigkeit für die DKBL konnte ich besonders eng mit dem vielseitig interessierten Essener Journalisten Willy Becker – u. a. später Redakteur des Pressebüros Roebel – zusammenarbeiten. Er hatte stets gute Einfälle bezüglich der wirksamsten, „spritzigen" Unterrichtung der Auslandspresse über die Ereignisse im „Kohlenpott". Dank seiner russischen Kenntnisse wußten wir auch stets, was z. B. die Prawda zu den hiesigen Vorgängen geschrieben hatte, und konnten es in die Argumentation für die USA einbauen. Gemeinsam haben wir wichtige Ausländer beim Besuch des Reviers betreut und informiert.

Heinz Heiner, seit 1946 für die Nachrichtenagentur DENA tätig, heute angesehener Redakteur in Krefeld (Fachbereiche Textilien, Rohstoffe) interviewte damals die „erste Garnitur" der Wirtschaft in einer Form, die auch im Ausland gut ankam und wesentlich zur Meinungsbildung in Demontagefragen beitrug. Heiner, mit dem guten „Blick durch die Wirtschaft", hatte Müsers volles Vertrauen. Er war ein stets ideenreiches Mitglied unseres Teams.

Henry Schawoir, damals Leiter des DENA-Büros Düsseldorf, heute Direktor von dpa Brüssel, hatte häufig wichtige Besucher aus der Industrie und den Verbänden in seinen Arbeitsräumen, die mit ihm ihre unternehmerischen Probleme besprachen; fundierte Berichte entstanden aus dem Dialog, in denen Schawoir die Vorgänge in Westdeutschland geschickt in den Zusammenhang internationaler Entwicklung wie der wirtschaftlichen und politischen „Geburtswehen" Europas zu stellen verstand; auch Demontage und Demontageabwehr,

Entflechtung und Anti-Entflechtung, Lockerung der Daumenschrauben für die deutsche Wirtschaft, gehörten dazu. Gewiß ist es kein Zufall, daß die erwähnten Journalisten, die in der Demontagezeit stets „am Ball" waren und kameradschaftlich für die Durchsetzung ihrer Überzeugung zusammenarbeiteten, von Anfang an auch gute Europäer waren und internationale Verbindungen aufbauten. So gewann Henry Schawoir in Brüssel das Vertrauen seiner internationalen Kollegen in einem Maß, daß diese ihn wiederholt zu ihrem Vorsitzenden im IPC (International Press Center) gewählt haben.

Trugschlüsse der Demontagekonzeption

Für alle gegen die Demontage aktiv Tätigen war es wichtig, überzeugendes wissenschaftliches Aufklärungsmaterial zum volkswirtschaftlichen Widersinn der Demontagen, zu ihrer Unwirtschaftlichkeit, ihrem geringen Reparationswert im Einzelfall, ihrer Schädigung des Wiederaufbaukonzepts von General Marshall, zu erhalten. Bahnbrecher auf diesem Gebiet war – neben Professor Dr. Fritz Baade – der Direktor der betriebswirtschaftlichen Abteilung des Essener „Rheinisch-Westfälischen Instituts für praktische Wirtschaftsforschung", Professor Dr. Wilhelm Hasenack. Mit dieser Persönlichkeit, die rasch und allgemeinverständlich die notwendigen Aufklärungsschriften und Zeitungskommentare verfaßte und in Druck gab, entwickelte sich seit 1948 eine vorzügliche Zusammenarbeit.

Hasenack war im Jahre 1938 zum Rektor der Handelshochschule Leipzig gewählt worden. Mit anderen Wirtschaftswissenschaftlern hatte er im Auftrag des Reichswirtschaftsministers ein besonders kritisches Gutachten zur Kriegsfinanzierung abgegeben, das ihm keine Lorbeeren einbrachte; er hatte dann sein Lehramt unter schwersten Belastungen in Leipzig weitergeführt, um nach Ende des Krieges Lehrverbot zu erhalten, da er sich beharrlich weigerte, der SED beizutreten, die einen Mann seines Kalibers gern vereinnahmt hätte; 1947 war er nach Essen gekommen, um die erwähnte wichtige Forschungs- und Lehrfunktion zu übernehmen. Als die Technische Universität Berlin Hasenack 1964 die Ehrendoktorwürde verlieh, schilderte der

Dekan der Fakultät für Wirtschaftswissenschaften, Prof. Weichselberger, diesen Abschnitt seiner Tätigkeit:

„Von seiner Stellung in Essen aus nahm er den Kampf gegen die Demontagen in Westdeutschland auf. Seine damaligen Schriften erschienen zum Teil in deutsch, zum Teil in Englisch. Ich erwähne hier nur: Betriebsdemontagen als Reparationsform (Essen 1948), Wirtschaftsgefahren an der Ruhr durch Demontage (Köln 1948), Dismantling in the Ruhr Valley (1949), Bilanz der Demontage (Göttingen 1951). Diese Schriften wurden in der englischen Ausgabe an den amerikanischen Senat und an das Repräsentantenhaus gesandt, und es ist durchaus zu vermuten, daß ihr Einfluß – und der zahlreicher Einzelaufsätze – an dem Beschluß zur Einstellung der Demontagen im Jahre 1949 mitbeteiligt war.“

1962 schrieb Hasenack selbst über seine Essener Zeit (er war Mitte 1949 nach Göttingen berufen worden):

„Bei erheblichen materiellen Entbehrungen habe ich in Essen zwei Jahre lang auf das Intensivste gegen den Irrsinn der Demontagen mit wissenschaftlichen Mitteln gekämpft. Viele Veröffentlichungen von mir auf diesem Gebiet, die ich – von den Schwierigkeiten und Gefährdungen her – als die am härtesten erarbeiteten meines Lebens ansehe, sind in's Englische übertragen und immer wieder nach Washington gesandt worden. Ich habe das befriedigende Gefühl, daß diese Arbeiten etwas zum politischen Wandel beigetragen haben. Ich verweise besonders auf den Aufsatz in der Kölnischen Rundschau vom 6.4.1948, weit vor den Königswinterer Vereinbarungen, über 'Demontagesystem unter neuem europäischen Aspekt'.“

Zur Verbreitung dieser Schriften konnte ich über die Libby-Gruppe und deren erweiterten Freundeskreis sowie meine Klienten in Westdeutschland und persönliche Kontakte in Villa Hügel, bei HICOG Frankfurt/Main und in Washington, wesentlich beitragen. Immer wieder wurde ich auf die Arbeiten von Professor Hasenack angesprochen und angeschrieben. Besonders schlagkräftig war die englische Version einer Schrift mit dem Titel: „Demontage im Ruhrgebiet – eine Gefahr für die europäische Gesundung“. Das dargebotene Zahlenmaterial wie

die volkswirtschaftlichen Schlußfolgerungen daraus waren unwiderlegbar.
Leider hatte wohl ein Gelehrter der Harvard-Universität recht, der 1948 in einem Vortrag geäußert hatte: „Es kann nur eine Meinung geben hinsichtlich der betrüblichen Demontagetatsachen, die ich nach Kräften weiterverbreiten werde: hätte die Politik etwas mit Vernunft zu tun, dann wären die Demontagen unmöglich gewesen. Doch es ist nun einmal eine melancholisch stimmende Tatsache, daß die Politik sich nicht durch Vernunft, sondern durch irrationale Faktoren bestimmen läßt!" Immerhin waren die für Vernunftargumente zugänglichen Persönlichkeiten in Washington – wie Mitglieder einer Reihe von Senats-Ausschüssen – dankbar, wissenschaftlich fundierte Darstellungen aus der Feder eines deutschen Professors für ihre Argumentation gegen die Fortsetzung der Demontagen zu erhalten.

„Demontagefibel" erzeugt weltweiten Wirbel

Im Sommer 1948 war in Düsseldorf vom Geschäftsführer des Vereins Deutscher Eisenhüttenleute, Dipl. Ing. Karl Peter Harten, und dem Informationschef des Deutschen Gewerkschafts-Kongresses in der britischen Zone, Herrn H. Mertens, eine Idee entwickelt worden, deren Verwirklichung die Militärregierung besonders schockieren und eine weltweite Diskussion hervorrufen sollte: Konzeption und Druck einer umfassend orientierenden „Demontagefibel" und deren – quasi generalstabsmäßig geplante und durchgeführte – Verteilung im In- und Ausland.
Ende Dezember 1948 erfuhr ich, daß die Britische Militärregierung aufgrund eines Befehls von General Bishop angeordnet hatte, ein scharfes Verbot der Verbreitung dieser bebilderten Schrift durchzusetzen und die Rückgabe der Fibel seitens sämtlicher Empfänger zu verlangen. Anordnungen in diesem Sinne mußten in allen Betrieben der britischen Zone am Schwarzen Brett angeschlagen werden, was naturgemäß das Interesse am Inhalt der Broschüre beträchtlich erhöhte. Bei einem Telefonat mit Freunden in München konnte ich erfahren,

daß interessanterweise die „Neue Zeitung“, München, die sich „Eine amerikanische Zeitung für die deutsche Bevölkerung“ nannte, am Tag der Veröffentlichung des Verbots einen Leitartikel unter der Überschrift „Demontagen ohne Sinn“ gebracht hatte, der allgemein als „offiziöse amerikanische Stellungnahme“ zu dem ungewöhnlichen Vorgang gewertet wurde. Die „Wirtschaftsrevue Konstanz“ meinte sogar, die „Neue Zeitung“ ermutige Betriebsräte und Belegschaften an der Ruhr in ihrer „Weigerung, mit eigenen Händen den Ast abzusägen, auf dem sie säßen.“
Seit meiner Rückkehr aus den Staaten stand ich mit Direktor Harten in Kontakt. Als ehemaliger Werkstudent in USA kannte dieser die amerikanische Mentalität. Er hatte es nicht immer ganz leicht, die Bedenken mancher Eisen- und Stahlmanager, die die Vereinigten Staaten nicht kannten, bezüglich Sinn und Risiko einer entschiedenen Antidemontageaktion zu zerstreuen. Wie Franzjosef Müser, der Chef des Bochumer Vereins, verfolgte Harten jedoch den einmal als richtig erkannten Kurs hartnäckig und mit Verve; dazu gehörten Hartens enge Zusammenarbeit mit dem Gewerkschaftssektor im Informationsbereich, die Herstellung der Kooperation mit den verschiedensten demontagegefährdeten oder bereits stark geschädigten Wirtschaftszweigen und Betrieben, und die Wahl einer Sprach- und Illustrationsform, die möglichst viele Menschen allgemeinverständlich ansprechen und überzeugen sollte. Diese ungewöhnliche Broschüre begann mit der Frage: „Marshall-Plan oder Industrie-Demontagen?“. Druck und Verbreitung stellten eine Aktion dar, die mich damals für die Initiatoren das Schlimmste befürchten ließ. Kurz danach erhielt ich dann auch die Nachricht, daß Herr Mertens auf Verlangen der Militärregierung seines Postens als Presse-Abteilungsleiter des DGB enthoben worden war. Harten blieb weiter im Amt, doch auch er war sicherlich gefährdet. Die angelsächsische Presse beschäftigte sich natürlich intensiv mit diesem symbolhaften Schritt deutschen Aufbegehrens. Sarkasmus kam in manchen Kommentaren amerikanischer Journalisten zu Wort. Der Korrespondent des „Manchester Guardian“ in Düsseldorf schrieb am 6. Januar 1949 unter der Überschrift „Propaganda gegen die Demontagen“ u.a.:

„Der Widerstand gegen die Demontagen ist im Ruhrgebiet durch eine Propagandakampagne stimuliert worden, deren Sekundärziel die Ge-

winnung ausländischer Unterstützung einer Revision der Demontagelisten war. Vor zwei Monaten begann die Verbreitung einer Broschüre „Demontage", die sowohl in deutsch wie in englisch gedruckt worden war. Rund 120000 Expemplare sind im Ruhrgebiet zur Verteilung gelangt; britische Bemühungen, ihren Umlauf zu stoppen, sind völlig ohne Wirkung gewesen. Die englische Version „Reparations" wurde in Düsseldorf gedruckt. Ihre Herausgeber sind Herr H. Mertens, ein Funktionär des Deutschen Gewerkschafts-Kongresses in der britischen Zone, und Herr K.P. Harten, Geschäftsführer des Vereins Deutscher Eisenhüttenleute. Die Verteilung der Broschüre hatte die volle Unterstützung der deutschen Gewerkschaften. Sie wurde in Paketen von den Betriebsleitungen der Eisen- und Stahlfirmen gekauft und kostenlos an die Arbeiter verteilt. In letzter Zeit wurden von Deutschen 20 bis 30 Mark für Einzelexemplare bezahlt, die ihnen nicht kostenlos zur Verfügung gestellt worden waren. Zehntausend Exemplare sind in englischer Sprache gedruckt worden und befinden sich in England und den USA im Umlauf. Die meisten von ihnen wurden direkt mit der Post an Eisen- und Stahl-Firmen versandt, und andere gingen an Gegner der gegenwärtigen alliierten Demontagepolitik, um ihnen weitere Munition in ihre Köcher zu liefern. Mindestens zwei US-Senatoren erhielten Exemplare. Die Broschüre stellt die deutschen Argumente gegen die Demontage in einer kühn-erfindungsreichen Art heraus. Nur wirtschaftliche Argumente werden verwendet!
Die Britische Militärregierung gab Anweisung, daß keine weiteren Exemplare gedruckt werden dürften; die Versuche, in Umlauf befindliche Exemplare einzusammeln, sind jedoch völlig gescheitert. Deutsche Polizei – die auf britischen Befehl hin handelte – besuchte alle auf der Liste des Druckers befindlichen Firmen; indessen erklärten die Arbeiter ohne Ausnahme, daß ihre Exemplare entweder zerstört worden oder verlorengegangen seien. Von den 1999 Arbeitern der Niederrheinischen Hüttenwerke in Duisburg – deren Fabrik auf der Demontageliste steht – wurden nur 40 Exemplare sichergestellt! Wenn man die normale Umlaufquote bei Freunden und Familien in Rechnung stellt, dann sind etwa eine halbe Million Deutsche von dieser geschickten und heimlich durchgeführten Propagandakampagne negativ beeinflußt worden."

Der „Washington Times Herald" berichtete, ganz im Sinne der Demontagefibel:

„Zu einem Zeitpunkt, da Millionen Deutsche, in bombenzerstörten Wohnstätten zusammengepfercht, zwecks Verhinderung von Krankheiten dringend Seife benötigten, demontierten die Briten eine der größten deutschen Seifenfabriken mit der Begründung, Seifeherstellung produziere Glyzerin, aus dem Munition hergestellt werden kann. Der wahre Zweck war, die Deutschen als Konkurrenten britischer Seifefabrikanten auszuschalten."

In seiner Ausgabe vom 16. Januar 1949 schilderte auch „Newsweek" in dem Beitrag „Die Ruhr – Zwischenfall bei einem Stahlwerk", in dessen Mittelpunkt die „Demontageverweigerung" beim Bochumer Verein stand, die besondere Wirkung der Broschüre. Das amerikanische Nachrichtenmagazin läßt die Vermutung eines Zusammenhangs zwischen der Broschüre mit ihrer indirekten Aufforderung, sich seitens der Arbeiter gegen die Demontage ihrer Arbeitsplätze zu wehren, und den Bochumer Ereignissen durchblicken:

„Am 3. Januar 1949 versuchten deutsche Demontagearbeiter das Werk in Bochum zu betreten. Sie wurden empfangen mit Rufen wie 'Lakaien der Briten' und mit einem Wall menschlicher Leiber – den Arbeitern, deren Arbeitsplätze durch Entfernung der Schlüsselbetriebe zugrundgehen würden. Jeden Tag kamen vier Demontagetrupps wieder, und jeden Tag wurden sie zurückgewiesen."

Ja, es hatte ganz den Anschein, als ob es in Bochum Anfang 1949 zu einer gefährlichen Konfrontation zwischen den Arbeitern und Angestellten mit der Besatzungsmacht kommen würde.

„Captain Boycott“ probt passiven Widerstand

Franzjosef Müser galt bei der Militärregierung nicht zu Unrecht als „Seele des Widerstands“ gegen die Demontagen in der deutschen Stahlindustrie. Intern hatten die Briten ihm den Spitznamen „Captain Boycott“ gegeben, in Anlehnung an einen damals in den Filmtheatern des Reviers laufenden englischen Spielfilm. Der Chef des Bochumer Vereins war ein scharfsinniger Jurist und geschichtlich gebildeter Mann mit Industrieerfahrung, der im Ersten Weltkrieg als Offizier schwer verwundet worden war, am Widerstand während der Ruhrbesetzung aktiv teilgenommen hatte und im Dritten Reich Verfechter politisch unliebsamer Ansichten mit Geschick und Zivilcourage verteidigt hatte. Ihm konnten die Alliierten in politischer Hinsicht nicht so leicht „an den Wagen fahren“.

Nach meiner Rückkehr aus den USA hatte ich Müser aufgesucht. Wir hatten Notwendigkeit und Wege eigener Auslandsaufklärung des Bochumer Vereins ausführlich besprechen können: Welche PR-Chancen zur Abwendung der geplanten Werkszerstörungen durch Mobilisierung Washingtons bestanden, war freilich schwer vorauszusagen. Müser, der bei Arbeitern und Angestellten des Bochumer Vereins gleich beliebt war, bezog meine Vorschläge sogleich in seine strategischen Überlegungen ein, deren erstes Ziel Zeitgewinn hieß; es galt, wenn irgend möglich, die britischen Anordnungen auf die lange Bank zu schieben.

Müser, dies muß betont werden, war keineswegs englandfeindlich. Aber er bestritt den Briten das Recht, aus einem gewonnenen Krieg die Befehlsgewalt über „seine“ Arbeiter abzuleiten. Ebenso war er gegen die Propagierung der Kollektivschuldthese, gegen die er auch öffentlich Stellung bezog. Das Wirken des späteren Bundestagsabgeordneten der CDU, der im Herbst 1945 – zusammen mit dem damaligen britischen Stadtkommandanten – eine zumindest temporäre Teilproduktionserlaubnis für den Bochumer Verein hatte erreichen können, ging 1948 bereits weit über die „Demontageabwehr“ hinaus; politisch motiviert, war es auf Aussöhnung zwischen Deutschen und ehemaligen Kriegsgegnern ausgerichtet.

Aus einer traditionsreichen katholischen Familie stammend, kümmer-

Professor Dr. Erik Nölting, Wirtschaftsminister im ersten Kabinett Karl Arnold

Ministerpräsident Karl Arnold

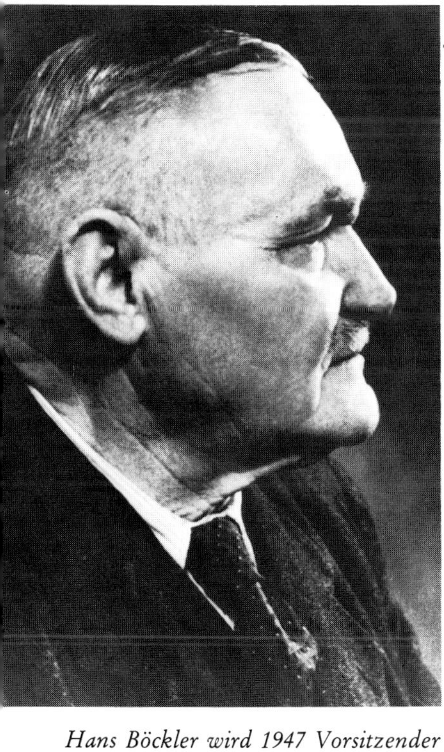

Hans Böckler wird 1947 Vorsitzender des Gewerkschaftsverbandes der britischen Besatzungszone

Franz Josef Müser, Vorstandsmitglied des Bochumer Vereins und Organisator der Anti-Demontage-Aktion

Belgische Panzer im Werksgelände der Chemischen Werke Bergkamen nach einer Protestaktion

Ein belgischer Offizier unterhält sich mit protestierenden Arbeitern

Nach der Demontage: Sprengungen in Salzgitter-Watenstedt

Arbeiterproteste gegen die Demontage im Bochumer Verein

Dipl.-Ing. Karl Peter Harten, Hauptgeschäftsführer des Vereins Deutscher Eisenhüttenleute

Lord Hankey, früherer britischer Verteidigungsminister, war einer der entschiedensten Gegner einer Haßpolitik gegenüber den Deutschen und der Demontage

Dr. Kurt Schumacher bei einer Kundgebung in Hannover 1948, in der er sich gegen die Demontage wandte

te sich Müser ganz besonders um das Schicksal der Ostvertriebenen, wobei er seine Vorschläge zur Vertriebenenhilfe sowohl mit Kardinal Frings als auch mit dem ehemaligen Oberpräsidenten und späteren Bundesminister Lukaschek abstimmte.

Müser gewann aufgrund der ab Mitte 1948 einsetzenden Zusammenarbeit besonderen Respekt vor Frederick Libby und dessen Kreis. 1950 lud er Libby zu einer großen Deutschlandreise ein, bei der dieser brisante Themen der amerikanischen Deutschlandpolitik studieren konnte, deren Ergebnisse im US-Kongreß auf starkes Interesse stoßen sollten.

Ende 1948 beschäftigten uns zunächst zwei Aufgaben, die dem Zeitgewinn und der Mobilisierung der öffentlichen Meinung in Deutschland wie im Ausland dienen sollten: Demontageverweigerung am Rande der Legalität und Erstellung schockierender Informationen über bereits begonnene Demontagen sowie die sozialen und politischen Auswirkungen einer etwaigen Volldemontage des Bochumer Vereins. Im Gegensatz zu manchen seiner Kollegen in den großen Stahlwerken des Reviers war Müser alles andere als „pressescheu“. Er war keineswegs der Ansicht, der Aufbau von Kontakten zu den damals verfügbaren Massenmedien würde nur zur Folge haben, die Siegermächte „in Rage zu bringen“ und das Zerstörungswerk zu beschleunigen. Wichtig erschien ihm die Erstellung eines Netzes von Verbindungen zur Auslandspresse. Er war davon überzeugt, daß man bei Beurteilung zu Besuch weilender Journalisten sehr differenzieren müsse. Pressepolitische Aktivität bedurfte seiner Überzeugung nach gründlicher Vorbereitung und der Erarbeitung unwiderlegbarer Standardinformationen. Der Essener Journalist Willy Becker und der Korrespondent der Vereinigten Wirtschafts-Dienste, Heinz Heiner, nahmen an den Lagebesprechungen in Müsers Arbeitszimmer teil und bauten das von ihm gewünschte Netz von Kontakten zu Kollegen deutscher und ausländischer Zeitungen auf, das sich in den kommenden Monaten bewähren sollte. Seit Spätherbst 1948 konnte auch ich mich, neben der Konzeption von Public-Relations-Ideen, verstärkt um persönliche Pressekontakte kümmern, wobei ich mich vor allem um die im Frankfurter Pressezentrum tätigen Vertreter angelsächsischer Zeitungen und Zeitschriften bemühte.

Was fehlte, waren wirklich überzeugende Bilder, die Libby und Finucane dringend benötigten. Ich hatte zunächst geantwortet, das Foto-

grafieren sei nicht erlaubt, und, falls es sich um Demontageakte handelte, ausgesprochen gefährlich; trotzdem würde versucht werden, Aufnahmen zu beschaffen. Müser bat daher Ende 1948 die Presseabteilung des Bochumer Vereins, nach Möglichkeiten zur Beschaffung von Demontageaufnahmen zu suchen. Für den vorliegenden Zweck schienen Demontagefotos vom „Stahlwerk I" in der Bochumer Alleestraße optisch am besten geeignet. Ein junger Fotograf namens Wicziok wagte das Unternehmen, das einem Stoßtruppvorhaben ähnlich war. Der „Freiwillige" verkleidete sich als Kranarbeiter, versteckte seine Leica unter dem Kesselanzug, kletterte in den großen Kran und schoß Aufnahmen der Demontageszenerie zu seinen Füßen, die das Bild eines absoluten Chaos demontierter oder in Demontage befindlicher Stahlwerksanlagen aus bester Perspektive ergaben. Wicziok wurde indessen entdeckt; der Sicherungsmechanismus des Werks trat in Aktion; der junge Fotograf sprang mit einem Satz vom Kranfuß hinab. Eine wilde Jagd nach dem Fotowildschützen setzte ein, sogar ein Maschinengewehr begann zu ballern; doch Wicziok war rascher als die Verfolger, zumal er sich in der riesigen Werkshalle besser auskannte als diese; und so gelang es ihm, sich in die Gasreinigung – neben dem Hochofen – zu flüchten und sich dort so lange zu verbergen, bis die Gefahr vorbei war. Die Sicherungsgruppe verhaftete einen anderen Mann, den sie jedoch mangels Beweises wieder freilassen mußte.
Nach Müsers Überzeugung war es wichtig, das Vorgehen gegen die von den Briten angeheuerten Demontageunternehmen – teilweise handelte es sich um Hasardeure und Nachkriegsgewinnler – zwischen Betriebsrat und Vorstand engstens abzustimmen. Die Auslandspresse stellte in der Folge auch in ihren „Bochum-Reports", offensichtlich beeindruckt, die Solidarität von Arbeiterschaft und Management aller Bochumer Betriebe heraus. Müsers Strategie war, passive Resistenz seitens aller Faktoren des Werks, der Nachbarbetriebe, der Stadt an den Tag zu legen, den Besatzern jedoch keinen billigen Vorwand zur Forcierung des Zerstörungswerks zu liefern!
In den ersten Tagen 1949 hat die ausländische Presse zahlreiche Berichte über den psychologischen Erfolg des Verhaltens des Bochumer Vereins gebracht, die für sich selbst sprechen. Ein vom 6. Januar datierter AP-Bericht aus Düsseldorf vermittelte Millionen von Lesern in Großbritannien und in den USA den Eindruck, daß Bochum Zentrum des westdeutschen Widerstands gegen die Demontagen gewor-

den war und daß sich die Situation in der britischen Zone immer stärker zuspitzte:

„Mehr als 100 Essener Demontagearbeiter, die mit den Angestellten des Bochumer Vereins gemeinsame Sache machten, weigerten sich heute, mit der Demontage zu beginnen. Einige Tage zuvor bildeten Bochumer Arbeiter einen menschlichen Wall um eine Maschine und wehrten einige britische Offiziere und Deutsche ab, die mit dem Demontieren anfangen wollten. Ein hoher britischer Beamter erklärte, am Montag werde ein neuer Versuch unternommen. 'Diesmal', so erklärte er, 'werden genügend Truppen dabei sein, um völlig sicherzustellen, daß der Job angepackt wird. Falls die Arbeiter des Bochumer Vereins einzugreifen beginnen würden, so wären wir bereit, Gegenmaßnahmen zu starten!"

Weiter hieß es in dem genannten Bericht, Direktor Müser erwarte indessen keinen aktiven Widerstand, „da die Bochumer Arbeiter sehr vernünftig sind".
Der Sonderkorrespondent des „Manchester Guardian" berichtete am 10. Januar 1949 aus Bochum, wieder habe sich eine ganze Anzahl von Demontagearbeitern geweigert, ans Werk – Abwrackung der großen Schmiedepresse – zu gehen, obwohl sie zu der aus Essen herbeigeholten Demontagefirma Sulzbach gehörten! Die psychologische Situation des maßgebenden britischen Offiziers, Oberst D. A. Stirling, wurde vom „Manchester Guardian" in seinem objektiven Bericht als „keineswegs beneidenswert" geschildert. Stirling habe zwar den noch verbliebenen Demontagearbeitern polizeilichen Schutz in ihren Wohnungen und an der Arbeitsstelle zugesichert, komme damit aber auch nicht weiter.
Der ehemalige Reichsminister Lutz Graf Schwerin von Krosigk hat in seinem Standardwerk über die Geschichte der Deutschen Industrie die Wirkung der von Müser verantworteten Verhaltensweise des Bochumer Vereins geschildert:

„Am 7. Januar 1949 teilte der 'Daily Express' seinen Lesern mit, seit vier Tagen weigerten sich die Demontagetrupps – durch Drohungen von 11 000 Facharbeitern terrorisiert – die befohlene Demontage des Bochumer Vereins durchzuführen. Die Bochumer Widerstandskam-

pagne, geführt vom Generaldirektor Franzjosef Müser, wurde zum Testfall. Man drohte Müser mit fristloser Entlassung; Arbeitern, die sich weigerten, Demontagebefehle auszuführen, wurden schwere Strafen angekündigt. Wer sich unter den Besatzungsbeamten und -offizieren Sinn für Fairneß bewahrt hatte, bewunderte die Zivilcourage des Generaldirektors, von dessen Arbeitszimmer aus der Demontage-Widerstand geleistet wurde."

Daß es sich Anfang 1949 wirklich um die bis dahin entscheidendste und schärfste Auseinandersetzung mit den Besatzungsmächten im Nachkriegsdeutschland handelte, belegen die vom Daily Express-Korrespondenten eingezogenen Erkundigungen beim britischen Hauptquartier, das mit Sorge auch in anderen Städten wachsenden Widerstand gegen die Demontagepolitik registrierte. „Britische Besatzungsbeamte", so Charles Wighton, „erklären, sie würden überprüfen, ob nicht jedermann, der den Versuch macht, die Demontagen zu stören, eine Straftat gegen die alliierte Besatzung begeht, für die das Todesurteil die höchste Strafe ist." Müser meinte mit Recht, in diesem Falle würden die Briten die französische Tradition aus dem Ruhrkampf wieder aufnehmen, die im Todesurteil gegen Albert Leo Schlageter gipfelte. „Die Beamten", so Wighton an anderer Stelle, „sind sich darüber im klaren, daß die Bochumer Widerstandskampagne ein Testfall dafür ist, den Deutschen zu zeigen, wie weit sie gehen können." Falls sich Arbeiter der Sprengkommandos, denen man eine deutsche Polizeischutztruppe zugesagt habe, noch immer weigern sollten, dem britischen Befehl zu gehorchen, würden eben andere Schritte unternommen, um die Abwrackung der Bochumer Fabriken sicherzustellen.
Ein Daily Mail-Berichterstatter meldete am 7. Januar 1949 unter der Überschrift: „Den deutschen Stahlwerkern wird gesagt: Gehorcht, oder . . .!" wahrheitsgemäß:

„Der Kampf um die Teildemontage des Bochumer Vereins droht das ganze Ruhrgebiet in Aufruhr zu versetzen; Arbeiter in anderen zur Demontage bestimmten Fabriken verfolgen die Unruhen und das Ergebnis des Bochumer 'Testfalls', um zu sehen, ob die Briten schwankend werden."

Müser, meldete der „Daily Express" (7. Jan. 1949), habe behauptet, ein britischer Besatzungsoffizier habe mit der Zusammenziehung von Truppen in Bochum gedroht, falls die deutsche Herausforderung anhalte, worauf er seelenruhig geantwortet habe: „Nichts käme uns gelegener."

„Herrn Franzjosef Müser", so die Daily Mail, „dem Generaldirektor des Bochumer Vereins, des drittgrößten Stahlwerks in Europa, das 11 700 Mann beschäftigt, hat man erklärt, daß er notfalls an die Luft gesetzt wird!"

Müser ließ sich jedoch nicht einschüchtern. Er verstärkte lediglich Schritt für Schritt den Widerstand, ohne sich provozieren zu lassen; und er hielt engen Kontakt mit anderen Schwerpunkten des Ringens um die Demontagen, in der Stahlindustrie wie in anderen Wirtschaftszweigen des Reviers. Im Entscheidungsjahr 1949 bewährten sich vor allem die taktische Abstimmung zwischen Bochumer Verein und Gelsenberg Benzin A.G., wie Müsers Zusammenwirken mit dem Verein Deutscher Eisenhüttenleute (Direktor K.P. Harten) in Düsseldorf.

Das Urteil von Graf Schwerin von Krosigk in dem erwähnten Buch über den Weg der deutschen Industrie stellt keinesfalls eine Übertreibung dar:

„Der Bochumer Verein, dessen Widerstand gegen die Demontagepolitik das Werk, ähnlich anderen, mit Zähigkeit um ihre Existenz ringenden Unternehmungen, ins Licht der Weltöffentlichkeit rückte, gab den entscheidenden Anstoß zu dem Ringen zwischen dem zerstörerischen Demontagewillen und der wirtschaftlichen Vernunft!"

Demontage-Verweigerung

Anfang Januar 1949 fahndeten die britischen Dienststellen nach der Herkunft eines mittelgroßen Aufrufs, der in Essen kursierte, mehrfach in der Nähe einer Reihe von Demontagefirmen angeschlagen worden war und die Überschrift trug: „Achtung, Demontage-Kumpel". Es heißt darin, unter Hinweis auf eine Essener Firma, welche Arbeiter entlassen wurden, weil sie nicht rasch genug demontiert hätten:

„Kumpels, ist es bei Euren Firmen genau so? Wir sollten uns für diese Verbrecher ausbeuten lassen und unsere Familien ruinieren? Nein, Kumpels, das tun wir nicht. Man hat uns doch unter anderen Voraussetzungen hierher gelockt, nun sitzen wir in der Tinte! Kumpels, hört weiter zu: soeben wurden – aufgrund dieses Subjekts mit der Stoppuhr – 70 Kumpels gekündigt. Angeblich sollen sie nicht genügend demontiert haben!"

Das Fazit:

„Auf Kumpels, wir schmeißen ihnen alle die Brocken hin, damit auch diese Verbrecher keinen Verdienst mehr haben! Sollen wir untergehen, dann auch diese, dann wollen wir sie entlarven!"

Durch zahlreiche anonyme Aufrufe dieser Art war die Arbeitswilligkeit der Demontagearbeiter nach Ansicht der Militärbehörden stark gefährdet. Das lag schon „im Bereich der Sabotage"! Hinzu kam, daß Franzjosef Müser selbst Anfang Januar in einer Rundfunkansprache gegen die Demontagefortsetzung auf das „schmutzige Handwerk deutscher Demonteure" angespielt hatte. Eine Liste von 19 Demontagefirmen kursierte bereits zum damaligen Zeitpunkt bei allen Arbeitsämtern, Stadtverwaltungen, Arbeitgeberverbänden, Gewerkschaften, Industrie- und Handelskammern, Finanzämtern und Firmen mit gutem Ruf. Im Vorspann der anonym abgesandten, keineswegs vollständigen Liste kamen Kraftausdrücke wie „Aasgeier" und „schnöder Mammon" vor; mancher Empfänger war erstaunt, auch bekannte Firmennamen darunter zu finden.

Ein neuer Demontagebefehl, von der Militärregierung zwischen

Weihnachten und Neujahr 1949 erteilt, war in den ersten Januartagen einfach nicht befolgt worden. Jetzt wurden Bochumer Arbeiter seitens der Briten verpflichtet. In dem von Oberst Stirling, Arnsberg, im Auftrag der Militärregierung unterzeichneten „Demontage-Rekrutierungsbefehl" wurde dem Empfänger zur Auflage gemacht, sich um 10.00 Uhr am 10. Januar bei der Firma Sulzbach zur Arbeit zu melden, um Demontagearbeiten an Anlagen des Bochumer Vereins zu verrichten. „Dies ist ein Befehl der Militärregierung, gegen den es kein Berufungsrecht gibt."

Durch eine an den Werkstoren des Bochumer Vereins wie an anderen sichtbaren Plätzen in der Nähe der Werksanlagen angeschlagene Bekanntmachung der Militärregierung sollte den widerspenstigen Bürgern klar gemacht werden, was die Stunde geschlagen hatte, und was demjenigen blühen würde, der es – wie schon einmal – wagen würde, Demontagearbeiter zum Ungehorsam aufzufordern.

Am 10. Januar 1949, an dessen Nachmittag eine große Pressekonferenz des Bochumer Vereins stattfinden sollte, traf britische Militärpolizei ein, um dafür zu sorgen, daß eine Gruppe arbeitsverpflichteter Arbeiter mit der Demontage in der Gesenkschmiede begann. Einige indessen weigerten sich, den Demontagebefehl zu unterschreiben, obwohl sie ahnten, welches die Folgen für sie und ihre Familien sein würden. Der angedrohte Prozeß der Briten gegen die „sieben wackeren Bochumer" ließ in der Tat nicht lange auf sich warten. Er begann am 21. Januar und endete am 28. Januar 1949 mit der Verurteilung von sechs Angeklagten zu Gefängnisstrafen von je zwei Monaten, die sofort anzutreten waren, während der siebente freigesprochen wurde. Dieser Fall löste internationale Debatten aus, hatten doch, aufgrund spontaner Kontaktnahme zum Vorstand des Bochumer Vereins, zwei hervorragende Juristen, der Bochumer Anwalt und spätere Innenminister von Nordrhein-Westfalen, Josef Hermann Dufhues, und Legationsrat a.D. Eugen Budde als Völkerrechtsspezialist, die Verteidigung übernommen und in ihren Plädoyers der britischen Militärregierung das Recht bestritten, Deutsche zu einer Arbeit zu zwingen. Legationsrat Dr. Budde hatte Passagen der großen Antidemontage-Rede von US-Senator James O. Eastland vom 18.12.1947 in seine Ausführungen aufgenommen, wonach die Demontage von Anlagen wie deren Entfernung aus Deutschland durch Militärregierungen gesetzwidrig sei; solche Entscheidungen, hatte der Jurist unterstrichen,

könnten überhaupt nur in einem Friedensvertrag getroffen werden. Dufhues betonte, die angeklagten Arbeiter hätten nicht im Bewußtsein der Rechtswidrigkeit gehandelt; sie seien sich darin einig gewesen, daß diese Demontagen die wirtschaftliche Existenz Deutschlands ernstlich gefährdeten. Budde ging noch einen Schritt weiter und unterstrich, der Prozeß gehöre vor den Internationalen Gerichtshof in Den Haag; ja, er verglich das Verhalten der Besatzungsmacht mit den Beschuldigungen, die in Nürnberg in den Zwangsarbeitsprozessen gegen Sauckel und Rosenberg erhoben wurden, was die Richter besonders reizte.
Buddes Äußerungen entsprachen im wesentlichen den Ausführungen, die der Labourabgeordnete Mr. H. R. Stokes aus Ipswich in der heftigen Deutschlanddebatte des Unterhauses in London am 30. Juni 1948 gemacht hatte. Stokes hatte damals folgendes erklärt: „Im allgemeinen würde ich über Reparationen sagen, daß ich es sehr bezweifle, ob wir überhaupt rechtlich dazu befugt sind, Reparationen zu empfangen, bevor ein Friedensvertrag abgeschlossen wurde. Ich glaube, daß Reparationen den Bestandteil von Friedensbedingungen in sich schliessen. Ich glaube, daß Reparationen, die vor Abschluß eines Friedensvertrages genommen werden, eine Plünderung darstellen und nichts anderes. Die ehrenwerten Abgeordneten mögen diesen Ausdruck nicht lieben, aber so verhält es sich, glaube ich, mit dem Völkerrecht."
Dr. Budde bat in einem Brief vom 10. März 1949 den DGB-Chef Hans Böckler, seinen britischen Freunden nahezulegen, daß es seitens Vertreter britischer Gewerkschaften nicht allein bei der Verdammung von Zwangsarbeitsverpflichtungen in der Sowjetzone zum Uranbergbau bleiben dürfe, sondern, daß sie sich auch in der britischen Zone für Beseitigung von Zwangsarbeitsbefehlen und deren prozessuale Folgen einsetzen sollten. Eine Reaktion auf diese Anregung konnte nicht erwartet werden.
Die sechs verurteilten Bochumer Arbeiter, für deren Familien mittlerweile gesorgt worden war, wurden Ende Februar 1949 auf Anweisung eines höheren Militärgerichts in Düsseldorf gegen je 100 DM Kaution bis zur Revision aus der Haft entlassen. Mitte März sprach sie das Oberste Britische Militärgericht in Herford in der Berufungsverhandlung frei, weil sie aufgrund entsprechender Erklärungen des Arbeitsamtes Bochum geglaubt hätten, ihr Arbeitsverhältnis auf normale Weise lösen zu können. Verteidiger war diesmal allein Rechtsanwalt

Dufhues. Das Gericht hatte Budde nicht zugelassen, ihm war „Mißachtung des Gerichts“ vorgeworfen worden, da er einen Aufsatz in der deutschen Presse mit dem Titel „Revision des Demontage-Prozesses“ veröffentlicht hatte, für den er mit einer Geldstrafe von 2000.- DM belegt worden war.
Nun, dieser Prozeß und auch die weiteren Demontageprozesse waren bereits politischer Natur. Diese Vorgänge bewirkten, daß das durch die anhaltenden Demontagen schon vergiftete Klima sich weiter verschlechterte.
Indessen hatten sie – nach Public-Relations-Maßstäben – auch ein Gutes: sie weckten Sympathien für die Demontageverweigerer und zeigten dem Ausland, daß es so im Ruhrgebiet nicht weitergehen konnte. Ich sorgte, in enger Zusammenarbeit mit Frederick Libby und Jim Finucane, dafür, daß das Urteil gegen die Bochumer Demontageverweigerer über alle damals verfügbaren Kanäle in den USA bekannt gemacht wurde. Viele Senatoren, einschließlich der Mitglieder des Humphrey-Ausschusses, Kongreßabgeordnete, wie der Republikaner Karl Stefan aus Nebraska, der aufgrund seiner eigenen Eindrücke in Bochum die Demontagen als „sinnlos“, als „diabolische Vorhaben“ bezeichnet hatte, und die amerikanischen Gewerkschaftsführer, wie auch deren britische Kollegen, wurden über die Fakten unterrichtet. Letztere reagierten jedoch nicht.
Kurz nach Bekanntwerden des Urteils trat die US-Gewerkschaft AFL – American Federation of Labour – zusammen, um eine Resolution anzunehmen, die das Bochumer Militärgerichtsurteil als „Verstoß gegen die fundamentalen Menschenrechte“ verurteilte; beim Aufbau einer deutschen Demokratie „dürfe keinerlei Form von Zwangsarbeit geduldet werden!“
Bemerkenswert die Darstellung eines mutigen britischen Spezial-Berichterstatters, James Cameron, vom „Daily Express“, der am 10.12.1949 seinen Lesern über den Verlauf des „Bochumer Demontageverweigerer-Prozesses“ berichtete:

„Der Prozeß gegen die Männer, die sich weigerten, in Bochum Demontagearbeit zu leisten, ließ alle, die damit zu tun hatten, von Tag zu Tag törichter erscheinen. Das Ganze ist voller Paradoxe.
Die Berliner sind sehr tapfer und zäh und standhaft. Die zehn Millionen Menschen im Ruhrgebiet sind genau so standhaft und resolut, nur

mit dem einzigen Unterschied, daß sie dort aktiv und geschickt für sich selbst kämpfen."

James Cameron fuhr dann, in sarkastischem Tonfall, fort:

„Mr. Bevin lernt nun, daß er sein Versprechen, das Ruhrgebiet zu sozialisieren, entweder sofort hätte durchführen und das amerikanische Verdammungsurteil ertragen – oder seinen Mund überhaupt hätte halten müssen!

Was wurde aus dem Bevin-Plan, die Ruhrindustrie unter öffentliche Kontrolle zu bringen? Wie steht es mit Herrn Müser, der die Arbeiter dazu anstachelte, einen britischen Militärbefehl zu mißachten? Oder mit Hans Kallen, dem technischen Direktor von Krupp, der dabei war, als die Deutschen begannen, Teile einer Lokomotivfabrik in der Essener Trümmerhöhle wieder aufzubauen? Es geht ihnen gut; sie sind auf freiem Fuß, und sie sind zufrieden; während wir uns anschicken, Männern wie den Generalen Rundstedt und Manstein den Prozeß zu machen!"

Humphrey-Geheimbericht

Die Antidemontage-Aktion war in Schwung gekommen, doch es mußte eine politische Initiative mit möglichst weltweiter Resonanz hinzukommen, die konstruktive Ideen unter Berücksichtigung ausländischer Mentalität – Westdeutschland und die Ruhr waren zwar wichtig, aber schließlich nicht der „Nabel der Welt" – zur Diskussion stellen würde. Zur Aufklärungsarbeit des Bochumer Vereins gehörte ein Flugblatt in englischer Sprache mit dem Titel: „Scrap or screen for industry?", (Schrott oder Anreiz zu industrieller Arbeit?). Es betonte, 11 000 Bochumer Arbeiter warteten auf eine faire Antwort aus London und Washington. Die Leser wurden darin aufgefordert: „Stoppen Sie die Demontage Bochums jetzt!" Libbys Leute verteilten das Flugblatt in ganz USA.

Am 4. Januar 1949 erhielt ich aus Washington die Kopie eines als „Streng vertraulich" bezeichneten Berichts des „Humphrey Committees". (Gemeinsamer Ausschuß für Auslandshilfe des Kongresses.) Humphrey war jener junge Senator, den mir Frederick Libby im Frühjahr 1948 für künftige Kontaktinitiativen deutscher Firmen empfohlen hatte.
Anläßlich des Todes von Humphrey, der im Alter von 66 Jahren starb, hat Alfred Wolf im „Bochumer Anzeiger" (WAZ) vom 25.2.1978 in einem Beitrag die Rolle des Politikers im Kampf gegen die Demontagepolitik gewürdigt. Hubert Humphrey, 1968 als demokratischer Präsidentschaftskandidat seinem Rivalen, dem Republikaner Richard Nixon, nur knapp unterlegen, hatte als junger Politiker schon unmittelbar nach dem Zweiten Weltkrieg die Fragen einer Neuorientierung der amerikanischen Europapolitik und einer Erholung der schwer getroffenen deutschen Wirtschaft gründlich überdacht. Aus seiner Verurteilung des Morgenthau-Plans und ähnlicher Vorschläge (Th. Kaufman, Germany must perish) hatte er kein Hehl gemacht und schon Anfang 1947 eine „völlig neue Behandlung des Problems der deutschen Reparationen" gefordert. Somit war Humphrey, der gute Verbindungen zum damaligen Weltbank-Präsidenten John J. McCloy besaß, nach seiner Wahl zum US-Senator wie prädestiniert, den Vorsitz im sogenannten „Watchdog-Committee" des US-Kongresses zu übernehmen, der sich mit den Ausgaben der USA für den Wiederaufbau Europas zu befassen hatte. Humphrey trat sofort in Aktion, sodaß er den zuständigen Männern des US-Legislative bereits am 31.12.1948 das Fazit seiner Überlegungen in Form des berühmt gewordenen Geheim-Berichts 88357 „German Reparations" vorlegen konnte. Humphrey verschwieg nicht, daß die britische Regierung und die französische Regierung jedem größeren Schritt im Rahmen der Arbeit des Humphrey-Ausschusses Widerstand entgegengesetzt hatten. „Die Erlaubnis zum Besuch der britischen und französischen Zone wurde verzögert. Es wurde niemals darüber Einverständnis erzielt, alle Demontagen während der Fertigstellung dieses Berichts ruhen zu lassen, obgleich schließlich nach langwierigen Verhandlungen vereinbart wurde, die Demontage der meisten der auf der Liste verzeichneten Fabrikanlagen bis zum 15. Dezember 1948 einzustellen." Die von Humphrey und seinen Kollegen eingenommene Grundeinstellung enthüllt folgender Satz: „Man muß sich logischerweise fragen, wel-

chen Sinn ein Programm hat, demzufolge Produktionsanlagen in Deutschland abgerissen werden sollen, um sie nach zwei oder mehr Jahren in einem anderen Lande wieder aufzubauen, wenn während dieser Zeit die USA Milliarden von Dollars aufbringen müssen, um die europäische Produktion wieder in Gang zu bringen."

Die Empfehlungen des Geheimberichts waren ebenso logisch: Die USA schulden den befreiten Ländern Reparationen aus Deutschland, indessen nicht Reparationen und Marshall-Plan-Hilfe. Bei künftigen Bewilligungen für den Marshall-Plan könnte eine Summe auf die Seite gelegt werden, um Ansprüche der ECA-Partner auf Reparationen aus Deutschland aufzukaufen; mit anderen Worten, die europäischen Länder fordern eine bestimmte Summe an Dollarhilfe an, und als Gegenleistung für einen Teil dieser Dollarbeträge bitten die USA diese Länder, ihre Reparationsforderungen an Deutschland aufzugeben. Kurz, es liegt bei den betreffenden Ländern selbst, ob sie lieber Dollars oder Reparationen haben möchten. Die USA können anschließend über die geeignetste Verwendung der deutschen Fabriken disponieren. Das zu bildende Komitee für das Studium der Reparations-Frage wird dann die Aufgabe haben, eine Gruppe von Industriewerken nicht danach zu überprüfen, ob sie erhalten oder abgewrackt werden sollten, sondern zu entscheiden, ob ihre Entfernung gerechtfertigt wäre.

Es war mir klar, daß Monate erbitterten Ringens der westlichen Regierungen untereinander um die Realisierung der Humphrey-Empfehlungen folgen würden, zumal der Bericht ausdrücklich empfahl, die Rettung der auf der Demontageliste verzeichneten Stahlwerke (also auch des Bochumer Vereins), Walzwerke, Röhrenwerke, Fabriken zur Herstellung von Stickstoff und BUNA-Vorprodukten wie anderer Sparten durchzupauken. In den kommenden Wochen und Monaten würde es also hier im Ruhrgebiet darauf ankommen, den Widerstand gegen die Demontage mit verfeinerten Methoden so lange aufrechtzuhalten und zu steuern, bis die Initiative der amerikanischen Legislative, verbunden mit einer sich wandelnden Weltmeinung, den Zeiger an der Waage der alliierten Politik allmählich zugunsten eines allgemeinen Demontagestopps ausschlagen lassen würde. Gleichzeitig mußte verhindert werden, die britische und französische Besatzungsmacht in ihrem Widerstand gegen die vernünftige Linie des „Wachhundausschusses" des US-Kongresses – etwa durch Duldung von Ausschreitungen oder Akten der Disziplinlosigkeit – zu bestärken.

Die bis dahin hervorragend diszipliniert verlaufene Aktion passiven Widerstands seitens der Arbeiter und Bürger von Bochum hatte eine psychologische Wirkung ausgelöst, die es mit Geschick und Maß zu vertiefen galt. Alle Einzelaktionen würden indessen wahrscheinlich nicht ausreichen, den Durchbruch durch die Mauer des Schweigens oder der Gleichgültigkeit bei den die Macht innehabenden westlichen Staatsmännern zu schaffen, falls sie nicht gleichzeitig mit einer positiven politischen Aussage verbunden werden könnten, und zwar mit echter Resonanzwirkung im Ausland, im Sinn der Marshall-Plan-Konzeption und der Grundvorstellungen von Humphrey und dessen Kongreßkollegen: deutsche Mitarbeit, Einbeziehung unseres Landes in ein werdendes Europa als festem Bestandteil der freien Welt.
Ich rief Müser an unter Hinweis auf eine wichtige Information aus Washington. Zwei Stunden später saß ich „Captain Boykott" gegenüber, um den Humphrey-Bericht zu erläutern. Sein Kommentar lautete: „Das ist wirklich ein historisches Dokument! Es gibt unserer ganzen Industrie neue Einsichten für die Art, in der wir die eingeschlagene Linie fortsetzen sollten. Wir können Mr. Libby nicht dankbar genug sein!"
In den nächsten Tagen wollte Müser das Wesentliche des Humphrey-Berichts im kleinen Kreise seiner Kollegen von der Stahlindustrie, mit Wirtschaftsminister Professor Erik Nölting und auch mit Kardinal Frings erörtern, der sich erneut intensiv mit Möglichkeiten einer Demontageverhinderung beschäftigte. Müser stimmte dem Vorschlag zu, die geplante offizielle Erklärung an die Adresse Washingtons als Aufhänger für die Einladung der Auslandspresse zu nutzen, ohne bereits Details anzudeuten; er bat darum, ihm den Textentwurf des „Bochum Appeal" binnen zwei Tagen zwecks Unterrichtung von Vorstand und Betriebsrat vorzulegen. Es gelang, die amerikanische Presse in Frankfurt/Main für unser Vorhaben zu gewinnen. Zwei so hervorragende Journalisten wie Waldo Drake von der „Los Angeles Times" und Larry Rue von der „Chicago Tribune" sagten mir im US-Pressezentrum ihre Kooperation zu; sie würden andere Kollegen für die für den 10. Januar vorgesehene Pressekonferenz in Bochum mitbringen, darunter auch die Deutschlandkorrespondenten anderer Länder. Das Jahr 1949 hatte atemberaubend begonnen.

Stichwort: Gewaltloser Widerstand

Bei der Rückkehr in das Ruhrgebiet empfand ich die spannungsgeladene Atmosphäre besonders. Das Demontagethema beherrschte die Gespräche des Mannes auf der Straße ebenso wie die Diskussionen der Landesregierung in Düsseldorf, die Erörterungen von Wirtschaftsverbänden und Gewerkschaftsgruppen, die Kommentare eines großen Teils der Presse wie die sorgenvollen Informationswünsche der Arbeiter und Angestellten demontagegefährdeter Betriebe. In Bochum schmückten Inschriften wie „Helft nicht den Besatzern", „Schluß mit Demontagen" und ähnliches manche Backsteinfront.

Es entbehrte in der damaligen Situation nicht einer gewissen Komik, daß just zum erwähnten Zeitpunkt in Bochum und anderen Städten des Reviers der Film „Captain Boycott" lief und seltsame Gedankenassoziationen bei den Zuschauern hervorrief. Den Besuchern der Filmtheater wurde damals das „Heldentum passiven Widerstands" ad oculum demonstriert; sie erlebten das Ende einer Willkürherrschaft durch die disziplinierte, organisierte Resistenz geknechteter irischer Bauern. Sie hörten am Ende des Films die Ansprache des irischen Dorfpfarrers an seine Landsleute, wie ehrenhaft es doch sei, Gewalt nicht mit Gewalt, sondern mit Boykott zu begegnen. Natürlich wurde der Besuch der Filmvorführung unseren Freunden in Bochum besonders empfohlen. Aus der Story für die gegebene Situation eigene Schlußfolgerungen zu ziehen, konnte den Widerstandswillen nur stärken.

Die Situation in der britischen Besatzungszone konnte in etwa mit der Situation Indiens im ersten Drittel unseres Jahrhunderts verglichen werden: die passive Resistenz gegen die Demontagen war ähnlich der von Mahatma Ghandi, der „Großen Seele", entwickelten „Non-Cooperation" der Inder mit den Briten. Die Frage war, ob die Männer der aktiven Antidemontage im Ruhrgebiet wie seinerzeit Ghandi wegen Aufsässigkeit verhaftet und zu Gefängnis verurteilt werden würden; es mußte jedenfalls alles vermieden werden, was den Briten hierzu einen Anlaß liefern könnte.

Im kleinsten Kreise erörterte „Captain Boycott" mit seinen Freunden und Helfern das weitere Vorgehen, vor allem, wie auf die zu erwartenden Fragen der Auslandsjournalisten bei der bevorstehenden Pressekonferenz zu antworten wäre.

In Villa Hügel erstattete ich einen Bericht über den Ernst der durch Zwangsarbeitsbefehle entstandenen Situation im Revier. Ich hielt den Zeitpunkt für eine PR-Aktion Marshall-Plan für denkbar ungeeignet. Die Amerikaner nickten zustimmend und sandten einen Bericht nach Washington.
Immerhin bestand ja doch ein Unterschied zur damaligen Situation in Indien. Zwar konnte man wohl die Verhältnisse in der BBZ in etwa mit denen im Empireland Indien vergleichen, was Befehlsgewalt und relative Machtlosigkeit der Provinzialregierungen und der Bevölkerung anbetraf; indessen konnten wir Deutschen zumindest den Versuch machen, einen dritten Faktor zur Durchsetzung unserer Ziele zu mobilisieren, von dem die Briten finanziell und zunehmend auch politisch abhängig schienen: die Amerikaner.
Durch die sich immer stärker profilierende öffentliche Meinung im Ruhrgebiet fühlten sich verschiedene Demontageunternehmer zunehmend verunsichert. Der wachsende Unmut ihrer Arbeiter kam hinzu. Der Betriebsrat eines Essener Demontageunternehmers hatte Anfang des Jahres in einem Schreiben an den Chef Bedenken und Sorgen der Arbeiter zum Ausdruck gebracht, von denen im Laufe des Jahres eine wachsende Anzahl die Arbeit ganz oder teilweise niederlegen sollte.

Darin hieß es:
„Genährt durch Presse, Rundfunk, Flugblätter und den Einsatz gewisser Kreise erscheint der Öffentlichkeit gegenüber der Demontagearbeiter als Verräter." Mit der Forderung nach Kontaktnahme zu Behörden, Rundfunk, Parteien und „Industriekreisen" zwecks eventueller Abstellung solcher Propaganda verknüpft, wurde die dringende Bitte an den Unternehmer, sich nach anderen als Demontageaufträgen umzusehen oder für Zuweisung anderer Arbeitsplätze an die Mitarbeiter Sorge zu tragen. Betriebsratsmitglieder verschiedener Unternehmen machten mir gegenüber ihrer Empörung darüber Luft, daß „gut geschmierte Demontageunternehmen" auf britischen Befehl hin, zum Teil unter deutschem Polizeischutz, zur Verrichtung ihres Zerstörungswerks zu den Produktionsstätten gebracht würden und dort, sicherheitsmäßig abgeschirmt, Rekordleistungen an Vernichtung von Industriepotential vollbringen könnten. Sie machten auch kein Hehl aus ihrer Verwunderung, ob des seltsamen Verhaltens der sich in Schweigen hüllenden britischen Gewerkschaftsbosse und der – angeb-

lich der Sozialistischen Internationale und deren Verhaltensregeln verpflichteten – Regierung Bevin.
Trotzdem die Kontaktversuche mit England nicht einzustellen, vor allem aber konkreter und regelmäßiger als bisher die für uns so wichtigen amerikanischen Gewerkschaften mit aktuellen Informationen zu versorgen, war ein Ergebnis der Unterredung mit Müser. So mancher in Essen-Werden entworfene Brief- oder Telegrammtext mit der Unterschrift von Betriebsratsvorsitzenden oder Gewerkschaftsfunktionären ging in den kommenden Monaten an AFL, CIO, US-Kongreß, ERP-Verwaltung oder Weisses Haus.
Im „Glückaufhaus" erfuhr ich in den ersten Januartagen 1949, daß die Herstellung eines „brüderlichen" Gedankenaustausches zwischen deutschen und amerikanischen Bergleuten gelungen war. Im Spätherbst 1948 hatte ich – nach Abstimmung mit den Freunden in Washington – in Essen angeregt, ein Schreiben der deutschen Bergbau-Gewerkschaft an den Herausgeber des amerikanischen „United Mining Workers Journal" zu schicken, mit dem Vorschlag regelmäßiger Korrespondenz zu gemeinsam interessierenden Fragen. Hierzu gehörte auch das Thema Demontage! Erfreulicherweise hatte die erwähnte Zeitschrift bereits in unserem Sinne solidarisch Stellung bezogen; durch deutsche Informationsbeiträge konnten nunmehr rund 250000 bis 300000 amerikanische Bergleute mit ihren Familien, Nachbarn, Freunden unterrichtet werden. Eine nicht unwichtige Assistenz von der Flanke her, im Rahmen unserer Antidemontagebemühungen.

Bochum beschwört Washington

Der „Daily Express" teilte am 6.1.1949 seinen Lesern mit, man habe Geheiminformationen erhalten, wonach die Deutschen eine auf's Ganze gehende Meinungskampagne planten, um „entscheidende Stahlgießereien und Rüstungsfabriken" vor der Demontage zu retten („Bochumer Demontage-Widerstand"). Zweifellos hatte der britische Geheimdienst gut gearbeitet, waren doch die Pläne für die große PR-Aktion des Bochumer Vereins nur im engsten Kreise besprochen

worden. Freilich waren auch kurzfristig zahlreiche Einladungen an die internationale wie die deutsche Presse hinausgegangen, bei deren Vorbereitung uns der damalige Agenturkorrespondent in Düsseldorf, Henry Schawoir wichtige Anregungen gegeben hatte; für den 10.1.1949 war Müsers Pressekonferenz beim Bochumer Verein angesetzt.
Müser konnte mir am 8. Januar 1949 mitteilen, daß das Konzept eines eindringlichen Appells an Washington von Vorstand wie Betriebsrat akzeptiert worden sei. Ich hoffte, daß vielleicht 20-30 Vertreter der Medien kommen würden; diese Erwartung wurde indessen weit übertroffen.
„Deutscher Streik: Briten müssen handeln" lautete die Überschrift eines Berichts des Düsseldorfer „Daily Express"-Korrespondenten Charles Wighton vom 7. Januar 1949:
„Seit vier Tagen haben sich die Demontagetrupps, durch Drohungen der 11000 Facharbeiter in Schrecken versetzt, geweigert, General Robertsons Befehl weiter auszuführen. Ein Sprecher der Militärregierung erklärte heute abend: Versuche, die Angelegenheit mit Sprechern der involvierten Arbeiter klarzuziehen, sind gescheitert."

Das britische Hauptquartier an der Ruhr habe, so der „Daily Express", vor sehr scharfen Strafen gewarnt, falls der Demolierbefehl nicht ausgeführt würde oder falls die Facharbeiter die Demontage von zwei wichtigen Werkstätten behindern sollten. Die britischen Beamten seien davon überzeugt, daß es sich bei der Bochumer Widerstandskampagne um einen Testfall dafür handle, den Deutschen zu zeigen, wie weit sie gehen könnten! Britischerseits wurde nach taktischer Beratung der Morgen des 10.1.1949 als "Stunde Null" für das eigene Vorgehen festgelegt. Sollten sich die Demontagearbeiter, denen man deutschen Polizeischutz zugesagt habe, dann immer noch weigern, dem britischen Befehl zu gehorchen, würden andere Schritte eingeleitet, um sicherzustellen, daß die Bochumer Fabriken demontiert würden. „Keinerlei Unfug wird toleriert werden", erklärte ein britischer Offizier der Betriebsführung des Bochumer Vereins. Es war uns bekannt, daß die Briten in mehreren Nachbarorten Bochums Highland-Einheiten in Bereitschaft hielten, die bei weiterem Demontagewiderstand eingreifen sollten. Die Warnplakate der Militärregierung waren ernst zu nehmen.

Es war uns nicht verborgen geblieben, daß britische Beamte damals ernsthaft prüften, ob – wie es auch im „Daily Express" hieß – die Behinderung der Demontage als „Angriffsakt gegen die Alliierte Besatzungsmacht" definiert werden könnte, der mit schwersten Strafen, bis zur Todesstrafe, bedroht wurde. Ein Sachverhalt, den das Nachrichtenmagazin „Newsweek" am 17.1.1949 – unter unverhohlener Bewunderung der Zivilcourage Müsers – aufgreifen sollte. Nun hatten Bochumer Bürger, zu Demontagearbeiten zwangsverpflichtet, es abgelehnt, am Werk der Zerstörung mitzuwirken. Das kann ja heiter werden, meinte Müser besorgt, als er die Tatsachen kannte.
Am Tag der Pressekonferenz begann bereits der Prozeß gegen die Demontageverweigerer. Das britische Vorgehen, die wachsende Auflehnung gegen die Demonteure, die gereizte Stimmung der Bevölkerung, die zahlreichen Hausaufschriften gegen die Demontage – das alles bot den rechten Hintergrund für ein Gespräch mit der internationalen Presse, der in Bochum die Unhaltbarkeit der Situation vor Augen geführt werden sollte. Journalisten kamen aus allen Himmelsrichtungen. Zahlreiche von ihnen hatten bereits Aufnahmen von den Demontageobjekten gemacht, mit Hausfrauen und Arbeitern gesprochen, die scharfen Anordnungen der Besatzungsmacht an den Werkstoren fotografiert, um die allgemeine Atmosphäre ihren Lesern vor Augen führen zu können.
Nach Begrüßung der Konferenzteilnehmer, unter denen ich manchen Bekannten vom US-Press-Center Frankfurt, aber auch zahlreiche Briten ausmachen konnte, herrschte gespannte Aufmerksamkeit; während Müser noch einen Augenblick wartete, da einige Teilnehmer verspätet eintrafen, hörte ich, wie ein Amerikaner zu seinem Kollegen aus Frankfurt sagte, Arbeiter der Essener Demontagefirma Sulzbach, die man zur Demontage der großen Schmiedepresse befohlen hätte, weigerten sich konsequent, die Arbeit aufzunehmen; ja, der britische Oberst D.A. Stirling sei in eine ausgesprochen peinliche Lage geraten. „Herr Müser, Managing Direktor", kabelte der Sonderkorrespondent des „Manchester Guardian" an seine Redaktion, „gab eine Erklärung ab, vor der er einleitend sagte: 'Solche sinnlosen Demontagen sind kein Sieg für die britische Militärregierung, sondern für Sowjetrußland!'" Müser erklärte, die Werke seien für die wirtschaftliche Existenz Bochums von lebenswichtiger Bedeutung; und er wies mit äußerster Schärfe britische Pläne zurück, eine Alternativfertigung in einer Ent-

fernung von 4 Kilometer zu akzeptieren; das sei „wirtschaftlicher Unsinn". Der Wiederaufbau in Weitmar würde DM 7000000 kosten, versicherte er; und er sei erstaunt, daß seine Darstellung der Lage die Humphrey-Kommission nicht dazu bewogen habe, die Anlagen von der Demontageliste zu streichen. Müser verlangte „Brot und nackte Existenz für die Bevölkerung". Er behauptete, kein Mitglied der Demontage-Kommission sei tätlich angegriffen worden oder werde in Zukunft angegriffen werden. Es sei, so sagte er, verständlich, wenn der Fall Bochum offenbar so gewertet werde, als spiele hierbei der ausländische Konkurrenzneid die Hauptrolle. „Wir appellieren nur an die Vernunft und die besten menschlichen Instinkte."
Der Berichterstatter des „Manchester Guardian" gab seinen Lesern dann Einzelheiten jenes Telegramms wieder, welches er als „erstes Manifest der hohen Herren der deutschen Schwerindustrie" bezeichnete, ohne zu erwähnen, daß der Betriebsrat des Bochumer Vereins dahinterstand, ja, mitunterzeichnet hatte. „Um den Eindruck noch zu verstärken, daß diese Konferenz sorgfältig und von langer Hand vorbereitet worden war, erhielten mehr als 60 Journalisten Fotokopien des Telegramms, welches der Vorstand gestern an Mr. Truman, Mr. Marshall und den amerikanischen Kongreß gesandt hatte."
Der „dringende Appell" – als „Bochum Appeal" in der angelsächsischen Presse bald zum Begriff werdend – war an Präsident Truman, Außenminister Marshall, den Kongreß der USA, die Humphrey-Kommission und den „Wachhundausschuß" des US-Senats in Washington gleichzeitig gerichtet. Er war abgefaßt im Namen von 11000 Stahlarbeitern des Bochumer Vereins und von „Millionen Mitbürgern des Ruhrgebiets" und trug die Unterschriften von Vorstand und Betriebsrat. Die gewählten Vertreter des Volkes der Vereinigten Staaten wurden höflich und dringend gebeten, für sofortige Einstellung der Demontage der für den Aufbau lebenswichtigen Anlagen zu sorgen und eine Kommission unparteiischer Fachleute zu entsenden, um den gesamten Demontagekomplex Bochumer Verein mit dem Ziel einer endgültigen Entscheidung zu untersuchen.

In der der Eingabe folgenden Erklärung hieß es:
„Wir wenden uns nicht an Sie wie die Lobbyisten in Washington. Wir appellieren an die amerikanische Tradition staatsmännischer Weisheit, wie sie George Washington und Abraham Lincoln begründet haben,

die sich gegen die Auspowerung – in welcher Form und in welchem Lande auch immer – gewandt haben."

Aufgrund militärischer Befehle müsse die Demontage der Fabrikhallen sofort beginnen; aber die Arbeiter nähmen an dem Zerstörungswerk keinen Anteil und würden auch künftig dabei nicht mitmachen, „selbst nicht unter dem Druck militärischer Machtanwendung". Der „Bochum Appeal" weist dann nach, daß die Pläne der britischen Militärbehörden eine Verletzung der wirtschaftlichen wie psychologischen Vernunft bedeuten. Es sei die feste Überzeugung der Deutschen, daß Mr. Marshall nicht voll darüber informiert sei, was Morgenthaus Faust tue. In den Worten von Victor Gollancz: „Kein Deutscher kann den Widerspruch verdauen, der zwischen dem Marshall-Plan auf der einen und der bewußten Zerstörung von Friedensproduktion auf der anderen Seite besteht."
Der Appell zitiert dann die Feststellungen des Betriebsratsmitgliedes Heinz Hossiep:

„Gewiß, der Besiegte hat die Plackerei. Wir haben freiwillig dazu beigetragen, zu zerstören, was noch an Kriegsproduktion vorhanden war; doch man kann seitens der Sieger nicht erwarten, daß wir unser eigenes Haus zerstören und unsere gefährlich wachsende Bevölkerung mit Schrott und Steinen füttern. Kein echter Deutscher wird sich die Finger schmutzig machen, um bei der Zerstörung unserer Werksanlagen Hilfe zu leisten.
Gentlemen, hier ist die Stimme von Deutschen, die ihre Heimat lieben und um ihre Existenz kämpfen. Sie können nicht von uns erwarten, daß wir unsere eigene Hinrichtung durchführen."

In indirekter Anspielung auf die Erkenntnisse des „Humphrey-Berichts" heißt es dann, die Demontage der Bochumer Fabriken würde in dieser kritischen Stunde eine Niederlage jeglicher wirtschaftlicher Vernunft und Zerstörung auf amerikanische Kosten bedeuten. Das Ganze würde ebenso einen gefährlichen Schlag gegen die Idee der Völkergemeinschaft („Teamwork-Idee") in Westdeutschland und einen Triumph des Eisernen Vorhangs bedeuten. Die Aufrechterhaltung der Produktion des Bochumer Vereins hingegen sei gleichbedeutend mit einem Triumph der wirtschaftlichen Vernunft, mit einem definitiven Gewinn für den amerikanischen Steuerzahler, einem Sieg der Gemeinschaftsidee in den Herzen aller Deutschen und einer Stärkung des Glaubens an das Europäische Wiederaufbau-Programm und ein Ansporn, nach Kräften zum Aufbau eines Vereinigten Europa beizutragen. Mit der Aufforderung, Vertreter zur Ermittlung der Wahrheit nach Bochum zu entsenden und den Bittstellern eine faire Chance zu geben, sie nicht im Stich zu lassen, schließt der von der Werksleitung (Müser, Schenck, Schily) und dem Betriebsrat (Geldmacher, Hossiep) am 8.1.1949 unterzeichnete Appell.

Müser stellte sich bei der Pressekonferenz allen Fragen der zahlreichen Journalisten mit großer Geduld und erläuterte bei Rundfahrten die Zusammenhänge in allgemein-verständlicher Form.

Am gleichen Tag gab ein Sprecher der britischen Militärregierung in Berlin eine scharfe Erklärung gegen das Telegramm ab; es sei „ohne Einfluß auf die Maßnahmen der Alliierten".

Nicht nur in Washington und London löste der „Bochum Appeal" ein ungewöhnliches Echo aus. Nach seiner Veröffentlichung kamen zahllose Ferngespräche bei Direktor Müser an, und der Strom ausländischer Berichterstatter riß mehrere Wochen nicht ab. „Bochum lag im Blickfeld der Welt" schrieb der Bochumer Anzeiger vom 29.1. 1949. Die Folgen der Entwicklung in Bochum bereiteten den verantwortlichen Besatzungsoffizieren begreiflicherweise starke Kopfschmerzen. Der „Daily Telegraph"-Sonderberichterstatter Anthony Mann hat dies seinen Lesern nicht verschwiegen. Als am 13. Januar 1949 beim Bochumer Verein überhaupt keine Demontagearbeiter erschienen, beriefen die Briten kurzfristig eine Lagebesprechung in Düsseldorf ein. Libby und Finucane nutzten die übermittelten Nachrichten wie den Text des „Bochum Appeal" zu einleuchtender Beweisführung für die Notwendigkeit amerikanischen Eingreifens. Mit großem Geschick hieb Libby, nach Fühlungnahme mit P.G. Hoffman, in die Kerbe der auf Erhaltung deutscher Stahlkapazität gerichteten Bemühungen General Marshalls, indem er am 23. Februar 1949 vor dem Auswärtigen Ausschuß des US-Senats vorschlug, die Bewilligung beantragter Marshall-Plan-Hilfen nur unter einer Bedingung vorzunehmen: das betreffende Land müßte den eindeutigen Nachweis führen, daß es die geforderten Ausrüstungen aus demontagebestimmten deutschen Fabriken selbst zum besseren Vorteil zu nutzen in der Lage sei, als dies in Westdeutschland möglich wäre. Aus dieser Anregung entwickelte sich in der Stadt am Potomac eine lebhafte Debatte bei Legislativ- wie

Exekutivgremien. Hierbei wurde immer wieder der "Fall Bochum" als Beispiel einer „überholten, die USA nur belastenden alliierten Politik" angeführt.
Gegen Müser wurde, es konnte wohl nicht anders sein, eine unterschwellige Meinungskampagne inszeniert, die auch von europäischen Zeitungen aufgegriffen wurde; da er nicht Mitglied der NSDAP gewesen war, wurde die völlig aus der Luft gegriffene Behauptung verbreitet, er sei Anhänger und Mitstreiter des Supernationalisten Gregor Strasser gewesen.
Als Müsers Berater wurde ich in britischen Pressemeldungen zum Berater des Grafen Luckner, des „Seeteufels", befördert, dessen aufregende Kaperfahrten im Ersten Weltkrieg Schlagzeilen gemacht hatten; erst etwa 15 Jahre nach den Bochumer Ereignissen bin ich dem Grafen persönlich begegnet.
Müsers Stärke war das Vertrauen seiner Arbeiter, seine Zähigkeit bei Wahrnehmung der Lebensinteressen von Angestellten und Arbeitern, und sein bei aller Kühnheit diplomatisches Vorgehen. Mancher ausländische Besucher wurde durch Müsers, mit messerscharfer Logik verknüpfte, Zuvorkommenheit entwaffnet; er besaß die Gabe, seinem Gesprächspartner Fragen zu stellen, durch die dieser kaum merklich auf die Tatsachenbeschreibung Müsers und deren Interpretation hingeführt wurde.
„Wir haben das Menschenmögliche getan", schrieb Franzjosef Müser Frederick Libby Ende Februar 1949, „um die Verbreitung eines engstirnigen Nationalismus bei der Masse unserer Arbeiter ebenso zu verhindern wie die weltweite Förderung bolschewistischer Ideen in den Kreisen jener, die bereits vom 'roten Bazillus' infiziert sind; die Behandlung des Falles Bochumer Verein ist ein Testfall zur Erprobung der Idee eines neuen und besseren Europa geworden, frei von engem Egoismus und Opportunismus!" Auf Schritt und Tritt konnte freilich beobachtet werden, wie die Kommunisten gerade in Bochum stärker Fuß zu fassen suchten. Dabei betonten sie, ein wachsender Prozentsatz der Arbeiter dieser Stadt habe bereits erkannt, wer Feind und wer Freund der Arbeiterklasse sei. Ich berichtete Colonel Ulman auf Villa Hügel ausführlich über diese Entwicklung, mit dem Ziel, in Washington dem „Fall Bochum" auch politische Bedeutung zu geben.
Am 21. Januar 1949 hieß es im Kommentar des Berliner Deuschlandsenders (russischer Sektor): die Namen der Demontageverweigerer

würden nicht vergessen werden, hätten sie doch der Arbeiterschaft die Treue gehalten, wofür ihnen die deutsche Bevölkerung, und vor allem die Arbeiterklasse, die sich mit ihnen solidarisch erklärt habe, tiefen Dank ausspreche. 1945 hatten die Briten kurzerhand den als „fähigen Organisator“ bezeichneten Kommunisten Heinz Renner zum Oberbürgermeister der Kruppstadt Essen eingesetzt. Renner war es, der als Führer der KPD die Vorgänge in Bochum gründlich verfolgte, zumal, seiner Meinung nach, sich hieraus politisch Kapital schlagen ließ. Demgemäß stellte auch bereits am 8. September 1949 die Fraktion der KPD des Deutschen Bundestags – Renner und Genossen – einen Antrag zum Thema Demontageverweigerer. Danach sollten alle Deutschen, die wegen Verweigerung von Demontagearbeiten von den Militärgerichten der britischen Besatzungsmacht unter Anklage gestellt oder bereits verurteilt worden waren, aus Bundesmitteln die Prozeß- und Haftkosten sowie den erlittenen Lohnausfall voll erstattet bekommen.

Gewitterwolken über den Gußstahl-Werkstätten

In den nächsten Wochen wurde mit allen verfügbaren Mitteln versucht, eine weitere Eskalation mit den Briten abzuwenden. Mit den Spitzen der US-Hochkommission in Frankfurt/Main führte ich Gespräche im Auftrage von Müser, der mich mit ausreichend Munition versorgt hatte. Oberst Lambert J. Stahler schrieb einen erneuten Bericht über die politisch-psychologischen Gefahren einer Demontagefortsetzung für das Pentagon. Mit Marshall-Plan-Direktor Donald C. Stone korrespondierte ich über die letzte Entwicklung in der britischen Zone. Libby wurde mit Informationen für den von ihm gegründeten „American Council on Germany“ versorgt. Doch warteten wir zunächst vergeblich auf Anzeichen einer Änderung, beziehungsweise eines Einlenkens, der britischen Politik. Das Ringen an der für Außenstehende kaum überschaubaren diplomatischen Front wurde in jenen ersten Wochen und Monaten des Jahres 1949 mit Erbitterung geführt. Frankreich wie Englang sträubten sich dagegen, irgendwelche Wün-

sche in Sachen „neuer Deutschlandpolitik" zu akzeptieren. Doppelt wichtig wurde für uns daher die Front der öffentlichen Meinung. Gewiß war es ermutigend, daß die amerikanische Gewerkschaft AFL drei Tage vor der Haftentlassung der Bochumer Demontageverweigerer eine Resolution gegen das Urteil des britischen Militärgerichts annahm. Es war auch erfreulich, daß durch die Ereignisse in Bochum und die häufigen Besuche interessierter Damen und Herren der internationalen Presse im Revier der Stein der Demontagediskussion und des Meinungskampfes um die deutsche Stahlquote erst richtig ins Rollen gekommen war, und daß die Lage der Hydrierwerke ebenfalls zunehmend Gegenstand von Demontageberichten wurde. Ebenso gab uns die Nachricht neue Hoffnung, daß der bereits genannte gemeinsame Ausschuß von Senat und Repräsentantenhaus, das „Wachhund-Komitee", als strenge, oberste Instanz für die Bewilligung von Marshall-Plan-Geldern, Anfang Februar 1949 die wichtige Empfehlung ausgesprochen hatte, die Demontagen in Westdeutschland überhaupt einzustellen und die Befriedigung von Reparationsansprüchen aus ERP-Mitteln vorzunehmen.
Mit dem republikanischen Senator William A. Langer, der im „Wachhund-Ausschuß" wertvolle Aufklärungsarbeit leistete, hielt ich enge Fühlung; Langers Parteifreund, Senator Homer Ferguson, hatte ein von mir verfaßtes Schreiben über den „Fall 'Bochumer Verein' – Testfall der Demontagepolitik" dem Unterausschuß des Senats zur Ausgabenüberprüfung der Ministerien zur Stellungnahme zugesandt. Trotz dieser positiven Nachrichten machten wir uns keine Illusionen über den Ernst der Lage. Ungeachtet der Anwesenheit von Beauftragten des Humphrey-Ausschusses in Westdeutschland setzten die Briten seit Anfang Februar 1949 neu angeheuerte Demontagekolonnen ein, vor allem in der Gesenkschmiede des Bochumer Vereins, sodaß Müser am 3.2.1949 auf meine Anregung hin zwecks Unterrichtung des „Wachhund-Komitees" folgendes Telegramm an Senator Langer sandte:

„Bochumer Situation äußerst kritisch / Weitreichende wirtschaftliche Konsequenzen, falls Demontage nicht gestoppt wird / Besatzungskommission ordnete Sonntagsarbeit und Doppelschichten an, um Zerstörung unserer Friedensproduktion zu beschleunigen / Maschinen werden wahrscheinlich hinter den Eisernen Vorhang gesandt / Jugoslawi-

sche Offiziere besuchten uns und forderten Maschinen und Werkstätten des Bochumer Vereins / Demontagen durch Besatzungs-Söldner zerstören Glauben Arbeiter und Bevölkerung an Teamwork-Gedanken / Sowjetrundfunk und Sowjetpresse nutzten Ergebnis britischen Militärgerichtsverfahrens gegen Demontageverweigerer in großer Propagandawelle aus / Schicken baldigst Material für Kongreß-Untersuchungen / Bin bereit, persönlich vor dem Senat über ganze Angelegenheit auszusagen / Für Betriebsleitung und 11000 Stahlwerksarbeiter Bochumer Vereins F.J. Müser."

Ich schickte Senator Langer ein Telegramm mit der Bitte um Zwischennachricht, das mit einem kleinen Reim schloß, der – im Alltagsjargon – besagte, kein Deutscher sei ein Überläufer oder ein Söldner von „Joc" (Josef Stalin); alle seien für Zusammenarbeit mit den USA und leisteten den Gegnern dieser Idee Widerstand. Es schien mir dies doppelt wichtig, da die Morgenthau-Propaganda von allmählichem Gesinnungswechsel deutscher Arbeiter wie Intellektueller zugunsten einer einseitigen Kooperation mit Moskau sprach.

US-Senatoren gegen Demontage

Während ich noch auf Antwort von Senator Langer wartete, erhielt der Bochumer Verein einen vom 9.3.1949 datierten Brief des Senator Humphrey als Antwort auf den „Bochum Appeal". Müser und dessen Kollegen waren vom Inhalt beeindruckt. Der führende Mann der US-Legislative in allen Demontagefragen gab seiner Ansicht Ausdruck, das deutsche Industriepotential dürfte nicht durch ausgedehnte Demontage von Industrieanlagen zerstört werden. Außerdem versicherte er, die Regierung der USA schenke dem Problem der industriellen Kapazität Deutschlands größte Aufmerksamkeit; und er unterstrich, daß sie jeden Aspekt der Situation in Betracht ziehe. Gleichzeitig wies Humphrey darauf hin, wie wichtig es sei, sicherzustellen, daß die erwähnten Industriewerke nicht von jenen Männern geleitet würden, die sie unter Hitler geführt hätten.
Humphrey wußte, in welchem Umfang die Morgenthau-Leute versuchten, Ansätze einer konstruktiven Deutschlandpolitik durch Inter-

ventionen bei General Lucius D. Clay zu torpedieren, welche besonders auf der politischen Vergangenheit oder dem angedichteten „Nationalismus“ führender Industrieller fußten. Fast täglich erhielt General Clay derartige Schreiben aus New York, unterzeichnet vom Geschäftsführer der „Society for the Prevention of World War III, Inc.“, C. Monteith Gilpin. U.a. versuchten sie auch, Heinrich Kost, den Generaldirektor der DKBL, als gefährlichen „Nazi“, „Vertreter des berüchtigten Haniel-Konzerns“ und „Kartellisten“ anzuschwärzen.
Am 5. April 1949 hielt Senator Langer unter Verwendung der von uns übermittelten Unterlagen eine Rede im US-Senat zum Thema „Deutschland und der Marshall-Plan“, in der er einen „radikalen Wechsel des State Department-Kurses“ forderte. Dabei legte er überzeugend dar, die Fortsetzung der „in einem Geheimabkommen mit den Sowjets vereinbarte Zerstörung deutscher Wirtschaftskraft durch Entindustrialisierung“ halte in Westdeutschland immer noch an. Langer sagte seinen Senatskollegen, Ex-Präsident Herbert Hoover, „ein großer Mann“, habe in einem Sonderbericht die folgende Empfehlung gegeben: „Wir genehmigen umgehend eine neue wirtschaftliche Konzeption im Rahmen der Friedensregelung mit Deutschland. Die Demontage und Zerstörung von Fabriken – Rüstungsanlagen ausgenommen – wird ausgesetzt. Amerikanische Behörden“, so Langer, „fahren indessen noch immer munter darin fort, industrielle Anlagen zu zerstören. Ich glaube, für den Senat der USA ist die Zeit gekommen, seine rechtmäßige Rolle bei der Umkehr von dieser schändlichen Politik zu spielen.“ Gewiß hatte Langer aus Gründen politischer Klugheit die spezifische Lage in der britischen Besatzungszone nicht ausdrücklich erwähnt; der streitbare Senator zielte auf eine Antwort seiner Regierung ab.
Für uns im Revier war es nicht leicht, die britische Besatzungspolitik zu analysieren. General Sir Brian Robertson hatte am 2. Februar 1949 erklärt, die Militärregierung lasse sich nicht von ihrer Zielsetzung abbringen, die deutsche Wirtschaft wieder aufzubauen. Angesichts der Vorgänge in Bochum, wo es freilich erst im Mai 1949 für den Fortbestand des Bochumer Vereins brenzlig werden sollte, setzte natürlich mancher Bürger ein Fragezeichen hinter diese Erklärung. Laut offiziellem britischen Bericht waren bis zum 2. Februar 1949 rund 600000 Tonnen Industrieausrüstung aus der britischen Zone demontiert worden; 247 Werke waren völlig abgebaut; bei 189 war die Demontage im

Gange, beziehungsweise im Anlaufen, und für 101 weitere Fabriken war die Demontage geplant, wobei ein hoher Prozentsatz abzubauender Ausrüstungen für die UdSSR bestimmt war.

Schicksalsjahr 1949

An dieser Stelle soll kurz an den zeitgeschichtlichen Hintergrund erinnert werden, vor dem sich der Ringkampf um ein „Haltsignal" für die Demontagen abspielte. Anfang April 1949 berichtete der Berliner Oberbürgermeister Ernst Reuter, die Luftbrücke nach Berlin könne auf täglich 8000 Tonnen erhöht werden; man habe ihm aus Washington versichert, „Berlin werde nicht im Stich gelassen". Die Blockade der ehemaligen Reichshauptstadt wurde vereitelt.

Ebenfalls Anfang April hörte man zum ersten Male das Stichwort NATO (Nordatlantik-Pakt): ein Verteidigungsbündnis von zehn westeuropäischen Staaten mit den USA und Kanada. Im Wirtschaftsbereich hatte zuvor der Osten im Gegenzug zum Marshall-Plan den Osteuropäischen Wirtschaftsrat (COMECON) gegründet.

Ende Mai wurde das vorläufige Grundgesetz der Bundesrepublik Deutschland verkündet und Bonn zur vorläufigen Hauptstadt bestimmt.

Anfang Juli 1949 traf John J. McCloy in Frankfurt/Main ein, um General Clay abzulösen und das Amt des US-Hochkommissars anzutreten. Frederick J. Libby hatte McCloy im März aufgefordert, zu Gerüchten Stellung zu nehmen, wonach er Ideen Morgenthaus in Deutschland verfechten wolle; doch McCloy hatte Libby schriftlich versichert, daß er von Anfang an gegen den Morgenthau-Plan gewesen sei, und die Absicht bekundet, „die Deutschen wieder in die Familie der Völker einzugliedern".

Mitte August fanden die Wahlen zum ersten Deutschen Bundestag statt.

Anfang September führten die Alliierten in Düsseldorf die Stahltreuhändervereinigung ein.

Mitte September wurde Theodor Heuss zum ersten Bundespräsidenten gewählt; und kurz danach bildete der „Alte aus Rhöndorf", Dr.

Konrad Adenauer, Ende des Jahres in erregter Bundestagsdebatte von Dr. Kurt Schumacher „Kanzler der Alliierten" genannt, die Regierung der sogenannten kleinen Koalition, bestehend aus CDU-CSU, FDP und DP (Deutscher Partei). Die erste staatsrechtliche Handlung wurde der Vertrag mit den USA zur Beteiligung der Bundesrepublik am Marshall-Plan!
Soviel nur in Stichworten zur zeitgeschichtlichen Einbettung des Geschehens an der Antidemontagefront und der nachfolgend geschilderten Erlebnisse und Initiativen, die im weitesten Sinne unternehmerischen Charakter trugen im Geist von Otto A. Friedrich:
„Die große Lehre, die uns der Zusammenbruch und die Jahre der Not gegeben haben, ist die, daß der Mensch und sein unternehmerischer Geist stärker sind als die Materie."

Public-Relations-Aktion Pünder

Auf Anregung von Müser besprach ich Anfang Februar 1949 mit Präsident Lukaschek – von Dr. Adenauer bereits im Fall eines Wahlsiegs als Vertriebenenminister vorgesehen – Systematisierungschancen der Antidemontage. Aufgrund von Informationen aus Washington konnte ich Lukaschek mitteilen, daß, entgegen der Erwartung mancher USA-Experten, der neue US-Außenminister Dean Acheson für die Demontagerevision bei 167 Werken der Bi-Zone eingetreten sei, hierbei ganz auf der Linie von Senator Humphrey liegend; ferner, daß, zum besonderen Ärger der Morgenthau-Vertrauensleute, bereits die Mehrheit der verantwortlichen Beamten in Washington nunmehr für einen Demontagestopp sei.
Lukaschek vermutete mit Recht, daß britischer- wie französischerseits dem jetzt offenbar klaren Kurs der Amerikaner hartnäckiger Widerstand entgegengesetzt werden würde. Die Briten würden die Zeit des diplomatischen Gerangels dazu nutzen, wo immer möglich, „vollendete Demontagetatsachen" zu schaffen. Zur Anbahnung einer Meinungsänderung der Franzosen, die im politischen Kalkül Adenauers eine bevorzugte Rolle spielten, war es offenbar noch zu früh; kurz, es bliebe uns, wie Lukaschek es formulierte, eben nichts anderes übrig,

als durch weitere Intensivierung unserer Kontaktchancen zu Legislative und Öffentlichkeit in den USA, wie durch möglichst neue Argumente, einen derartigen Meinungsdruck auszuüben, daß die realpolitisch orientierten Briten das Gewicht der öffentlichen Meinung, und damit den wachsenden Druck des State Department, in ihr Kalkül einbeziehen müßten, wollten sie Washington nicht stark verärgern.
Als Vertreter der Belange von Millionen Ostvertriebener wollte Präsident Lukaschek seine Kontakte in Bonn und Frankfurt am Main in den Dienst dieser Initiative stellen.
Ich machte folgendeVorschläge:

(1) Angesichts der Unmöglichkeit, eine zentrale, alle Interessen wahrnehmende Antidemontagegruppe auf die Beine zu stellen, zunächst mit Herrn Oberdirektor Dr. Pünder als der damals obersten, wenn auch mit beschränkten Rechten fungierenden deutschen Verwaltungsinstanz, in Verbindung zu treten, um die Entsendung deutscher Fachleute mit Auslandskenntnis zu Hearings des US-Senats: „Demontage und Marshall-Plan" durchzusetzen;
(2) die Frage zu sondieren, ob nicht Kardinal Frings ein Telegramm an Sir Brian Robertson schicken könnte, mit der Bitte, die von der britischen RDR-Division zwecks Demontagebeschleunigung angeordnete Sonntagsarbeit einzustellen.

Lukaschek wollte diese Anregungen sofort aufgreifen. Der zweite Vorschlag stellte für ihn als engagierten Katholiken mit persönlichen Beziehungen zu Kardinal Frings kein Problem dar. Um den vorsichtigen Pünder von der Notwendigkeit eigenen Handelns zu überzeugen, brauchten wir indessen noch gute Argumente. Dafür sei zuerst einmal der Nachweis nötig, daß die bisherigen Aktionen Zeitgewinn gebracht hätten.
Hierzu konnte ich auf den Bericht der Internationalen Reparations-Agentur, Paris, hinweisen, wonach 1948 die deutsche Aktion, trotz alliierter Standfestigkeit, „die Demontage mehrerer wichtiger Fabriken verhindert oder aufgeschoben habe". Weiter schlug ich dem ehemaligen Oberpräsidenten vor, Dr. Pünder darauf hinzuweisen, daß gerade in den USA als Gegenaktion zur positiven Entwicklung in Legislative und Exekutive eine neue Meinungsvergiftungsaktion eingesetzt habe, der man nicht mit „Abwarten und Teetrinken" begegnen könnte. Lukaschek stimmte dieser Ansicht zu. Ich konnte ihm einen

Artikel des Journalisten Thomas L. Stokes im „Washington Evening Star" vom 27. Januar 1949 vorlegen, in dem es hieß:

„Die Fürsprecher eines starken Deutschland, die eine sehr große Wirkung ausgeübt haben, sind durch andere Entwicklungen unterstützt worden, welche die öffentliche Meinung gleichfalls in Verwirrung gestürzt haben.
In erster Linie handelt es sich dabei natürlich um Rußland. Die russische Aktivität hat jenen Amerikanern psychologische Munition geliefert, die Deutschland als Bollwerk gegen Rußland aufbauen wollen.
Ein irreführender Faktor ist das Argument, der Aufbau Deutschlands werde die Lasten vom Rücken des amerikanischen Steuerzahlers nehmen, eine Theorie, die ganz schön klingt, wenn man nicht daran denkt, was der amerikanische Steuerzahler von einem kriegsbereiten Deutschland zu erwarten hätte!
Auch die Kontroversen zwischen den Verbündeten des Krieges sind von deutschen Politikern geschickt genutzt worden, um sie zum Vorteil Deutschlands gegeneinander auszuspielen!"

Nahm man zu solchen Kommentaren die von der „Gesellschaft zur Verhinderung des Dritten Weltkriegs" verbreiteten Cartoons hinzu, in denen zum Beispiel die kriegslüsterne Germania auf der Rolltreppe des Nationalismus das schmächtige, demokratiesuchende westdeutsche Männchen überholt, so mußte man zu dem Schluß gelangen, daß die Auslandsaufklärung nicht auf Sparflamme gekocht werden durfte.
Einen Tag nach dem Gespräch konnte ich Herrn Lukaschek mitteilen, daß mehrere US-Senatoren Libby gebeten hatten, baldmöglichst Unterlagen zum Stand der Demontagen, mit Einzelerfahrungen der betroffenen Firmen, möglichst auch in Form von Dokumentarfilmen (sie wußten offenbar nichts vom strikten Fotografierverbot in der britischen Zone) über seinen „Deutschlanddraht" zu beschaffen.
Am 4. Februar 1949 war Oberdirektor Pünder übrigens im Besitz eines Schreibens eines bekannten deutschen Unternehmers, das aufgrund einer Anregung meinerseits am 2.2.1949 abgefaßt worden war und zum überraschenden Tatendrang Pünders ebenso beitragen sollte wie die Unterredung Lukascheks mit ihm.

„Sehr geehrter Herr Oberdirktor Dr. Pünder!
Wie ich durch zuverlässige Quellen erfahren habe, sind maßgebende amerikanische Herren darüber erstaunt, daß im jetzigen Stadium der Demontageverhandlungen deutscherseits keine stärkere, konzentriertere Initiative entwickelt wird. Sie warten geradezu darauf, daß eine solche Aktion erfolgt, wie ein leitender amerikanischer Beamter unserem Gewährsmann in E. mitteilte.
In diesem Zusammenhang wurde amerikanischerseits der Vorschlag gemacht, so bald wie möglich einige deutsche Herren, deren Werke von der Demontage betroffen sind, die jedoch, über ihren eigenen Bereich hinaus, über das Gesamtproblem gut Bescheid wissen, nach Washington einladen zu lassen, um dort als Zeugen vor dem Senatskomitee des Senators Styles Bridges (Republikaner) Aussagen zu machen und den deutschen Standpunkt in einer der amerikanischen Mentalität angepaßten Form darzulegen.
Falls die Initiative dazu nicht von Washington aus erfolgen sollte – was jedoch nach Meinung der in Frage kommenden Herren durch eine Anregung von Ihnen erreicht werden könnte –, wäre es, derselben Meinung zufolge, auch vom publizistischen Standpunkt aus sehr wirksam, wenn Sie, sehr geehrter Herr Oberdirektor, im Namen der von der Demontage betroffenen Firmen die Forderung nach Entsendung solcher Zeugen direkt erheben würden.
Der von der britischen Presse stets gebrachte Einwand, daß hier deutscherseits der Versuch gemacht werde, Briten und Amerikaner gegeneinander auszuspielen, könnte meiner Ansicht nach durch zweckmäßige Formulierung Ihres Petitums leicht neutralisiert werden.
Sollten Sie diesen Gedanken aufgreifen, so bin ich gern bereit, Zeugen zu benennen, die über genügend Auslandserfahrung verfügen und die an besonderen Beispielen nachzuweisen in der Lage sind, daß es sich in vielen Fällen, wie Senator Bridges richtig ausführte, nicht um die Frage des Wiederaufbaus deutscher Industrien in anderen europäischen Ländern, sondern um 'Destruction at American expense' handelt."

Wie mir Herr Lukaschek später telefonisch mitteilte, hatte Pünder aufgrund der geführten Unterredung den Entschluß zum Handeln gefaßt und bereits das weitere Vorgehen, insbesondere die publizistische Behandlung des Demontagekomplexes, mit ihm im Detail erör tert.

Folgendes waren die Ergebnisse dieser Aussprache:

1) DPD-Interview mit Dr. Pünder „Auch Deutsche sollten gehört werden!" erschien u.a. in „Frankfurter Neue Presse".
2) Koordinierung der Anti-Demontage-Initiativen aller westdeutschen Industrie- und Handelskammern unter Nutzung der bereits gesammelten PR-Erfahrungen.
3) Sofortige Unterrichtung aller demontage-gefährdeten Firmen der „Bi-Zone" über Notwendigkeit und Chance gemeinsamen Vorgehens, gegenseitige Unterrichtung (Arbeitskreise).
4) Absendung von Enzeltelegrammen dieser Firmen nach USA, nach sorgsam überdachtem Gesamtplan an ausgewählte Adressen (Senatoren und Abgeordnete besonders wichtig).
5) Zusammenstellung überzeugender Unterlagen in englischer Sprache seitens aller Firmen, die zu Lieferungen nach Ländern des kommunistischen Blocks aufgefordert wurden; Übermittlung der Materialsammlung an die Senatoren Langer und Bridges.

Die Firmen wurden aufgefordert, bei ihrer jeweiligen Dokumentation folgende Gesichtspunkte besonders zu berücksichtigen:

a) Eindeutiger Hinweis auf den Charakter der Firma als Produzent von nicht-militärischen Produkten;
b) Möglichst originell formulierter Nachweis des wirtschaftlichen Widersinns der geplanten Demontagemaßnahmen aufgrund der neuesten Entwicklung und/oder einleuchtender Grundthesen, unter Beachtung folgender Gesichtspunkte:
   Sinnlose Vernichtung, lediglich Schrott als Ergebnis; Zerstörung aufgrund konkret nachgewiesener oder wahrscheinlich gemachter Konkurrenzmotive; Nichtverwendung demontierter Maschinen und Einrichtungen im Bestimmungsland (z.B. Griechenland, Indien u.a.); Verwendungszweck und Nutzung demontierter Objekte durch Länder hinter dem Eisernen Vorhang;
c) Zerstörung auf amerikanische Kosten – plausible Rechnung;
d) Soziale Demontagefolgen: Arbeitslosigkeit, Verarmung von Gemeinden und Landkreisen, weiteres Vertriebenen-Elend;
e) Vernichtung des „Goodwill", Aufstauung von Ressentiments bei den Belegschaften; Skepsis gegenüber dem Marshall-Plan und der Propagierung internationaler Freundschaft im Fall der Demontagefortsetzung; Bekenntnis der Firmen zu Europa und zur internatio-

nalen Zusammenarbeit in ihrer eigenen, ungekünstelten Ausdrucksweise;

f) Mitteilung von Fakten über etwaige Ausnutzung des einzelnen Demontagefalles seitens der Sowjetpropaganda (wie im Falle Bochumer Verein) und über lokale kommunistische bzw. marxistisch-radikale Agitation in diesem Zusammenhang.

Der aufgestellte Informationsraster sollte sich bewähren. Dr. Kutscher, enger Mitarbeiter Dr. Pünders, organisierte die praktische Arbeit. Ich schrieb zur Unterstützung der Aktion an eine Reihe aktiver Demontagegegner in München, Frankfurt/Main, Hamm, Essen u.s.w., um die Aktion noch zu verstärken. Das erwähnte Pünder-Interview vom 7.2.1949 löste sogleich starke Debatten in der Auslandspresse, insbesondere bei den Mitgliedern des „American Press Club" Frankfurt/Main aus. Am 8.2.1949 fand in Remscheid eine Tagung aller Geschäftsführer der Industrie- und Handelskammern der britischen Besatzungszone statt; hierbei wurden das Vorgehen einzelner demontagebedrohter Firmen, die Form der Telegramme und der Zeitpunkt ihrer Absendung, der Empfängerkreis sowie die technische Übermittlung aller Telegrammtexte an das Büro Pünder besprochen. Am 10. Februar 1949 rief mich dessen Sekretär an: eine große Anzahl von Telegrammen demontage-bedrohter Einzelfirmen sei an die Senatoren Bridges, Eastland, Ferguson, Humphrey, Langer und andere abgeschickt worden, mit Pünders Unterschrift und Empfehlung.

Nutzung aller Goodwill-Chancen

In ausgedehnten Demontagedebatten in London, Washington und Paris, die kurz danach einsetzten, kam – wie in den Spalten der Weltpresse – die nachhaltige Wirkung des klug formulierten Pünder-Interviews zum Ausdruck.

Schon einen Tag danach, am 8.2.1949, konnte die Londoner „Times" ihre verhaltene Anerkennung nicht verhehlen; sie meinte, die Deutschen hätten ihre in der Zeit zwischen zwei Weltkriegen bewiesene Fähigkeit der Führung von Zermürbungsfeldzügen gegenüber der öffentlichen Meinung des Auslands nicht verloren. Sie verstünden sich

meisterhaft auf die Kunst, einen Gegner schwankend zu machen, indem sie ihn zum Zweifeln an der Gerechtigkeit seiner Sache und an der Fairneß seiner Methoden brächten. Diese Taktik habe auch bei der Bekehrung bedeutender Teile der Öffentlichkeit der USA zum deutschen Standpunkt in der Reparationsfrage eine sehr erfolgreiche Rolle gespielt. Etwas später berichtete James Finucane aus Washington, das „Wachhund-Komitee" des US-Kongresses sei sehr aktiv geworden; Humphrey hatte offensichtlich Argumente Pünders aufgegriffen; und Frederick Libby sagte danach in einem „Testimony" vor dem US-Kongreß aus, es läge im amerikanischen Interesse, präzise Erklärungen seitens der für Empfang demontierter deutscher Anlagen bestimmten Länder zu fordern, wie sie diese überhaupt zu verwenden gedächten. Die Meinungsbildung in unserem Sinne machte während des Monats Februar 1949 bei den Regierungsstellen derartige Fortschritte, daß mir Jim Finucane am 7. März 1949 schreiben konnte: „Jeder verantwortliche Beamte in Washington glaubt jetzt, daß wir bezüglich der Demontagen rechthaben; jeder sagt, sie sollten gestoppt werden."
Vielleicht war dies Urteil etwas zu optimistisch; doch es zeichnete sich immer deutlicher ab, daß die Befürworter der Demontagen stark an Einfluß und Argumentationschancen eingebüßt hatten. Umso wichtiger erschien es, auch von deutscher Seite aus, den Männern der Marshall-Plan-Verwaltung den Rücken zu stärken. Durch Zufall hatte ich erfahren, daß die Handelskammer von Philadelphia beabsichtigte, am 21. Februar 1949 dem ehemaligen Präsidenten der Studebaker-Corporation, Marshall-Plan-Direktor P. G. Hoffman, den „William Penn-Preis" für den bedeutendsten Beitrag zum wirtschaftlichen und geschäftlichen Leben der USA im Jahre 1948 zu verleihen. Eine gute Gelegenheit, mit dem für uns so wichtigen ERP-Verwaltungschef in Kontakt zu kommen und jenseits der zwar notwendigen, aber ermüdenden Übermittlung immer neuer Details von Demontagefällen zu manifestieren, daß die deutsche Wirtschaft ihre Freunde und Helfer in schwerer Zeit nicht vergißt.
Philadelphia – die Stadt „brüderlicher Liebe" – war, wie mir noch aus meinen College-Tagen in Haverford (Pennsylvania) her in Erinnerung war, ein symbolträchtiger Ansatzpunkt zur Bekundung deutsch-amerikanischer Gemeinsamkeit. Ihr Gründer, der englische Edelmann William Penn (1644-1718), hatte in deutschen Landen für sein „Holy Experiment", den Aufbau eines Staates der Freien, des „ehrlichen,

gottgefälligen Lebens", geworben; er war sogar zu diesem Zweck die Ruhr hinaufgefahren; und viele aus Glaubensgründen in der Alten Welt verfolgte Menschen hatten seinen Ruf in ein Land absoluter religiöser Toleranz gehört. 13 Mennoniten-Familien aus Krefeld hatten den Exodus eröffnet. Am 6. Oktober 1683 legte ihr Schiff im Hafen von Philadelphia an. Noch heute wird der 6. Oktober in weiten Teilen der USA als „German Day" gefeiert. Mitglieder zahlreicher anderer pietistischer Sekten aus Deutschland folgten den Krefeldern, die vor den Toren Philadelphias eine eigene Siedlung, Germantown, anlegten, deren erster Bürgermeister Daniel Pastorius (Schäfer) aus Sommerhausen in Unterfranken engster Berater William Penns und Verfasser des ersten Manifests gegen die Sklaverei (1688) werden sollte.
Es galt, das historische Vermächtnis für Gegenwart und Zukunft der deutsch-amerikanischen Beziehungen konstruktiv zu nutzen und hierbei die Notwendigkeit eines Demontagestopps anklingen zu lassen. Zu meiner Freude fand ich in Krefeld Verständnis für diese Anregung.
So kam es dazu, daß die Versammlung amerikanischer Unternehmer, Politiker, Professoren, Gewerkschaftler und Journalisten am 21. Februar 1949 aufhorchte, als bei der feierlichen Ehrung des Marshall-Plan-Chefs P.G. Hoffman ein Telegramm der Industrie- und Handelskammer Krefeld an Präsident Kaufmann von der „Philadelphia Chamber of Commerce" verlesen wurde, das folgenden Wortlaut hatte:

„Erlauben Sie uns, Ihnen unseren Glückwunsch zum amerikanischen Anteil an Wiederaufbau Europa-Wirtschaft zu senden/Übermitteln Sie bitte Gruß Krefelds und der Ruhrindustrie an Ihren Ehrengast, ECA-Direktor P.G. Hoffman/Fühlen uns durch US-Beitrag zu Wirtschaftsgenesung Westdeutschlands sehr verpflichtet, besonders angesichts Reduzierung Demontageprogramms, das hoffentlich bald ganz eingestellt wird, um Deutschland Chance zu geben, nachhaltig zu Marshall-Plan-Verwirklichung beizutragen/Wir in Deutschland stehen zur wirtschaftlichen und politischen Teamwork-Idee im Geiste der Freunde von William Penn, die aus diesem Teil Deutschlands ausgewandert sind. Präsident Nordsieck."

Die Bedeutung einer derartigen Geste wird leicht unterschätzt; die Summe sinnvoll gezielter Initiativen solcher Art trägt dazu bei, gerade in einer Zeit wie den Jahren nach 1945, noch vorhandene Ressentiments und „Reserve-Gefühle“ abzubauen und „Goodwill“ zu schaffen. Doch was bedeutet dies; wieviel ist Goodwill denn wert? Es gibt hervorragende Ingenieure und Kaufleute, die den Goodwill unterschätzen, mit ihm wenig anfangen können, zumal er durch sogenannte Imponderabilien, unwägbare Faktoren, bedingt ist, die sich in Zahlen kaum ausdrücken lassen. Goodwill ist eben nicht einfach in die deutsche Sprache zu übersetzen; er bedeutet: freie Zustimmung, offene Herzlichkeit, Bereitschaft zum Einsatz für „den Anderen“ aus freien Stücken, Popularität, ja, Firmenwert und persönliches Prestige (als immaterieller Besitzwert); er bringt Sympathie ein für den, der auf diesem Gebiet aktiv ist. Goodwill hatten wir vor allem nötig, sollte die sich in Washington abzeichnende positive Meinungsbildung nicht unterminiert werden. Man mußte damit rechnen, daß die Gegner der Politik der Aussöhnung nicht untätig bleiben würden.

Erneute Brunnenvergiftung

Kurz nach Absendung des Telegramms nach Philadelphia gaben mir Beamte der US-Hochkommission Einblick in neue Pamphlete gegen die deutsche Industrie und die deutschen Politiker, die in den Staaten in großer Zahl zur Verbreitung gelangten. Nach einhelliger Meinung meiner amerikanischen Gesprächspartner standen die gleichen New Yorker Kreise hinter dieser Propaganda, die in den Staaten bereits „Rosarote wie Kommunisten“ unterstützt und schon früher die Hetze gegen alles Deutsche inszeniert hätten. Die Brunnenvergiftung machte nicht vor amerikanischen Freunden eines gesunden, demokratischen Deutschland – wie den Senatoren Eastland, Langer, Bridges und Humphrey, General Draper, P.G. Hoffman und John J. McCloy als angeblich germanophilen Verrätern amerikanischer Interessen – halt. Einer der Herren von HICOG meinte, das sei nun ein inner-amerikanisches Problem, mit dem man fertig werden müsse; jede Polemik mit dieser Propaganda von deutscher Seite wäre zwecklos, ja „kontraproduzent“; es gelte vielmehr, deutscherseits positive Zeichen zu setzen, durch die die Thesen der „Morgenthau-Boys“ ad absurdum geführt werden könnten.

Die gefährlichste These der neuen Propagandawelle gegen unsere Antidemontage-Aufklärung sei eine Behauptung, die den Amerikanern zu suggerieren versuchte, den westdeutschen Industriekapitänen sei nicht über den Weg zu trauen: sie sympathisierten geradezu mit Stalin und hätten insgeheim bereits auf die Karte Moskaus gesetzt; die Demontageeinstellung würde somit die Sicherheit der Vereinigten Staaten und des ganzen „Westens" gefährden.
Das Ziel dieser Aktion war klar: Mißtrauen säen, Antidemontage-Initiativen in Washington stören, die Arbeit unserer Freunde dort lahmlegen, den deutschen Wiederaufbau abbremsen!
In die eingeschlagene Linie der antideutschen Propagandisten paßte es vorzüglich, daß der ehemalige deutsche Botschafter in Moskau, Rudolf von Nadolny, eine private Salonpolitik mit den Machthabern im Kreml, denen er hochwillkommen war, begonnen hatte. Das war der Anlaß, die These eines bevorstehenden „neuen Rapallo" zu verbreiten. In einem Teil der angelsächsischen Presse wurden in den Monaten Februar und März 1949 in großer Aufmachung Meldungen und Kommentare zu Exbotschafter von Nadolnys angeblichen Geheimkonferenzen mit deutschen Wirtschaftsbossen und Politikern verbreitet. Von Nadolny, von mehreren Journalisten als „Bismarck-Schüler" bezeichnet und zum „Führer einer Gruppe konservativer, prominenter Politiker Westdeutschlands" gemacht, nach weitverbreiteter Meinung in freundschaftlichen Beziehungen zu sowjetischen Funktionären stehend, legte damals Pläne vor, wie Deutschland eine „unabhängige Macht" werden könnte; die Äußerungen dieses Einzelgängers waren für die Gegner des deutschen Genesungsprozesses unbezahlbar. Die „New York Herald Tribune" vom 20.3.1949 bezeichnete eine seiner Pressekonferenzen sogar als „das in der Presse am stärksten beachtete und herausforderndste Ereignis der letzten Monate."
Die Herren von HICOG waren davon überzeugt, daß die raffinierte Standardthese vom „geheimen Zusammengehen der westdeutschen Industrie- und Parteiführer mit Moskau" mit dessen Informationsexperten abgestimmt war. Dies erschien mir zunächst als nicht wahrscheinlich.
Anfang 1950 kamen jedoch in den USA Tatsachen ans Licht, die den amerikanischen Bürgern ausgesprochen Schrecken einjagten und die Behauptungen meiner Gesprächspartner vom Februar 1949 in anderem Licht erscheinen ließen. Es wurde in Washington bekannt, daß

bereits 1939 und 1940 in der Regierung Roosevelt eine vorzüglich geölte sowjetische Ämter-Patronagemaschine aufgebaut worden war, durch die zahlreiche Sowjetagenten und engagierte Sowjetfreunde in entscheidende Regierungsstellen geschleust worden waren. Am bekanntesten wurde der Fall des Alger Hiss, eines der höchsten Beamten der Roosevelt-Ära, der wegen Spionage zugunsten der UdSSR zu zehn Jahren Gefängnis verurteilt worden ist. Hiss bekleidete eine der wichtigsten Stellen des State Department, um dann Leiter der Carnegie-Stiftung für Internationalen Frieden und schließlich Berater des kranken Roosevelt bei der Jalta-Konferenz zu werden.
Auf Empfehlung des Morgenthau-Kreises erhielt der international bekannte Kommunist und Oberstleutnant der Internationalen Brigade im Spanischen Bürgerkrieg, Gustavo Duran, während des Krieges eine besondere Vertrauensstellung im State Department, setzte sich indessen 1946 zu den Vereinten Nationen ab, wo er die Stellung eines Leiters der Kulturabteilung erhielt.
Nur einige von zahlreichen Beispielen, zu denen damals auch John J. McCloy scharfe Kommentare mit aufsehenerregenden Schlußfolgerungen für die Personalpolitik der US-Regierung abgab.

Manöverkritik bei US-Hochkommission

Im letzten Drittel des Februar 1949 konnte ich einen Meinungsaustausch mit Offizieren der eine vernünftige Deutschlandpolitik anstrebenden Gruppe bei HICOG führen, die über die verschärfte Situation in der britischen Zone wie über unsere Maßnahmen gegen Demontage und Demonteure gut unterrichtet war.
Im Auftrag von Direktor Franzjosef Müser teilte ich mit, daß die Demontagen in Bochum fortgeführt würden und ein Einlenken seitens der britischen Besatzungsmacht nicht zu erwarten sei. Der Bitte Müsers an die Amerikaner, die Entsendung deutscher Fachleute zu den Anhörungen des US-Kongresses zu veranlassen, suchte ich Nachdruck zu verleihen. Ich wies darauf hin, dem kleinen Häuflein aktiver Befürworter echter Zusammenarbeit mit dem Westen werde es immer

schwerer gemacht, durchzuhalten; es werde noch einmal als „vaterlandslos“ bezeichnet werden, falls nicht bald eine entscheidende Wende in der britischen Besatzungszone im Geiste des Marshall-Plans eintrete. Die Situation der Regierung Heinrich Brüning im Jahre 1932, die „hundert Meter vor dem Ziel“ habe abtreten müssen, um undemokratischen Kräften Platz zu machen, gleiche der Lage der Männer an Rhein und Ruhr, die für den Durchbruch der Vernunft und Errichtung einer stabilen Demokratie einträten. Gerade dieser Hinweis wurde von den amerikanischen Besatzungsoffizieren besonders ernst genommen. Man fragte mich, ob es wohl möglich wäre, die jüngere Generation Westdeutschlands bis zum 1. Juli 1949 (dem vermutlichen Termin der Bildung einer deutschen Bundesregierung) zu motivieren, politisch aktiver zu werden, um der noch embryonalen Demokratie in Deutschland Auftrieb zu geben. Dies sei wichtig, weil man amerikanischerseits manchem der älteren Minister und Politiker, trotz allem guten Willen, echte Beiträge zu einem ideenreichen, populären Aufbau der demokratischen Zukunft des Landes nicht recht zutraue. Mein Hinweis, in der gegebenen Situation stünde bei uns die Notwendigkeit des täglichen Brotverdienens an erster Stelle und lasse wenig Zeit zur Beschäftigung mit Politik, wurde mit Verständnis aufgenommen. Meine Erwähnung der noch stärker ins Gewicht fallenden „psychischen Notlage“ meiner Generation führte zur freimütigen Diskussion alliierter Nachkriegspolitik überhaupt. Warum sollte ich in diesem Kreise verhehlen, daß die grundsätzliche Diffamierung des deutschen Soldaten und die Handhabung einer „Justiz der Sieger“ Emotionen ausgelöst hatte, deren Auswirkungen garnicht seitens einer konstruktiven, auf Versöhnung bedachten US-Politik übersehen werden könnten.
Die Demontage-Diskussion hatte unerwartet eine politische Dimension gewonnen. Es ging nicht mehr allein um die Demontage von Sachwerten; die Verhinderung von Demontagen im geistig-seelischen Bereich der Deutschen im Westen war angesprochen. Zur Beantwortung der Frage aufgefordert, welche vertrauensbildenden Maßnahmen meiner Meinung nach notwendig seien, nannte ich, unter Betonung einer „amerikanischen Führungsrolle“ bei den Westalliierten, die folgenden:
Durchsetzung der Demontageeinstellung in der britischen Zone, Verhinderung volkswirtschaftlicher Experimente (wie Dekartellisierung), zügige Aufhebung von Produktionsbeschränkungen, Schaffung der

Voraussetzungen für Privatinvestitionen, konsequente Beendigung der „Siegerjustiz“, Entlassung deutscher Soldaten und Offiziere aus alliierten Gefängnissen, Aufgabe der These von der deutschen Kollektivschuld, ein Abrücken von der Version, die Sicherung der Existenz von Millionen deutscher Heimatvertriebener stelle ein rein „innerdeutsches Problem“ dar.
Auf die Demontagen in der britischen Besatzungszone zurückkommend, bestätigten die Amerikaner die positive Wirkung einer Reihe von Aktionen demontagegefährdeter Firmen in den USA; der „Pünder-Aktion“ komme bedeutende meinungsbildende Wirkung zu; noch wirkungsvoller wäre es aber, könnte der Oberdirektor die Ministerpräsidenten der westdeutschen Länder zu einer gemeinsamen Erklärung an die Adresse des Präsidenten Truman und des Kongresses bewegen. Hierbei wäre die Bedeutung eines allgemeinen Demontageverzichts für die Verwirklichung des Marshall-Planes und für die freundschaftliche Zusammenarbeit zwischen dem deutschen und dem amerikanischen Volk zu unterstreichen. Truman, mit innenpolitischen Schwierigkeiten konfrontiert, werde sicher auf eine derartige Botschaft positiv reagieren; auch wäre sie geeignet, den politischen Schaden zu überdecken, den Erklärungen von Nadolnys über Deutschlands politische Zukunft angerichtet hätten.

Besuch bei Botschafter a. D. Dieckhoff

Kurz nach dem Gedankenaustausch mit den Herren von HICOG suchte ich Botschafter a. D. Dr. Heinrich Dieckhoff in dessen Heimatort Lenzkirch im Badischen Schwarzwald auf, um die politische Situation zu besprechen und Anregungen für das weitere Vorgehen zu bekommen. Bei Nennung seines Namens im Kreis der Amerikaner stellte ich fest, daß der ehemalige deutsche Botschafter in Washington bei zahlreichen Amerikanern in hohem Ansehen stand. Aus den vom US-State-Department Ende 1951 veröffentlichten, erbeuteten AA-Dokumenten geht hervor, daß Dieckhoff alles andere als ein „Ja-Sager“ gewesen war. Das Bekanntwerden der von ihm in Washington vor Kriegsausbruch abgefaßten Berichte nach Berlin stellte damals eine kleine Sensation dar. Hatte sich Dieckhoff doch hartnäckig geweigert, die von Berlin gewünschte Propaganda unter deutschamerikanischen Gruppen zu fördern. Er hatte geäußert, man laufe einem „baren Unsinn" nach. Hitler hatte von Ribbentrop gegenüber den Botschafter als „Dickkopf" bezeichnet. Im August 1941 hatte Dr. Dieckhoff den ihm befreundeten Botschafter in Moskau, von der Schulenburg, dazu animiert, Hitler ausdrücklich vor einer Unterschätzung Rußlands zu warnen.

Bei meinem Besuch in Lenzkirch besprachen wir die Auswirkungen der zahlreichen Reisen und Konferenzen von Nadolny's, wie sie sich in der Dieckhoff vorliegenden Auslandspresse und in deutschen Lizenzzeitungen niedergeschlagen hatten. Er bewertete das Wirken des ehemaligen Diplomaten als Ursache „sehr negativer Entwicklungen" in der Meinungsbildung jener Länder, auf die wir für den Wiederaufbau angewiesen seien. Er legte mir ans Herz, alles in meiner Macht Stehende zu tun, im Westen klarzumachen, daß von Nadolny ohne Mandat, als Einzelgänger, Politik auf eigene Faust zu machen suchte. Zwar werde sich die durch seine Aktivitäten befruchtete Hetzpropaganda im Ausland eines Tages von selbst überschlagen und totlaufen. Das Giftkorn der These, die Deutschen hängten ihr Mäntelchen politisch nach dem Wind, könnte jedoch auf lange Sicht nur dann sterilisiert werden, wenn es gelänge, eine Reihe neuer, positiver Tatsachen zu schaffen, die in den Hauptstädten des Westens, vor allem in Washington, ihre eigene überzeugende Sprache sprächen. Ich sollte versuchen, so meinte Dieckhoff, die Ruhrindustrie und einen Teil der offiziellen Stellen für diesen Gedanken zu gewinnen.

Das Gesprach mit Dr. Dieckhoff stellte eine echte Ermutigung dar. Es gab wohl den entscheidenden Anstoß zur Entwicklung der Idee einer „Deutschen Erklärung für internationale Zusammenarbeit", die mich nicht mehr loslassen sollte. Dieckhoff hatte recht: es mußte unverzüglich gehandelt werden.

Den Ausdruck „Teamwork-Idee" hielt der ehemalige Botschafter für einprägsam; entscheidend sei, daß der Wille Westdeutschlands zu einer weltoffenen Politik freundschaftlicher Zusammenarbeit in der angelsächsischen Welt überzeugend verbreitet werden könnte.

Dr. Pünder hierfür zu gewinnen, lohne die Mühe ebenso wie die Mobilisierung der Ostvertriebenen, die sich unter Präsident Lukaschek und Dr. Schreiber endlich auf überparteilicher Grundlage organisiert hätten.

Am kommenden Tage versuchte ich vergeblich, Oberdirektor Dr. Pünder zu sprechen, der in endlosen Konferenzen festgehalten war; doch es gelang, mit einigen seiner engsten Mitarbeiter, darunter Dr. Kutscher, das Thema zu erörtern. Das Grundkonzept der Teamwork-Idee wurde allgemein positiv aufgenommen. Die Hauptschwierigkeit einer Realisierung schien jedoch darin zu bestehen, die Länderchefs in einer solchen Sache auf einen Nenner zu bringen. Es wurde mir in den Unterhaltungen schließlich deutlich, daß eine Erklärung der Ministerpräsidenten an die Adresse der USA oder der nichtkommunistischen Länder ebensowenig durchzusetzen war, wie eine ähnliche Initiative der meisten – vorsichtig taktierenden – damaligen Verbände und politischen Gremien.

Ein längeres Gespräch mit dem Persönlichen Referenten von Dr. Pünder machte mir dann endgültig klar, daß auch bei dem damals höchsten deutschen Beamten eine politische Aktion der mir vorschwebenden Art auf keine Gegenliebe stoßen würde. Pünder hatte sich über den Erfolg der Telegrammaktion gefreut. Er hatte den Ministerpräsidenten von Rheinland-Pfalz, Altmeier, davon überzeugt, eine ähnliche Meinungsaktion mit der Forderung nach Demontagestopp vorzubereiten. Doch jede Initiative mit entfernt „aussenpolitischem Akzent" wurde von Dr. Pünder offenbar als riskant und nicht verantwortbar angesehen; denn sein Referent belehrte mich dahin, es müßte "aber auch alles" vermieden werden, was die Gefahr in sich berge, daß Westdeutschland und Berlin eines Tages wieder isoliert dastünden, wüßten wir doch nichts Konkretes über den Stand der amerikanisch-sowjetischen Verhandlungen und deren weitere Entwicklung.

Steuben-Schurz-Gesellschaft als Verbündete

War zwar die „Zweite Mission" bei Pünder zum besonderen Bedauern von Lukaschek, Müser und Dieckhoff gescheitert, so ergab sich doch kurz danach unerwartet eine neue Chance zur Realisierung der gewonnenen politischen Grunderkenntnisse.

In Wiesbaden erfuhr ich, daß die dort vor zwei Jahren (1947) gegründete Steuben-Schurz-Gesellschaft unter Professor Dr. Geiler als Präsidenten eine beachtliche Aktivität im Bereich der Beziehungspflege zu den angelsächsischen Staaten entfaltet hatte. Kurz entschlossen suchte ich den Geschäftsstellenleiter, Dr. Michel, auf, der mir sogleich Gelegenheit zur Aussprache gab, deren Faden später in Essen mit Generalsekretär Haux weitergesponnen werden konnte. Michel war gerade bei den Vorbereitungen zu einem Empfang für Lord Beveridge in Hamburg. Wir waren beide von der Notwendigkeit verstärkter Auslandsaufklärung überzeugt; wir sahen die Gewinnung internationalen Vertrauens als Grundvoraussetzung zu einer besseren Besatzungspolitik der Westalliierten und zur Reduzierung der Demontagen an. Ich selbst konnte Dr. Michel zusagen, mich mit allen verfügbaren Kontakten zur Interpretation der seinerseits dargelegten Ziele der Gesellschaft einzusetzen. Dies erschien um so wichtiger, als ein Teil der britischen Presse die Tätigkeit der neuen Gesellschaft argwöhnisch kommentierte und die Frage stellte, ob sie etwa die Nachfolgerin der „Steuben-Gesellschaft" sei, die in den dreißiger Jahren eine unselige Ehe mit dem militanten deutsch-amerikanischen „Bund" eingegangen sei. Das war „reine Phantasie".

Als ich über die Entstehung der Teamwork-Idee und die Bedenken hinsichtlich einer etwaigen Initiative bei Pünder sprach, betonte Dr. Michel, daß seine Gesellschaft nicht eine derartige „Schneckenhausphilosophie" teilte. Er überlegte mit mir, wie wir zusammenarbeiten könnten. Ich erwähnte, daß ich versuchen würde, den im März 1949 bevorstehenden einhundertundzwanzigsten Geburtstag von Karl Schurz für die deutsch-amerikanischen Beziehungen zu nutzen; Dr. Michel betonte die Bedeutung der bevorstehenden Zusammenkunft mit Lord Beveridge für das deutsch-britische Verhältnis; und wir waren uns darin einig, daß gut aufgezogene Veranstaltungen in Ham-

burg und Essen zwei sich ergänzende Ereignisse von Bedeutung für die Meinungsbildung des Ausland werden könnten. Er hielt Idee und Entwurf der Teamwork-Erklärung für originell; mit Professor Geiler und Herrn Haux werde er daher besprechen, ob, wann und wie die Steuben-Schurz-Gesellschaft bei ihrer Verbreitung mitwirken könnte. Die so begonnene Zusammenarbeit hielt, was sie versprach. Wir korrespondierten intensiv miteinander und bald schon besprachen wir die Gestaltung einer Antidemontage-Broschüre der Steuben-Schurz-Gesellschaft, der wir den Titel: „Ein Rückschlag für die Zivilisation" gaben. Darin wurden mehrere Demontagefälle knapp und fachgerecht behandelt, darunter die des Bochumer Vereins, der Hochfrequenz-Tiegelstahl, Bochum, und der August Thyssen-Hütte, Duisburg-Hamborn. Die Karikatur auf dem Titelblatt: Bewohner eines afrikanischen Krals beim Abtransport komplizierter Maschinen zeigend, Unterschrift: „Schau mal her, Chef, was sie uns als Reparation aus Deutschland geschickt haben."
Botschafter Dieckhoff war von meinem Bericht über die Abstimmung und das Zusammenwirken mit der aktiven bi-nationalen Gesellschaft in Wiesbaden angetan. Er regte an, unter allen Umständen General Lucius D. Clay als Militärgouverneur der amerkanischen Besatzungszone über unsere Pläne zu unterrichten. Keinesfalls sei Clay ein „Morgenthau-Mann", wie von manchen behauptet werde; trotz einiger Fehler zu Beginn seiner Tätigkeit habe der General inzwischen viel Konstruktives zur Normalisierung der Verhältnisse durchgesetzt. Mit dem Aufbau der Luftbrücke Berlin habe er außerordentliches Geschick bewiesen. Auch er sei der Politik als Kunst des Möglichen unterworfen; zwar besitze er bedeutende Vollmachten, könne aber die Federführung Washingtons bei der Entwicklung der Besatzungspolitik nicht ignorieren.

Demontage-Kontroverse der Alliierten

Auf Villa Hügel bat mich Anfang März 1949 Oberst Lambert J. Stahler zu einer Unterredung, in der er mir mitteilte, die Empfehlungen Humphreys und das konstante amerikanische Drängen auf Mechanisierung und Fördersteigerung des deutschen Steinkohlenbergbaus hätten dazu geführt, daß die unentbehrlichen Zulieferbetriebe dieses Wirtschaftszweigs – 34 an der Zahl – in absehbarer Zeit definitiv von der Demontage befreit würden. Die um Zeitgewinn ringenden Sorgenkinder dieser Produktionssparte waren für die ihnen mit der Bitte um Wahrung der Vertraulichkeit übermittelte Information dankbar, stellte sie doch eine besondere Ermutigung zum Durchhalten dar.
Es war mir klar, daß die Kohlezulieferer bei den Auseinandersetzungen unter den Alliierten bei weitem nicht so ins Gewicht fielen wie die „dicken Brocken" der Stahlindustrie, der Chemie und anderer Produktionszweige; es war nicht abzusehen, wie der gordische Knoten divergierender Politik gelöst werden könnte.
Der Monat März 1949 sollte denn auch eine Zeit besonders harten Ringens um die Demontagen in der deutschen Schwerindustrie werden. Außenminister Schuman hatte von Paris Weisung erhalten, dem britischen Außenminister Bevin in dessen Ablehnung aller Vorschläge des amerikanischen Unterhändlers, Botschafter Lewis Douglas, die Stange zu halten. Douglas hatte den Auftrag, gegenüber Briten und Franzosen hart zu bleiben und unter keinen Umständen die Empfehlungen des Humphrey-Ausschusses – Streichung von 167 Betrieben von der Demontageliste – durchlöchern zu lassen. Im Londoner Foreign Office prallten die Gegensätze aufeinander; die dritte Unterredung einer Reihe von Demontage-Konsultationen am 17. März 1949 sollte ergebnislos verlaufen.
Großbritannien wie Frankreich bestanden darauf, 51 Betriebe unter die Kategorie der für Deutschland verbotenen und nur beschränkt zuzulassenden Industrieeinheiten fallen zu lassen. Über die Freunde in Washington erfuhr ich Näheres über die Auseinandersetzungen. Britischerseits wurde besonders Wert auf die Verhinderung des Schiffsbaus und der Herstellung synthetischen Kautschuks gelegt. Bevin begründete seine Forderungen bezüglich des Schiffsbauverbots damit, die geographische Nähe der deutschen Werften zur Sowjetzone mache

eine Genehmigung sehr problematisch; solange eine Konfliktmöglichkeit in Europa nicht völlig ausgeschlossen werden könnte, wäre es nicht ratsam, die Verbote zu ändern.
Auf der amerikanischen Seite wurde hingegen gerade auf die wirtschaftliche Bedeutung der deutschen Schiffahrt für die Konsolidierung Westeuropas, den Erfolg des Marshall-Plans, erhöhter Wert gelegt; ein Gesichtspunkt, der auch nicht durch die Gegnerschaft britischer Reeder und Handelsstrategen gegenüber einem Wiederaufleben deutscher Werften und deutscher Schiffahrt auf den Weltmeeren umgestoßen werden könnte.
Die amerikanische Regierung, berichtete die Journalistin Nora Beloff in der damals britisch kontrollierten Zeitung „Die Welt", drängte unter dem Druck des US-Kongresses und der Marshall-Plan-Verwaltung auf Beendigung der Demontagen der Ruhrindustrie im Interesse des amerikanischen Steuerzahlers. Sie meinte, daß einflußreiche amerikanische Geschäftsgruppen mit Interessen in Deutschland ebenso hinter dieser Aktion ständen wie deutsche Firmen, welche durch illustrierte Kampfschriften die Kongreßmitglieder von der Zwecklosigkeit des Demontageprogramms zu überzeugen suchten. (17.3.1949).
Der Londoner „Economist" vom 19.3.1949 warnte besonders vor einer Wiederholung der Versuche deutscher Industrieller, in den USA Unterstützung zu bekommen. Zur Zeit der Untersuchungen des Humphrey-Ausschusses hätten diese Versuche ihren Höhepunkt erreicht und wesentliche Sympathien in Detroit, im US-Kongreß und bei der Marshall-Plan-Verwaltung erzielt.

OB Dr. Heinemann organisiert Karl-Schurz-Feier

Zur Vorbereitung der noch auf der Fahrt von Frankfurt nach Essen konzipierten Karl-Schurz-Feier war keine Zeit zu verlieren. In Essen meldete ich mich sogleich zu einem Gespräch bei Dr. Gustav Heinemann an.
Dabei konnte ich an die vorzügliche Resonanz anknüpfen, die bereits unter Heinemanns Schirmherrschaft die Veranstaltung vom 12. April

1948 „Die Ruhr ruft Europa" in der internationalen wie der deutschen Presse gefunden hatte. Jetzt bestehe vielleicht die Möglichkeit zur Erzielung eines noch stärkeren Durchbruchs.
Bei der erwähnten Essener Veranstaltung hatte Dr. Heinemann die Bereitschaft des Reviers zum Aufbau Europas im Namen aller Oberbürgermeister-Kollegen erklärt und seinem Bedauern Ausdruck gegeben, daß die Demontage von Hochöfen und Stahlwerken die Produktion des Reviers auf lange Zeit lahmlegen werde, wobei er als Beispiel den geplanten Abbau des Kruppschen Hüttenwerks in Borbeck erwähnt hatte.
Die Nennung des Geburtstags von Karl Schurz ließ Heinemann aufhorchen, war doch der berühmte „Achtundvierziger" eine Persönlichkeit nach seinem Geschmack: Staatsmann, sozial engagierter Verwaltungsreformer, Gegner brutaler Machtanwendung, Warner vor der Hybris militärischer Sieger, Vorkämpfer gegen jede rassische und religiöse Diskriminierung. Die Chancen einer Resonanz der vorgeschlagenen Veranstaltung hielt Heinemann für gut.
Schwieriger erschien mir zunächst, Dr. Heinemann von der Notwendigkeit einer Propagierung der Teamwork-Idee zu überzeugen. Als ich ihm Ausschnitte amerikanischer Zeitungen vorlegte, die eine echte oder lancierte Furcht vor einer Radikalisierung, Abschnürung oder kommunistischen Unterwanderung des Ruhrgebiets zum Ausdruck brachten, und ihm den Text meines Entwurfs gezeigt hatte, fragte er: „Sie halten dies also für nützlich und notwendig?" Dies bestätigte ich; viel wäre schon erreicht, falls der Gedanke überhaupt anklingen könnte; für pressemäßige Akzentuierung könnte leicht gesorgt werden. „Gut", sagte Heinemann, „wir machen es."
Rasch war die Organisation der Feier besprochen. Für den Hauptredner, den Direktor eines Gymnasiums, sollte ich einen Anspracheentwurf fertigstellen; mit dem IHK-Präsidenten Dr. Theo Goldschmidt würde Heinemann das Demontagethema erörtern, das auf jeden Fall in deutlicher Form Erwähnung finden sollte.
Die Einladung war in kurzer Zeit konzipiert, in Druck gegeben und verschickt. Wichtig war es, keine ausländische Gruppe zu vergessen, deren Meinung ins Gewicht fallen könnte (Militärregierung, Kohlenkontroll-Gruppe, HICOG, amerikanische, britische und französische Journalisten), ebenso keinen deutschen „VIP" zu übersehen. Die prompte Reaktion auf die Einladung aus dem Frankfurter Hauptquar-

tier der Amerikaner ließ auf besonderes politisches Interesse schließen. Vielleicht überrascht auf den ersten Blick die Entscheidung Heinemanns, mit dem „Teamwork-Bekenntnis" sich zu identifizieren, das primär an die Adresse des Westens gerichtet war. Lehnte er nicht – wie Kurt Schumacher – auch nur den Schein jeder einseitigen Bindung an einen der großen Rivalen der Weltpolitik ab und erstrebte, mittels „gesamtdeutscher Politik", die Verhinderung der „Demontage deutscher Zusammengehörigkeit", Gegner des Aufbaus deutscher Streitkräfte und der von Dr. Adenauer verantworteten Westintegration Westdeutschlands? War nicht Heinemann seinem Wesen nach ein „zweiter Karl Schurz", der Prinzipientreue über Parteiloyalität stellte und später aus diesem Grunde die CDU verließ, den Versuch eine Gesamtdeutschen Volks-Partei (GVP) unternahm, um schließlich in der SPD die seinen außenpolitischen Ansichten am ehesten entsprechende Partei zu finden?
Dr. Heinemann hatte sich den Text der Teamwork-Erklärung gründlich angesehen. Er fand darin keine Stelle, die seiner politischen Einstellung widersprochen hätte. Und er sah vor allem die Notwendigkeit, vom Herzen des Ruhrgebiets aus ein Signal der Freundschaft zu den USA zu setzen und die Bereitschaft zu internationaler Zusammenarbeit zu erklären. Das konnte natürlich nur der Versuch sein, der Meinungsvergiftung im Ausland zu begegnen und die Chancen amerikanischer Anti-Demontagepolitik zu erhöhen.
Die Feierstunde am 9. März stand unter einem glücklichen Stern, was die anwesenden Gäste und die Resonanz des Programms angeht. Hohe britische und amerikanische Offiziere und Beamte waren zugegen; sie vermuteten mit Recht, daß diese – in der damaligen Zeit seltene – Einladung den Rahmen zu politischen Aussagen bilden würde.
Das Bild des großen Deutschamerikaners erstand vor den Zuhörern in der Ansprache des Essener Pädagogen Dr. Eiardt. Schurz' Kampf gegen die Sklaverei, für saubere Politik und gegen militärisch geprägte Machtpolitik wurde gewürdigt. Vertreter von Gewerkschaft und Industrie betonten die Notwendigkeit internationaler Zusammenarbeit. Als Sprecher von Industrie und Handel unterstrich Handelskammer-Präsident Dr. Theo Goldschmidt die Hoffnungen, die durch den Marshall-Plan für den Aufbau eines einigen Europa geweckt worden seien, um dann jedoch auf die Unterschiede zwischen Theorie und Praxis, ERP-Konzept und Demontage von Betrieben, hinzuweisen.

Hungerdemonstration in Essen

Ruhrchemie Oberhausen: Protestaktion gegen Demontagen

Lordpräsident Morrison, Lord Henderson, General Bishop, Landtagspräsident Gockeln (von links)

Walter Reuther, Präsident der DIO und der Automobilarbeitergewerkschaft der USA (rechts) im Gespräch mit Georg Reuter, stellvertretender Vorsitzender des DGB

Bei einem Empfang der Gesellschaft zur moralischen Aufrüstung in Schloß Benrath trafen sich Frank Buchman, Gründer dieser Bewegung (rechts) mit Luise Albertz, OB Oberhausen, und Heinrich Kost, Generaldirektor der Deutschen Kohlenbergbau AG (zweiter von links)

Dr. Kurt Schumacher mit seiner Sekretärin Annemarie Renger, der späteren Bundestagspräsidentin. Schumacher opponierte gegen Adenauers Politik der Westintegration

Knapp ein Jahr nach dem Petersberger Abkommen besprachen US-Hochkommissar John H. McCloy, Wirtschaftsminister Dr. Ludwig Erhard, Sir Ivone Kirkpatrick, Hochkommissar des Vereinigten Königreichs, Bundeskanzler Dr. Konrad Adenauer und André François-Poncet, französischer Hochkommissar für Deutschland, Fragen des wirtschaftlichen Wiederaufbaus und der europäischen Zusammenarbeit

Der Kampf gegen die Demontagen sei nicht als Nationalismus einzustufen. Die Abschlußworte von Oberbürgermeister Dr. Heinemann lauteten:

„Ich glaube, den Sinn dieser Feierstunde um den großen Deutschamerikaner Schurz darin zusammenfassen zu können, daß wir alle von der Notwendigkeit einer europäischen Vereinigung und einer herzlichen Verständigung mit Amerika überzeugt sind. Ich kann selbstverständlich als Oberbürgermeister noch keine geschlossene Erklärung für Westdeutschland abgeben; aber ich nehme an, daß Sie schon in den nächsten Tagen in der deutschen Presse eine offizielle Erklärung – eine deutsche Teamwork-Resolution – seitens der maßgeblichen deutschen Vertreter lesen werden. Diese Erklärung ist deshalb wichtig, weil es einer gemeinsamen Erklärung bedarf, die verbindlich im Namen des deutschen Volkes abgegeben wird."

Ein englischsprachiger Bericht mit der Teamwork-Erklärung wurde am Tage danach an Frederick J. Libby und zahlreiche US-Senatoren geschickt.

Der „National Council for Prevention of War" verbreitete den Text sofort, und nach Gründung der NATO zog die Agentur Reuter nach. So kam langsam ein Stein ins Rollen, mit dem sich die Weltpresse stärker zu beschäftigen begann als die deutsche. Als Initiatoren und Unterzeichner der Erklärung tauchten in der Presse verschiedene Namen auf. Einige Persönlichkeiten verwahrten sich dagegen. Die Dementis verstärkten jedoch die publizistische Wirkung.

Vorstoß bei HICOG mit Lukaschek

Anläßlich einer gemeinsamen Bahnfahrt konnte ich mit Lukaschek weitere Schritte besprechen. Wieder war er es, der am konsequentesten für das einmal als richtig Erkannte eintrat. Als gebürtiger Oberschlesier kam mir Lukaschek mit seinem grauen Spitzbart und dem bisweilen aufblitzenden Humor wie Rübezahl vor, der die Menschen kennt und gern im stillen Gutes tut. Er war sensibel, den auf ihn wartenden Aufgaben physisch kaum gewachsen. Die Not der vertriebenen ost-

deutschen Bevölkerung schien er, wie die Spaltung Deutschlands, fast körperlich zu erleiden. Er wollte überall helfen.
Die internationale Atmosphäre war, so stellte Lukaschek fest, noch immer durch den Alleingang von Nadolnys nach Pankow und Moskau vergiftet. Er fragte mich, ob ich bereits ein Echo auf die „Teamwork-Aktion" besäße, die die Diskussion von Journalisten, aber auch von alliierten Beamten, zu beschäftigen begann. Ich konnte Lukaschek folgende Informationen zwecks Unterrichtung der US-Hochkommission übergeben:

(1) Die Steuben-Schurz-Gesellschaft hatte bei einer Versammlung in Bad Godesberg eine etwas verkürzte Version der deutschen Teamwork-Erklärung verlesen, in Anwesenheit von Professor Dr. Geiler (ehemaliger Ministerpräsident von Hessen, Rektor der Universität Heidelberg und Präsident der Steuben-Schurz-Gesellschaft), Generalsekretär Dr. Haux, Direktor Franzjosef Müser, DGB-Chef Dr. h.c. Ernst Böckler, IHK-Präsident Dr. Theo Goldschmidt und zahlreichen Industriellen.

(2) Ende März 1949 sollte die Teamwork-Erklärung vom Bonner Oberbürgermeister Dr. Stockhausen beim Empfang einer amerikanischen Delegation, die anläßlich der Wiederaufnahme des Studentenaustausches mit den USA nach Deutschland kam, verlesen werden. Der deutsche Partner dieser Initiative war Dr. Vopelius, Frankfurt/Main.

Im IG-Hochhaus trafen wir mit Mr. Wendelin, dem politischen Sonderberater, zusammen, dem Lukaschek kurz den Unsinn darlegte, der in einem Teil der Weltpresse mit der „Nadolny-Geschichte" getrieben werde. Wendelin sagte, er werde Washington ausführlich über die Zusammenhänge unterrichten.
Beim anschließenden Gespräch mit Dr. Schreiber, dem späteren Staatssekretär Lukaschecks im Vertriebenenministerium, damals im Bizonalen Wirtschaftsamt tätig, kam dann die Nutzung des Teamwork-Gedankens durch die Vertriebenenverbände zur Sprache. Schreiber sagte spontan, er werde sich schon am nächsten Tage, bei der Antrittserklärung als Sprecher der Vertriebenenbelange ausdrücklich hierauf beziehen, im Zusammenhang mit der Zusage vertrauensvoller Kooperation mit den Besatzungsbehörden, dem Bekenntnis zum Vereinten Europa wie der Forderung nach späterer Rücksiedelung der Heimat-

vertriebenen unter einem Friedensvertrag, wie schwierig dies Problembündel auch derzeit erscheinen möge.

Am folgenden Tag traf ich mit Lukaschek erneut in Frankfurt im IG-Hochhaus zusammen, um mit Mr. Wendelin und Mr. Kimmel das Problem der Millionen Ostvertriebenen zu besprechen. Es wurde daraus eine lange Aussprache, bei der Lukaschek die Amerikaner förmlich beschwor, diese Angelegenheit vorrangig zu behandeln. Geschickt verstand es Lukaschek, die Hoffnungen der Vertriebenen auf den Westen mit den wirtschaftlichen und politischen Forderun- gen zu verknüpfen, nicht zuletzt mit dem Appell, bei den Verbündeten einen Demontagestopp durchzusetzen.

Mr. Wendelin zeigte sich daran interessiert, wer sich für die „Teamwork-Idee" einsetze. Lukaschek gab zu erkennen, daß seitens der Ostvertriebenen in Kürze eine starke Initiative erfolgen werde; was die Frage nach der Einstellung der deutschen Jugend angehe, so sollte ich als Angehöriger der Kriegsgeneration meine Erfahrungen mitteilen. Ich formulierte meine Überzeugung so: die deutsche Jugend bejaht diesen Gedanken sicher grundsätzlich; aber sie wird ihn sich erst dann ganz zu eigen machen können, wenn die westliche Besatzungspolitik im Einklang mit den Prinzipien der Humanität und Fairneß auf wirtschaftlichem, politischem und rechtlichem Gebiet steht. Und Zusammenarbeit darf nicht auf Kosten der Wiedervereinigung gehen. Lukaschek nickte zustimmend.

Die Amerikaner waren nachdenklich geworden, als das Stichwort „Potsdam Agreement" gefallen war. Wir konnten nur so „frei weg von der Leber" sprechen, weil wir keinen Bittgesang machten. Es verschaffte uns den Respekt der Gesprächspartner. Ein resoluter Lederwarenfabrikant aus Offenbach zum Beispiel gewann die besondere Hochachtung unserer Freunde bei HICOG, weil er, im Gegensatz zu vielen Zeitgenossen, kein Ja-Sager war und stets den Finger auf die wunden Stellen der Besatzungspolitik legte. Seine Kritik schloß die Presse ein.

Als wir das große Verwaltungsgebäude verließen, meinte Lukaschek, wir seien uns wohl beide darüber im klaren, daß das keine Routinebesprechung gewesen sei. Schon am nächsten Tage würde ihr Inhalt bei General Clay und im State Department bekannt sein. Männer vom Schlage der Botschafter Riddleberger und Murphy, des als US-Hochkommissar vorgesehenen John J. McCloy und des Generals Draper

würden neue Argumente von der „Front" zwecks Verbesserung der Deutschlandpolitik in Händen haben.
Da mir an einer Erläuterung des Teamwork-Begriffes über den Rundfunk gelegen war, setzte ich mich mit dem NWDR in Verbindung. Dort erfuhr ich, daß am 17. März 1949, dem Vorabend der Gründung der NATO, der Auslandsrundfunk bereits folgende United Press-Meldung verbreitet hätte:

„Eine deutsche Gesellschaft, die unter Hitler wegen ihrer engen Bande zu den USA verboten war, erhielt heute die Unterstützung prominenter westdeutscher Politiker für ein Programm deutscher Mitarbeit bei der Bildung eines Europäischen Bundes. Die Steuben-Schurz-Gesellschaft, 1930 gegründet und im letzten Jahre mit mehr als 100000 Mitgliedern reorganisiert, erklärte in einer Teamwork-Resolution, daß Deutschland seinen vollen Beitrag zur Bildung eines Zusammenschlusses freier und demokratischer europäischer Länder leisten soll. Seit ihrer Neugründung war dies die erste wichtige Verlautbarung der Gesellschaft. Sie wurde von solch prominenten Deutschen wie Professor Hans Geiler, Rektor der Heidelberger Universität und Mitglied des deutschen Europarates, Dr. Hans Böckler, Vorsitzender der Gewerkschaften der britischen Zone, Karl Arnold, Ministerpräsident von Nordrhein-Westfalen, und Dr. Hans Lukaschek, Vizepräsident des Obersten Gerichtshofs der Bi-Zone, unterstützt. 'Teamarbeit sollte das gemeinsame Ziel der zivilisierten Welt sein, und Deutschland ist gewillt, diese Idee zum Leitprinzip seiner Kontakte zu seinen Nachbarn zu machen', fügte die Erklärung hinzu."

Die Steuben-Schurz-Gesellschaft teilte mir bald darauf mit, laut Bericht aus Washington habe die Resolution der Arbeit unserer Freunde dort sehr genutzt. Senator Ferguson bedankte sich in einem persönlichen Schreiben für Übersendung der Mitteilung, und Marshall-Plan-Verwaltungsdirektor Donald C. Stone schrieb mir am 19. Mai 1949 einen Brief, in dem es hieß:

„Herzlichen Dank für Ihren Brief mit den Unterlagen zur deutschen Teamwork-Deklaration. Ihre Informationen haben mich außerordentlich interessiert, und, darf ich sagen, äußerst ermutigt. Ich glaube richtig zu urteilen, wenn ich sage, daß Sie in dieser Botschaft die

grundsätzliche Notwendigkeit dargelegt haben, die Beziehungen zwischen den Nationen auf solider moralischer und geistiger Grundlage aufzubauen. Wie Sie wissen, ist es die Grundidee hinter der Bewegung International Christian Leadership, das Konzept der Brüderlichkeit in die öffentlichen Angelegenheiten einzubauen."

Pünders Referent hatte gemeint, diese von Lukaschek und mir vorgetragene Sache sei für Amerika nicht geeignet. Doch auch ohne Pünder kam die Idee zum Tragen, deren positives Echo für Müser wie Lukaschek eine Ermutigung darstellte, die eingeschlagene Linie weiter zu verfolgen. Oberbürgermeister Dr. Heinemann wurde ebenfalls über die Resonanz unterrichtet, hatte er doch das erste Signal zu einem deutschen Bekenntnis zur internationalen Zusammenarbeit gesetzt, allen durch Realitäten der Besatzungspolitik entstandenen Ressentiments zum Trotz. Libby nutzte natürlich die übersandten Unterlagen und gab hierzu Pressekommuniqués und Kurzkommentare heraus.
Einige Vorstandsmitglieder demontagebedrohter Firmen stellten mir die Frage, ob sich ein solcher Kräfteaufwand denn überhaupt praktisch lohne, ob er irgendeine Auswirkung auf die immer noch weitergehenden Demontagen haben könnte. Ich konnte auf die Berichte von Libby und Finucane bezüglich des psychologischen Werts dieser Gesamtinitiative und auf die Mitteilungen der Steuben-Schurz-Gesellschaft hinweisen, sowie auf zahlreiche Kommentare der britischen Presse zur Gesamtstrategie der deutschen Antidemontage. Um eine Erkenntnis von Abraham Lincoln zu variieren: mit der öffentlichen Meinung konnte in der Anti-Demontage alles gelingen, ohne sie nichts.
Die Meinungsbildung im US-Kongreß, in der Exekutive, insbesondere der Marshall-Plan-Verwaltung, bei den Spitzenorganisationen der US-Gewerkschaften und bei „Leitmotiv-Vereinigungen" wie der Libby-Gruppe oder Dr. Vereides „International Christian Leadership" sowie bei ansprechbaren Vertretern der Massenmedien, mußte ihre Ergänzung finden durch die Überzeugung der allgemeinen Öffentlichkeit Amerikas. Es bestand eine Interdependenz dieser Meinungsfaktoren, von denen keiner vernachläßigt werden durfte. Das Gesamtgewicht dieser Faktoren würde von erhöhter Bedeutung sein, falls widrige Umstände der „großen Politik", die man nie ausschließen kann, der Legislative in Washington auf ihrem inzwischen sich abzeichnenden Kurs Steine in den Weg legen sollten.

Tauziehen in Düsseldorf

Aus Düsseldorf wurden Ende März 1949 weitere Einzelheiten über den Kampf des Wirtschaftsministers Erik Nölting mit dem britischen Brigadegeneral a.D. Noel um Zeitgewinn und Milderung einzelner Demontagefälle bekannt. Direktor Müser hatte von seinen Kollegen aus dem Stahlbereich nur anerkennende Worte über die Zähigkeit und den Scharfsinn des SPD-Politikers in den Demontageverhandlungen gehört. Schon am 19.2.1948 hatte der britische General dem unnachgiebigen Sauerländer Nölting nach einem Wortgefecht bestätigt, daß er die Interessen der deutschen Industrie „in sehr geschickter, aber hartnäckiger Weise verteidigte".

Direktor Müser billigte nicht alle wirtschaftspolitischen Überzeugungen des seit Hochsommer 1946 das schwerste Ministeramt in Düsseldorf ausübenden Professors Nölting, die vereinfachend als „freiheitlicher Sozialismus" bezeichnet worden sind. Doch er erkannte Nöltings außerordentlichen Einsatz zur Rettung deutscher Betriebe voll an.

Der 1892 in Plettenberg (Sauerland) geborene Erik Nölting hatte am Ersten Weltkrieg teilgenommen, 1919 in Frankfurt/Main seinen Doktor der Staatswissenschaften gemacht, um bereits 1923 Professor an der Akademie der Arbeit in Frankfurt zu werden, dort, wie in Berlin und Hannover für die Arbeiterbildung eintretend. Seit 1928 als Abgeordneter der SPD im Preußischen Landtag tätig, führte er 1932 im Deutschen Rundfunk ein aufsehenerregendes Streitgespräch mit Gottfried Feder, dem Finanzberater der NSDAP, das 1933 wesentlich mit zu seiner Entlassung aus allen Ämtern führte. Mit seiner außergewöhnlichen Sprachbegabung, die sogar Ludwig Erhard, wie Nölting Schüler des liberalen Ökonomen Franz Oppenheimer, in Streitgesprächen nach 1945 zu spüren bekam, gelang es ihm, in den dreißiger Jahren seine Familie zu ernähren: unter einem Decknamen verfaßte er Kurzgeschichten und Drehbücher. Bald nach Kriegsende rief der erste, von den Briten ernannte Oberpräsident Westfalens, Rudolf Amelunxen, Erik Nölting als Generalreferent für Wirtschaft nach Münster. Als ein Jahr später Amelunxen erster Ministerpräsident Nordrhein-Westfalens wurde, nahm er Nölting nach Düsseldorf mit und machte ihn zum Wirtschaftsminister.

Im ersten Kabinett Arnold (CDU), der am 17. Juni 1947 seine Regierungserklärung abgab, in der „echte Gemeinwirtschaft" jenseits der „bisherigen großkapitalistischen Wirtschaftsweise und einseitiger bürokratischer Staatswirtschaft" gefordert wurde, blieb Nölting Wirtschaftsminister. Seine, im ganzen gesehen, gemäßigten, sozialpolitischen Vorstellungen konnte er freilich nicht weiterentwickeln; nach Vollendung des „Punkte-Systems" und der Mitwirkung bei der Reorganisation im Bergbau nahm ihn die Antidemontage voll in Anspruch. Kein Zweifel, daß Nölting unter den westdeutschen Kollegen der profilierteste war.
Politiker aller Parteien in Düsseldorf wußten, daß der allseits geachtete Wirtschaftsminister als zäher Vertreter der Landesinteressen gegenüber der britischen Militärregierung unersetzbar war.
Bei der Generaldebatte zur Demontage im provisorisch in den Henkel-Werken Düsseldorf untergebrachten Landtag von Nordrhein-Westfalen am 29. Oktober 1947 konnte auch der Sprecher der CDU, Abgeordneter Dr. Adenauer, nicht umhin, „einem größeren Teil" der Ausführungen Nöltings, die starken Beifall erhalten hatten, zuzustimmen, an ihrem „kleineren Teil" jedoch Kritik zu üben. Adenauer wollte das Wort Reparationen durch „Kriegsentschädigung" ersetzen; und er wollte das völkerrechtlich definierte Recht deutscher Mitsprache bei Detailfestlegung der Reparationen propagiert und durchgesetzt sehen.
In leidenschaftlichen Reden und Aufsätzen forderte Nölting die Demontageeinstellung. Im Landtag sprach er offen aus, was viele Abgeordnete dachten: der ganze Demontageplan basiere auf „Rache-, Vergeltungs- und Konkurrenzgelüste". Sicher trug die Anschaulichkeit seiner Formulierungen zu ihrer Wirkung bei. So sagte er: „Will man das Trümmerfeld in Deutschland noch weiter vergrößern, die deutsche Demokratie noch weiter auspowern? Demokratie läßt sich nicht auf einem Scherbenhaufen errichten. Wir fühlen uns gewiß nicht mehr als Nabel der Welt, aber wir möchten auch nicht eine schwärende Wunde am Körper Europas bleiben!"
Als einmal ein Vertreter der Militärregierung die Demontagemaßnahmen zu bagatellisieren versuchte mit der Bemerkung, die Siegermächte schnitten sich doch lediglich ein Kotelett aus einem Elefanten, entgegnete Nölting, ein Kotelett aus der Herzgegend könnte auch den stärksten Elefanten töten. Als die Demontageliste veröffentlicht wurde, auf die er so lange gewartet hatte, formulierte er, „die deutsche Demokra-

tie habe Halbmast geflaggt", und General Sir Brian Robertson wagte Nölting zu sagen, im Gefolge einer destruktiven alliierten Politik werde es in Deutschland wieder so einsam um die Politiker wie einst um Stresemann, Erzberger und andere Männer der Weimarer Republik. Wenn er mit Vertretern der Besatzungsmacht zusammentraf, hatte Nölting praktisch die Sorgen jedes einzelnen zur Demontage bestimmten Betriebs im Kopf. Oft brachte er seine Gegenspieler durch Anschneiden von Rechtsproblemen und Zuständigkeitsfragen in Verlegenheit.

Es verdient hier, zur Abrundung des Bildes von Nölting, erwähnt zu werden, daß er noch als Bundestagsabgeordneter am 16. Juli 1950 die Relikte alliierter Demontagepolitik unerbittlich geißelte: „Man redet so viel von Schwüren, pathetischen Deklamationen und Beteuerungen vom einigen Europa. Mir will scheinen, das Rattern der Demontagehämmer und das Knattern der Lkws, mit denen man das Reparationsgut abfährt, ist eine schlechte europäische Auferstehungsmelodie!"

Für die gewiß schweren Monate, die von April bis November 1949 der Wirtschaft des Landes Nordrhein-Westfalen bevorstanden, war es gut, einen Mann in Düsseldorf zu wissen, der auch wachsendem britischen Druck an der Demontagefront hinhaltenden Widerstand entgegenzustellen in der Lage war. Eines der besonderen Sorgenkinder des Wirtschaftsministers waren die Deutschen Edelstahlwerke Krefeld, um deren Erhaltung er unter Hinweis auf den wirtschaftlichen Unfug einer Demontage zäh kämpfte. In seiner harten Arbeit war es für Professor Nölting ein Lichtblick, als er am 14. April 1949 Direktor Loesch von den Edelstahlwerken mitteilen konnte, es sei zu seiner besonderen Freude gelungen, das Krefelder Werk zu erhalten; eine ähnlich erfreuliche Nachricht konnte Nölting Direktor Hobrecker von der Westfälischen Drahtindustrie, Hamm, und dem Eisenwerk Rote Erde, Dortmund, noch am gleichen Tage durchgeben.

Im März 1949 hatte Nölting von der Militärregierung eine Liste von 90 Betrieben erhalten, die nach Überprüfung durch die Humphrey-Kommission endgültig zur Demontage freigegeben worden waren.

Bei Industrie und Regierung war bekannt, daß amerikanische und britische Experten sich weiter intensiv mit dem Demontageproblem beschäftigten, um es bei der für Anfang April 1949 geplanten „Achtmächte-Konferenz" zur Gründung des Nordatlantik-Paktes zur Sprache zu bringen. Amerikanische Sachverständige hatten sich, wie der

„Verein Deutscher Eisenhüttenleute e. V." mitteilte, für eine Erhöhung der deutschen Stahlquote auf 15 Millionen Tonnen jährlich eingesetzt. Es hieß damals, die Engländer seien wohl bereit, etwa 120 Betriebe von der Demontageliste zu streichen; sie seien aber entschieden dagegen, Deutschland den Bau größerer Schiffe zu erlauben, mit der Begründung, Werften, die größere Schiffe bauten, seien „stahlfressende Betriebe".

In einer Pressekonferenz in Düsseldorf konnte General Bishop nicht umhin, die Frage eines Journalisten, ob auch Deutsche bei der Ausarbeitung der Demontagepläne mitgewirkt hätten, mit „Ja" zu beantworten. Wir wußten damals, daß unter den Beratern der britischen Militärregierung nicht nur sachkundige deutsche Journalisten waren, sondern auch Propagandisten, die die einzelnen Maßnahmen in jeweils zunächst verblüffende Argumente einbanden. Für einen jungen Historiker wäre es eine lohnende Aufgabe, eine Arbeit über „Deutsche in Diensten britischer Kriegs- und Nachkriegspolitik" zu schreiben. Dabei könnte er mit der Planung großflächiger Terrorbombardierungen durch den aus Baden-Baden stammenden Friedrich Alexander Lindeman – als Lord Cherwell einflußreicher Steuerberater von Sir Winston Churchill – beginnen und die Darstellung der Tätigkeit sachkundiger Experten bei Ausheckung der volkswirtschaftlich verheerenden Teildemontage-Pläne einbeziehen, Personen- und Funktionsbeschreibung von Demontageunternehmern in Diensten der Militärregierung sowie in Intelligence- und Pressesektor nicht zu vergessen.

Nölting blieb zunächst skeptisch bezüglich eines entscheidenden Durchbruchs in der Frage des Demontagestopps für die Stahlindustrie und den Bereich der chemischen Großindustrie. Die Entwicklung schien seine Befürchtungen zu bestätigen. Industrie wie Regierung des Reviers bemühten sich im Frühjahr 1949, nicht nur das von der Morgenthau-Propaganda erzeugte negative Bild von der Ruhr als einer einzigen „Bastion der Rüstung" entgegenzutreten, sondern auch an das Eigeninteresse der Nachbarn anzuknüpfen. Die Industrie lud Unternehmer aus den Niederlanden, Belgien, Luxemburg und den Nordischen Staaten ein. Bei Diskussionen und Rundfahrten ließ sich mit gutem Grund darauf hinweisen, wie stark die Reduzierung des primär an der Ruhr beheimateten Industriepotentials die Industrien der Nachbarländer vielfach im negativen Sinne tangieren würde; man brauchte nur an die Eisenerzbergwerke Schwedens, die Docks von Rotterdam und Antwerpen, die norwegische Trampschiffahrt zu denken – sie alle würden darunter leiden. Gut informierte niederländische Fachzeitschriften warnten daher auch vor „Exzessen" alliierter Demontagepolitik unter Hinweis auf die besondere Bedeutung einer blühenden Ruhrindustrie für die Niederlande, die Nölting selbst häufig betont hatte.

Welche Kommentare wären in den holländischen Fachzeitschriften erschienen, hätten sie von noch bedeutenderen Exzessen gewußt, die 1945/1946 in Washington allen Ernstes zur Debatte gestanden hatten? Das US-State Department hatte 1945, ebenso wie die französische Regierung, Vorschläge einer Trennung von Ruhrgebiet und Rheinland vom übrigen Deutschland geprüft, während Großbritannien damals einem solchen Plan entschieden entgegentrat wie auch der von Morgenthau verwendeten Vokabel „Entindustrialisierung". Eine amerikanische Regierungsdelegation, offensichtlich vom Morgenthau-Virus befallen, hat im Oktober 1945 nach Besichtigung des Ruhrgebiets eine Stellungnahme positiver Art zur vorgeschlagenen Abtrennung gegeben, als „wichtigste, einzigartige Möglichkeit, die Krieg erzeugende Macht permanent zu reduzieren". Darüberhinaus stellte sie „nicht ohne Sympathie" dem State Department anheim, die gesamte Bevölkerung des Ruhrgebiets zu „verpflanzen" und durch eine nichtdeutsche Bevölkerung zu ersetzen.

Kalte Dusche aus Washington

Ende März schien bezüglich der weiteren Demontage-Politik in der britischen Zone noch alles in der Schwebe. Die Briten hatten durch Pioniereinheiten in Hamburg, gegen den Einspruch von Bürgermeister Brauer und Wirtschaftssenator Schiller, einen der vier größten Kräne der Welt sprengen lassen. Müser hatte schlechte Nachrichten von Blohm und Voss. Dieser ehemaligen Werft war die Sprengung der Helligen-Fundamente angekündigt worden. Auch die Demontage der deutschen Werft „Reiherstieg" stand in Aussicht. Militärgerichtsverfahren drohten jenen widerspenstigen Deutschen an der Waterkant,

die noch Werte des Schiffsbaus retten wollten. Vielleicht beeilten sich die Briten so, weil sie befürchteten, bald in Demontagefragen auf ihrem Territorium nicht mehr allein schalten und walten zu können. Meine Hoffnung stützte sich auf Berichte der Freunde in Washington, die freilich noch nicht wissen konnten, wie erbittert das Ringen der Außenminister der drei Westmächte um das Demontageausmaß während der Erörterung der deutschen Frage Anfang April werden würde. Die Gespräche fanden anläßlich der Achtmächtekonferenz im April 1949 statt, bei der die NATO offiziell aus der Taufe gehoben wurde. Das Ergebnis der Deutschland-Besprechungen war, neben dem Besatzungsstatut und einer Botschaft an die Militärgouverneure, ein „Abkommen über die Verringerung der Industrie-Demontagen und über die Erhöhung des Industrieproduktionsniveaus", welches die drei Militärgouverneure in langen Beratungen in London vorbereitet hatten: 159 Betriebe wurden durch dieses Abkommen ganz oder teilweise von der Demontageliste gestrichen; der Bau von Hochseeschiffen bis zu 7200 Bruttoregistertonnen war erlaubt; die Stahlquote für die drei Zonen von jährlich 11,1 Millionen Tonnen blieb, entgegen den amerikanischen Plänen, jedoch bestehen; und die Gewinnung von Benzin aus Kohle (Kohlehydrierung) blieb weiter verboten.
Wie Professor Baade, Leiter des Instituts für Weltwirtschaft (Kiel) am 19.11.1951 in einem Brief an den Fachverband Kohlechemie (Essen) schrieb, hatte in diesem Kompromiß, entgegen erstem Anschein, der englische und französische Zerstörungswille entscheidend gesiegt; denn es waren zwar 159 von 167 Betrieben, die der Humphrey-Ausschuß zur Erhaltung empfohlen hatte, von der Demontageliste gestrichen worden; aber die acht – entgegen den Empfehlungen Humphreys – zur Demontage verurteilten Betriebe waren die größten und wichtigsten Stahlwerke und entscheidende Teile der Stickstoff- und BUNA-Fabrikation! Darüberhinaus waren die Fischer-Tropsch-Anlagen und das Hydrierwerk Gelsenkirchen auf die Liste endgültig zu demontierender Objekte gesetzt worden; diese hatten ursprünglich überhaupt nicht auf der Demontageliste gestanden!
Man kann sich gut vorstellen, wie aufgebracht Senator Humphrey und dessen Senatskollegen gerade durch den Demontageentschluß für jene Werke waren, deren Erhaltung sie so dringend empfohlen hatten: August-Thyssen-Hütte, Bochumer Verein, Deutsche Edelstahlwerke in Bochum, das Klöckner-Drahtwerk in Düsseldorf, Hoesch in Ho-

henlimburg sowie die Chemiewerke in Ludwigshafen und Oppau und die Reichswerke in Watenstedt-Salzgitter.

„Das erste Gefühl der Erleichterung ist erheblich herabgemindert worden“, meinte Wirtschaftsminister Nölting, „da jetzt noch wichtigste Betriebe unter das Demontagebeil fallen!“ Damals machte das Wort die Runde in Düsseldorf: „159 Kanarienvögel hat man freigegeben, acht Elefanten aber behalten!“ Ein Zeichen der aufgekommenen Verbitterung.

Die Entscheidung der drei Außenminister stellte eine flagrante Mißachtung des Auftrags dar, den der Kongreß, die Legislative der Vereinigten Staaten, im Marshall-Plan-Grundgesetz erteilt hatte. Durch Konzessionen an die Engländer und Franzosen in der Demontagefrage hatte Außenminister Acheson deren Zustimmung zu „wichtigen Änderungen“ in der allgemeinen Deutschlandpolitik eingehandelt. Die Morgenthau-Leute konnten triumphierend argumentieren, das sei nun die definitiv letzte Regelung der Demontagefrage, die sich die gutmütigen Amerikaner von den arroganten Deutschen hätten abtrotzen lassen; es seien ja 159 Betriebe gerettet; ein international bindendes Abkommen sei in Washington getroffen worden, an dem nicht zu rütteln wäre; und – last not least – lägen die zu demontierenden Betriebe nicht in der amerikanischen Zone; das Ganze stelle also eine interne Angelegenheit der Franzosen und der Briten in ihren Zonen dar.

Für das Ruhrgebiet bedeutete die Demontagerevision nur die Freigabe von 10 Prozent der Hochofenkapazität, 1,5 Prozent der Siemens-Martin-Stahl- sowie 3 Prozent der Walzstahlkapazität. Die Entscheidung der drei Außenminister hatte ferner die Empfehlung des Humphrey-Ausschusses zurückgewiesen, die August-Thyssen-Hütte zwar zum Reparationsobjekt zu erklären, sie aber in Deutschland aufgrund der Reparationsgläubiger arbeiten zu lassen.

Eine Wendung der Dinge, also eine Revision des Vertrages, konnte nur durch zwei Instanzen bewirkt werden, die allein ein formell geschlossenes Abkommen auf internationaler Ebene in Frage stellen konnten: Präsident und Kongreß der USA. Es war gewiß nicht wahrscheinlich, Truman zur Revision eines soeben erst von ihm gebilligten Abkommens bewegen zu können. Dies könnte allenfalls dann in den Bereich der Wahrscheinlichkeit rücken, falls es gelänge, starke innenpolitische Kräfte in den USA zu mobilisieren, z.B.:

(1) den Kongreß, der auf Mißachtung seiner Empfehlungen pochen konnte,
(2) die beiden großen Gewerkschaftsverbände AFL und CIO (unter ihren Führern William Green und Walther Reuter), die im Herbst 1948 Präsident Truman zu seiner überraschenden Wiederwahl verholfen hatten,
(3) die öffentliche Meinung, zu deren Mobilisierung die Massenmedien beitragen konnten,
(4) militante Antidemontagegruppen (besonders „National Council for Prevention of War") mit ihren Verbindungen zum Kongreß, zur ECA, zu Universitäten, Colleges und Kirchen.

Wichtig für uns war es, zu wissen, daß Professor Baade mit den Gewerkschaftsspitzen eng zusammenarbeitete und deren Vorstoß bei Truman mitgestalten konnte, und daß sich auch die Gruppe von Dr. Vereide, im Kontakt mit Senat und Marshall-Plan-Verwaltung, gegen die Beschlüsse stemmen würde. Washington konnte auch die Berichte der US-Hochkommission zur Lage und Bestimmung in Westdeutschland und Berlin nicht übersehen; auch hatten maßgebende Beamte von HICOG enge persönliche Beziehungen zu führenden amerikanischen Politikern.

Jim Finucane übte sofort nach Bekanntwerden der Washingtoner Beschlüsse mit seiner spitzen Feder scharfe Kritik an dem „Kompromiß", die auch etwas später von einigen deutschen Zeitungen übernommen wurde. Die Stellungnahme wurde ohne Verzögerung dem Kongreß zugeleitet. Man glaubte, Dean Acheson habe zu wenig Rückgrat gezeigt. In der Zeitschrift der Libby-Gruppe schrieb Finucane, wichtigste Schwerpunkte für den Aufbau der deutschen Wirtschaft seien ausgeschaltet worden, entgegen den ausdrücklichen Empfehlungen der Legislative. Das sei ein unerhörter Vorgang. Zwar mache das Besatzungsinstitut einige Konzessionen an die deutschen Politiker um den Preis der Demontagefortsetzung; bei näherer Betrachtung schreibe es jedoch den Status der drei Westzonen als „Kolonie der drei Westalliierten" fest. Es knebele die deutsche Wirtschaft weiterhin! Man könnte zwar Deutschland durch weitgehende Ausschaltung seines Schiffsbaus von den Weltmeeren fernhalten und seine Betätigung auf den Weltmärkten durch Strangulierung lebenswichtiger Industrien mattsetzen, man dürfte sich dann aber nicht wundern, wenn sich Elend und Unruhe in Deutschland weiter ausbreiteten.

Schwerpunkte der Antidemontage

Müser machte sich auf schwere Zeiten für den Bochumer Verein gefaßt. Doch er war entschlossen, den Kampf gegen den „Demontagedrachen“ weiterzuführen und hierbei möglichst auch neue Methoden zur Anwendung zu bringen. Aus dem Arbeitszimmer von „Captain Boykott“ liefen zahlreiche Fäden in das Ruhrgebiet zu den Vorständen gleichfalls betroffener Firmen, zu Politikern, Regierungsbeamten, Polizeidienststellen, die es zu verstärken und zu ergänzen galt. Wichtig vor allem schien engste Abstimmung der zu planenden Maßnahmen mit bevorstehenden Aktionen der Kohlechemiewerke, die vor einer völlig neuen Situation standen. Auf diesem Gebiet konnte ich durch Kontakt und Ideenaustausch mit Dr. Heinz Nedelmann, Geschäftsführer des Fachverbands Kohlechemie, und zum tatkräftigen Vorstand der Gelsenberg Benzin A.G. in Gelsenkirchen-Horst, vor allem Dr. jur. Alfred Weidmann, einen Beitrag leisten.
Müser beschäftigte sich gründlich mit dem Vorgehen gegen die Demontageunternehmer mit dem Ziel der Verlangsamung des Zerstörungswerks durch Verwaltungsmaßnahmen (insbesondere Überprüfung der fachlichen Zuverlässigkeit ihrer Firmen durch Beauftragte des Regierungspräsidenten) wie durch verschärfte Meinungskampagnen mittels Flugblättern und Plakaten (ein Ausweg zur Aufklärung der Bevölkerung und zur Verunsicherung der Demontagearbeiter angesichts von Pressekontrollen nicht zu umgehen). Es mußte versucht werden, freiwillige Arbeitsniederlegung der Demontagearbeiter nicht nur in Bochum und im Revier, sondern darüber hinaus in ganz Westdeutschland zu erreichen.
Einladungen sollten an meinungswichtige Persönlichkeiten unserer europäischen Nachbarstaaten ergehen. Bochum sollte auch, vor der einprägsamen Kulisse seiner demontagebedrohten Industrieanlagen, traditioneller Diskussionstreffpunkt der Auslandspresse werden. Die Kontakte führender Persönlichkeiten der beiden großen christlichen Konfessionen sollten intensiviert werden, mit dem Ziel, Kirchenkreise in den USA und in Großbritannien zu Initiativen zu veranlassen. Der Gedankenaustausch mit der US-Hochkommission in Frankfurt sollte weitergesponnen werden. Diszipliniert verlaufende Großveranstaltungen waren nach Ansicht Müsers eindrucksvolle Mittel der Öffent-

lichkeitsarbeit, insbesondere, wenn hierbei alle Sektoren der Verwaltung, der Politik, der Industrie, der Gewerkschaften und des kulturellen Lebens durch berufene Sprecher zu Wort kommen würden, Frauenverbände nicht zu vergessen. In Gelsenkirchen wurde diese Einsicht bei den Kundgebungen zur Erhaltung der Gelsenberg Benzin A.G. im Juni und Juli 1949 wirkungsvoll in die Tat umgesetzt. Eine sehr gute Idee war der Plan, Anfang September 1949 den 73. Deutschen Katholikentag unter dem Motto „Gerechtigkeit schafft Frieden" in Bochum abzuhalten und die Hauptkundgebung in der zur Demontage für die Jugoslawen bestimmten, riesigen Werkshalle des Bochumer Vereins stattfinden zu lassen. Kardinal Frings hatte bereits mit den Vorbereitungen für dieses Ereignis begonnen; die Briten hatten sich Müsers Petitum, Verschiebung der Demontageorder für die große Halle, nicht verschließen können. Müser bat mich, in Abstimmung mit Präsident Lukaschek und dem Geistlichen Rat Goebel (Lippstadt), für die Organisation von Großkundgebungen der Vertriebenen zu sorgen. Übereinstimmung bestand darin, alle PR-Aktionen konstruktiv und einprägsam zu gestalten und hierbei der Mobilisierung der Emotion mindestens die gleiche Beachtung zu schenken wie der mit Zahlen und volkswirtschaftlichen Beweisketten operierenden Ansprache der Ratio, des Verstandes. In der Sache unwiderlegbare, volkstümliche Darstellungsweisen versprachen die beste Wirkung bei der Meinungsbildung. Direktor Müser begrüßte die gute Zusammenarbeit mit einer Reihe von Betriebsräten und Arbeitern; das würde sicher auch dazu beitragen, bei den geplanten – illegalen – Plakataktionen den rechten Ton zu treffen.
Für mich brachte der April 1949 eine persönliche Veränderung: ich erhielt meine Kündigung als Verbindungsmann zur DKBL. Die Entlassung wurde damit begründet, daß „allgemeine Sparmaßnahmen" angeordnet worden seien. Laut höherer Weisung sollte nunmehr ein deutschsprechender Presseoffizier an meine Stelle treten und den Kontakt mit der deutschen Seite (DKBL) aufrechthalten. Die englischen Zeitungen haben später bei Erwähnung meines Namens im Zusammenhang mit der Antidemontage stets die Formulierung gebracht, man habe mich „wegen vermuteter Propaganda-Aktivitäten außerhalb meiner Funktion als Liaison-Officer" entlassen. Ohne besondere Rücksichtnahmen konnte ich nun in den kommenden Monaten alle Kräfte der Antidemontage widmen.

SED-Propaganda

Schon bald nach meiner Entlassung als Verbindungsmann bei der Combined Coal Control Group suchte ich bei HICOG eine Persönlichkeit auf, die entscheidend gegen Morgenthau-Einflüsse in ihrem eigenen Hause gekämpft hatte: Charles N. Collison, Stellvertretender Leiter der „Decartellisation-Branch“ für die US-Zone. Collison hatte von meiner Entlassung gehört und meinte, bald schon würde er mit mir „in einem Boot sitzen“, insofern, als er mit seiner Abberufung wegen seines Engagements gegen die Demontagepolitik rechne. Er habe vor einiger Zeit vor einem Kongreßausschuß in Washington dokumentarisch erhärtete Aussagen über die noch immer von einigen Abteilungen und Gruppen betriebene „verrückte Demontage- und Entflechtungspolitik bei HICOG“ gemacht, und das habe offenbar starke Gegenkräfte entfesselt, die auf seine Abberufung drängten. Collisons Annahme war richtig; er mußte im September 1949 seinen Hut nehmen; die Entlassung war damit begründet worden, die seinerseits durchgeführte Funktion sei überflüssig geworden und könnte durch andere Referate wahrgenommen werden. Schwierige personalpolitische Entscheidungen würden bei der Ablösung von General Clay dem im Juli eintreffenden Hochkommissar John J. McCloy bevorstehen. Das konnte ich damals schon vermuten.
Norman H. Collison, Namensvetter meines Mitstreiters, Missionschef der ECA und US-Wirtschaftsberater für Deutschland, also ein sehr hoher Beamter bei HICOG, der eine ähnlich konstruktive Politik vertrat, wurde zwar nicht nach Washington zurückbeordert, mußte indessen am 1. Oktober 1949 erfahren, daß das State Department seinen vernünftigen Vorschlag abgelehnt hatte, „überhaupt keinerlei Demontagen mehr in der US-Besatzungszone vorzunehmen, falls die infragekommenden Fabriken für den europäischen Wiederaufbau gebraucht werden könnten“. Wieviel verschiedene Kochtöpfe mochten damals noch im State Department brodeln!
Eines Tages suchte mich ein junger Deutscher auf, der schon öfter Artikel zu außen- und volkswirtschaftlichen Fragen in deutschen und internationalen Fachzeitschriften veröffentlicht hatte, um mich über meine letzten Demontageerfahrungen zu befragen. Ich hatte den Eindruck, daß der Besucher ein besonderes Anliegen hatte. Daher war ich

zunächst zurückhaltend, stimmte ihm jedoch zu, daß seitens der Labour-Regierung kein Einlenken in Demontagefragen auf Sicht zu erwarten sei, und daß das Washingtoner Abkommen ein „Schlag ins Kontor" gewesen sei.
Schließlich eröffnete mir der junge Mann, er hätte gute Kontakte nach Karlshorst, zur SED und zu Professor G. Eisler, und er sei beauftragt, mir eine Einladung zu übermitteln, in Ostberlin ein Referat zum Thema „Demontage als Mittel monopolkapitalistischer Ausbeutung Westdeutschlands" zu halten. Als ich etwas die Stirn runzelte, sagte der Besucher rasch: „Die Bezeichnung ist nicht wesentlich; Sie können natürlich auch andere Titel verwenden, etwa: Marshall-Plan und Demontage-Wirklichkeit." Er sagte, ich solle mir Zeit lassen mit meiner Entscheidung.
Keinen Augenblick hätte ich ernsthaft erwogen, nach Karlshorst zu gehen, selbst nicht unter dem angebotenen „sicheren Geleit". Aber mich beschäftigte die Frage, ob die von der SED offenbar geplante Großoffensive gegen die Demontagen im Westen unserer Strategie nutzen oder schaden würde. Ein Thema, das schon einmal mit Müser erörtert worden war, der der Presseabteilung seines Hauses Weisung gegeben hatte, die ostzonalen Rundfunksendungen regelmäßig abzuhören und deren Resonanz im Westen zu analysieren. Auch General Clay, das wußten wir, verfolgte die SED-Propaganda mit ausgesprochenem Interesse.
Eislers Nachrichtenpolitik hatte offensichtlich das Ziel, im westdeutschen Raum Zentren politischen Erdbebens zu schaffen. Das Zonenrandgebiet im Raum von Salzgitter, wo im Sommer 1949 vergeblich an die Briten appelliert wurde, den Beschluß zur Zerstörung moderner Hüttenwerksanlagen rückgängig zu machen, war dabei ebenso von Interesse wie das Ruhrgebiet. Karlshorst würde bestimmt in steigendem Maß mit allen Mitteln versuchen, die Erschütterung des Glaubens unserer Bevölkerung an den Durchbruch einer gerechteren Politik der westlichen Alliierten mit der Propagierung der Neutralität Westdeutschlands als Voraussetzung der von der Mehrheit erhofften Wiedervereinigung zu verbinden.
Zur Überlegung des Für und Wider der interessanten Einladung erbat ich mir Bedenkzeit. Anschließend überreichte ich ihm verschiedene Unterlagen, die ich vorher jedoch sorgfältig prüfte. Darunter waren: eine Zusammenstellung krasser Militärgerichtsurteile in der britischen

Zone, Stichworte über demontagegefährdete mittelständische Firmen, Informationen zur Demontageverweigerung und zu „Schrott-Tantiemen" für Demontage-Unternehmer, alles nachrichtenmäßig gut verwendbares Material mit teilweise brisanten Details. Die Mehrheit der gegebenen Informationen hätte ich in einigen Tagen amerikanischen und britischen Journalisten sowieso übergeben; es waren keine „Staatsgeheimnisse" darunter; trotzdem waren die Unterlagen für den Besucher von großem Wert.

Müser konnte ich etwas später berichten, daß auch Vorgänge in Bochum bei den Unterlagen waren, die der ostzonale Rundfunk dann auch weidlich ausschlachten sollte, zu Müsers besonderer Genugtuung. So war ein ostzonales Nachrichten-Pendant zu den Informationen geschaffen, die der besonders rührige Berichterstatter von Nachrichtenagenturen, Heinz Heiner, damals von Müser erhielt und die weite Verbreitung in der internationalen Presse fanden.

Es gab keinen weiteren Kontakt zwischen dem jungen Marxisten und mir; ich erfuhr nur noch, daß er die Anregung aufgegriffen hatte, sich über die Betriebsräte einiger Werke der Stahlindustrie Unterlagen über das Wirken verschiedener Demontageunternehmen zu beschaffen.

Die ostdeutsche Propaganda konnte im Raum Salzgitter 1950 und 1951 gewisse Erfolge erzielen.

In Bochum, dem besonderen Ziel kommunistischer Agitation, verbreiteten sich interessante Ostzonenmeldungen mit Windeseile, wie Ende 1949 die Nachricht, daß der Verwaltungschef des Bochumer Vereins, Prokurist Krömer, beim nächtlichen Ankleben von Antidemontage-Plakaten ertappt worden war und ihn ein Militärgerichtsverfahren erwartete; Krömer und ein gleichfalls auf frischer Tat von deutscher Polizei gefaßter Kollege wurden in der betreffenden Sendung zu „Helden der Nation" gekürt, was zu manchen Scherzen unter Kollegen Anlaß gab.

Die Koordinierung der Propaganda der ostdeutschen und der westdeutschen Kommunisten zwecks Verunglimpfung des Marshall-Plans war perfekt:

„Der Marshall-Plan ist zweifellos ein Mittel einiger Kapitalisten, sich mittels dieses Plans selbst zu helfen. Wir müssen an der Notwendigkeit des Kampfes um die wirtschaftliche und politische Einheit Deutschlands festhalten. Sie ist die erste Voraussetzung dafür, daß wir wieder Boden

unter den Füßen bekommen. Der Marshall-Plan raubt uns diese Voraussetzung!"

Das sagte nicht etwa Gerhard Eisler in einem Interview des ostzonalen Rundfunks, sondern der Essener Bergbau-Gewerkschaftsfunktionär Agatz (späterer Bundestagsabgeordneter der KPD) während des außerordentlichen Bundeskongresses des Deutschen Gewerkschafts-Bundes für die britisch besetzte Zone in Recklinghausen im Juni 1948. Keiner hat klarer den Nutzen erkannt, den die Propaganda des Ostens aus der Besatzungspolitik der westlichen Alliierten, und der Demontage im besonderen, ziehen würde als US-Hochkommissar John J. McCloy, der während der Pariser Konferenz der US-Botschafter im Oktober 1949 erklärte:

„Wir in Deutschland müssen nun eine machtvolle Offensive aus dem Osten erwarten. Die Schaffung Westdeutschlands ist ein wichtiges Ereignis, indessen nur ein Aspekt im 'Kampf um die Seele Fausts'. Denn die Propagandavorteile Ostdeutschlands sind groß."

Hierbei erwähnte McCloy den „alten Traum nach Einheit der Deutschen", die wirtschaftlichen Schäden in Westdeutschland, Arbeitslosigkeit, Einwanderung von Ostvertriebenen, geringe unternehmerische Initiative, den Verlust der natürlichen Kornkammer im Osten und „das schreckliche Demontage-Problem". Zu einem Zeitpunkt wachsender Ost-West-Spannung mußte der Westen, mußten alle einsichtigen Kreise in den Staaten und in England, geradezu mit der Nase darauf gestoßen werden, daß Demontage-Fortsetzung nicht nur der Zielsetzung des Marshall-Plans Hohn sprach, sondern eine gefährliche Waffe in kommunistischer Hand zu werden begann.

Tatortbesichtigung Demontage

Zur Aufklärung des Auslands wie der deutschen Öffentlichkeit setzten ab Mai/Juni 1949 Bochumer Verein, Gelsenberg-Benzin AG. und andere demontagegefährdete Unternehmen das Mittel der „Tatortbesichtigung Demontage" verstärkt ein. Bei den Besichtigungen am Tatort der Demonteure sollten auch sinnlos herausgerissene Werkshallenfundamente, das Zerstörungswerk der Demontagearbeiter an Hochofenanlagen, abgewrackte Maschinenteile mit der Aufschrift „Für Indien" oder „Für Jugoslawien", um die sich keiner kümmerte, umgekippte Schmiedepressen, militärische Befehle an Werkstoren mit Strafandrohung gegen Demontageverweigerer und vieles andere für sich selbst sprechen. Das war die Wirklichkeit; und jeder, der sich so sein Bild machen konnte, wußte, was er von der Propaganda über das angebliche Demontage-Ende zu halten hatte.

Anfang September 1949, vor dem Höhepunkt der „Demontageschlacht", besuchten 20 Ausländer – Franzosen, Briten, Belgier und Holländer – die Gelsenberg-Benzin AG., wo sie von Direktor Jacob empfangen und durch das Werk geführt wurden. Die Auswirkungen der geplanten Demontage wurden in allen Einzelheiten, unter Hinweis auf volkswirtschaftliche wie soziale Folgen, erläutert. Unter den Gästen befanden sich auch Professor Hogarty von der Universität Oxford und der letzte Generalgouverneur von Indonesien, Ministerpräsident a. D. Professor Beel. Alle waren tief beeindruckt und betonten, das alles hätten sie nicht im entferntesten geahnt. Drei holländische Redakteure faßten spontan den Entschluß zu einer ganzen Demontageserie. Unsere Gäste fragten immer wieder, wie denn die Zerstörung solch wichtiger Industriewerke mit dem „Europäischen Aufbau-Programm" zu vereinbaren wäre.

Die Kontrastierung der Vokabeln Morgenthau-Plan und Marshall-Plan, zu dessen Verwirklichung wir den völligen Demontagestopp forderten, machte bestimmten Leuten in amerikanischen Informationsstellen solches Kopfzerbrechen, daß sie die Existenz eines Morgenthau-Plans überhaupt leugneten und eine „amerikanische Friedensorganisation" (das zielte auf die Libby-Gruppe) als KPD-orientiert zu diffamieren suchten. Diese Hetz-Kampagne wurde auch

im amerikanisch kontrollierten Organ „Die Neue Zeitung“ vom 24. 7. 1949 verbreitet.
Die Behauptung, die Libby-Gruppe sei mit der kommunistischen Partei Amerikas zur Verbreitung von Morgenthau-Thesen liiert gewesen, war ebenso absurd wie die Vermutung, der Begriff Morgenthau sei lediglich Aufhänger unverbesserlicher Rechtsradikaler für eine neue Entschuldigungslegende. Es waren bekannte, unabhängige US-Journalisten, wie unsere Freunde von der „Chicago Tribune“ und der „Los Angeles Times“, die da schrieben, ihre Tatortbesichtigung „Demontagegeschehen im Ruhrgebiet“ zeige, daß dort noch der Morgenthau-Geist wehe.
„Die Neue Zeitung“ bemühte sich nun, Churchill und Roosevelt zu entlasten. Churchill, schrieb sie, habe es in Quebec abgelehnt, „England an einen Leichnam zu fesseln“, und es sei nur dem Einfluß von Lord Cherwell gelungen, den britischen Premier zur Unterzeichnung des Weidelandkonzepts zu bewegen, was Churchill später so peinlich gewesen sei, daß er Minister Eden gebeten habe, nichts darüber im Kriegskabinett verlauten zu lassen, weil er „die Sache selbst in die Hand nehmen“ werde; in Jalta habe Churchill dann jede Art von Rachefrieden abgelehnt.
Über Roosevelt hieß es, er habe seine Zustimmung „aus eigener Einsicht“ zurückgezogen. Das ist eine glatte Lüge. Roosevelt hat sich nämlich noch zwei Monate vor seinem Tode (12. 4. 1945) bei der Konferenz von Jalta mit der Zwangssterilisierung der Deutschen beschäftigt und die Hoffnung ausgesprochen, Stalin werde, wie schon bei der Konferenz von Teheran, einen weiteren Trinkspruch auf ein Blutbad von 50 000 deutschen Offizieren und Wissenschaftlern ausbringen. Wie es mit der Demontage der Meinungsfreiheit in der britischen Zone noch drei Jahre nach Kriegsende bestellt war, mußte der damalige Stadtdirektor von Bergkamen, Gleisner, erleben. Er wurde zahlreichen Schikanen, Vorladungen, Vernehmungen und Militärgerichtsverhandlungen ausgesetzt, weil er in einer öffentlichen Versammlung gesagt hatte:

„Die Alliierten geben vor, sie seien ein verschworenes Ganzes, und sie liebten sich untereinander wie Brüder. Wir aber stellen fest, daß sie sich so wie Kain und Abel lieben, wobei jeder will, daß der andere der Abel sein soll!“

Ein Besatzungsoffizier vergatterte Gleisner mit den Worten:

„Sie haben bei Ihren Reden darauf zu achten, daß alle vier Alliierten ein Ganzes bilden; und Sie sollten sich hüten, Zweifel daran zu äußern, daß auch die Russen unsere Freunde sind!“

Hinhaltender Widerstand

Anfang Mai 1949 kam es im Ruhrgebiet an verschiedenen Orten zu friedlichen Kundgebungen. In Kirchen Hamborns wurden Bittgottesdienste zur Erhaltung der August-Thyssen-Hütte abgehalten. Der Düsseldorfer Landtag appellierte in einer Entschließung aller Fraktionen an die „Einsicht der Besatzungsmächte“. Auch im europäischen Interesse erscheine es richtiger, die für Reparationen vorgesehenen Anlagen in Deutschland zu belassen und dort gegebenenfalls „in Rechnung der Empfängerländer zu betreiben, was ohne Zweifel einer sinnlosen Wertzerstörung vorzuziehen“ sei. Der Landtag sprach von der Verzweiflungsstimmung jener Arbeiter, die ortsgebunden seien und deren Umsiedlung in absehbarer Zeit nicht möglich sein werde.
Unter Anspielung auf die Beschwichtigungsworte General Bishops hieß es: „Gegenüber den uns wiederholt gegebenen Zusicherungen, daß die Ruhrindustrie wirtschaftlich wettbewerbsfähig bleiben soll, ist leider festzustellen, daß dies Ziel bei Durchführung der vorgesehenen Demontagemaßnahmen unmöglich erreicht werden kann.“
Dortmunder Gewerkschaftssprecher sandten Telegramme an US-Senatoren; der Thyssen-Betriebsrat telegrafierte an die Führer von CIO und AFL in den USA.
Walther P. Reuther, der einflußreiche Präsident der Gewerkschaft der Arbeiter in der Auto-, Flugzeug- und Landwirtschaftsmaschinen-Industrie der USA, hatte Präsident Truman einen Brief gesandt, mit dem er ganz besonders gegen die beabsichtigte Zerstörung der deutschen Stahlwerke Protest erhob, indem er feststellte:

„Die Zerstörung dieser Fabriken würde meiner Meinung nach in direk-

tem Konflikt mit den innenpolitischen und außenpolitischen Zielen Ihrer Verwaltung stehen.
Sie haben vom Kongreß Milliarden von Dollar verlangt und erhalten, um den europäischen Wiederaufbau zu beschleunigen. Ein Teil dieser Mittel wird ausgegeben, um Europa mit Stahl und Kunstdünger zu versorgen. Die Zerstörung von deutschen Fabriken, welche imstande sind, diese Produkte zu liefern, legt eine unnötige Last auf den amerikanischen Steuerzahler und vermindert die Wirksamkeit der Mittel, welche wir im Interesse Europas aufwenden."

Ende Mai 1949 demonstrierten 8000 Arbeiter in Gelsenkirchen gegen den Plan, die Gelsenberg Benzin und die Scholven-Chemie zu demontieren. August Schmidt, Vorsitzender der Bergarbeiter-Gewerkschaft, telegrafierte an die Außenminister der Westmächte mit der Bitte, die Demontagen in der Kohleveredelungsindustrie zu überprüfen und einzustellen. Die Gewerkschaften müßten die Verantwortung für Komplikationen aus der angespannten Situation ablehnen!
Eine Broschüre „Der Demontagefall Gelsenberg Benzin" ging in der englischen Fassung inzwischen bereits im Senat und Repräsentantenhaus von Hand zu Hand. Die Argumente der auf Hochtouren kommenden Auslandsinformation waren nach den Maßstäben volkswirtschaftlicher Logik nicht zu widerlegen. Sie begannen, die britische Seite in die Defensive zu drängen, wie der Artikel der Londoner „Times" vom 9.6.1949 erkennen läßt:

„Es ist bedauerlich, daß man der deutschen Öffentlichkeit bisher noch keine im einzelnen begründete Stellungnahme unterbreitet hat, die die alliierten Gründe für eine Beseitigung der verbotenen Industrien aufzählt. Die deutschen Argumente, die zum großen Teil aufrichtig und scheinbar wohlbegründet klingen, haben noch keine Entgegnung gefunden, sodaß sich deutscherseits die Überzeugung immer breiter macht, die Briten verfolgten eine weder wirtschaftlich kluge noch politisch zweckmäßige Politik, wodurch die Arbeit der britischen Stellen zur Pflege der deutsch-britischen Beziehungen in etwa lächerlich gemacht wird."

Professor Nölting und Dr. Adenauer, so die „Times", erweckten im Düsseldorfer Landtag den Eindruck, als ob es nur eines entsprechenden Druckes der deutschen öffentlichen Meinung bedürfe, um die Westmächte von ihrer Entscheidung abzubringen, die sie als „definitiv letztes Wort" in der Frage der Demontage der Fischer-Tropsch-Anlagen erklärt hätten.

„Nicht einmal die britisch-kontrollierte Zeitung 'DIE WELT' ist eingeschaltet worden als Informationsmedium, um der deutschen Öffentlichkeit klarzumachen, daß gute Gründe bestehen, wenn die Demontage zu einem so späten Zeitpunkt noch durchgeführt wird."

Selbst die „Times" schien keine überzeugenden Argumente mehr im Köcher zu haben.
Der „Manchester Guardian" bedauerte in einem Artikel „Wehklagende Wölfe" vom 11.6.1949, daß man den Deutschen überhaupt jemals Anlaß zu der Auffassung gegeben habe, die Anlage der Gelsenberg könnte möglicherweise doch erhalten bleiben!

„Gerade die Ungewißheit hat die Deutschen in dem Glauben bestärkt, daß sich mit Agitation und Abwarten eine Revision früherer Entscheidungen erreichen läßt."

Ähnlich schrieb der konservative „Daily Telegraph" am 16.6.1949 in seinem Artikel: „Heftiger Propaganda-Feldzug", der zumindest den Versuch machte, die Beweisführung zum Zickzack-Kurs alliierter Demontagepolitik zu widerlegen.
In einem Artikel „Vernebelungsmanöver" stellte das gleichfalls konservative Londoner Blatt „Daily Graphic" am 16.6.1949 fest:

„In geschickter Art versuchen die Deutschen vor allem, die amerikanischen Steuerzahler zu beeindrucken. Jede Fabrik – so lautet ihr Argument –, die man in Deutschland demontiert, vergrößert die Zuschüsse, die das Ausland gewähren muß, falls man Deutschland wieder auf eigene Füße stellen will. Das Ganze ist eine Polemik, für die die Deutschen schon einmal, nämlich nach 1919, ihre hervorragende Eignung bewiesen haben. Niemand kann jedoch daran zweifeln, daß die Deutschen beim ersten Anzeichen einer alliierten Schwäche den Fuß zwischen die Tür stellen werden und daß es dann kein Ende mit weiteren Konzessionen geben wird!"

Kohlechemie setzt sich zur Wehr

Zunächst sollten die Demontagen in der Kohleveredelungsindustrie am 30. Mai 1949 beginnen. Dann jedoch erklärte General Bishop der Landesregierung und den Vertretern der Kohlechemie, es sei noch nicht im einzelnen festgesetzt worden, welche Werke als „verbotene Industrien“ anzusehen seien. Er wartete offensichtlich auf Order aus London.
Um sich nochmals den Ernst der Situation klar zu machen, brauchte General Bishop nur die in aller Welt gelesene Londoner „Times“ (1. Juni 1949) aufzuschlagen, deren Artikel „Opposition gegen die Demontagen“ den Nagel auf den Kopf traf: Die Demonstrationen der letzten Wochen gegen Entfernung der Anlagen der synthetischen Treibstoff-Werke, erst im Washingtoner Abkommen auf die „Schwarze Liste“ gekommen, seien spontan gewesen, nunmehr aber müsse man mit einer systematisch organisierten Protestkampagne rechnen. Gewerkschaften, Handelskammern, Landtag sowie Kirchen beider Konfessionen beteiligten sich jetzt an den Demonstrationen. In den protestantischen Kirchen sei für eine „Erleuchtung der britischen Behörden“ gebetet worden, denen man die Verantwortung für die Demontagen gebe.
Die „Times“ hatte recht mit der Darstellung des einmütigen Protests gegen den Abbau lebenswichtiger Produktionsstätten.
Einige Tage später, am 12. Juni 1949, sollten aufgrund einer Ankündigung von Kardinal Frings auch in allen Kirchen der Kölner Erzdiözese Gebete für die Abänderung der alliierten Demontagebefehle gesprochen werden. In einem Hirtenbrief des Kardinals hieß es, die Kirche könne und müsse die Bemühungen der Regierungsstellen um Abwendung des drohenden Unheils für Arbeiter und Angestellte unterstützen. „Wir bestürmen den Vater im Himmel, daß er die, in deren Händen die Entscheidung liegt, in ihren Entschlüssen so erleuchte und lenke, daß keine Arbeiter arbeits- und brotlos werden, und so das Unglück, das über uns kam, noch vergrößert wird.“
Kardinal Frings, der mit Müser und Lukaschek laufend in Kontakt stand, erklärte, „bei gutem Willen könnte jedes Werk einer Aufbau- und Friedens-Produktion zugeführt“ werden.
Als Hauptzentrum des Ende Mai verstärkten Widerstands gab die

„Times“ Gelsenkirchen – besonders Horst und Buer – an; Demonstranten, so berichtete sie, seien mit großen Plakaten auf die Sportplätze gezogen; auf denen habe gestanden: „Wer im Glashaus sitzt, soll nicht mit Steinen werfen! Mr. Bevin fordert den Demontagestopp im Osten. Was geht im Westen vor?“. An einer Bäckerei entdeckte der Berichterstatter ein Schild mit der Aufschrift: „Frauen, Ihr könnt das Brot nicht kaufen, wenn Eure Männer arbeitslos sind. Schluß mit der Demontage!“
Die „Times“ vermutete mit Recht eine einheitliche Aktion: auf politischem Gebiet habe man die „bekannte Linie“ eingeschlagen, daß die Demontage die Verringerung von Freiheit und Aufbauchancen bedeute und politischen Extremismus kommunistischer oder nationalistischer Art erzeugen werde. Die Sprecher seien im allgemeinen noch mäßig gewesen; aber es sei aus dem Gesagten klar geworden, daß die Deutschen „um jeden Meter“ gegen die Demontage der verbotenen Industriewerke und der übrigen auf der revidierten Demontageliste stehenden Fabriken kämpfen würden. Es wurde uns testiert: „Die deutsche Argumentation ist mit großem Geschick aufgebaut worden.“ Das basierte zweifellos auf der Tatsache, daß nur die große Linie mit den Sprechern der einzelnen Gruppen seitens des Vorstands der Gelsenberg, Dr. Alfred Weidmann, abgesprochen worden war, sodaß sie ihre eigenen Ideen und Vorstellungen bei den Demonstrationen miteinbringen konnten.

Noch einmal die „Times“ vom 3. Juni:

„Die durch die Demontage der Kohleverflüssigungsanlagen ausgelösten Empfindungen werden sehr vernehmlich zum Ausdruck gebracht. Der deutsche Widerstand . . . ist sorgfältig durchorganisiert. Es kann aber kein Zweifel an der echten deutschen Überzeugung aufkommen, daß man hier kein Recht walten läßt!“

Das Gefühl, daß die Briten für das Ganze verantwortlich seien, werde noch durch Kenntnis der Tatsache verstärkt, daß eine freizügigere Politik gegenüber der deutschen Industrie viele Fürsprecher in den USA habe.
Am 4. Juni 1949 erhielten vier von sechs Fischer-Tropsch-Anlagen des Ruhrgebiets den Demontagebefehl für den 8. Juni 1949. Und am

nächsten Tag teilte die Landesregierung mit, folgenden weiteren Betrieben sei der Demontagebefehl für den 8. Juni zugegangen:
(1) Chemische Werke Hüls in Marl,
(2) Farbenwerke Bayer in Leverkusen,
(3) Hydrierwerke Scholven in Gelsenkirchen,
(4) Gelsenberg-Benzin in Gelsenkirchen-Horst,
(5) Ruhröl-Werke in Bottrop,
(6) Chemische Werke in Moers,
(7) Dortmunder Paraffin-Werke,
(8) Essener Steinkohlenwerke in Bergkamen,
(9) Ruhrchemie in Oberhausen,
(10) Gewerkschaft Victor in Castrop-Rauxel,
(11) Krupp-Treistoff Werke in Wanne-Eickel.
London ging offensichtlich auf's Ganze.
Die Liste der Demontageverurteilten wurde dem American Press Center in Frankfurt durchgegeben, mit der Information, für den 8. Juni sei ein eintägiger Proteststreik in Castrop-Rauxel angekündigt worden.
Der Geschäftsführer des Fachverbands Kohlechemie, Dr. Heinz Nedelmann, bat mich, noch am Spätnachmittag des gleichen Tages zu einem Treffpunkt mitten im „Pütt" zu kommen, wo wir mit den Männern der betroffenen Betriebe die Mobilisierung der Meinung in den USA in Gang setzen sollten.
Professor Nölting hatte am Morgen in Düsseldorf erklärt: „Mein Pulver ist jetzt verschossen." Die Industrie hatte noch etwas Pulver; es kam darauf an, es rechtzeitig und gezielt einzusetzen. Die Zielrichtung der Aktion konnte nur Washington heißen. Auf der Fahrt zu dem vereinbarten Treffpunkt erfuhr ich, daß in Wanne-Eickel Tausende kommunistischer Flugblätter verteilt worden waren; eine Tatsache, die bei der geplanten Telegrammaktion berücksichtigt werden konnte.
Nach Begrüßung und Erläuterung des Sinns der Aktion durch Dr. Nedelmann vor den versammelten Direktoren und Chefingenieuren der betroffenen Firmen setzte eine „Hennecke-Arbeit" ein. Sie begann mit der Festlegung der Adressaten der neuen Telegrammserie. Ich nannte die Namen zahlreicher Senatoren, die zumeist dem „Wachhund-Komitee" angehörten: Humphrey, Langer, Connally, H.A. Smith, Vorys, Cannon, John Taber, Brewster, Ferguson u. a. – Professor Melchior Palyi (Chicago), ECA-Direktor Donald C. Stone, Frederick Libby, Dr. Abraham Vereide wurden einbezogen.

Einer der Herren schlug vor, auch Präsident Truman ein Telegramm zu senden. Mit den leitenden Herren jeder Firma wurde der Tenor ihres Telegramms durchgesprochen. Am Ende jedes Telegramms stand eine Aufforderung zum Eingreifen. Spät in der Nacht wurde das Ganze verlesen und nach den USA übermittelt. In Washington lag so bereits am 6. Juni die Stellungnahme aller betroffenen Firmen vor. Einige Senatoren erhielten sogar Botschaften von zwei oder drei Firmen. Die Londoner „Times" vom 9.6.1949 hat unter der Überschrift „Telegramme an Senatoren" die Bedeutung dieser Aktion hervorgehoben.
Den Firmenleitern der Kohlechemie wurde noch empfohlen, mit dem Chef des DENA-Büros Düsseldorf, Schawoir, Kontakt zu halten und ihm jeweils Kurzinformationen über die weitere Entwicklung durchzugeben. Redakteur Heinz Heiner wurde für Einzelreportagen aus dem Kohlechemiebereich empfohlen, die dann auch eine vorzügliche Abdruckquote fanden. Ein anderer erfahrener Redakteur, Michulski, wurde kurz danach von Schawoir an den Brennpunkt der bald einsetzenden „Kampfhandlungen" in Bergkamen entsandt. Bei der geschilderten Strategie waren auch Vertreter der Chemischen Werke Bergkamen, unter Leitung von Dr. Nedelmann, zugegen; schon damals befürchteten sie den Einsatz belgischer Truppen auf Befehl des britischen Kommandanten dieses Gebiets zur Erzwingung der Demontage in ihrem Werk. Zweifellos war der Entschluß der Kohlechemie, so rasch zu handeln, richtig.
Am 7./8. Juni kamen laufend Meldungen über wachsende Unruhen; passiver Widerstand gegen Demontagekolonnen in Wanne-Eickel, Proteststreik der Gewerkschaft Victor in Castrop-Rauxel, Transparentaktionen gegen Demontage-Gewinnler an verschiedenen Orten zeigten die Stimmung der Bevölkerung.
Professor Nölting gab am 8. Juni 1949 eine Erklärung zu den wirtschaftlichen, technischen und politischen Folgen der Demontagen in der Kohleveredelungsindustrie ab, der „ein tödlicher Schlag" versetzt werden solle und durch deren Ausfall die Wirtschaftlichkeit des Bergbaus in Gefahr gerate. Der Wirtschaftsminister zog eine Parallele zur Situation des Jahres 1932 und erklärte ohne Umschweife, hier wolle man eine Konkurrenz-Industrie ausschalten! Er setze jedoch seine Karte nicht auf ein „möglichst schmerzloses Hinscheiden der Werke", sondern auf ihre Erhaltung: „Ich lasse mir den Glauben nicht neh-

men", erklärte Nölting, „daß in der Welt, und namentlich in den Vereinigten Staaten, die ökonomische Vernunft auf dem Vormarsch ist." Dr. Adenauer unterstützte diese Erklärung ausdrücklich.
Einen Tag später, am 9. Juni, mußte General Bishop den Vertretern von Gewerkschaften, Betriebsräten und demontagebetroffenen Städten in Anwesenheit von Nölting darlegen, daß „Widerstand gegen die angeordneten Demontagemaßnahmen nicht geduldet" werden könne. Er stellte sogar ein bis Sonntag, den 12.6.49, 24.00 Uhr, befristetes Ultimatum. Eine Diskussion über die Demontage lehnte Bishop ab; es werde Gewalt angewendet, falls der Widerstand nicht aufhöre; dann fügte er jedoch hinzu, für die Besatzungmacht komme Gewaltanwendung nur dann in Frage, wenn alle anderen Mittel erschöpft seien. Bishop selbst schien erschöpft, Nölting und die anderen anwesenden Herren versicherten ihm, beim passiven Widerstand handele es sich um eine Spontanreaktion der Arbeiter, die allein gegen die Demontagekolonnen gerichtet sei.
Die Weltpresse war alarmiert.

„London hätte die politischen Führer des neuen deutschen Staatswesens zu keinem ungeeigneteren Augenblick dazu auffordern können, bei der Durchsetzung einer Politik mitzuwirken, die nach Ansicht fast aller Deutschen die Herabsetzung ihrer Wettbewerbsfähigkeit auf den Weltmärkten zum Ziele hat. Vergaß Mr. Bevin, daß die deutschen Politiker in ein paar Wochen an die Wähler appellieren würden? Es herrscht wenig Vernunft in jenen Kreisen, von denen die britische Militärregierung ihre Weisungen erhielt. Hätte man britischerseits die Absicht gehabt, die Demontage mit Gewalt durchzusetzen, so hätte man seine Stärke sofort zeigen müssen!"

Diesen vernichtenden Kommentar der bekannten englischen Finanzzeitschrift „The Economist" verbreitete UP am 12.6.1949 zugleich mit folgenden Feststellungen des gleichen Artikels: es sei sinnlos, Fabriken von jenen Orten zu entfernen, wo sie am besten genutzt werden könnten; die Unterscheidung zwischen Kriegs- und Friedensindustrien lasse sich schwer vertreten, wenn es sich um synthetische Öl- und Gummi-Fabriken handele; daß man jedoch Demontagekolonnen zu den Fabriken brachte und sie dann angesichts der protestierenden Menge wieder zurückzog, müsse die deutschen Hoffnungen nähren, daß der Widerstand sich lohnen werde.

„Es sollte eine Goldene Regel für den Umgang mit den Deutschen sein, jede Konzession zu machen, die vernünftigerweise und zweckmäßigerweise gewährt werden kann, bevor daraus ein Streitfall entstehen kann, der die Autorität der Militärregierung herausfordert."

Der letzte Satz gab besonders zu denken. Es mußte alles getan werden, was in unserer Macht stand, die Briten nicht in eine Situation zu bringen, die den Einsatz aller Machtmittel für das heilige Prestige erforderte. Die Kommunisten hätten es gewünscht! Ich besprach diesen wichtigen Aspekt mit meinen Gesprächspartnern aus der Industrie. Wir mußten uns einmal in die britische Mentalität, auch in das Denken eines Generals Bishop, hineinversetzen, der als Empfänger politischer Befehle in einer ähnlichen Lage war wie etwa der deutsche Militärbefehlshaber nach der deutschen Besetzung Belgiens. General Bishop war Soldat, der, dies war mein Eindruck, in schwieriger Position einen Mittelweg zu gehen versuchte. So hart er vielleicht gelegentlich nach außen erscheinen mochte, er war ein Gentleman.

Prestigeproblem der Briten

Müser wie Lukaschek sahen in dieser Frage völlig klar: in den Augen der Briten mußten die anlaufenden Protestaktionen als Auflehnung gegen die Besatzungsmacht erscheinen; für das Prestigedenken Londons würde ein weiterer Erfolg in der Antidemontage eine Einbuße an Ansehen in der Welt darstellen. Unter keinen Umständen durften wir der Labour-Regierung Vorwände liefern, die Initiativen amerikanischer Politiker, unter Hinweis auf die „Einheit der alliierten Politik" gegenüber dem Feind von gestern, zu blockieren.
Am 12. Juni 1949, einem Sonntag, brachte der Rundfunk, nach einer Meldung zur Gebetsaktion in den Kirchen der Erzdiözese Köln zu dem ungewöhnlichen Gebetsanliegen „Demontageabwendung", die Erklärung von General Bishop, Widerstand gegen die Demontagen werde mit Gewalt und völliger Stillegung der Werke beantwortet. Diese Information für die deutsche Bevölkerung entsprach einer Wei-

sung Londons. General Bishop fügte hinzu, nur mit äußerstem Zögern werde er diese Gewalt zur Anwendung bringen.
Kurz darauf war Bishop zum zweitenmal im deutschen Rundfunk zu hören. Er versicherte, er persönlich werde alles in seiner Macht Stehende tun, um den durch Abbau von demontagebestimmten Betrieben beschäftigungslos werdenden Arbeitern zu neuen Arbeitsplätzen zu verhelfen. Tatsächlich hat sich General Bishop bemüht, ein solches Programm vorzubereiten. Über die Weisungen aus London dürfte er nicht sehr erbaut gewesen sein.
Noch am gleichen Abend des 12. Juni kam über den Sender RIAS eine kommentarlose Meldung, wonach die für den 13. Juni angesetzte Demontage der Fischer-Tropsch-Anlagen der Ruhrchemie Oberhausen zunächst „auf unbestimmte Zeit verschoben" worden sei. Mit großem Erstaunen stellte ich in den kommenden Tagen eine gewisse Schwenkung, zumindest eine neue Tonart, in der britisch kontrollierten Presse fest, die nun auf einmal gewisse Komplimente an die deutsche Industrie („Aufbau-Energie") mit einem relativ leichten Vorwurf eines „allzu forcierten Einsatzes" zugunsten der Fischer-Tropsch-Werke enthielt. „Man sollte doch die Leistung beim Wiederaufbau der deutschen – in ihren Grundfesten erschütterten – Wirtschaft nicht durch die pessimistische Erklärung verkleinern, die durch die Demontage der Treibstoffwerke hervorgerufenen Verluste seien unersetzlich und nicht wieder gutzumachen!" In den Nachrichten des Senders RIAS hörte ich am 12. Juni 1949 auch die schon erwartete Meldung, die IG-Bergbau habe sich mit einem Telegramm (meinem der DKBL unterbreiteten Vorschlag gemäß) an den Präsidenten der amerikanischen Bergarbeiter-Gewerkschaft, John L. Lewis, gewandt, mit der Bitte, bei Präsident Truman für Aufhebung der Demontage-Order für elf Kohleveredelungsbetriebe zu intervenieren.
In England hatte das Vorgehen der Regierung in der britisch besetzten Zone zusammen mit der scharfen deutschen Reaktion in den vergangenen Tagen bereits eine Art Meinungsrutsch in der Öffenlichkeit ausgelöst, den ich nicht erwartet hatte. Der Herausgeber des „Spectator", Mr. Harris, hatte in einem Schreiben an die „Times" die psychologischen Auswirkungen der Demontagefortsetzung als „nicht nur unglücklich, sondern geradezu katastrophal" bezeichnet:

„Während die Alliierten auf militärischem Gebiet über eine mächtige

Luftflotte verfügen und Deutschland keine besitzt – was machen da schon drei oder vier Werke für Herstellung von synthetischem Treibstoff aus?"

Am Wochenende hatte ich zudem erfahren, daß eine vermutlich von Botschafter Riddleberger stammende Erklärung des State Department weltweit verbreitet werde, wonach die Einstellung weiterer Reparationslieferungen aus Japan für den Erfolg der alliierten Besatzungspolitik unerläßlich sei; falls Japan, theoretisch gesprochen, den Frieden im Fernen Osten je wieder gefährden sollte, dann höchstens deswegen, weil das Ziel eines friedfertigen, sich selbst wirtschaftlich erhaltenden Japan nicht erreicht worden sei; ganz gewiß aber nicht, weil man ihm gestattet habe, seine jetzige Industrieausrüstung für friedliche und produktive Zwecke zu erhalten. Eine kühne, klare Stellungnahme, ein kluger Schachzug, sie just zu diesem Zeitpunkt zu verbreiten. Auch an der Themse war sie nicht zu überhören. Wir in Westdeutschland hatten ein neues Argument für die eigene Öffentlichkeitsarbeit. Was den Japanern recht war, mußte den Deutschen billig sein. Senator William Langer griff dieses Argument auch am 26. Juni 1949 beim „Deutschen Tag" in Milwaukee auf und stellte die Frage, warum man eigentlich den Deutschen das gleiche Recht verweigere, das General MacArthur für die Japaner durchgesetzt hätte. Die Behandlung Deutschlands, einschließlich Aufhebung sämtlicher Demontagen, müßte bei den kommenden Wahlen in den USA Thema Nummer Eins sein.
Am 13. Juni 1949 erfuhr ich aus Düsseldorf, daß für sieben Werke der Kohlechemie ein vorläufiger Demontagestopp angeordnet worden war. Eine Reihe von Initiativen war hier zusammengekommen; vor allem hatten endlich einmal alle in Frage kommenden Parteien und Gruppen in Westdeutschland an einem Strang gezogen. Wieder war Zeit gewonnen. Zumindest war die Zerstörung eines Teils der Treibstoffwerke in der Schwebe.
Unter Hinweis auf die vorherrschende Meinung in Industrie- wie Gewerkschaftskreisen gab ich Mitte Juni folgende Meldung an die Agentur Reuter:

„Der verbindliche Ton, der trotz schwerwiegenden Inhalts aus den Äußerungen General Bishops zur Demontagesituation herausklang,

wird von deutscher Seite durchaus anerkannt. Da General Bishop sagte, die Demontage sollte mit kleinen Teilen begonnen werden und ihre Durchführung sollte auf die laufenden Arbeiten Rücksicht nehmen, nimmt man an, daß die starke Erregung, welche sich als spontane, natürliche Reaktion Luft gemacht hat, nunmehr abflauen wird. Die verständnisvolle Haltung General Bishops läßt die Ruhrbevölkerung hoffen, daß man die ausgesprochenen Verbote aufgrund der neuen deutschen Argumente noch einmal überprüfen wird.“

Es galt meiner Überzeugung nach, dem britischen General in London den Rücken zu stärken. Hierzu sollte auch eine positive Diskussion der Vertriebenenverbände genutzt werden, die in Siegen abgehalten wurde.

Siegener Resolution

Am 11. Juni 1949 begrüßte mich in Siegen vor einer Großveranstaltung ostdeutscher Landsmannschaften Vertriebenensprecher Goebel. Wir hatten zuvor vereinbart, daß ich Grüße und Dank demontagegefährdeter Betriebe des Reviers, insbesondere des Bochumer Vereins und Gelsenberg Benzin, überbringen sollte; nun aber bat mich Goebel wie auch Regierungspräsident Fries, selbst als „Mann von der Demontagefront“ zu den vielen Tausenden zu sprechen. Ich stimmte zu und schlug gleichzeitig vor, anläßlich der Veranstaltung ein Telegramm an Präsident Truman und den amerikanischen Kardinal Francis Spellman zu senden. Ich machte mir noch einige Notizen zur Widerlegung der neuesten britischen Demontagethesen bezüglich der Kohlechemie, Argumente zum Demontage-Widersinn, die am Vortag bei der Weltkonferenz der „Moralischen Aufrüstung“ in Caux gefallen waren.
Der Geistliche Rat Goebel wurde gebeten, die Kundgebung zu eröffnen; spontaner, langanhaltender Beifall für diesen populären „Seelsorger“ der Vertriebenen, als er die Rednertribüne betrat. Aus seiner Rede klangen Treue zur angestammten Heimat, Solidarität bei Linderung der Not der Vertriebenen, Bereitschaft zu Aussöhnung und internationaler Zusammenarbeit, wobei er an die „Teamwork-Erklärung“ der Vertriebenen erinnerte, der aber leider wieder neue Demontagebefehle

entgegenstünden, über die „unser Freund aus dem Ruhrgebiet" später noch aus eigenem Erleben berichten werde.

Nach Goebel sprach Regierungspräsident Fries. Vor den Anwesenden, unter denen sich auch Jugendgruppen in ihrer Heimattracht befanden, betonte er die Notwendigkeit engsten Zusammenstehens zwischen den einheimischen Westdeutschen und den ostdeutschen Vertriebenen; nur gemeinsam könnten die schweren Aufgaben angepackt und gelöst werden. Doch dazu, betonte er, müßte auch die Besatzungsmacht ihren Beitrag leisten, statt weiter zu demontieren;es sei doch bereits genug demontiert worden durch Vertreibung zahlloser Menschen aus ihrer Heimat, der „größten Demontage der Geschichte".

Goebel griff diese Formulierung auf und sagte, wir müßten dem Westen klarmachen, daß eine Fortsetzung der Demontagen die Ostvertriebenen in das „Steppenfeuer Asiens" zurücktreiben würde, dem sie gerade entronnen seien, oder sie in ihrer Verzweiflung zu „Fackelträgern Asiens" machen würde. Ganz offensichtlich verfehlte diese Formulierung nicht ihre Wirkung auf die ausländischen Besucher der Kundgebung.

Inzwischen hatte ich erfahren, daß in Siegen britische Offiziere mit Begleitmannschaft eingetroffen seien.

Dann sprach ich zu den Ostdeutschen, die Not, Elend, Verfolgung und den Kampf um das nackte Leben überstanden hatten. Für die Unterstützung, die sie den Menschen des Ruhrgebiets, in dem es um unser aller Zukunft gehe, im Kampf gegen die Demontage gewährt hätten, müßten ihnen Bergleute, Arbeiter, Gewerkschaftler, Betriebsführer und Männer der Kirche, wie alle Bürger, besonders danken. Dann zitierte ich den ehemaligen Berater des Generals Clay, Oberst Brabner-Smith, der gesagt hatte, daß „jeder, der an der Demontage teilnimmt, ob Arbeiter oder Unternehmer, sich nach den in Nürnberg festgelegten Grundsätzen eines Verbrechens schuldig macht". Ein Raunen ging durch die Reihen der Zuhörer. Ich gab Beispiele für die Aushöhlung der Marshall-Plan-Idee durch beschleunigte Demontagen, die häufig „nackten Konkurrenzmotiven" entsprängen, und erwähnte die Bedeutung der Kohleverflüssigung für die Volkswirtschaft Deutschlands wie Japans.

Schweigend hörten die vielen Menschen mit den ausgemergelten Gesichtern zu. Was ging in ihrem Innersten vor? War ihr Denken abge-

stumpft? Dachten sie etwa: Macht geht eben vor Recht; die Heimat hat man uns genommen, und die Arbeitsmöglichkeit wird man durch die Demontagen auch noch beseitigen.
Dann erwähnte ich das Zitat eines ausländischen Unternehmers, des Kanadiers Bernard Halward, der am Vortag die Staatsmänner des Westens mit den Worten beschworen hatte: „Wir müssen einen Weg aus der gegenseitigen Angst finden, wenn die Wirtschaft wieder international funktionieren soll. Eine Fortdauer der Demontagen deutscher Betriebe würde eine Kettenwirkung negativer Wirkungen auslösen."
Ich las den Text des Telegramms an Präsident Truman und Kardinal Spellman vor:

„ . . . bitten wir Sie um Ihre Mitwirkung zur Erringung des Sieges von Versöhnung und gesundem Menschenverstand über den Geist der Rache.
Die Sprecher von Millionen Ostvertriebenen protestieren gegen die Demontagen in der britischen Zone, da sie das Los der Vertriebenen noch mehr gefährden.
Europa gleicht heute einem lecken Schiff, das, in Seenot geraten, einem Sturm entgegentreibt.
Der deutsche Michel schuftet wie ein Galeerensklave, damit dies Schiff Europa wieder flott wird, um dessen Oberbefehl sich mehrere Kapitäne streiten. Da wird ihm der Befehl erteilt: schneide ein Stück deines Ruders ab und rudere mit doppelter Kraft! Das ist der Wahnsinn der Demontage. Wir bitten die Verantwortlichen: Mister Bevin, Mr. Attlee, Monsieur Schuman, Mr. Truman, Mr. Acheson: Halten Sie ein: Geben Sie ein klares Kommando: Schluß mit den Demontagen!"

Es kamen zahlreiche Zwischenrufe, aber es durfte nicht zu einem Ausbruch der Gefühle kommen, die man im Ausland als „nationalistisch" bezeichnen würde. Ich fuhr fort:

„Trotz dieser Situation haben alle hier in Deutschland allerhöchste Disziplin bewiesen. Wir alle haben aus der jüngsten Geschichte gelernt. Und die Alliierten, die Sieger? Eines darf ich hier in aller Öffentlichkeit aussprechen: der britische General Bishop, der eure, unsere Lage genau kennt, muß in einen Gewissenskonflikt geraten, wenn er die Befehle aus London mit dem Text des Telegramms vergleicht, das ihm jetzt

vorliegt; es handelt sich um den Appell, den der Geistliche Rat Goebel an die Tagung der Moralischen Aufrüstung gerichtet hat, unter Bezug auf die Worte des Kanadiers Halward. Goebel spricht darin von unser aller Hoffnung auf einlenkende Vernunft und die Chance zum endgültigen Wiederaufbau unserer Heimat, eurer zweiten Heimat!
Wir alle wenden uns heute an die Adresse Londons: Mister Attlee, Mister Bevin, wir richten an Sie den Appell: Schenken Sie uns Deutschen Vertrauen und lassen Sie uns arbeiten! Was ist das für ein Europa, in dem Panzereinheiten eingesetzt werden müssen, um die Reste von Fabriken in Westdeutschland zu zerstören, die den Menschen vielleicht wieder Arbeit und Brot geben können, und in dem – wie wir soeben erfahren – ein britischer Brigadegeneral mit Offizieren und Mannschaften hierher nach Siegen kommt, um diese Versammlung der Heimatvertriebenen militärisch zu überwachen. Warum wollen sie nicht nach den Schrecken des unseligen Krieges die internationale Zusammenarbeit, die Versöhnung?
Und Sie, Außenminister Dean Acheson, möchten wir beschwören: Stoppen Sie die Demontagen, geben Sie uns unsere Freiheit! Aufbau statt Demontagen, gemeinsam mit Millionen deutscher Ostvertriebener!"

Georg Goebel griff meine letzten Worte auf und las, bevor er die Kundgebung abschloß, den Text der „Siegener Resolution" an die Adresse des US-Außenministers vor.
Sie betonte das Bekenntnis zur Zusammenarbeit der deutschen Heimatvertriebenen mit den christlichen Demokratien, die Absage an engstirnigen Nationalismus und die Liebe zur angestammten ostdeutschen Heimat. Im Namen der Ostvertriebenen bat sie den Außenminister der USA, im Zusammenwirken mit seinem britischen und französischen Kollegen, angesichts der ernsten internationalen Lage der Lösung von zwei Problemen besondere Aufmerksamkeit zu schenken:
(1) der wirtschaftlichen Regeneration Westdeutschlands durch Herbeiführung eines sofortigen Demontagestopps als beste Manifestation der Teamwork-Idee auf Seiten der USA,
(2) der Durchsetzung einer künftigen Rückkehr von 12 Millionen deutscher Vertriebener in ihre Heimat auf der Grundlage des Selbstbestimmungsrechts der Völker.

Die Resolution endete mit dem Satz:
„Die christliche Gemeinschaftsidee ist im Vormarsch – stoppen Sie die Demontagen – stellen Sie die menschliche Freiheit für die Ostvertriebenen her!"
Bei den Zuhörern war der Appell an die Führer des Westens gut angekommen, wie mir Goebel bestätigte. Ein britischer Journalist fragte mich nach den Zielen der von Goebel gegründeten „Aktionsgemeinschaft parteifreier Deutscher". Ich sagte dem Reporter, ich sei nicht Sprecher dieser Gruppe, die übrigens „Tatgemeinschaft Freier Deutscher" heiße – „Action Committee of Free Germans" – und brachte ihn zum Geistlichen Rat Goebel.
Für die englische Presse war die Bewegung von Goebel von besonderem Interesse. Es hatte sich der Irrtum festgesetzt, Goebel, dessen Ausstrahlung und außerordentliche Rednergabe allgemein bekannt war, sei ein protestantischer Pfarrer aus Ostpreußen; in der Tat erinnerte er in Statur, Temperament und volkstümlichem Mutterwitz an Martin Luther.
Das Interesse war politischer Art, vermutete man doch, Goebels „Tatgemeinschaft" hätte, nach dem am 23. Mai 1949 im vorläufigen Grundgesetz der Bundesrepublik Deutschland festgelegten Wahlmodus, vorzügliche Chancen, in den ersten Bundestag zu kommen – vorausgesetzt, sie würde zugelassen; das Recht der Zulassung war den drei westlichen Militärgouverneuren vorbehalten, freilich in Konsultation mit den Ministerpräsidenten.
Goebel sollte das Programm seiner „Tatgemeinschaft" überarbeiten, eine englische und französische Übersetzung davon anfertigen und den Antrag auf Zulassung so bald wie möglich einreichen, sowie persönlichen Kontakt zum „zweiten Mann" der britischen Zone, General Bishop, aufnehmen.
Am 16.7.1949 wurde Goebel von den drei Militärgouverneuren in Frankfurt empfangen, um sein Parteiprogramm zu erläutern; dies schien umso wichtiger, als ein Teil der Auslandspresse den Mann, hinter den sich eben nicht nur „Ausgebombte, Kriegsverletzte, enteignete Grundbesitzer aus dem Osten, Kriegerwitwen und andere Unzufriedene" geschart hatten, als „extremen Nationalisten" bezeichnete. Am 18. Juli traf er mit General Bishop zusammen, der ihn für einen „echten Patrioten" hielt und als Führer sozial schwacher Gruppen ohne marxistische Einfärbung politisch besonders wichtig einzustufen und keineswegs als „Faschist" abzustempeln wäre.

Am 19.7.1949 antwortete General Bishop:

„Sehr geehrter Herr Geistlicher Rat!
Wie bei unserer Zusammenkunft gestern morgen versprochen, habe ich General Sir Brian Robertson in der Angelegenheit der Lizensierung Ihrer Partei konsultiert. General Robertson hat mich gebeten, Ihnen zu sagen, daß er zu seinem größten Bedauern nicht die Zustimmung zur Erteilung einer Lizenz der Militärregierung für Ihre Partei geben kann. General Robertson hat das Parteiprogramm studiert und die Parteisatzungen, und er glaubt nicht, daß sich die Ziele der Partei von denen anderer fortschrittlicher Parteien, die bereits lizensiert sind, unterscheiden. Unter diesen Umständen würde die Partei als eine Flüchtlingspartei angesehen werden, was nicht akzeptiert werden kann.
General Robertson bedauert es sehr, daß er Ihren Wünschen nicht nachkommen kann. Er hofft, daß die berechtigten Hoffnungen und Beschwerden der Flüchtlinge entweder von den unabhängigen Kandidaten oder von den bestehenden Parteien ausreichend vertreten werden.
Auch ich gebe meinem Bedauern Ausdruck, daß es der Militärregierung nicht möglich ist, Ihre Partei zu lizensieren.

Ihr ergebener
W.H.A. Bishop"

Der britische „Observer" vom 17.7.1949 schien zu wissen, was hier gespielt wurde:

„Noch ist keine Entscheidung über diese Partei getroffen worden, die, falls zugelassen, den Ausgang der Wahlen entscheidend beeinflussen könnte. Indessen versteht es sich von selbst, daß die meisten westdeutschen Ministerpräsidenten, deren Rat die Militärgouverneure eingeholt haben, sich dagegen ausgesprochen haben."

Daß neben dem Parteiegoismus in Westdeutschland bei der Entscheidung des als „parteineutraler Realpolitiker" geltenden Generals Robertson noch ein anderer, vielleicht wichtigerer Faktor eine Rolle gespielt haben dürfte, geht aus folgender Mitteilung hervor, die ich in jenen Tagen von einem persönlichen Freund General Bishops erhielt:

(1) General Bishop hegt persönliche Sympathien für die Tatgemeinschaft und ihren Mitarbeiterkreis; desgleichen seine engeren Mit-

arbeiter und die Mehrzahl der als deutschfreundlich anzusehenden Stadtkommandanten der Britischen Zone.

(2) Bishop muß selbstverständlich die Befehle Robertsons ausführen. Robertson jedoch hat aus London Anweisung bekommen, die Lizensierung unter keinen Umständen zu befürworten!

(3) Dieser Befehl geht von Bevin persönlich aus, der unter allen Umständen eine nicht-bürgerliche Mehrheit in der deutschen Politik der nächsten vier Jahre gewährleistet sehen will und die Meinung vertritt, daß die „Tatgemeinschaft", die er als starken politischen Faktor ansieht, den konservativen Kräften in Deutschland ein wertvolles Sprungbrett liefern könnte.

Die Briten hatten in ihrer Besatzungspolitik Kommunisten gefördert: Heinz Renner wurde erster Oberbürgermeister von Essen, im ersten Kabinett Arnold waren zwei Kommunisten Minister. Unter Renner zog die KPD als Fraktion in den Bundestag; sie wurde erst 1956 als verfassungswidrig, durch Spruch des Bundesverfassungsgerichts Karlsruhe, aufgelöst. Goebels Gruppe, man konnte schon von einer Bewegung sprechen, erhielt bei der Geburt der Bundesrepublik keine demokratische Chance. Die Frage der „politischen Zweckmäßigkeit" der Nichtzulassung steht hier nicht zur Debatte. Die getroffene Feststellung ist nur ein kleiner historischer Beitrag zu einem interessanten Aspekt der Nachkriegspolitik.

Widerstand in Bergkamen

In Essen hörte ich Anfang Juni 1949, daß in der Landgemeinde Bergkamen, nicht weit von Kamen, eine geradezu gefährliche Konfrontation zwischen Bevölkerung und Besatzungseinheiten unter einem als unerbittlich geltenden Kommandanten im Entstehen war.

Die Bevölkerung hatte damals, als die Aktion zur Beseitigung der Chemischen Werke in Bergkamen anlief, bereits einen auch für westdeutsche Verhältnisse ungewöhnlichen Leidensweg hinter sich. 1944 hatte ein Grubenunglück 107 Tote gefordert. Der Bombenkrieg hatte

509 Menschenleben gekostet. 280 Soldaten der westfälischen Landgemeinde waren aus dem Kriege nicht zurückgekehrt. Im Februar 1946 ließen bei einem grauenhaften Bergwerksunglück 404 Bergarbeiter ihr Leben. Fast 20 Prozent der Einwohner waren durch diese katastrophalen Ereignisse umgekommen! Die vielen Witwen der Gemeinde setzten nunmehr ihre ganze Hoffnung zur Zukunftssicherung ihrer Kinder auf die Wiederinbetriebsetzung der Chemischen Werke.
Obwohl 80 Prozent aller Wohnungen vernichtet waren, keine Schule und keine Kirche mehr stand, begrüßte es die Bevölkerung einhellig, daß alle Anstrengungen, unter Nutzung vorhandener Baustoffe, auf den Wiederaufbau gerichtet wurden, während sie selbst in Kauf nahm, zunächst notdürftig in Kellern zu hausen. Durch Petitionen versuchten die Bergkamener bei den Briten die Erhaltung wenigstens der verbliebenen Teile des Werks durchzusetzen.
Wie sehr Demontage und Antidemontage Mitte 1949 praktisch das ganze Leben kleiner Gemeinden in der britischen Zone beherrschten, dafür bietet das Geschehen in Bergkamen ein besonders anschauliches Beispiel.
Der britische Militärkommandant hatte unter Mißachtung der Petitionen der Frauen und der Stadtverwaltung Bergkamens am 13. Juni 1949 ein Panzerregiment in Unna alarmiert, um mit dessen Hilfe die Demontage gegebenenfalls zu erzwingen. Der Stadtdirektor, Alfred Gleisner, erfuhr rechtzeitig von den Plänen der Militärmacht und setzte sich sofort mit Dr. Kurt Schumacher in Verbindung, der damals in öffentlicher Kundgebung in Hannover die Demontagefortsetzung als „unmenschlich und unwürdig“ brandmarkte, ähnlich Kirchenpräsident Niemöller, der in Birmingham von der Demontage als einem „Verbrechen gegen die Menschlichkeit“ sprach.
Gleisner unterrichtete insgeheim Professor Nölting, daß kurzfristig ein Demontageabwehrstab gegründet worden sei, um zu versuchen, das Tätigwerden der in britischem Auftrag handelnden Demontagefirmen zu verhindern, und zwar sowohl in Bergkamen als in der weiteren Umgebung, bei der Ruhröl GmbH in Bottrop und bei den Synthetischen Treibstoffanlagen in Scholven. Als am 14. Juni 1949 morgens die ersten Arbeiter der Gelsenkirchener Demontagefirma Müller auftauchten, zwangen die Bergkamener die LKWs zur Umkehr.
Die Frauen kooperierten mit der männlichen „force de frappe“ bei der Demonstration entschlossenen Widerstands, auch als sich das belgi-

sche Militär einzuschalten versuchte. Während sich die Bergkamener nicht mit den Soldaten anlegten, erteilten sie unter deren Augen dem „Demontage-Müller“ eine „Abreibung“, wie es im Bericht des Stadtdirektors heißt. Der Kommandant bedrohte den damaligen Landrat Biernat mit strenger Bestrafung, falls er nicht „für Ordnung sorge“; dieser aber antwortete, die Bevölkerung werde „einmütig Widerstand leisten“, da die Chemischen Werke in Bergkamen – von der volkswirtschaftlichen Bedeutung abgesehen – die einzige Arbeitsmöglichkeit für die vielen Witwen der Gemeinde böten.

Dies Argument beeindruckte den Kommandanten nicht. Er plante, wie Biernat und Gleisner rechtzeitig erfuhren, massiven Einsatz belgischer Einheiten.

Bis tief in das „Große Holz“ jenseits des Lippe-Flusses drang das Knattern belgischer Kettenfahrzeuge. Im hohen Gras am Waldesrand hockten belgische Soldaten hinter ihren Maschinengewehren.

Zur Verwunderung und zum Verdruß des Kommandanten versammelten sich mittlerweile am Werkstor, an dem nur Leute mit Ausweis der Militärbehörde eingelassen wurden, Wort- und Bildreporter der ausländischen und inländischen Presse – vom Stadtdirektor kurzfristig unterichtet; die Nachrichtenagenturen AP und DENA, der „Manchester Guardian“, das Zentralorgan der SED, „Neues Deutschland“, und mehrere westfälische Zeitungen waren bereits zur Stelle.

Die belgischen Einheiten waren erstaunt, als sie bei Beginn des Gewalteinsatzes alle Zufahrtswege verbarrikadiert vorfanden; sie hatten schwer zu schaffen, bis der „Durchbruch“ gelungen war und sie in Feuerstellung gehen konnten.

Der Versuch, Zivilisten zur Barrikadenbeseitigung zu zwingen, mißlang. Kurz nach 12 Uhr erreichte die Spannung ihren Höhepunkt. Einen Widerstand leistenden Direktor des Werks hatten Offiziere der Panzereinheit derart zugerichtet, daß er ins Krankenhaus mußte. Der andere Direktor, Dr. Löpmann, war mit Angestellten und Arbeitern in den Werksräumen eingeschlossen.

Dem Stadtdirektor Gleisner gelang es, trotz Postenketten mit aufgepflanzten Bajonetten, in das Werksinnere, zu Löpmann und dessen Leuten, vorzudringen, die, gemeinsam mit der Bevölkerung, das Eindringen der Demontagekolonnen in das Werksgelände verhindert hatten. Unter dem Druck der Drohung Gleisners, in zwei Stunden würden „alle Bergleute auf allen Schachtanlagen ausfahren“, falls die Arrestierten nicht freigelassen werden, ließen die Offiziere schließlich mit sich handeln und gaben den Inhaftierten „freien Abzug", hielten jedoch, unterstützt von Intelligence-Experten, das Werk weiterhin militärisch besetzt.

Journalisten aus der Schweiz und aus Schweden gelang es, die militärisch abgeriegelten Werke zu besichtigen und zu fotografieren. Widerstandsszenen waren bereits gefilmt worden.

Im „Svenska Dagbladet" und in „Die Tat" wurden die „grotesken militärischen Kunststücke" in den Chemischen Werken Bergkamen scharf glossiert. Unter besonderem Hinweis auf die unerschrockene Rolle der Frauen beim Bergkamener Antidemontageeinsatz wurde den Lesern im Ausland zur Kenntnis gegeben, „der Wille zur Arbeit und zum Leben sei im deutschen Volk ungebrochen."

Wie nach der Bergwerkskatastrophe drei Jahre zuvor wurde der Ortsname Bergkamen wieder einmal international bekannt.

Der Studentenausschuß der Universität Heidelberg sandte den Chemischen Werken Bergkamen ein spontanes Sympathietelegramm; der wackere Senator Mr. Canaday telegrafierte in Beantwortung eines Hilferufs: „Werde Angelegenheit morgen vor den Kongreßausschuß in Washington bringen." Senator Humphrey erhielt einen ausführlichen Bericht über die Vorgänge.

Am nächsten Tag, 14. 6. 1949, erklärte General Bishop vor der Presse, daß sich an der Widerstandsaktion alle Bergarbeiter der umliegenden Schachtanlagen von Bergkamen beteiligt hätten. Gleichzeitig kündigte er an, die Arbeiter, welche im Dortmunder Paraffinwerk die Demontage verweigerten, würden vor ein Militärgericht gestellt werden.

Die Journalisten erfuhren bei der Gelegenheit, daß am Tage zuvor belgische Truppen auch die Chemischen Werke Essener Steinkohle besetzt hatten.

Der Demontagekampf schien einer neuen Eskalation entgegenzugehen. Bei einer Kundgebung am Vortage hatte Professor Nölting Expräsident Herbert Hoover zitiert: „Wer uns in Ketten hält, der hält gleichzeitig Europa in Lumpen. Ein Wiederaufbau in Europa sei ohne Deutschland undenkbar."

Dem „Demontageabwehrstab" gelang es, wie Stadtdirektor Gleisner später mitteilte, durch „systematischen Ausbau des passiven Widerstands" und durch aktives Vorgehen gegen die Demontagefirmen die Abbrucharbeiten bei entscheidenden Anlagen in Bergkamen, in Schol-

ven und in Bottrop (Ruhröl GmbH) zu verhindern, und damit Zeit zu gewinnen.
Bei der Ruhröl gelang es jedoch nicht, die beschleunigt angepackte Demontage der Fischer-Tropsch-Synthese zu verhindern. Indessen war dort die Werksleitung – trotz der Demontagearbeiten – weiter bei der Arbeit und konnte ein neues Entgiftungsverfahren für die Gasproduktion entwickeln.
Im Bericht des Stadtdirektors Gleisner heißt es, die Truppen im Bergkamener Raum seien nach einigen Wochen wieder abgezogen: „So konnte die Demontage verhindert werden. Der Militärkommandant wurde bald versetzt. Das Werk konnte später, nachdem es gelungen war, das Verbot der Fischer-Tropsch-Produktion aufzuheben, wieder arbeiten und die Anlagen in moderner Form ausbauen."

Kampf um Zeitgewinn

Am gleichen Tag, an dem für die Bergkamener die Welt aus den Fugen geraten war, schien sich in der großen Politik eine Wende abzuzeichnen. Der Außenministerrat hielt in Paris seine bis dato längste Sitzung ab. Es hatte den Anschein, als ob eine Verbesserung der internationalen Atmosphäre möglich wäre und die Brücken zwischen Ost und West halten würden. Die Außenminister der drei Westmächte beabsichtigten, dem Rat in Kürze Vorschläge über den Abschluß eines begrenzten Übereinkommens zur Wiederaufnahme des Handelsverkehrs mit Deutschland, zur Ausarbeitung eines Friedensvertragsentwurfs, zur einheitlichen Verwaltung Berlins und zu „Plänen zwecks Wiederherstellung der deutschen Einheit" vorzulegen. Washington schien optimistisch zu sein.
Im Wissen um die Bewegung, in die offensichtlich die Europapolitik geraten war, und um das wachsende Interesse der Weltöffentlichkeit an der Entwicklung in Westdeutschland, nutzte Wirtschaftsminister Professor Nölting die Gelegenheit einer Pressekonferenz, um eine ausführliche Stellungnahme zur Demontagepolitik der Alliierten in Düsseldorf abzugeben und sich Fragen der Berichterstatter zu stellen. „Wir können nicht einsehen", betonte Nölting, „daß die Sicherheit

der alliierten Besatzungsmächte in irgendeiner Weise gefährdet wird, wenn die unter die verbotenen Industrien fallenden Werke nicht demontiert, sondern dem europäischen Wirtschaftsorganismus erhalten und positiv eingesetzt werden". Nölting widerlegte die Behauptung, die Hydrierwerke seien aus strategischen Gründen während Hitlers Kriegsvorbereitungen errichtet worden. Die Fischer-Tropsch-Synthese sei bereits 1925 entdeckt worden; nach Kriegsbeginn habe man keine neuen Fischer-Tropsch-Anlagen mehr gebaut. Ausführlich befaßte sich der Wirtschaftsminister mit der beabsichtigten Stillegung der Gelsenberg Benzin A.G. als einem „Verstoß gegen Treu und Glauben", da die Wiederinbetriebnahme des Werks mit Förderung alliierter Dienststellen – nach Investierung von 19 Millionen DM – erst vor wenigen Monaten erfolgt sei.

Die Journalisten bestürmten Nölting, die Namen der deutschen Sachverständigen zu nennen, die die britische Militärregierung in der Frage der Demontage der Kohleveredelungsanlagen berieten. Doch Nölting schwieg sich beharrlich aus, was einen Journalisten zu der Frage veranlaßte, ob es dem Minister denn verboten sei, die Namen zu nennen. Auch hierzu schwieg Nölting.

Freilich konnte der Austausch von Argumenten und Gegenargumenten die Demontage auf die Dauer nicht aufhalten. Immerhin schien es möglich, zumal General Bishop noch nicht den „härtesten Gang" eingeschaltet hatte, bei geschicktem Verhalten deutscherseits die Abbauarbeiten in der Kohleveredelungsindustrie zeitlich noch etwas zu strecken. Je mehr es gelang, Termine und Abbauphasen hinauszuschieben, desto größer die Hoffnung, vielleicht noch in letzter Minute eine Rettung zu erreichen.

Der „National Council for Prevention of War" schrieb mir, die Bilder, die die Gelsenberg Benzin A.G. übersandt habe, seien mit guter Wirkung benutzt worden; ein Senator und ein Kongreßabgeordneter hätten besonders darauf geantwortet, sie würden eine Initiative dazu ergreifen. Auch sonst war die Libby-Gruppe sehr aktiv; sie beschäftigte sich mit dem Plan einer Petition seitens der Senatoren an Außenminister Dean Acheson; sie inspirierten Journalisten, zum Beispiel Dorothy Thompson, zu Demontage-Leitartikeln und sie verbreiteten systematisch die „Teamwork-Erklärung" vom März 1949, aus der insbesondere die folgenden Passagen häufig zitiert wurden:

„Indem wir für den schrittweisen Einbau Deutschlands in den Rahmen der zukünftigen Vereinigten Staaten von Europa arbeiten, erblicken wir in dieser echten Zusammenarbeit das gemeinsame Ziel aller Kulturstaaten. Mit Erfolg hat sich Deutschland der inneren Zersetzung entgegengestemmt, trotz der furchtbaren Nachwirkungen des Zweiten Weltkriegs; und es beabsichtigt, die Idee der Gemeinschaftsarbeit zum Leitstern seiner künftigen nachbarlichen Beziehungen zu machen. Internationale Tatgemeinschaft – das bedeutet vor allem Beistand und ehrliches Zusammenwirken zum Zweck der Schaffung wahrer Demokratie und schrittweiser Erholung Europas. Gewaltige Aufgaben stehen der staatsmännischen Kunst bevor, wenn die Wunde am Körper Europas geheilt werden soll.
Man soll nicht glauben, daß man die junge deutsche Demokratie fördern kann, wenn man ihr keine Bewegungsfreiheit läßt, so, wie man ein junges Pferd nicht dadurch zähmen kann, daß man es in einen Stall sperrt!
Echte Vaterlandsliebe ist eine hervorragende Waffe gegen Zersetzung, während sich andererseits kein Land heute noch einen egoistischen Supernationalismus leisten kann, ob man das nun auf Großbritannien, Frankreich, Deutschland oder irgend ein anderes Land beziehen will. Ein geeintes Europa ist im Werden; Zusammenarbeit aller Kräfte Guten Willens lautet das Gebot der Stunde; Deutschland ist bereit, alle seine Kräfte dafür einzusetzen."

Die Libby-Gruppe erhielt auf ihre Informationen hin zahlreiche Zuschriften aus ganz USA. Auch in der Wissenschaft begann es sich zu regen. So schrieb einer der bekanntesten amerikanischen Chemiker, der ehemalige Berater im Stabe von General Clay, Professor Albert B. Newman, unter Bezugnahme auf die britischen Demontageabsichten im Fischer-Tropsch-Produktionsbereich: „Die gewaltsame Ausschaltung der Konkurrenz widerspricht amerikanischer Auffassung und sollte von jedem Amerikaner abgelehnt werden."
Dr. Rudolf Wedemeyer, Essen, der auf dem Antidemontage-Sektor publizistisch aktiv war, bereitete Ende Juni eine neue Demontagefibel vor, in der die besonders akuten Fälle übersichtlich zusammengestellt waren; neben generellen Erörterungen des Fischer-Tropsch-Komplexes waren darin behandelt das Schicksal des Hydrierwerkes Scholven, der ungewöhnliche Fall Gelsenberg Benzin AG. (Kriegszerstörungen

– Wiederaufbau – Demontagebefehl), die Vorgänge bei der Ruhröl Bottrop, die Demontagepläne bezüglich der Chemischen Werke Hüls, das Existenzproblem der Thyssen-Hütte in Hamborn, die Fälle Hochfrequenz-Tiegelstahl, Henrichshütte Hattingen, Klöckner-Drahtwerk Düsseldorf und Reichswerke Watenstedt. Das Titelblatt der deutschen Ausgabe trug die Überschrift: „Demontage gegen die Menschlichkeit". Am 2. Juli 1948 bereits gingen Hunderte von Exemplaren mit Begleitbriefen von Dr. Heinz Nedelmann, Fachverband Kohlechemie (Essen), an zahlreiche Universitäten in den USA, Senatoren, Abgeordnete und die Libby-Gruppe. Eine Frage der Broschüre reizte besonders zur Diskussion: „Ist das die Visitenkarte der westlichen Demokratien vor den Toren des Ostens?"
Stahlindustrie und Landesregierung bemühten sich in jenen Sommerwochen 1949, wichtige „Demontageobjekte" zumindest teilweise durch Austauschvorschläge zu retten; es galt dies für die Thyssen-Hütte, die Henrichshütte in Hattingen, die Niederrheinische Hütte in Duisburg-Hochfeld und die Charlottenhütte in Niederschelden. Freilich mußte die Demontageabteilung des Wirtschaftsministeriums in Düsseldorf Anfang Juli durch ihren Sprecher mitteilen, von maßgebender britischer Seite habe man dem Hause zu verstehen gegeben, das eigentliche Demontagemotiv sei die Verminderung der westdeutschen Stahlkapazität; somit komme es auf „vernünftige Austauschvorschläge" gar nicht an!
Kein Zweifel, in dieser Frage begegnete sich das britische Konkurrenzmotiv mit den Plänen der Morgenthau-Gruppe, die General Clay durch zahlreiche Briefe unter Druck zu setzen suchte. Schon im September 1948 hatte die Morgenthau-Organisation in New York es dem Oberbefehlshaber EUCOM angekreidet, daß nicht nur Tausende überflüssiger Industrieanlagen noch nicht demontiert worden seien, sondern daß die Diskussion einer Erweiterung der deutschen Stahlquote (von zugelassenen 10300000 Tonnen) entgegen den gebotenen Vorsichtsmaßnahmen im Gange sei, hingegen die „8 bis 10 Millionen Tonnen überflüssiger Stahlkapazität" den Opfern deutscher Aggression noch nicht übergeben worden sei. Als Beispiel der Skrupellosigkeit der Deutschen bei der Unterminierung des Reparationsprogramms erwähnten die Morgenthau-Leute dann die Argumente zur Demontageverhinderung der Henkel-Werke.
Trotz der gundsätzlichen Widerstände auf britischer Seite konnte Pro-

fessor Nölting Juli 1949 im Landtag mitteilen, aufgrund von Gesprächen mit General Bishop sehe er gewisse Aussichten, daß die Austauschvorschläge für die August-Thyssen- und die Henrichshütte von den Briten in Erwägung gezogen würden; Anfang August teilte der Gouverneur dem hartnäckigen Wirtschaftsminister tatsächlich mit, er sei nunmehr autorisiert, über die Austauschvorschläge für die Henrichshütte zu verhandeln.

Demontagepläne bezüglich dieses so wichtigen Stahl- und Stahlverarbeitungskomplexes waren in den USA – im Kongreß und bei den Gewerkschaften – ganz besonders gründlich studiert worden, und es ist nicht ausgeschlossen, daß das Teilzugeständnis der Briten schon auf amerikanischen Druck hin erfolgt ist. Das Verhältnis zwischen Bishops Stellvertreter, General K.H. Noel, und Wirtschaftsminister Professor Dr. Erik Nölting wurde inzwischen immer gespannter.

Aus Washington erreichten mich zwei Informationen, die unserer Sache sehr förderlich schienen:

(1) Die mächtige amerikanische Gewerkschaft AFL (American Federation of Labor) hatte Präsident Truman und dem ganzen US-Kongreß eine ungewöhnliche Erklärung zugesandt, in der die Informationen über die Vorgänge um Werke der Kohlechemie benutzt worden waren. Es hieß darin, es habe sich in Westdeutschland eine alarmierende Situation entwickelt. „Die britische Militärregierung hat tatsächlich Truppen mobilisiert, um die Demontagearbeiten ungeachtet des Protests der deutschen Bevölkerung durchzuführen . . . Es ist in der Tat ein abscheuliches Schauspiel, zuzusehen, wie der Vertreter demokratischer Länder ein Aufgebot von schwer bewaffneten Truppen und Panzern gegen Arbeiter einsetzen, die keine andere Absicht haben, als die Möglichkeit des Lebensunterhalts für sich und ihre Familien zu erhalten, und die damit die Wirtschaftsbasis sichern wollen, die notwendig ist, damit ihr Land Aussicht hat, eine stabile demokratische Lebensform zu entwickeln." Mit einem geradezu flammenden Appell hatte sich die AFL ferner an den „Kongreß der englischen Gewerkschaften und die anderen gutwilligen freien Gewerkschaftsorganisationen in Frankreich", gewandt, „schärfsten Druck auf ihre Regierung auszuüben, um diese wirtschaftlich ungesunde und politisch verrückte Politik der Demontage in Deutschland einzustellen". CIO und AFL waren somit als wichtige Verbündete gegen die destruk-

tive Zerstörungs- und Stillegungspraxis in der BBZ im Frühsommer auf den Plan getreten.

(2) Am 14. Juli 1949 schrieb mir Finucane: „Die Hoffnung auf einen Stopp des Programmes 'Plündern durch Demontage' begann heute im Senat zu wachsen, als verschiedene Senatoren den gerade vom Bewilligungsausschuß herausgegebenen Bericht Nr. 655 studierten.

Dieser Bericht, der sich mit den Bewilligungen von Geldern für den Marshall-Plan beschäftigt, enthält eine Klausel, wonach Fabriken, die sich in der Kategorie der verbotenen und beschränkten Industrien befinden, vor der Demontage überprüft werden sollen. Diese Gruppe von Industrien schließt 3 Werften, 8 synthetische Treibstoffwerke und viele andere Produktionsstätten ein, die für ein wirtschaftlich gedeihendes, friedliches Europas lebensnotwendig sind."

Wer die Praxis der amerikanischen Legislative kannte, konnte nicht umhin, diesen Bericht als beachtlichen Fortschritt im Sinn deutscher Interessenwahrung einzustufen. Er war ein Teilerfolg von Libbys zielstrebigem Wirken für den deutschen Wiederaufbau; er selbst hatte nämlich diesen Vorschlag durch Jim Finucane im Namen des „National Council for Prevention of War" dem Bewilligungsausschuß, unter Vorsitz unseres Freundes Senator Styles Bridges, überreichen lassen.

„Gerechtigkeit schafft Frieden"

Im Ruhrgebiet stand im August zunächst die Spannung bezüglich des Ausgangs der Wahlen zum ersten Deutschen Bundestag im Mittelpunkt jener Gespräche, die nicht gerade mit den Alltagssorgen der Familien zu tun hatten. Bei einer hohen Wahlbeteiligung (78,5 Prozent) konnte in den Westzonen die CDU/CSU 31 Prozent der Stimmen erringen, knapp gefolgt von der SPD mit 29,2 Prozent; der Anteil der FDP betrug 11,9 Prozent, während der Rest von 27,9 Prozent auf die KPD (5,7), die Bayernpartei (4,2), das Zentrum (3,1) die Deutsche Konservative Partei (1,8) und andere kleinere Gruppen entfiel.

Die Diskussionen um Funktion und Wirksamkeit der Ruhrbehörde, die am 8. August 1949 zum erstenmal in Düsseldorf tagte, berührte den Durchschnittsbürger kaum. Doch das Demontageproblem beanspruchte, wie man auch aus dem Pressespiegel und aus Gesprächen in Stadt und Land entnehmen konnte, das Interesse der großen Mehrheit bei uns stark.
Auch der bevorstehende Katholikentag in Bochum war bald schon ein vieldiskutiertes Thema, nicht nur in Kreisen der katholischen Bevölkerung und nicht nur bei den Deutschen. Die Besatzungsmacht vermutete, daß diesem Ereignis eine noch nicht ganz zu übersehende, politische Bedeutung beigemessen werden müsse, wenn man sich allein die „nicht rein seelsorgerischen Aktivitäten" des Kardinal Frings vor Augen hielte. Vor dem Katholikentag fanden in mehreren Städten des Reviers Demontrationen statt. Ihren Höhepunkt hatten sie am 30. August in Oberhausen in einer Großkundgebung gegen die beabsichtigte Demontage der Ruhrchemie A.G. in Holten. Daran nahmen politische Parteien, Kirchengemeinden, Gewerkschaften, die Industrie- und Handelskammern Oberhausen und Essen und viele andere Gruppen der Öffentlichkeit teil. Im großen Plakat zu dieser Kundgebung wurde auch der Lokalpatriotismus angesprochen.
Die Briten hatten zur Demontageerzwingung ein Bataillon bereitgestellt. Tatsächlich wurde einen Tag später, am 31.8.1949, die Ruhrchemie gewaltsam besetzt. Zum oft zitierten, gut gewählten Motto des Katholikentages, „Gerechtigkeit schafft Frieden", paßte dies Vorgehen wie die Faust aufs Auge.
Vor dem Tor der Ruhrchemie drängten sich aufgebrachte, protestierende Arbeiter. Sie hatten große Spruchbänder mit der Aufschrift aufgehängt: „Laßt walten die Vernunft! – Aufbau-Arbeit: unsere Zukunft!" Im Innern des Werks wehte ein riesiges Spruchband an Leitungsmasten über die Straße: „Für Demontage sind wir nie – denn diese gefährdet die Demokratie!" Ein anderes Plakat trug den Text: „Dank wollen wir Kriegsbeschädigte nicht – erhaltet unseren Arbeitsplatz – das ist eure Pflicht!"
Vor dem großen Eingangstor hatte man den Kommandowagen der Militärregierung umgekippt; die Lage schien kritisch zu werden.
Am gleichen Tage wurde in Bochum der letzte Schmuck in der Festhalle des Katholikentages angebracht, zu der die große Werkshalle des Bochumer Vereins in Stahlhausen hergerichtet worden war. Es hatte

sich herumgesprochen, daß viele ausländische Gäste und eine überraschend hohe Zahl von Auslandsjournalisten sich angemeldet hatten, um mit den Hundertausenden deutscher Teilnehmer vom 1. bis 4. September den 73. Deutschen Katholikentag mitzuerleben, dessen Höhepunkt die Übertragung einer Ansprache des Papstes aus Rom werden sollte. Kardinal Frings und Ministerpräsident Arnold würden die Gäste begrüßen.

Durch amerikanische Freunde wurde mir bestätigt, daß zwar eine Reihe britischer Beamter den Katholikentag nur als eine Art „Störfaktor" im Konzept der von London angeordneten Demontageforcierung betrachtete, daß sich aber andere Sorgen wegen möglicher Folgen für die Besatzungspolitik machten. Man hielt den populären Seelenhirten Kardinal Frings für eine „eminent politisch denkende und handelnde Persönlichkeit"; man erinnerte an seine Kanzelverkündigungen und an seine Gebete um „Erleuchtung der Verantwortlichen", also der Militärregierung und der Regierung in London. Mit der hohen Geistlichkeit der katholischen Kirche hatte man britischerseits auch sonst eigene Erfahrungen gesammelt. So mit dem Bischof von Münster, Dr. Michael Keller, der im Anschluß an eine Besichtigung der Gelsenberg Benzin A.G. in Gelsenkirchen-Horst im Juni 1949 einen Aufruf veröffentlichte, der in der Weltpresse als „flammender Appell an das Weltgewissen" Eingang gefunden hatte. Darin hatte der streitbare Geistliche erklärt, kaum habe das deutsche Volk wieder ein wenig aufzuatmen begonnen, da müsse es befürchten, durch Zerstörung vieler Arbeitsplätze erneut in Elend zu versinken.. Der Erzbischof von Osnabrück, Dr. Lorenz Jäger, galt bei den Besatzern als einer der aktivsten Förderer der Antidemontage-Politik. Mit diesen Männern würde man auf der Ehrentribüne zusammensitzen müssen, unter dem großen Spruch „Gerechtigkeit schafft Frieden", ohne zu wissen, was die Veranstalter da geplant hatten, um die Weltöffentlichkeit zu beeindrucken.

Direktor Müser hatte Redakteur Becker und mich gebeten, ausländische Gäste und Berichterstatter in die Demontagewirklichkeit einzuführen; wir sollten uns zunächst auf die Abbaumaßnahmen beim Bochumer Verein und die Demontageprobleme bei der Gelsenberg Benzin A.G. beschränken.

„Frontbesuch“ bei Gelsenberg

Belgier, Holländer, Franzosen, Kanadier, Schotten, Inder, Brasilianer – Gäste aus allen Erdteilen – wollten den Besuch in Bochum mit einem Kennenlernen des Reviers und der so heiß diskutierten Demontagefrage verbinden.
Becker und ich hatten alle Hände voll zu tun, um die einzelnen Gruppen nach Gelsenkirchen-Horst zu lotsen, wo sie beim Anblick des Eingangstors der Gelsenberg Benzin – die dort aufgehängten Plakate forderten geradezu die Diskussion heraus – aus der Bestürzung nicht herauskamen. Fotos wurden gemacht, Ingenieure und Arbeiter an verschiedenen Stellen der Werksanlagen nach ihrer Meinung gefragt. Man wollte zum Beispiel wissen, wer die „schmutzige Demontagearbeit“ verrichte und was er wohl dafür bekomme.
Die Frage konnte konkret beantwortet werden. Die deutschen Demonteure erhielten, seit die Demontage begonnen hatte, außer ihrem Lohn als Anreiz noch den sogenannten „Dollar-Bonus“ von 5 Dollar pro Tonne abgewrackten Materials, der in Waren (z. B. Zigaretten, Whisky und anderen, schwer erhältlichen Genuß- und Lebensmitteln) gegeben wurde. Auch sogenannte „Bleistift-Demonteure“ – Deutsche aus den Büros der britischen Reparations- und Demontageabteilungen Düsseldorf – waren bei der Überwachung der Abbauarbeiten tätig.
Man wollte wissen, wie weit die Demontage gediehen sei. Der Lebensnerv des Werkes, der Teil mit den Hochdruckkammern, war noch unberührt. Doch es waren bis zu 550 Demontage-Arbeiter mit Spezialgeräten eingesetzt worden; und lange würden die wertvollsten Teile des Werks nicht mehr unversehrt bleiben.
Ein holländischer Journalist machte seinen Kollegen auf ein Spruchband aufmerksam mit der Aufschrift: „Wer sich für die Demontage hergibt, ist ein Schuft!“ Dieser Satz wurde von zahlreichen Anwesenden notiert. Er tauchte später in einem Artikel der holländischen Zeitung „De Vlaamse Linie“ (vom 11.11.1949) wieder auf, der die schöne Überschrift trug: „Demontage van het Vertrouwen!“ (Demontage des Vertrauens): „Men mag de Mensen in Duitsland niet in de armen van het Oosten jagen!“ (Man sollte die Menschen in Deutschland nicht in die Arme des Ostens treiben).
Immer wieder wurde gefragt, ob es Widerstand gegeben und ob das

Militär eingegriffen habe. Physischer Widerstand, erläuterte ich, wäre Selbstmord gewesen! Doch die Gelsenberg Benzin habe nicht einfach alles hingenommen. Als der britische Stadtkommandant, Colonel Abbey, am 6. August 1949 Betriebsleitung und Betriebsrat aufgefordert habe, schriftlich zu erklären, daß sie der Demontage keinen Widerstand entgegensetzen würden, da andernfalls auch die Stillegung von nicht für die Demontage vorgesehenen Anlagen und – gegebenenfalls – militärische Maßnahmen erfolgen würden, sei diesem Offizier ein formeller Protest überreicht worden:

„Den Befehl der Militärregierung haben wir erhalten. Wir erblicken nach wie vor in der Demontage unseres Werkes schwerstes Unrecht, für das kein vertretbarer Grund gegeben ist. Wir legen daher erneut schärfsten Protest ein. Wir müssen uns dem Befehl der Militärregierung fügen und werden daher keinen Widerstand leisten."

Zur gleichen Zeit ging ein Telegramm an den Europarat in Straßburg zu Händen Sir Winston Churchill, Eduard Herriot und Premierminister H. Spaak:

„Betriebsführung, Arbeiter und Familienangehörige der Gelsenberg Benzin A.G. – 10000 Personen im Ganzen – bitten um Ihre freundliche Unterstützung zur Demontageverhinderung. Wie kann Europa zu einer Familie zusammenwachsen, wenn eines seiner Kinder als Stiefkind behandelt wird? Wir alle stehen hinter den Idealen, die Ihre Konferenz fördert, deshalb lassen Sie uns nicht im Stich!"

Während der Besichtigung waren neue Demontagetrupps eingerückt. Die Gäste waren von diesen Beobachtungen sehr beeindruckt.
Vor Beendigung dieser Begegnung ergriff der ehemalige Ministerpräsident der Niederlande, Beel, das Wort. In seiner kleinen Ansprache verlieh er der Hoffnung aller Anwesenden Ausdruck, daß der Demontagefall Gelsenberg Benzin A.G. wie der des gastgebenden Bochumer Vereins im europäischen wie im deutschen Interesse doch noch vernünftig gelöst werden könnte.
Die Gelsenberg Benzin wurde während des Katholikentags, und noch eine ganze Zeit danach, besonderer Magnet des Interesses: ein Symbol des Widersinns der Demontagen und des hinhaltenden Widerstands.

Gespräch mit Lukaschek

Am 4. September fand in der Festhalle des Katholikentags ein großes Konzert statt, nach dessen Beendigung die Zuhörer, wie die Hunderttausende draußen, die Rundfunkübertragung der Papstansprache erwarteten. Lukaschek nutzte diese Stunde, mich zu einer Lagebesprechung zu bitten. Noch am gleichen Abend wollte er in Bad Godesberg an politischen Gesprächen teilnehmen.

Es ging in dem Gespräch ausschließlich um die weitere Strategie in der Antidemontage, mit der sich Dr. Adenauer, ungeachtet schwieriger innenpolitischer Auseinandersetzungen, auch in der eigenen Fraktion, zunehmend beschäftigte und identifizierte. Es war klar, daß die Entwicklung dieses Problems für den „Alten von Rhöndorf" wichtig werden könnte, zumal, falls es gelänge, Fortschritte für die Wirtschaft zu erzielen. Lukaschek stellte fest, von Industrieseite sei das Äußerste gewagt worden, die Öffentlichkeit zu mobilisieren und Zeit zu gewinnen.

Lukascheks Frage nach der Situation in Düsseldorf beantwortete ich damit, die gute Zusammenarbeit zwischen Ministerpräsident Arnold und Wirtschaftsminister Nölting stelle sicher, daß den Briten weiterhin hinhaltender Widerstand geleistet werde; die von London kommenden Befehle zur Demontageforcierung, die sich insbesondere bei Thyssen abzeichneten, ließen jedoch die Grenzen der Macht der Landesregierung erkennen. Das gleiche gelte übrigens für die Landesregierung von Niedersachsen in Hannover.

Zur Beurteilung des US-Hochkommissars John J. McCloy, der offenbar eine gewisse Zurückhaltung gegenüber Dr. Adenauer an den Tag legte, war ich der Meinung: Temperament, Generation und Vorstellungswelt der beiden Persönlichkeiten seien sehr verschieden, und bis zur Bildung eines Kabinetts in Bonn müsse sich McCloy eine gewisse Zurückhaltung auferlegen; auch müsse er in seinen parteipolitischen Wertungen unbedingt neutral sein, könne also auch von der CDU/CSU nicht quasi „vereinnahmt" werden. Daß er Respekt vor Adenauer besitze, sei bei HICOG allgemein bekannt.

Als wichtig bezeichnete ich, McCloy gerade jetzt Vertrauen entgegenzubringen, da eine Diffamierung seiner Person anlaufe. Die Propaganda gegen McCloy laute etwa so: der Hochkommissar sei zwar ein erfahrener Bankfachmann und Organisator, aber die Dinge in Deutschland seien ihm „über den Kopf gewachsen", und er sei alles andere als ein Diplomat; er habe im Kontakt zu Briten und Franzosen sogar „den nötigen Takt vermissen" lassen. Daher sei es, wie auch L. Moore von der „New York Herald Tribune" gemeint habe, gut, deutscherseits alle Sorgen primär mit McCloys Wirtschaftsfachmann und de facto-Stellvertreter B. Buttenwieser aus dem Bankhaus Kuhn & Loeb zu erörtern. Ich betonte, diese unterschwellige Diffamierung sei sehr geschickt angelegt, stimme aber nicht. Er bemühe sich, alle Einzelheiten unserer Sorgen kennen zu lernen.

Dazu wäre freilich notwendig, daß er von den Spitzenpersönlichkeiten der Ruhr-Industrie – Sohl, Herzog, Beckhäuser, Loesch und Müser – persönlich unterrichtet würde.

Es spreche für das diplomatische Geschick von McCloy, daß er bereits 1947 zusammen mit seinem Schwager Lewis Douglas, US-Botschafter in London, eine Auflockerung der alliierten Pläne zur Kontrolle des Ruhrgebiets erreichen konnte. Mit seinem Vorgänger, General Clay, verstehe sich McCloy gut.

McCloy werde eine „Panne" zum Vorwurf gemacht, die unser Zentralthema Demontage angehe.

Die Frage sei, ob es überhaupt eine Panne war, oder ob McCloy vielleicht sogar eine Indiskretion erwartete, als er einem amerikanischen Journalisten während eines Privatissimums sagte, „es sei höchste Zeit, daß die Demontagen in Westdeutschland eingestellt würden"; eine Äußerung, die in der Weltpresse Schlagzeilen machte und wütende Reaktionen der Morgenthau-Gruppe zur Folge hatte. Lukaschek war hocherfreut, als ich ihm sagen konnte, daß mit großer Wahrscheinlichkeit schon bald ein Treffen zwischen Müser und dem Hochkommissar zustandekommen werde.

Lukaschek erkundigte sich abschließend nach der Situation in Washington. Er wollte sich ein Bild der Kräfteverhältnisse machen. Der Kongreß war bereits in Urlaub gegangen; während es im Repräsentantenhaus nicht mehr zur Behandlung des Demontagethemas gekommen war, hatten zwei Tage vor den Sommerferien unsere Freunde im Senat kurz entschlossen gehandelt und in einem Brief an Präsident Truman den allgemeinen Demontagestopp in Deutschland gefordert. 43 Senatoren hatten unterzeichnet, ein beachtliches Ergebnis. Angesichts des unglücklichen Zeitpunktes fehlte jedoch ein halbes Dutzend Unterschriften, um eine Senatsmehrheit zustande zu bringen. Indessen waren nach Libbys Meinung noch mindestens 12 abwesende Senatoren mit Bestimmtheit bereit, nach den Ferien ihre Unterschrift unter dies Dokument zu setzen. Diese Tatsache bedeutete, daß McCloy, dem bereits der Text der außerordentlichen Intervention amerikanischer Gewerkschaften vorlag, den Rücken endlich zu einer offensiveren Durchsetzung seiner gegen Demontagefortsetzung gerichteten Politik freihatte.

Müser bei McCloy

Am 9. September 1949 trafen Direktor Müser und ich bei der US-Hochkommission in Frankfurt ein, wo uns John J. McCloy empfing. Müser bedankte sich zunächst für McCloys Hilfe bei der Erhaltung der großen Halle des Bochumer Vereins, deren ursprünglich für den 16.9.1949 vorgesehene Demontage zunächst abgesagt worden war. Dann schilderte er auf Wunsch McCloys den Existenzkampf der deutschen Stahlindustrie und betonte, die auf Weisung der Militärregierung erfolgte Beschleunigung der Demontagen in Duisburg-Hamborn habe inzwischen den Charakter von Demolierung angenommen. Die Demontagekosten betrügen 65 Millionen Mark, während nur 30 Millionen Mark erforderlich wären, um monatlich wieder 60000 Tonnen Rohstahl zu produzieren; kurz gesagt, die Lösung des Demontageproblems Thyssen sei wirtschaftlich, politisch und sozialpolitisch vordringlich.
In seiner Erwiderung stellte der US-Hochkommissar das Demontageproblem in den Zusammenhang weltpolitischer Entwicklung, der alliierten Besatzungspolitik und des deutsch-amerikanischen Verhältnisses. Leider unterschätzten deutsche Politiker die propagandistische Stärke der Morgenthau-Lobby, die beispielsweise die Aktionen des früheren Botschafters von Nadolny mit Freuden ausschlachtete, um ihre Standardthese zu untermauern, die Deutschen bereiteten insgeheim ein „neues Rapallo“ vor, um den USA in den Rücken zu fallen. „Wie Sie wissen“, betonte McCloy, „habe ich wohl als erster entschieden gegen den verrückten Weidelandplan Henry Morgenthaus Stellung

genommen, weil ich glaube, daß wir die Welt nicht mit Maßnahmen der Rache in Ordnung bringen können." Er gab dann zu erkennen, daß sich Frankreichs Außenminister Robert Schuman für die Revision des gesamten Demontageprogramms einsetze, während jedoch Außenminister Bevin stur die alte Linie seiner Politik fortsetze.

Deutsche Politiker gäben sich leider einer Illusion hin, wenn sie glaubten, die USA allein könnten in der gegebenen Situation die Initiative ergreifen, um den generellen Demontagestopp zu erreichen. Befragt nach den Initiativmöglichkeiten des US-Kongresses, wies McCloy auf die Ausschußuntersuchungen und das starke Engagement einer wachsenden Zahl von Abgeordneten und Senatoren hin. Im übrigen bat er um Verständnis dafür, daß er die Washingtoner Entscheidungen zu Gesprächen mit Briten und Franzosen nicht preisgeben könne. Wir dürften jedoch versichert sein, daß er sich aller anstehenden Fragen in bezug auf die Demontagepolitik annehmen werde. Für den Augenblick käme es vor allem darauf an, mit allen drei Westmächten wegen eines Demontagestopps in Kontakt zu treten. Guter Wille und Bereitschaft zur Zusammenarbeit sei die beste Grundlage für weitere Verhandlungen.

Wir wiesen darauf hin, daß leider die Art der Demontagedurchführung und die Behandlung der sich dagegen auflehnenden Bevölkerung alle Bemühungen zur Schaffung eines guten Kooperationsklimas zunichte mache.

Müser kritisierte vor allem das alliierte Gesetz Nr. 75 „Entflechtung", das sich offenbar an Morgenthau-Vorstellungen anlehne. McCloy meinte, die Erörterung aller wirtschaftspolitischen Fragen sei deshalb so schwierig, weil das Prinzip der „self-sufficiency" noch nicht aufgegeben worden sei und weil man weder in England noch in Deutschland das zur Verständigung notwendige Gesprächsklima habe finden können. Allenthalben herrsche Konkurrenzfurcht. McCloy räumte aber ein, daß die Fragen, welche in den USA zwischen Regierung, Gewerkschaften und Unternehmen zur Gliederung von Firmengruppen erörtert würden, auf anderer Ebene lägen, als die Intentionen der Verfasser des Gesetzes Nr. 75. Müser meinte: „Die Briten sprechen von Dekartellisierung; ich glaube indessen, sie meinen die sogenannte Sozialisierung zwecks Ausschaltung deutschen Wettbewerbs." McCloy vertrat die Ansicht, in Deutschland, Frankreich und anderen europäischen Ländern hätten Sozialisten eine gewisse Aversion gegen die USA ent-

wickelt, da die extrem sozialistische Wirtschaftsideologie dahin tendiere, das amerikanische Wirtschaftssystem in das marxistische Weltbild des rücksichtslosen Kapitalismus und der Ausbeutung der Massen einzuordnen.
Ich erwähnte, daß die Demontageanordnung bezüglich der Gelsenberg Benzin AG. ihr Gegenstück in den sich bereits abzeichnenden Entflechtungsexperimenten bei der Gelsenkirchener Bergwerks-AG, Essen, finde, und daß solche Operationen einer Demontage des Vertrauens in den Westen gleichkämen. McCloy, der die Sachzusammenhänge kannte, sagte knapp: „Sie haben recht, das ist ein sehr ernster Fall, recht verschieden von den meisten anderen Streitfällen."
Der Hochkommissar meinte, die deutsche Politik könnte erfolgreicher im Ausland wirken, wenn sie auch in der Ausdrucksweise jüngerer Leute interpretiert werde; Bonn benötige seiner persönlichen Ansicht nach ein gewisses „Gleichgewicht zwischen alt und jung", und, wie Müser so richtig betont habe, mehr Männer mit Auslandserfahrung; Versailles, so McCloy, könnte zum Schlagwort mit Negativwirkung werden, was freilich den historischen Wahrheitsgehalt nicht betreffe. Dr. Adenauer habe ihm erst am Vortage einen Vortrag über Versailles halten wollen und dabei emphatisch betont: „Mr. McCloy, wir müssen diesmal aber gemeinsam dafür sorgen, daß es kein Versailles Numero Zwei gibt." Müser meinte leichthin, der US-Hochkommissar müßte sicher derartige „Belehrung" nicht anhören, wenn die Vereinigten Staaten nach dem Ersten Weltkrieg dem von ihnen selbst ins Leben gerufenen Völkerbund beigetreten wären.
Müser gab noch einen Überblick über die vorzüglich aufgebaute kommunistische Propaganda gegen die Demontagepolitik der Westmächte und über die forcierten Versuche der KPD, unter Ausnutzung der Not der Arbeiter, insbesondere in Bochum und bei den Mitarbeitern des Bochumer Vereins, weitere Anhänger für den Kommunismus zu werben. Der Zusammenhang zwischen Demontagemaßnahmen in der britischen Zone und dem Aufblühen anti-westlicher Propaganda interessierte McCloy. Von besonderem Wert war es für ihn zu wissen, daß Arbeitgeber und Arbeitnehmer, Direktoren und Betriebsräte demontagegefährdeter Unternehmen des Reviers in der Abwehrhaltung eisern zusammenstanden und sich nicht provozieren ließen.
Schon am folgenden Tag, dem 10. September 1949, führte Müser eine längere Unterredung mit Dr. Adenauer, der das Fazit dieses Gesprächs

in seiner Regierungserklärung vom 21.9.1949 gut verwenden konnte. Darin hieß es unter anderem:

„Die Frage der Demontage unserer industriellen Anlagen bewegt das gesamte deutsche Volk. Es gibt wohl kaum jemanden in Deutschland, der sich gegen die Demontage wirklich kriegswichtiger Industrien wendet; aber die Vernichtung großer wirtschaftlicher Werte ist eine Angelegenheit, die man im Ausland nicht damit abtun sollte, daß es einmal so beschlossen sei. Zur Zeit sind die maßgebenden Staatsmänner der Vereinigten Staaten, Englands und Frankreichs in Washington versammelt. Das deutsche Volk würde sich freuen, wenn diese Zusammenkunft benutzt würde, um das Demontageproblem einer Nachprüfung im Sinne einer Berücksichtigung der deutschen Wünsche zu unterziehen.“

Einige Tage nach der Besprechung bei McCloy konnte Müser im Sitzungssaal der Vereinigten Stahlwerke in Düsseldorf mit Vertretern aller Stahlgruppen die Anregungen McCloys für die weitere Art der Argumentation seitens der Stahlindustrie diskutieren. Das Ergebnis dieser Beratungen wurde dem Bundeskanzler zugeleitet.

Einladung zu einer Presse-Rundfahrt

Die beiden Monate bis zum Petersberger Abkommen (22.11.1949) sollten nicht weniger aufreibend werden als die vorangegangenen dieses turbulenten Antidemontagejahres. Wie unsere Vertrauensleute und Freunde bei HICOG und in Villa Hügel, hatte Libby uns in seinen Briefen geradezu beschworen „durchzuhalten“, wenn man auch beim Anblick von Zerstörungsaktionen, wie bei der Demontage der Gelsenberg, magenkrank werden konnte. Eines Tages erreichte mich die Nachricht, daß eine Delegation von protestantischen Geistlichen aus den USA eintreffen werde, die Senator William Langer an die Demontagefront in Marsch gesetzt hätte. Langer hatte bereits am 9. August 1949 dem Fachverband Kohlechemie in Essen mitgeteilt, er werde sein Menschenmöglichstes zur Abwendung der Demontage tun. Langer

hat Wort gehalten. Die Besucher gaben in Washington später drastische Augenzeugenberichte zu den krassesten Demontagefällen wie zur allgemeinen Stimmung der Bevölkerung einschließlich der Ostvertriebenen. Für die Auswertung dieser Berichte sorgten Fred Libby und Dr. Abraham Vereide.
Der Bewilligungsausschuß des US-Senats hatte in geheimer Sitzung den ECA-Verwaltungschef P.G. Hoffman darauf hingewiesen, daß die Gelsenberg Benzin AG. von „allergrößtem Nutzen für die Friedens-Wirtschaft“ sei. Die Kohlechemie wurde auf Wunsch Libbys darüber unterrichtet, daß ein striktes Schweigegebot des State Departments vorlag, um die schwierigen Verhandlungen mit den Franzosen und Briten nicht zu gefährden. Daraus dürfe aber nicht geschlossen werden, daß die Sache der Hydrierwerke verloren sei. Eher sei das Gegenteil der Fall. Libby hatte Anfang Juli 1949 den Chemie-Experten Professor Albert B. Newman gebeten, konkret zu errechnen, was die Demontageverwirklichung bei den Hydrierwerken den amerikanischen Steuerzahler kosten würde. Das Fachgutachten kam zu dem Ergebnis, daß die Zerstörung der deutschen Hydrierwerke einer Vergeudung von jährlich 80 Millionen Dollar gleichkäme. Jedes Mitglied des Bewilligungsausschusses hatte danach diese Unterlagen mit einem persönlichen Schreiben Libbys erhalten, in dem es hieß: „Sie sollten Ihrem Gesetzesvorschlag eine Klausel hinzufügen, durch welche die Verschleuderung amerikanischer Gelder gestoppt wird.“ Anschließend wurde das Gutachten auch der Presse überreicht, zugleich mit der bebilderten Gelsenberg-Broschüre: „Stop Dismantling Gelsenberg!“, in der es u.a. hieß: „Gestern haben sie der kranken deutschen Wirtschaft eine Prothese gegeben, heute wollen sie ihr das andere Bein absägen. Wir appellieren an die Vernunft der Arbeiter in aller Welt!“
Die bekannte amerikanische Journalistin Dorothy Thompson hatte starkes Interesse für den Fall Gelsenberg gezeigt und aufsehenerregende Berichte über die Demontageforcierung bei den Werken der Kohlechemie nach Washington gekabelt. Zwecks verstärkter Aufklärungsarbeit wurde der Auslandspresse eine „Tour d'horizon“ vorgeschlagen, bei der die „Demontage-Front“ von Hamborn bis Gelsenkirchen abgefahren werden sollte. Dabei konnten führende Männer der Stahlindustrie ihre Probleme mit den ausländischen Journalisten besprechen. Als Standort der Gruppe wurde Bochum festgelegt; Besuchstermine: 26. und 27. September; Schwerpunkte: Thyssenhütte und Gelsenberg

Benzin. Folgende Punkte sprachen für einen Erfolg dieser kurzfristig angesetzten Presseaktion:

(1) Einige Nachrichtenagenturen hatten aus der Stadt an der Themse gerade berichtet, durch den massiven Widerstand gegen die Demontagen in Westdeutschland habe es den Anschein, als ob die Briten allmählich „mürbe" würden, und die nächste Sitzung des britischen Kabinetts werde sich wohl mit dem leidigen Thema beschäftigen.
(2) Zum Zeitpunkt des Pressebesuchs wurden in Washington noch Besprechungen zwischen Acheson, Bevin und Schuman geführt. Es war zu hoffen, daß unsere Aktion diese Überlegungen beeinflussen würde.
(3) Im Kabinett Adenauer stand das Thema auf der Prioritätenliste.
(4) Der Besuch der Amerikaner fand unmittelbar vor der Debatte des Bundestags zur Demontage statt.

In Düsseldorf war zu erfahren, daß die Situation bei der August-Thyssen-Hütte in Hamborn in jeder Beziehung katastrophal war. Redakteur Becker und ich beschlossen, in Hamborn das Thyssenproblem in allen Einzelheiten durch Besichtigung des gewaltigen Industrie-Torsos und im Gespräch mit Arbeitern, Betriebsräten und Ingenieuren kennenzulernen.
Becker würde dann einen Teil der deutschen Presse mobilisieren, während ich versuchen wollte, die Auslandspresse zu einem Besuch zu gewinnen und sie dorthin zu lotsen, wo sich das Revier am düstersten darbot.
Müser hatte uns bereits gesagt, falls die Abbrucharbeiten bei der August-Thyssen-Hütte nur noch wenige Wochen in dem seit Ende Juli/Anfang August eingeschlagenen Tempo fortgesetzt werden würden, dann würde der „Verhandlungsgegenstand" zwischen Deutschen und Alliierten sowieso bald nur noch ein Trümmerhaufen sein.
Wir sahen, mit welch Riesenschritten die Demontage voranging und daß im Wettlauf zwischen Zerstörung und „Common Sense" höchste Eile geboten war. Wir stellten fest, daß im ganzen elf Demontagefirmen, von 230 Mann Werkschutz abgeschirmt, auf Hochtouren arbeiteten. Es war eigentlich kein Demontieren, sondern ein Demolieren. Aufgrund des britischerseits angeordneten Demontagetempos, wie der Aussicht auf raschen Gewinn durch Schrott-Tantiemen, wurden

die Eisenteile einfach auf praktikable Längen von 1,5–2 Meter geschnitten, um sofort abtransportiert und erst später verschrottet zu werden. In gleichem Maß, in dem der Gewinn der Demontageunternehmer, die sich zum Teil bei den Briten um die Aufträge rissen, stieg, wuchs die Arbeitslosigkeit unter den Thyssen-Arbeitern. Die Stimmung unter ihnen war aufs Äußerste gespannt. Der einzige vage Hoffnungsschimmer, der den Hambornern geblieben schien, war die bevorstehende Demontagediskussion im Bundestag. Der kameradschaftliche Geist der ganzen Thyssen-Mannschaft war indessen vorbildlich, ähnlich dem, welchen wir bei der Belegschaft des Bochumer Vereins oder der Gelsenberg Benzin erlebt hatten. Die Männer des Betriebsrats, die wir sprachen, waren für unseren Besuch dankbar.
Die Erbitterung über die Demonteure war zu begreifen. Duisburg-Hamborn war daher auch Schwerpunkt von Flugblatt und Plakatklebeaktionen gegen die Demontagefirmen und Demontagebelegschaften, in denen diese als „Volksverräter" bezeichnet wurden. Eine Reihe von Unternehmern hatte von den Briten Aufträge erhalten, obwohl sie nicht die erforderlichen Arbeitsgenehmigungen besaß. Die elementarsten Sicherungsmaßnahmen wurden dabei außer acht gelassen. Beim Einsatz solcher Unternehmen mußte jede Demontage zur sinnlosen Zerstörung werden.
Im Gespräch mit den Männern des Betriebsrats konnte nur darauf hingewiesen werden, daß die endgültige Entscheidung über den Thyssen-Komplex, von der die Zukunft von mehr als 50000 Menschen abhing, seitens der Alliierten noch nicht gefallen sei. Wir baten den Betriebsrat, keine Scheu zu haben, wenn demnächst eine Reihe ausländischer Journalisten käme, um sich über die Lage zu informieren; man sollte kein Blatt vor den Mund nehmen, was etwa unverantwortliche Anordnungen der Besatzungsmacht und das Verhalten einzelner Demontageunternehmer angehe. Wir versprachen, unser Bestes bei Mobilisierung der öffentlichen Meinung zu tun.
Während der Redakteur Becker alles daran setzen wollte, die deutsche Presse zu mobilisieren, fuhr ich nach Frankfurt, um mit den US-Journalisten die bevorstehende Besichtigungsreise zu besprechen. Becker gelang es in der Folge, vier führende westdeutsche Zeitungen für laufende Wort- und Bild-Berichterstattung über den Demontageverlauf bei Thyssen zu gewinnen. Freunde, die große Nachrichtenagenturen vertraten, darunter insbesondere der Redakteur Heiner,

wollten Fakten über die Entwicklung in Hamborn für die deutsche und internationale Presse aufbereiten.
Es erschien bei dieser Berichterstattung auch zweckmäßig, die Hintergründe für das Scheitern eines großen und vieldiskutierten Plans zur Erhaltung von Thyssen Hamborn einzublenden. Im Frühjahr 1949 hatte die Vereinigung ehemaliger deutscher Amerika-Werkstudenten, aufgrund einer Initiative von Direktor Harten, einen Vorschlag gemacht. Danach sollte Thyssen in Hamborn unter der Kontrolle eines internationalen Stiftungsrats zugunsten notleidender Jugendlicher in den europäischen Ländern in der Form eines „Jugendaufbauwerks Europa" weiterarbeiten können. Es war so, wie Direktor Dr. Harders vor dem „Verein Deutscher Eisenhüttenleute" erklärt hatte: mit einem bedeutenden Hilfswerk für die Jugend würde Deutschland die internationale Verständigung miteinleiten können. Bergassessor Sohl hatte in diesem Zusammenhang darauf hingewiesen, daß die Demontagekosten für die Thyssen-Hütte 65 Millionen Mark betrügen, während nur Kredite in Höhe von 30 Millionen Mark erforderlich seien, um wieder 60000 Tonnen Rohstahl zu erzeugen; auch er hatte unterstrichen, was es bedeuten würde, falls dieser Plan zur Wiederaufnahme der Rohstahlerzeugung zustande käme, dessen Erträge der unter den Kriegsfolgen leidenden Jugend Europas zugute kommen sollten.
Ministerpräsident Arnold, Wirtschaftsminister Professor Nölting, das ganze Kabinett in Düsseldorf, bekannte Vertreter des kulturellen und kirchlichen Lebens befürworteten diesen Vorschlag. General Bishop sagte zu, ihn sofort an das britische Kabinett in London weiterzuleiten. Aus den USA kam ein ermutigendes Echo, insbesondere aus den Kreisen derer, die aus langjähriger Erfahrung die Bedeutung des Werkstudentenaustausches kannten und die sich nun für diese neue Variante einer möglichen Zusammenarbeit junger Deutscher und Amerikaner interessierten. Den Politikern mußte der Vorschlag schon deshalb gelegen kommen, weil es für das ehemals größte europäische Stahlwerk keine Austauschmöglichkeit gab. „Von uns aus", unterstrich Professor Erik Nölting, „wird dadurch auch die Sicherheit gegeben, daß kein Kriegsmaterial hergestellt werden kann. Auf diese Weise könnte das französische Sicherheitsbedürfnis befriedigt werden."
Dieser Vorschlag scheiterte an Außenminister Bevin, der ihn abrupt ablehnte; internationale Abkommen könnten nicht durch derartige „Ausflüchte" gegenstandslos gemacht werden! Ministerpräsident Ar-

nold erwiderte Bevin in einer auch für ihn ungewöhnlichen Stellungnahme: die Äußerung des Ministers gebe demjenigen recht, der behaupte, Bevin sehe den Kriegszustand noch immer nicht als beendet an. „Ich weiß", schrieb Arnold erbittert, „daß außergewöhnliche Umstände den Abschluß eines Friedensvertrages bisher unmöglich gemacht haben. Aber ich weiß auch, daß wir als besiegtes Volk wenigstens den moralischen Anspruch auf die Anerkennung eines Friedenszustandes haben. Der britische Außenminister verweigert uns auch diesen tröstlichen Ersatz."

Am Spätnachmittag des Tages, der mir die Demontageszene in Duisburg-Hamborn vor Augen geführt hatte, betrat ich in Frankfurt das „American Press Center". Von den näheren Bekannten war keiner anwesend. Doch rasch war Kontakt zu einer kleineren Gruppe gefunden, die mich in ihren Kreis zog; sie war schon durch ihren Sprecher Waldo Drake über die Einladung unterrichtet worden und bekundete ihr besonderes Interesse an der Demontage-Erkundungsfahrt. Einige der Journalisten gaben zu, häufig von den „Stahl- und Kohle-Baronen" der Ruhr gelesen und gehört, aber keinen einzigen von ihnen je kennengelernt zu haben. Es bestand Interesse an Interviews mit Unternehmern wie Betriebssprechern und Arbeitern; die Erfüllung dieser Wünsche war bereits in dem mit Direktor Harten vorbesprochenen Rahmenprogramm vorgesehen, das im übrigen den Teilnehmern genügend Zeit einräumte, sich nach eigenen Wünschen in den Industrieanlagen umzusehen.

Das Ringen um Vernunft

Am 30.9.1949 brachte Radio London unter dem Titel „Bemühungen deutscher Industrieller zur Beseitigung der Demontagen" folgende Meldung:

„Der liberale 'News Chronicle' veröffentlicht heute einen Bericht seines Korrespondenten in Westdeutschland, in dem von einer durch die Ruhrindustriellen organisierten Besichtigungsreise für amerikanische

Journalisten in Deutschland die Rede ist. In dem Bericht heißt es unter anderem: 'Die Ruhrindustriellen haben eine unverhüllte Kampagne zur Beseitigung der alliierten Kontrolle über die deutsche Stahlproduktion begonnen; eine Kampagne, die jetzt auf Hochtouren läuft!' Organisiert hat die Kampagne ein gewisser Dr. Dietrich Ahrens, ein Mann, der vom britischen Kohlenkontrollamt wegen verbotener Propagandatätigkeit entlassen worden war. Ahrens hatte sich in Frankfurt mit mehreren amerikanischen Journalisten in Verbindung gesetzt und war überrascht, als mit diesen auch zwei britische Korrespondenten erschienen waren. Äußerst geschickt bugsierte er die beiden Engländer in ein anderes Zimmer und begann die amerikanischen Journalisten zu bewirten. Während des Essens gab Ahrens den amerikanischen Journalisten seine Version der Demontagefrage. Die Hauptthesen lauteten: Die Engländer demontieren wahllos – Sinnlose Zerstörungen durch die Engländer – Wirtschaftschaos, Arbeitslosigkeit und Elend unter den Arbeitern – Die ganze Welt weiß, daß nicht so sehr aus Gründen der Sicherheit, als vielmehr aus kommerziellen Gründen demontiert wird. Der Korrespondent des 'News Chronicle' berichtet dann, wie verschiedene Herren von Thyssen erschienen seien, um den amerikanischen Journalisten ihre Argumente gegen die Demontage darzulegen, und alle diese Argumente werden den englischen Zeitungslesern nüchtern und ohne Kommentar vorgelegt.

Der Korrespondent schreibt weiter: 'Im Laufe der Debatte erschienen auch die beiden englischen Journalisten. Auf verschiedene, von den englischen Journalisten gestellte Fragen wurden deutscherseits u. a. folgende Antworten gegeben: 'Wir wissen, daß die Demontage aufgrund des Dreimächte-Abkommens durchgeführt wird. Wir wissen, daß die Vereinigten Staaten und Frankreich einverstanden sind, mit dem, was Großbritannien tut. Der Fehler, glauben wir, lag darin, daß es den Engländern allein überlassen wurde, zu bestimmen, was demontiert werden sollte, anstatt daß sich auch Amerikaner und Franzosen daran beteiligten!'"

Soweit der erste Bericht der BBC. Es sei dazu nur erwähnt, daß „News Chronicle" nicht geschrieben hatte, ich sei wegen „verbotener Propaganda" entlassen worden, sondern „wegen vermuteter Propagandatätigkeit außerhalb der Dienststelle". Unrichtig war die Behauptung, ich

hätte die Amerikaner in Frankfurt bewirtet. Doch das waren nur kleine Schönheitsfehler.
In netter Offenherzigkeit berichtete der Originalartikel des „News Chronicle", den ich später erhielt, einen kleinen Zwischenfall, der sich während des gemeinsamen Essens im Bochumer Parkhotel ereignet habe: Ein verwirrter britischer Beamter sei von einem in der Nähe gelegenen Büro gekommen und habe den Anwesenden erklärt, er sei von Düsseldorf angerufen worden, „es sei doch da etwas im Gange" und die Amerikaner möchten doch keinerlei Fotos von den Demontagekolonnen machen. Die Amerikaner hätten zustimmend genickt, und dann sei der britische Beamte weggegangen. Natürlich machten die Amerikaner, denen Zensuren jeder Art verhaßt sind, besonders zahlreiche Aufnahmen für ihre Leser.
„News Chronicle" machte aus seinem Bericht eine Art Story:

„Nach dem Essen fuhr die ganze Gesellschaft zum größten Stahlwerk der Welt, der August-Thyssen-Hütte in Duisburg, wo Direktor Herzog darauf wartete, eine kurze Erklärung zu verlesen. Die Gäste saßen um den großen Konferenztisch herum; ihre Gläser wurden ständig mit Cocktails oder Bier gefüllt; Schachteln von Zigarren oder Zigaretten lagen vor ihnen."

„News Chronicle" wie „Manchester Guardian" (Artikel vom 27. September 1949: „Versuch der Ruhrindustrie zur Rettung einiger der wichtigsten Stahl- und Benzinwerke in letzter Minute") schilderten dann, wie Direktor Harten (Autor der Untergrundbroschüre „Demontage gegen die Menschlichkeit") mit Dr. Hans-Günther Sohl, dem Chef der Vereinigten Stahlwerke während des Krieges, gekommen sei und dieser dann die Thyssen-Demontage ein „glattes Werk der Zerstörung" genannt habe. Sohl erklärte, so der „Manchester Guardian", der Reparationswert betrage nur 10 Prozent dessen, was vernichtet wird.

„Dann kam er zu seinem Hauptargument: 'Heute produziert das Ruhrgebiet nur 9,8 Millionen Tonnen Stahl. Die Höchstgrenze beträgt nach einem Abkommen der Alliierten 11,1 Millionen Tonnen; soll sich Europa gemäß Marshall-Plan bis zum Jahre 1952 selbst erhalten, dann muß unsere Stahlproduktion erhöht werden. Noch sei Thyssen nicht verloren. Es könnte noch gerettet werden und so zum Gelingen des Marshall-Plans beitragen'."

Wie andere britische Zeitungen brachten vor allem die amerikanischen Tageszeitungen viele Details der Pressekonferenz bei Thyssen, die als „Teil eines großangelegten Public-Relations-Feldzuges der Vereinigten Stahlwerke“ in England bezeichnet wurde, zumal auch Berichte über „Tatortbesichtigungen“ beim Bochumer Verein, bei der Hochfrequenz-Tiegelstahl und über den abschließenden Besuch bei der Gelsenberg Benzin AG. erschienen.
Die internationale Presse stellte das Demontageproblem, insbesondere anhand folgender Zahlen zur Diskussion, die die Fachleute in Hamborn den Journalisten gegeben hatten:
Nach bester Schätzung verlören die Vereinigten Stahl werke eine Produktionskapazität von jährlich 4 Millionen Tonnen Rohstahl als Folge der Demontagen. Der entstehende Gesamtverlust dürfte sich auf schätzungsweise 1,2 Milliarden D-Mark belaufen; doch nur ein Zehntel davon würde auf Reparationskonto angerechnet werden, während allein die Demontagekosten Westdeutschland 130 Millionen Mark kosteten. Bei 30 Werken des VST-Konzerns werde die Demontage vorangetrieben; die Empfehlungen der Humphrey-Kommission hätten nur Anlagen im Werte von 45 Millionen DM bis dato gerettet.
Wegen ihrer Eindringlichkeit fanden bei der internationalen Presse auch die Ausführungen von Thyssen-Direktor Schumacher zur katastrophalen Situation seines Werks starke Resonanz. Dabei lobte Schumacher das große Verständnis der örtlichen britischen Besatzungsbehörde dem Werk und seinen Nöten gegenüber; sie befürwortete einen Aufbau der Thyssenhütte innerhalb eines Zeitraums von 5 Jahren, wodurch wieder 12000 Arbeiter zu Brot kommen könnten, die arbeitslos zu Hause herumhockten.
Die Überschrift des „Manchester Guardian“-Artikels vom 27. September 1949 hatte suggeriert: „Ruhr-Kapitäne spinnen den Amerikanern ein Märchen vor!“ Gehörte etwa zu diesen vermuteten Märchen, die im gleichen Blatt zitierte, besorgte Äußerung der deutschen Seite: „Die Demontagen zerstören unseren Glauben an eine friedliche europäische Völkergemeinschaft?“
Dies Thema war freilich in Hamborn, Bochum und Gelsenkirchen-Horst sehr gründlich angesichts der Demontageszenen und der Reaktion der Arbeiter und Bürger erörtert worden. Und die amerikanischen Presseleute hatten es vorzüglich verstanden, für weite Verbreitung der Wahrheit zu sorgen; pressepolitisch gesehen, war diese Kam-

pagne ein ausgesprochener Schlag gegen die Propaganda der Morgenthau-Leute.

Umschwung in England

Seit dem 20. September 1949 gab es eine Bundesregierung für Westdeutschland. Sie konnte nunmehr die deutschen Bedenken zur Besatzungspolitik offiziell geltend machen. Es waren Wochen, in denen in der breiten Öffentlichkeit des Bundesgebiets der Unwille angesichts der Fortsetzung der Besatzungspraktiken in der britischen Zone wuchs, über die die Presse in zunehmendem Maß berichtete.
Die konzertierte Public-Relations-Aktion gegen die Demontagen strebte dem Höhepunkt entgegen und unterstützte das Vorgehen der Bundesregierung und die Argumentation der Bundestagsabgeordneten. Bereits einen Tag nach der großen Pressekonferenz bei Thyssen, am 27. September 1949, schrieb die „Times“: „Wenn man zulassen will, daß die britische Regierung und ihr Oberkommissar allein die Demontage tragen und zu gleicher Zeit das Odium der Verantwortung auf sich nehmen sollen, so wäre es schon aus diesem Grunde besser, die Demontagen einzustellen.“ Die „Times“ fügte jedoch hinzu: „Falls andererseits die französische und die amerikanische Regierung die Fortsetzung der Demontagen wünschen, was anscheinend der Fall ist, so sollte man sie auffordern, mit Worten – und notfalls auch mit Taten – zu beweisen, daß sie auf seiten der britischen Regierung stehen! Für skrupellose Deutsche ist es allzu bequem, ihr Schweigen als Mißbilligung zu deuten.“
Wußte die sonst so gut unterrichtete „Times“ wirklich nicht, daß der US-Botschafter in London, Lewis Douglas, noch am gleichen Tage nach Paris und nach Frankfurt flog, um dort mit John J. McCloy über Modalitäten eines Demontagestopps zu beraten? Wußte sie nicht, wie ernsthaft sich Präsident Truman, auf das Drängen des Kongresses und der Gewerkschaften hin, mit dem gleichen Thema beschäftigte?
Sofort nach Beendigung der Kongreßferien war die starke Fronde der Demontagegegner im US-Senat wieder aktiv geworden; durch Vorstöße der Republikaner Bridges, Langer, Taft, Wherry und der Demo-

kraten Douglas, Eastland, MacMahon und anderer wurde die Regierung aufgefordert, in unmißverständlicher Sprache von London und Paris zu verlangen, der deutschen Industrie „grünes Licht" zu geben. Senator George Malone betonte am 4. Oktober 1949, es sei unerhört, daß „wertvolle, schwere Maschinenanlagen, deren Wiederanschaffung Hunderte von Millionen Dollar kosten würde, in Schrott verwandelt werden". Dabei unterstrich er, diese destruktive Arbeit gehe zu Lasten der amerikanischen Steuerzahler.

Ein aus den USA gerade zurückgekehrter FDP-Politiker berichtete, die von uns geleistete Informationsarbeit laufe genau in der richtigen Stoßrichtung; die Herausstellung der beiden Beispiele Bochumer Verein und Gelsenberg Benzin habe bereits in den Staaten eine geradezu symbolische Wirkung zum Beweis des ganzen „Dismantling Nonsense" (Demontage-Unsinn) erlangt und zur wachsenden Demontagegegnerschaft beigetragen, ja, sogar die passive Resistenz einzelner Angehöriger des State Department wirkungslos gemacht. Ein „Stahlkapitän" des Reviers schrieb am 13. Oktober aufgrund meiner Anregung einen Brief an Senator Malone, in dem es hieß: „Lassen Sie uns hoffen, daß bald Wege gefunden werden, einen Demontagestopp herbeizuführen, der ein Wendepunkt der europäischen Geschichte sein könnte und die letzte Chance,die gegenwärtige Atmosphäre von Feindseligkeit in dauerhafte Freundschaft zu verwandeln."

Nachrichten aus Washington besagten, die Spannung zwischen Foreign Office und State Department sei gewachsen und daher habe Mr. P.G. Hoffman strikte Weisung erhalten, „noch etwas auf der Stelle zu treten". Es ist das zu verstehen: die Beziehungen zwischen den beiden Weltkriegsverbündeten konnten nicht über einen gewissen Punkt hinaus strapaziert werden; die USA richteten sich auf Wochen diplomatischer Aktivität ein, besaß Washington doch nicht nur hartgesottene Beamte und selbstbewußte Senatoren und Abgeordnete, sondern auch eine Reihe erfahrener Karrierediplomaten, die die Möglichkeiten des Erreichbaren und des den Briten Zumutbaren abwägen konnten.

Ganz allmählich schien sich jedoch in Großbritannien ein gewisser Wandel der Auffassungen anzubahnen, resultierend aus dem Zusammentreffen verschiedener Faktoren: der US-Forderung nach Überdenken und Revision der bisherigen Londoner Politik, des ungebrochenen Demontagewiderstands im Ruhrrevier, der Existenz einer offenbar selbstbewußten Bundesregierung in Bonn, der Ausschlachtung

der Zusammenstöße zwischen Besatzern und Bevölkerung an den Demontageschwerpunkten seitens der SED und der Sowjetpropaganda, des Trends der außenpolitischen Entwicklung und des Drucks konservativer und liberaler Kreise in Großbritannien selbst. Der „Spectator“ hatte schon im Mai 1949 eine Autoritätsstärkung für die zu bildende westdeutsche Bundesregierung durch „Einstellung aller weiteren Demontagen und aller weiteren Kriegsverbrecher-Prozesse“ gefordert. Hinter dieser Generallinie stand auch der ehemalige britische Verteidigungsminister Lord Hankey, der mit Frederick Libby, dem Pazifisten, engen Kontakt pflegte und sich mit Verve und bedeutendem Erfolg für die Heimführung tausender deutscher Kriegsgefangener aus der UdSSR einsetzte, wie für Entlassung deutscher Offiziere aus einer – seiner Ansicht nach – „unwürdigen Gefängnishaft“.
Auch die Haltung der deutschen Presse war aufschlußreich. In der damals noch britisch kontrollierten „Welt am Sonntag“ wurde den Franzosen der „schwarze Peter“ zugeschoben, als der „einzigen Macht, die noch am Buchstaben des Washingtoner Abkommens festhalte“, während Großbritannien „nicht länger gegen eine Revision des Demontageprogramms“ sei. Dann folgte der Satz:

„Gutinformierten Quellen zufolge hat Großbritannien für die deutschen Wünsche mehr Verständnis, als der Observer andeutet. Man glaubt, daß Bevin, als Acheson die Frage in Washington anschnitt, sogleich den Vorschlag machte, eine Revision zu erwägen.“

Die Wahrheit zur Haltung Bevins kam zwei Tage später ans Licht. Am 19. Oktober wandte sich der Außenminister in scharfer Form gegen die „einseitigen Erklärungen des US-Hochkommissars John J. McCloy“ und antwortete dem Labour-Abgeordneten Hughes auf dessen Frage, ob es denn nicht an der Zeit sei, das Demontageprogramm völlig einzustellen: „Ich stimme nicht zu! Bis die Sicherheitsfrage nicht gelöst ist, bin ich noch nicht davon überzeugt, daß der Rest der Welt völlig sicher ist!“ (Vor den Deutschen, meinte Bevin.) Der besondere Ärger des britischen Außenministers bezog sich auf einen Vorstoß des höchsten zivilen Vertreters der USA in Westdeutschland vor den Vertretern der Weltpresse in Frankfurt. McCloy hatte bei seiner Forderung nach einem „unverzüglichen Demontagestopp“ Zivilcourage bewiesen, wenn er auch wußte, daß die Mehrheit der US-Legislative, wie die der amerikanischen Gewerkschaften, hinter seiner Erklärung stand. Am 20. Oktober 1949 schrieb mir Libby:

„Die gesamte Demontagesituation tritt jetzt in ihr entscheidendes Stadium ein. Es wird Ihnen vielleicht Mut machen, wenn wir Ihnen mitteilen, daß das Thema 'Demontage-Wahnsinn' in den USA immer stärkere Verbreitung findet.
Eine kürzliche Nummer des 'Christian Century' brachte einen Leitartikel unter der Überschrift: 'Demontage-Irrsinn', und die liberale Monatsschrift 'The Progressive' druckte im Oktober einen Artikel ab unter der Überschrift: 'Deutschland, ein Jahrmarkt der Verrücktheit'. Berichte demontagebedrohter Betriebe kommen laufend aus Deutschland an und nennen Ihren Namen als Referenz. Wir benutzen sie, so gut wir dies können; das heißt, wir studieren sie zunächst selbst und übergeben sie dann dem ganzen Schwarm von Publizisten und den zuständigen Kongreßmitgliedern."

Immer noch wurden die internationalen Demontageverhandlungen geheim geführt. Wenig sickerte durch. Die Nervenbelastung der Menschen des Reviers stieg. Das Los der Thyssen-Hütte, wo fleißig weiter demoliert wurde, war völlig ungewiß; auch unsere sonst so gut informierten Freunde in Washington wußten nicht, was auf höchster Ebene gespielt wurde.
Die „Times" in New York veröffentlichte einige Wochen später, am 17. November 1949, ein bemerkenswertes Schreiben von Frederick Libby, in dem es hieß, die Empörung der deutschen Arbeiter angesichts des britischen Vorgehens, Entziehung von Arbeitsplätzen und Löhnen durch Zerstörung von Fabriken, sei nur zu natürlich und berechtigt. Britische Arbeiter würden gleichfalls gegen eine derartige Politik protestieren. Die amerikanische Arbeiterschaft habe die deutschen Arbeiter verschiedentlich in dieser Hinsicht unterstützt.

„Wenn die britische Regierung klug ist – und darüber bestehen Meinungsverschiedenheiten hierzulande wie in England – so sollte dieser Industrieabbau nicht einen Tag fortgesetzt werden! Die deutschen Industriewerke, die zur Zeit zerstört werden – und authentische Mitteilungen berichten, daß in drei Schichten gearbeitet wird, um den Abbau so stark wie möglich zu beschleunigen – sind die größten Produ-

zenten, die Deutschland verblieben sind. Sie werden ohne Zweifel eines Tages benötigt werden, um dazu beizutragen, ein zufriedenes und wohlhabendes Europa wieder aufzubauen.“

Als dieser Brief unseres Freundes veröffentlicht wurde, war die Spannung in den der Demontage unterworfenen Werken unerträglich geworden, wie ich mit eigenen Augen und Ohren beim Bochumer Verein, bei der Gelsenberg Benzin und anderen Betrieben feststellen mußte. Auf allen, ob Arbeitern, Angestellten, Betriebsräten oder Betriebschefs, lastete die Ungewißheit schwer.
Als 5 Tage später, am 22. November 1949, die Nachricht durchkam, daß auf dem Petersberg bei Bonn ein wichtiges Abkommen mit entscheidenden Einschränkungen des Demontageprogramms im Stahl- und im Chemiebereich getroffen worden sei, war das Gefühl der Erleichterung, ja Erlösung, allgemein. Endlich ein Durchbruch! Aus den ersten Informationen konnte man den Gesamteindruck gewinnen, daß beim Zustandekommen des vertragsähnlichen „Petersberger Abkommens“ der Wunsch der Bundesregierung unter Dr. Adenauer nach Beendigung der Demontagen mit dem Wunsch der Westmächte, unter Führung der USA, nach Einbeziehung der Bundesrepublik in das Gesamtkonzept des Marshall-Plans, sich begegnet waren, und daß die öffentliche Meinung in den USA, in Westdeutschland und sogar in Großbritannien diesen politischen „Erdrutsch“ wesentlich mitbeeinflußt hatte.

Petersberger Abkommen

In diesem historischen Dokument, bei dessen Vorbereitung die noch junge Bundesrepublik Deutschland als Verhandlungspartner mitgewirkt hatte, heißt es in Punkt (8):

„Die Hohe Kommission hat die Frage der Demontage angesichts der von der Bundesrepublik gegebene Zusicherungen erneut überprüft und folgenden Änderungen des Demontageplans zugestimmt: Die nachfolgend aufgeführten Werke werden von der Reparationsliste gestrichen und die Demontage ihrer Einrichtungen wird sofort eingestellt:

a) Synthetische Treibstoff- und Gummiwerke:
Farbenfabriken Bayer, Leverkusen; Chemische Werke Hüls (mit Ausnahme bestimmter Einrichtungen für Forschungszwecke, die unter dem Gesichtspunkt der Sicherheit Bedeutung besitzen); Gelsenberg Benzin AG., Gelsenkirchen; Hydrierwerke Scholven A.G., Gelsenkirchen-Buer; Ruhröl GmbH, Bottrop; Ruhrchemie A.G. Oberhausen-Holten; Gewerkschaft Victor, Castrop-Rauxel; Krupp-Treibstoffwerke, Wanne-Eickel; Steinkohlenbergwerk Rheinpreußen, Moers; Dortmunder Paraffinwerke, Dortmund; Chemische Werke Essener Steinkohle, Bergkamen.
b) Stahlwerke:
August-Thyssen-Hütte, Duisburg-Hamborn; Hüttenwerke Siegerland, Charlottenhütte, Niederschelden; Deutsche Edelstahlwerke, Krefeld; Hüttenwerk Niederrhein A.G., Duisburg; Klöckner-Werke A.G., Düsseldorf; Ruhrstahl A.G., Witten; Heinrichshütte, Hattingen; Bochumer Verein Gußstahlwerke, Bochum".

In Punkt (8 c) heißt es, daß die Demontage in den IG-Farben-Werken Ludwigshafen-Oppau eingestellt wird (mit Ausnahme der Einrichtungen für die Herstellung von synthetischem Ammoniak und Methanol, soweit deren Entfernung im Reparationsplan vorgesehen ist). In Punkt (8 d) heißt es, daß in Berlin jegliche Demontage eingestellt wird und daß die Arbeit in den betreffenden Werken wieder ermöglicht wird.
Das Abkommen trug die Unterschriften von B.H. Robertson, A. François-Poncet, J.J. McCloy, K. Adenauer.
André François-Poncet urteilte rückschauend, das Petersberger Abkommen sei ein „beachtlicher Erfolg" gewesen; „denn zum ersten Mal war der betreffende Vertrag nicht aufoktroyiert, sondern auf gleicher Basis frei ausgehandelt und von beiden Parteien unterzeichnet worden."
In der Woche vor dem 22. November 1949 hatte in zähen Verhandlungen Adenauer den Hohen Kommissaren gegenüber seinen ursprünglichen Widerstand gegen den Beitritt der Bundesrepublik zur Ruhrbehörde aufgegeben und damit gleichsam einer Institution der Sieger seine Sanktion gegeben, um dafür jedoch das größere, vordringliche Ziel des Demontagestopps einzuhandeln. Nebenabsicht seiner realpolitisch bestimmten Handlungsweise war es wohl, dem Sicherheitsstreben der Franzosen zunächst entgegenzukommen und die Position

Schumans zu stärken: in Paris also Vertrauen und Mitstreiter zu gewinnen für das ihm so besonders am Herzen liegende Ziel deutsch-französischer Aussöhnung und Kooperation. Nicht der Rede wert war es für Adenauer, ob in diesem Stadium der Entwicklung neben der Bundesrepublik auch das Saarland, dem französischen Wunsch gemäß, dem Europarat beitreten würde. Zur Verwirklichung des konkreten Ziels – Erreichung des Demontagestopps – benötigte Adenauer unter allen Umständen die Aufgabe französischen Widerstands, wonach schließlich auch Bevin nicht umhinkonnte, seinen Kurs, wenn auch zähneknirschend, zu ändern, vermutlich auch durch die Lageberichte Sir Brian Robertsons mitbeeinflußt.
Dr. Schumacher paßten die Zugeständnisse Dr. Adenauers an die Alliierten überhaupt nicht. Seine Linie lautete: „Abstandhalten gegenüber den Hohen Kommissaren", und in der Hitze des parlamentarischen Gefechts, in den frühen Morgenstunden des 25. November 1949, kam es zum offenen Konflikt zwischen den beiden Parteiführern, als Schumacher Dr. Adenauer „Bundeskanzler der Alliierten" nannte. Adenauer versicherte indessen ungerührt den höchsten Repräsentanten der Westmächte volle Kooperation, dem Geist des Petersberger Abkommens entsprechend. Es ist eine Ironie der Geschichte, daß eine conditio sine qua non das Einverständnis der deutschen Seite zu folgender Klausel war:

„Die Bundesregierung erklärt ihren ernsten Willen, die Entmilitarisierung des Bundesgebiets aufrecht zu erhalten und mit allen in ihrer Macht stehenden Mitteln sich zu bemühen, den Wiederaufbau bewaffneter Streitkräfte jeder Art zu verhindern!"

Zum Inhalt des Petersberger Abkommens gehörten, neben den Demontagestopp-Bestimmungen, wichtige Zugeständnisse der Alliierten: Lockerung von Beschränkungen auf den Gebieten Schiffsbau und Schiffsreparaturen, Prüfung des Problems der Beendigung des Kriegszustandes, Beteiligung der Bundesrepublik an internationalen Organisationen, insbesondere an der wirtschaftlichen Zusammenarbeit innerhalb Europas, Vorbereitung des Beitritts der BRD zum Europarat in Straßburg, Vorgenehmigung eines besonderen Marshall-Plan-Abkommens der Bundesrepublik, Mitgliedschaft der BRD bei der Internationalen Ruhrbehörde (anstelle der bisherigen Vertretung durch die Hohe Kommission), Wiederaufnahme von Konsular- und Handelsbe-

ziehungen mit den Ländern des Westens, Gesetzgebung der Bundesrepublik auf dem Gebiet der Dekartellisierung.
Das erwähnte, von Dr. Schumacher später bereute Wort vom „Bundeskanzler der Alliierten“ ist wohl wesentlich dadurch ausgelöst worden, daß Adenauer nicht nur die Forderung nach Ratifizierung des Petersberger Abkommens durch den Bundestag abgelehnt hatte (worin ihm freilich im Sommer 1953 das Bundesverfassungsgericht rechtgeben sollte), sondern der Opposition wohl etwas barsch erklärt hatte, falls sie nicht dazu bereit sei, einen Vertreter in die Ruhrbehörde zu schicken, würden eben, wie General Robertson ihm eröffnet habe, die Demontagen zu Ende geführt! Das Petersberger Abkommen enthielt zwar zugegebenermaßen eine Reihe von Zugeständnissen an die Westalliierten, aber seine Vorteile waren erheblich. Der Demontagestopp, die Rettung bedeutender existenzwichtiger Industriewerte für unser Volk, waren das Zugeständnis der anderen Seite dafür, daß Deutschland in eine „friedliche und stabile Nationen-Gemeinschaft“ eintrat. „Nach dem Petersberger Abkommen“, so Dr. Konrad Adenauer, „konnte man in der Tat sagen, um die Worte von Brian Robertson zu wiederholen, 'der Ring war gesprengt'. Ich bin der Überzeugung, daß das deutsche Volk aus Not und Verzweiflung dem Kommunismus anheimgefallen wäre, wenn die Arbeitslosigkeit weiter gestiegen, wenn der Funke der Hoffnung auf eine bessere Zukunft, die es noch hatte, durch das Nichtzustandekommen des Petersberger Abkommens erloschen wäre.“
Nach historischen Maßstäben war ein politischer Erdrutsch erfolgt, der noch im Frühjahr 1949 von den meisten Politikern für unmöglich gehalten worden wäre. Damals schrieb mir Dr. Dieckhoff: „Wenn man nicht wüßte, wie wenig die Völker aus früheren Erfahrungen lernen, müßte man über das Maß an Torheit und Borniertheit, das sich in den Versuchen der Alliierten zeigt, Deutschlands Wirtschaftskraft zu schwächen oder einzuengen, erstaunt sein.“ Rascher als erwartet war Dieckhoffs Voraussage eingetroffen, „daß alle diese kindischen Maßnahmen, (die schon einmal, vor 30 Jahren, versucht worden sind, und da ist es schiefgegangen), unsere Stahlproduktion, unseren Schiffsbau, unsere Uhrenerzeugung etc. lahmzulegen, auf die Dauer nicht nur aussichtslos sind, sondern auch gerade das herbeiführen werden, was man aus Konkurrenzneid am meisten fürchtet: eine Erneuerung des Industrial Plant, und ein Ansporn für die Deutschen,

nun erst recht durch technische Neuerungen Besseres zu leisten. So ging es nach 1919 in der Fliegerei und im Schiffsbau, so wird es in Zukunft auf allen Gebieten gehen. Der 'Monde' . . . sagt ganz offen, daß man ein großes, fleißiges und intelligentes Volk nicht in Daumenschrauben spannen kann."

Es war die Politik der Morgenthau-Gruppe gewesen, gerade den von „Le Monde" erwähnten Prozeß der starken Lähmung deutscher Wirtschaftskraft und Initiative durchzusetzen, wenn schon das Aushungerungskonzept und der Weidelandplan gescheitert waren. Für sie mußte das Petersberger Abkommen einen bedeutenden Schlag und eine Niederlage ihrer mit erheblichen Mitteln aufgebauten Propaganda des Mißtrauens und der Verleumdung bedeuten. Für die New Yorker Morgenthau-Zentrale stellte sich die durch das Petersberger Abkommen geschaffene Situation folgendermaßen dar:

„Es ist Deutschland gelungen, das Demontageprogramm zu liquidieren, so daß ihm eine bedeutend größere Industriekapazität verbleibt, als es für seine Friedensindustrie benötigt.

Deutschland hat seine Handelsmarine wieder, es wurde zum internationalen Patentamt und zur Zollkommission in Brüssel zugelassen.

Lassen Sie uns nun den deutschen Beitrag zur Integration Europas bewerten.

Die Geschichte geht bis zum September-Oktober 1949 zurück, als Deutschland im Inland wie im Ausland seine intensivste Propagandakampagne für den Demontagestopp entfesselte. Als Resultat dieser Agitation ging Anfang November 1949 Mr. Acheson nach Paris, um das deutsche Problem mit den Herren Schuman und Bevin zu diskutieren.

Das erste Ergebnis dieser Begegnung war die Entscheidung, die Demontage überzähliger deutscher Fabriken zu stoppen.

Daraufhin fuhr Mr. Acheson nach Bonn, um mit Dr. Adenauer zu sprechen. Diese Geste entsprang der Überlegung, den Deutschen unseren 'Good Will' zu zeigen!

Wir wissen nicht genau, was sich bei diesem Treffen ereignete. Wir wissen jedoch, daß Adenauer das beredteste Plädoyer für Deutschlands größtes Stahlkartell, die Vereinigten Stahlwerke, hielt. Bankier Dr. Pferdmenges saß ihm zur Seite. Und Dr. Adenauer gelang es, sechs Fabriken von der Demontageliste herunterzubekommen, die sämtlich zu den Vereinigten Stahlwerken gehören!"

Aufbau und Aufschwung

Wenn man auch die Einzeletappen der Wiederherstellung und des Anlaufens der Produktion nicht genau voraussehen konnte – die Freude über den Demontagestopp war bei den Belegschaften der betroffenen Unternehmen und den wie von einem Alpdruck befreiten Gemeinden naturgemäß groß.
Bei der Gelsenberg Benzin AG. konnte bereits im Februar 1950 die Arbeit der Raffinerie wieder aufgenommen werden; schon im August des gleichen Jahres erteilte das Alliierte Sicherheitsamt die Erlaubnis zur Erhöhung der Treibstoffproduktion von 300000 auf 500000 Tonnen.
In Bochum zog man zunächst Demontagebilanz. Der Bochumer Verein hatte stark „bluten" müssen: Demontageopfer waren geworden: 10 Siemens-Martin-Öfen, 3 Vorfrischmischer, 2 Elektroöfen, eine 6000-Tonnen-Schnellschmiedepresse für Radreifen, ein Vorwalzwerk und ein Fertigwalzwerk für Radreifen sowie zahlreiche Werkzeugmaschinen, Wärme- und Vergütungsöfen. Immerhin waren die Hallen der Gesenkschmiede und der Stahlwerke I und II, sowie große Teile der maschinellen Anlagen noch erhalten. Rasch folgte man im Dezember 1949 der Aufforderung des Ministerpräsidenten in Düsseldorf, die bereits demontierten Anlagen sofort abzutransportieren. Bonn stärkte der Betriebsleitung den Rücken gegen etwaige weitere Überraschungsdemontagen. Anfang 1950 ließen die Briten zwar auf einen Einspruch des Bochumer Vereins hin den großen Kompressor stehen, demontierten jedoch die dazu gehörenden Pumpen und Akkumulatoren. Man nannte dies einen „Akt des Nachdemontierens", was hart an der Grenze des Legalen lag. Am 18. Juli 1950, 18 Uhr, war für den BV die Demontage praktisch beendet.
Im Januar 1950 war es zu einer Einigung zwischen der jugoslawischen Regierung, Bund, Land und Bochumer Verein gekommen: die Festhalle der Stadt Bochum, in der die Großkundgebung des Deutschen Katholikentags stattgefunden hatte, konnte dort bleiben, Jugoslawien erhielt eine Ersatzhalle, zu deren Erstellung der Bochumer Verein lediglich den verhältnismäßig geringen Betrag von DM 500000.– beisteuern mußte. McCloy hatte zu dieser Lösung wesentlich beigetragen.

Durch den im Petersberger Abkommen erzielten Demontagestopp waren Millionenbeträge für den BV gerettet worden. Der Neuaufbau konnte geplant werden. Zur Beseitigung der Demontageschäden in Stahlwerk, Stahlgießerei, Radreifenherstellung und anderen Anlagen war zunächst eine Summe von DM 70 Millionen veranschlagt worden. Ein Begleitresultat der Antidemontage war es, daß der Bochumer Verein wieder in aller Munde war und im Ausland als Faktor mit Zukunftsbedeutung gewertet wurde, der dann auch bei dem relativ bald einsetzenden Wirtschaftsaufschwung seinen Beitrag leisten konnte.
Nach der Entflechtung der Vereinigten Stahlwerke ist der Bochumer Verein als „Gußstahlwerk Bochum Verein AG." neu gegründet worden. 1954 fand die erste ordentliche Hauptversammlung der BV-Aktionäre statt. Es war das gleiche Jahr, in dem das Weltgeltung erlangende Vakuum-Gußverfahren erfunden worden war. Damit knüpfte das Bochumer Werk wieder an seine Pionierzeit an, deren erster Höhepunkt im Jahre 1855 bei der Weltausstellung in Paris die Verleihung der „Großen Goldenen Medaille" für die Erfindung des Stahlformgusses gewesen war. 1965 wurde der Bochumer Verein mit der Fried. Krupp Hüttenwerk AG. verschmolzen. Trotz dieses Teilerfolges in Bochum waren die Demontagen in Westdeutschland noch nicht beendet. Ein Thema für sich war die Fortsetzung der Krupp-Demontage im Herbst und Winter 1950/51. Noch 40000 Tonnen Reparationsgut waren zum Abtransport oder zur Vernichtung vorgesehen. Die „WAZ" schrieb dazu am 23.8. 1950:

„Es ist nur schwer zu begreifen, daß dieses Werk der systematischen Schwächung unserer Wirtschaftsgrundlage und der sinnlosen Zerstörung noch zu einem Zeitpunkt fortgesetzt wird, da die wirtschaftliche Gesundung Deutschlands als eine Frage des europäischen Schicksals begriffen wird."

Unter anderem wurde auch die Krupp-Rennanlage in Watenstedt-Salzgitter noch demontiert. Alle Rettungsversuche scheiterten.
Der Abtransport der großen 10000 Tonnen schweren Schmiedepresse des Dortmund-Hörder Hüttenvereins verursachte auf dem Weg zum Kanal dreißig Rohrbrüche auf deutschen Gebiet.
Im Mai 1951 erlebten über dreißig kleine und mittlere Betriebe in

Südwürttemberg noch überraschend sogenannte „Restitutionsdemontagen“, d.h. Abtransport betriebswichtiger Maschinen. Diese Nachwehen des Demontagezeitalters ändern freilich nichts an der grundsätzlichen historischen Bedeutung des Petersberger Abkommens für die Gesundung unserer Wirtschaft. Die vollständige Demontage der westdeutschen Industrie, die wie ein Damoklesschwert über Deutschland hing, war durch den Widerstand der Bevölkerung und tatkräftige Hilfe amerikanischer Freunde abgewendet worden.

An der Wende des deutschen Schicksals hatten der Amerikaner Frederick J. Libby und Franzjosef Müser, als einer der tatkräftigen Organisatoren der Anti-Demontage-Aktion, entscheidenden Anteil. Zu einem Kennenlernen der beiden Männer kam es erst 1950, als Müser Libby anläßlich einer Deutschlandrundreise nach Bochum einlud.
Bei der Liquidierung der Auswirkungen alliierter Nachkriegspolitik hatten sich inzwischen zahlreiche Probleme ergeben, für deren Bewältigung Libby erneut seine Hilfe anbot. Die Morgenthau-Gruppe hatte sich hinter die alliierten Entflechtungsexperten gestellt, mit deren Hilfe sie hoffte, ihr ursprüngliches Konzept der Vernichtung der deutschen Industrie doch noch durchführen zu können. Ein besonderes Thema für Libby wurde die Dekartellisierung im Kohle- und Chemiebereich, gegen die er sich in zahlreichen Schriften seines „National Council for Prevention of War“ aussprach. Er beschäftigte sich u.a. auch mit den diskriminierenden Bestimmungen, die in den alliierten Entwürfen zur „Neuordnung im Montanbereich“ enthalten waren und die er mit Recht als Eingriff in das Privateigentum ansah.
Ferner setzte er sich für die Rückgabe des deutschen Privateigentums ein und gründete 1952 ein „Komitee zur Rückgabe beschlagnahmten deutschen und japanischen Vermögens“. Ein sichtbarer Erfolg wurde der Arbeit dieses Komitees leider versagt.
Die großen Verdienste Libbys würdigte die Bundesrepublik anläßlich seines 80. Geburtstages, zu dem ihm der deutsche Botschafter in Washington folgendes Schreiben der deutschen Regierung überreichte: „Ihre Arbeit für die großen Ideale der Menschlichkeit und den Aufbau einer besseren Welt wird in Deutschland hoch gewürdigt. Wir entsinnen uns Ihrer Bemühungen, deutsche Kinder nach dem Ersten Weltkrieg vor dem Hunger zu bewahren, Ihres Kampfes für die Erhaltung des Lebensunterhalts von Millionen deutscher Arbeiter nach dem

Zweiten Weltkriege und Ihrer Intervention zugunsten deutscher Kriegsgefangener – um nur einige Beispiele zu nennen. Wir sind uns auch Ihres Anteils an den Bemühungen, die komplizierten Eigentumsprobleme zu lösen, bewußt.
Der wertvollste Beitrag, den Sie geleistet haben, liegt in dem Einsatz, den Sie jederzeit für das wagten, was Sie als Recht erkannt hatten. Ich weiß, daß Sie so handelten, als eine solche Haltung höchst unpopulär war. In unserem Zeitalter, in dem sich Menschen durch Massenemotionen fortreißen lassen und von Massenorganisationen gelenkt werden, bedeutet das Beispiel einer großen Persönlichkeit, die sich für Fairneß, Gerechtigkeit und den Wiederaufbau einsetzt, eine wirkliche Ermutigung, für die wir höchst dankbar sind."

DOKUMENTE

DISPLACEMENT OF POPULATION

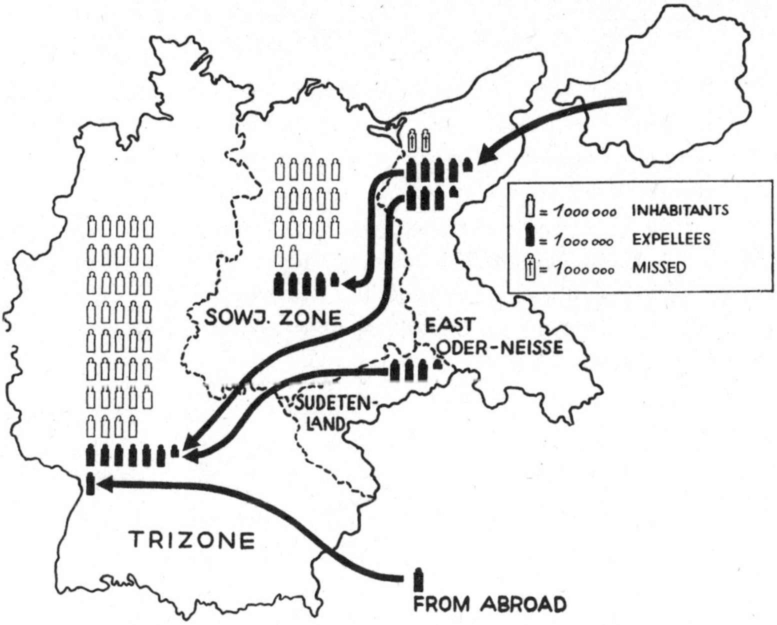

1939	Living		
	in Germany east of the Oder/Neisse Line	9,577,000	People
	in the Sudeten District	3,300,000	People
		12,877,000	People
1949	Thereof were living		
	in the Trizonal Area	6,480,000	Expellees
	in the Soviet Zone and Berlin	4,500,000	Expellees
		10,980,000	Expellees
	There are missing	1,897,000	
		12,877,000	
1949	in the Trizonal Area	6,480,000	Expellees
	in addition hereto racial Germans (Volksdeutsche) from abroad	841,000	Expellees
		7,321,000	Expellees

The number of Expellees in the Trizonal Area is now 7,554,000

Note: Sudeten District = German-speaking parts of CSR.
Volksdeutsche = Persons of German extraction (with foreign citizenship and living 1939 outside of Germany.)

Vertriebene aus den Ostgebieten nach dem Zweiten Weltkrieg, aus: Werner Middelmann, Some Pacts About Expellees

MILITARY GOVERNMENT NOTICE.

Workmen engaged in dismantling in this factory are acting under the authority of the Allied Forces. Military Government orders have been issued to these workmen and they are liable to penalties for non-compliance.

Any Person who interferes with the carrying out of this work either directly or by incitement to disobey the directions which have been given by Military Government order commits an offence against Military Government law and will be subject to prosecution and punishment upon conviction by a Control Commission Court.

BY ORDER OF MILITARY GOVERNMENT

Commander R. B. ARNSBERG

Bekanntmachung der Militärregierung.

Die mit Demontagearbeiten in diesem Werk beschäftigten Arbeitskräfte handeln im Auftrage der Alliierten Streitkräfte. Diesbezügliche Befehle der Militärregierung sind an diese Arbeitskräfte ergangen. Nichtbefolgung ist strafbar.

Wer die Ausführung dieser Arbeit entweder unmittelbar oder durch Aufforderung zum Ungehorsam gegenüber den von der Militärregierung ergangenen Arbeitsaufträgen behindert, verstösst gegen die Gesetzgebung der Militärregierung und setzt sich Strafverfolgung und nach Schuldigsprechung Bestrafung durch ein Gericht der Kontrollkommission aus.

Im Auftrage der Militärregierung.

Commander R. B. ARNSBERG

Volks-Verräter am Werk!

3. Fortsetzung

Merkt Euch die brutalen Nutznießer an der Not des deutschen Volkes:

13. Hesper
Essen-Stadtwald, Wittekindstraße 56

demoliert Gelsenberg und Paraffin (außerdem noch Reichswerke Salzgitter-Watenstedt)
Beschäftigt im ganzen 420 Arbeiter. Monatlicher Reinverdienst in Hesper's Taschen 28000 DM.

14. Kaiser, Apparate- und Gerätebau
Kirchhellen (ein dunkles Kirchenlicht)

demoliert Ruhrchemie Oberhausen-Holten

15. Herbert Vahsen
Oberhausen-Sterkrade, Alsenstraße 77

demoliert Ruhrchemie in brüderlicher Gemeinschaft mit anderen Ober-Demont-Aschlöchern

16. Carl Boegel
Duisburg-Großenbaum, Reiserweg 16

demoliert Thyssen

17. Gottlieb Knoop
Dinslaken, Katharinenstraße 76

bekannt als „Eisenfresser Knoop“
demoliert die Werke deutscher Arbeiter

18. Pg. Heinrichsbauer
Er wird als Demontage-Quisling in die Geschichte der deutschen Notzeit eingehen.

demoliert jetzt im Großen und übernimmt 300 Arbeiter eines Demontagebruders a.d.Thyssenhütte

Fortsetzung folgt!

Protest gegen Demontage!

Stadtvertretung und Stadtverwaltung Oberhausen (Rhld.), die katholischen und evangelischen Kirchengemeinden Oberhausens, sämtliche politische Parteien Oberhausens, der Ortsausschuß des Deutschen Gewerkschaftsbundes Oberhausen, die Industrie- und Handelskammer zu Essen, der Einzelhandelsverband Oberhausen und die Kreishandwerkerschaft Oberhausen

rufen auf zu einer

Groß-Kundgebung

gegen die beabsichtigte Demontage
der **Fischer-Tropsch-Anlage der Ruhrchemie A.G.** in Holten

in Oberhausen auf dem Altmarkt

Dienstag, den 30. Aug., um 10 Uhr vormittags

Es sprechen Vertreter der aufrufenden Organisationen.
Schwere Not droht allen, ob Industrie, Handel, Handwerk oder Gewerbe bei Durchführung der Demontage

Neben Mülheim-Ruhr ist Oberhausen die Geburtsstätte des Fischer-Tropsch-Verfahrens. Hier wurde die erste Großanlage errichtet. Von hier aus ging diese Schöpfung deutschen Geistes in die Welt.
Darf unserer Heimatstadt dies alles entrissen werden? **Nein!!!** — Jeder demonstriert dagegen bei der **Groß-Kundgebung!**

Druck: Wehner & Horstmann, Sterkrade

Der Oberbürgermeister der Stadt Bochum

Fernruf 60461, 60571, 60921

[illegible]
[illegible]
[illegible]
[illegible]
[illegible]

Ihre Zeichen	Ihre Nachricht vom	Mein Zeichen	Tag
		81	Sept. 1945

Betrifft: Die Auswirkung der Stillegung des Bochumer Vereins auf die Stadt Bochum und ihre Finanzwirtschaft.

- - - - - - -

Die Militärregierung hat die vorläufige Stillegung des Bochumer Vereins angeordnet, um dessen Kohlenverbrauch einzusparen. Dadurch wird die Wirtschaft der Stadt Bochum und des Ruhrgebiets auf das schwerste betroffen. Da die industrielle und gewerbliche Wirtschaft die Grundlage des städtischen Haushalts bildet, wird die Stadt durch die Stillegung des Bochumer Vereins auf das äußerste gefährdet. Der Bochumer Verein ist neben dem Bergbau das tragende Unternehmen des wirtschaftlichen Lebens der Stadt Bochum, von dem unmittelbar und mittelbar zahlreiche weitere wirtschaftliche Unternehmen abhängen, sodaß seine Stillegung weite Kreise zieht.

Die Bedeutung des Bochumer Vereins für die Gesamtwirtschaft ergibt sich aus seiner reinen Friedensproduktion, die er vor dem Kriege geliefert hat bzw. künftig liefern kann:

45 % des rollenden Eisenbahnmaterials der Deutschen Reichsbahn und der Klein- und Straßenbahnen Deutschlands (Achsen, Radreifen, Radsätze),

40 % der Radsätze für Lokomotiven und Tender der Deutschen Reichsbahn,

33 % des deutschen Bedarfs an Eisenbahnfedern,

20 % des deutschen Bedarfs an Vignolweichen,

75 % des deutschen Bedarfs an Rillenschienen,

65 % des deutschen Bedarfs an Rillenschienen und Weichen.

HENKEL & CIE. G.M.B.H.
GESCHÄFTSLEITUNG

DÜSSELDORF, den 23. Oktober 1947.
Heyestraße 67
Schließfach 345

Herrn

Prof. Dr. Erik Nölting, **Wirtschaftsminister,**

S.P.D.

Wir überreichen Ihnen in der Anlage unsere Schrift

„Henkel darf nicht demontiert werden"

in der wir glauben, alles das zum Ausdruck gebracht zu haben, was gegen die Verringerung der Kapazität zur Herstellung von Waschmitteln in den Westzonen zu sagen ist.

Es ist unsere volle Überzeugung, daß viele der maßgebenden Persönlichkeiten, Lord Pakenham, General-Leutnant Sir Brian Robertson, Zivil-Gouverneur Mr. Asbury usw. über die Auswirkungen und die Zusammenhänge einer Demontage bei Henkel nicht in hinreichendem Maße informiert wurden. Daher auch die krassen Gegensätze zwischen den Auffassungen dieser Herren und den wirklichen Tatsachen.

Wir hoffen und wünschen, daß unsere Aufklärungen dazu beitragen mögen, das Problem „Verringerung der Waschpulver-Kapazitäten und damit Demontage Henkel" erneut aufzugreifen.

Es ist inzwischen offenkundig, daß die Grundlage für viele Demontagen der Gedanke ist, überzählige Kapazitäten abzubauen.

Die deutsche Bevölkerung bekommt, um es noch einmal zu betonen, 50% der Notversorgung während des Krieges, und nur durch diese Reduzierung auf 50% ergibt sich überhaupt erst eine vermeintliche überzählige Kapazität.

Wenn man wenigstens zur Kriegs-Versorgung zurückkehren wollte – vom Jahre 1936 ganz zu schweigen! – würde die vorhandene Kapazität kaum ausreichen, diese Aufgabe zu erfüllen. – Diesen Punkt halten wir für so wichtig, daß wir ihn hier noch einmal ganz besonders herausstellen möchten !

Wir dürfen die Hoffnung aussprechen, daß Sie uns bei den Bemühungen, die nicht nur das Problem „Henkel" sondern ein Problem der gesamtem Bevölkerung betreffen, nach besten Kräften unterstützen werden, und danken Ihnen dafür im Namen der gesamten deutschen Verbraucherschaft, zu deren Sprecher wir uns auf Grund der Tatsache, seit Jahrzehnten der Hauptversorger mit Waschmitteln zu sein, ohne weiteres glauben machen zu dürfen.

Mit vorzüglicher Hochachtung

H E N K E L & C I E. G.M.B.H.

(Pfaff) (Fuchs)

Henkel & Cie. G.m.b.H. Betriebs-

29.6.48 weiger

Düsseldorf, den 25. Juni 1948.

Telegramm

Herrn
Wirtschaftsminister Prof. Dr. Nölting

D ü s s e l d o r f
Wirtschaftsministerium.

Düsseldorfer Werk Gutehoffnungshütte (Haniel & Lueg) steht seit 1946 auf der Demontageliste. Ausbau der Maschinen und Anlagen ist beendet. Nun erfolgt Inangriffnahme des Abbaues der Werkshallen. Es sollen Hallen mit 25.000 qm Bodenfläche demontiert und von gemauerten Hallen mit 5.000 qm Nutzfläche Dachkonstruktion abgebaut werden, die dadurch auch zu Ruinen werden. Eingemietete Firmen werden obdachlos. Demontage der Hallenkonstruktionen kostet enorme Summen, bringt dem Reparationsempfänger nur Schrott und ist daher wirtschaftlicher Wahnsinn. Durchführung der widersinnigen Hallendemontage gefährdet Bergbauprogramm, da Haniel & Lueg Spezialhersteller von Schachtauskleidung. Moralische und politische Rückwirkung dieser Art von Demontage niederschmetternd.

Gockeln
(Gockeln)
Oberbürgermeister.

Büro der Ministerpräsidenten
des amerikanischen, britischen und
französischen Besatzungsgebietes

Wiesbaden, den 31. August 1948
Bierstadter Straße 2
Telefon 5 92 81

Tagebuch Nr. 203 A. Z.
(bei Antwort bitte angeben)

An den
Militärgouverneur der amerikanischen Besatzungszone
Herrn General D. Lucius C l a y

Sehr geehrter Herr General!

Die am 31. August 1948 in Rüdesheim zusammengetretene Konferenz der Ministerpräsidenten der drei westlichen Besatzungszonen hat Berichte über die bereits erfolgten und gegenwärtig laufenden Demontageaktionen, insbesondere in der französischen Zone, entgegengenommen. Die Ministerpräsidenten sind durch das Gehörte von tiefster Besorgnis über die wirtschaftliche und politische Zukunft Deutschlands erfüllt worden. Sie sind davon überzeugt, dass im Falle der Durchführung der bisher bekanntgegebenen Demontagepläne die Ernährung des deutschen Volkes aus eigener Arbeit aufs schwerste gefährdet wird. Das deutsche Volk würde für dauernd auf fremde Hilfe angewiesen sein.

Die Ministerpräsidenten bitten, den Herren Generälen die Wirkung der Demontagen auf die Produktionskapazität ihrer Länder persönlich vortragen zu dürfen.

Mit dem Ausdruck meiner vorzüglichsten Hochachtung!

Stock

(Stock)

HÜTTENWERK NIEDERRHEIN
AKTIENGESELLSCHAFT

Vorstand

Duisburg, den 8.11.1948
Wörthstraße 110

Fernsprecher: Duisburg 34291

Herrn
Erzbischof Kardinal Dr. F r i n g s

K ö l n

Ew. Eminenz!

Wir nehmen Bezug auf unser Telegramm vom 15.10.1948 sowie unser Schreiben vom gleichen Tage und können Ihnen die erfreuliche Mitteilung machen, daß nunmehr hinsichtlich des SM-Stahlwerkes ein Stopp der Demontage angeordnet worden ist. Abschrift des diesbezüglichen Schreibens lassen wir Ihnen als Anlage zur gefl. Kenntnisnahme zugehen. Wenn damit auch die Demontagegefahr an und für sich noch nicht gebannt ist, so besteht doch berechtigte Hoffnung, daß uns das SM-Stahlwerk erhalten bleibt.

Wie Sie gleichfalls aus dem abschriftlich beigefügten Schreiben ersehen, soll die Demontage des Grobblechwalzwerks weitergehen. Unsere Bemühungen um die Erhaltung dieses Betriebsteils werden von uns mit allem Nachdruck fortgesetzt, und wir bitten Sie freundlichst, uns Ihre Unterstützung und Hilfe auch weiterhin zuteil werden zu lassen.

Mit vorzüglicher Hochachtung!
Hüttenwerk Niederrhein
Aktiengesellschaft

Anlagen

Anstötz Brandenburg

Antw. 11.11.48

C.R. 25,18

Industriegewerkschaft Metall
für die britische Zone und das Land Bremen
DER VORSTAND

Mülheim (Ruhr), 15. Dezember 1948
Friedrichstraße 24 Fernruf 44291

An unsere Mitglieder!

Von der britischen Militärregierung für das Land Nordrhein-Westfalen erhalten wir nachstehenden Befehl:

„1. Ich habe Sie heute hierher gebeten, um Sie von einem Befehl in Kenntnis zu setzen, der gerade von dem Militärgouverneur erlassen worden ist.

2. Sie haben kürzlich eine Reihe von Besprechungen und Zusammenkünften mit meinen Beamten gehabt, die sich auf die Arbeitseinstellungen bei Demontagearbeiten bezogen. Bei der letzten dieser Zusammenkünfte haben Sie sich geeinigt mit Bezug auf Ihre grundsätzliche Einstellung zur Demontage.
Diese Diskussionen, Ihre offizielle Stellungnahme und die augenblickliche Lage in gewissen Betrieben sind in Berlin und London sorgfältig studiert worden.

3. Die Tatsache, daß eine Überprüfung von gewissen Fabriken, die zur Demontage bestimmt waren, im Augenblick in Verbindung mit dem Europäischen Wiederaufbau-Programm unternommen wird, ist voll und ganz in Rechnung gestellt worden. So weit es sich aber um diese Überprüfung handelt, muß ich Sie darauf aufmerksam machen, daß, bevor Schritte unternommen werden können, die Resultate dieser Überprüfung in die Tat umzusetzen, eine Übereinkunft zwischen der britischen und amerikanischen Regierung erreicht werden muß.

4. Der Militärgouverneur ist nun instruiert worden, daß keine Sachlage existiert, die gestatten könnte, störend auf die Entscheidung mit dem Demontageprogramm fortzufahren, einzuwirken. Der Militärgouverneur hat dem Regional Commissioner befohlen, die Schritte einzuleiten, die nötig sind, um diese Anordnung auszuführen. Ich muß Ihnen jetzt mitteilen, daß diese Entscheidung sofort auszuführen ist. Sie werden alle notwendigen Schritte unternehmen, um zu gewährleisten, daß die Arbeit in allen Betrieben, die Demontageanordnungen erhalten haben, weitergeht.

5. Mir ist gesagt worden, daß die Arbeiter sich in gewissen Werken ausgedrückt haben, daß sie bereit seien, die Arbeit wieder aufzunehmen, wenn die endgültige Entscheidung vorliegt, daß die Werke demontiert werden müssen. Ich habe gehört, daß die Arbeiter erklärt haben, sie würden die Arbeit nicht wieder aufnehmen, bis das Resultat der Überprüfung bekannt wäre.
Wie ich Ihnen gerade erklärt habe, kann diese Stellungnahme von den britischen Behörden nicht akzeptiert werden.

6. Verstehen Sie voll und ganz, was ich gesagt habe?

Alfred Selb, Mülheim (Ruhr) AY 1 1114/4000 12. 48 Kl. B

7. Natürlich bin ich mir sehr wohl der Tatsache bewußt, daß die Gewerkschaft in ihrer grundsätzlichen Erklärung zur Demontage zum Ausdruck gebracht hat, daß sie ihre Unterstützung nicht einem Mitglied, daß sich zum Widerstand verpflichtet fühlt, verweigern will. Ich bin mir auch bewußt, daß die Gewerkschaft sich in Bezug auf diese Frage in einer schwierigen Lage befinden könnte. Trotzdem müssen Sie verstehen, daß ich Sie heute von einer Entscheidung, die getroffen worden ist, in Kenntnis setze. Es obliegt uns jetzt, diese Entscheidung in die Tat umzusetzen.

8. Ich persönlich bin der Ansicht, daß, wenn gewisse Arbeiter sich in dieser Beziehung nicht soviel selbst überlassen worden wären, klügere Ratschläge die Oberhand behalten hätten, als es in so vielen anderen Unternehmungen, wo Unruhen sich zu entwickeln gedroht haben, der Fall war.

9. Es ist nun Ihre Aufgabe, den betreffenden Arbeitern die endgültige Entscheidung mitzuteilen. Das wird Ihnen eine erneute Gelegenheit geben, da wo örtliche Mißverständnisse vorgekommen sein mögen, diese zu korrigieren und ich hoffe, daß Sie in der Lage sein werden, mich davon zu benachrichtigen, daß die Arbeit wieder aufgenommen wird ohne daß die Militärregierung weitere Schritte unternehmen muß.

10. Ich kann nicht deutlich genug den Ernst der Lage darstellen. Sie wissen zur Genüge, daß es sehr selten in dieser Zeit geschieht, daß die Militärregierung in einer Frage dieser Art einen direkten Befehl gibt. Die Tatsache, daß man es für nötig hielt, einen derartigen Befehl zu geben, mögen Sie denken, ist in sich selbst bezeichnend genug um die Schwere der Situation zu kennzeichnen.

11. Ich muß Sie nun auffordern, mir die Versicherung zu geben, daß Sie Ihre Mitglieder sofort von dieser Entscheidung in Kenntnis setzen und alle notwendigen Schritte unternehmen um zu gewährleisten, daß die Arbeit in allen Betrieben, für die Demontageinstruktionen ausgegeben worden sind, weitergehen wird."

Wir bringen hiermit gemäß Anordnung des Gouverneurs für das Land Nordrhein-Westfalen **den Befehl** zur Kenntnis unserer Mitglieder und weisen auf folgendes hin:

Die Industriegewerkschaft Metall ist eine Organisation, aufgebaut auf demokratischen Grundsätzen. Aus diesem Grunde ist keine Einrichtung der Gewerkschaft in der Lage, den Mitgliedern ihr Verhalten zu kommandieren. Die Entscheidungen der Mitglieder werden nach freiem Willen und Ermessen getroffen. Aus diesem Grunde allein ist zu ersehen, daß die Behauptung, daß die Mitglieder der Industriegewerkschaft Metall durch einen Beschluß des Vorstandes oder einer anderen Organisationsstelle verpflichtet seien, Widerstand oder passive Resistenz gegenüber der Demontage durchzuführen, unrichtig ist.

Die Industriegewerkschaft Metall betont ausdrücklich, daß sie mit den Vorgängen, die sich vor und während der Sprengung der Torpedo-Versuchsanstalt in Eckernförde abgespielt haben, nichts zu tun hat.

Die Industriegewerkschaft Metall ist weder an der Herausgabe der Demontagefibel beteiligt noch interessiert.

Datum des Poststempels

An alle Arbeitsämter Westdeutschlands
An alle Stadtverwaltungen Westdeutschlands
An alle Arbeitgeberverbände und Gewerkschaften
An alle Industrie- und Handelskammern
An alle Finanzämter
An alle Firmen mit gutem Ruf

Wir wissen, dass der Rest von wirtschaftlicher Kraft, der Deutschland nach dem Kriege verblieben ist, in boshafter u. unmenschlicher Weise von unseren ehemaligen Feinden, insbesondere von einem, zerstört werden soll. Wir wissen, dass diese Zerstörung, die sich Demontage nennt, nicht in dem bisherigen Umfange hätte durchgeführt werden können, wenn sich nicht „deutsche" Unternehmer dazu hergegeben hätten, diese traurige Arbeit für die Besatzung zu tun. Die unten aufgeführten Demontagefirmen haben sich am Unglück, an der Not und der Ohnmacht des deutschen Volkes in schamloser Weise bereichert. Sie müssen aus der Gemeinschaft aller anständigen Deutschen – und das ist immerhin noch der grösste Teil unseres Volkes – für immer ausgestossen werden. Niemand darf diese Aasgeier noch in Zukunft beschäftigen und ihnen Brot und Arbeit geben, weil sie um des schnöden Mammons willen Deutschen Brot und Arbeit genommen haben. Vergesst nicht ihre Namen. Sorgt für Verbreitung. Nur wenn diese üblen Gesellen wissen, dass sie mit Recht gebranntmarkt werden, werden sie erkennen, was sie angerichtet haben.

Ihre Namen sind:

1. Hesper, Essen-Stadtwald, Wittekindstrasse 56
2. Kaiser, Apparate- und Gerätebau, Kirchhellen
3. Herbert Vahsen, Oberhausen-Sterkrade, Alsenstrasse 77
4. Carl Boegel, Duisburg-Grossenbaum, Reiserweg 16
5. Gottlieb Knoop, Dinslaken, Katharinenstrasse 76
6. Ufer, Duisburg-Hamborn, Röttgersbachstrasse 57
7. Jucho & Co., Dortmund
8. Hugo Bukenkamp, Dortmund, Rheinlanddamm
9. Jakob Gerber, Duisburg, Weithauser Strasse 125
10. Joest & Vortmann, Friedrichsfeld - Niederrhein
11. Peter-Wilhelm Hardenbicher, Wuppertal, Gambrinusstrasse
12. Ingenieur Lohberg, Walsum, Provinzialstrasse
13. Johannes Daniel, Duisburg-Hamborn, Wilfriedstrasse
16. Ferdinand Noll, Duisburg-Ruhrort, Landwehrstrasse 24a
17. Westdeutsche Rohrleitungsbau GmbH., Essen, Schillerstr. 29
18. Heinrichsbauer (demontiert zur Zeit noch Ruhrchemie)
19. Sulzbach (Besitzer einer Fabrik in Frankfurt. Demontierte den Bochumer Verein)

Flugschrift gegen die deutschen Demontagefirmen.

Progressive World Organization
Worldwide Reduction of Armaments by International Agreements
Worldwide Education for Peace

National Council for Prevention of War

1013 EIGHTEENTH STREET NORTHWEST
WASHINGTON 6, D. C.

March 7, 1949

Dr. H. D. Ahrens
18 Dahler Höhe
Essen-Werden, Germany
British Zone

Dear Dr. Ahrens:

Thank you for the letter of 25 January which you addressed to Mr. Libby and me.

Every responsible official in Washington now feels that we are right about dismantling. Everybody says it ought to be stopped. That includes the Watchdog Committee. I am enclosing a copy of their report. I am also enclosing a copy of Fred Libby's testimony on the same subject. He proposes putting the burden of proof regarding the best utilization of the plan on the claimant country.

Your idea of having a German sportsman at the next Olympic games is an excellent one. There are some German yachts entered in an international motorboat race at Chicago this summer. Things are moving in the right direction.

Best wishes,

Sincerely yours,

Jim Finucane

James Finucane
Associate Secretary

JF:mm

United States Senate
COMMITTEE ON
EXPENDITURES IN THE EXECUTIVE
DEPARTMENTS

March 8, 1949

Messrs. Muser, Schenck & Schily
Bochumer Verein
Fur Gubstahlfabrikation -A-G
Bochum, GERMANY

Dear Sirs:

Thank you for sending me a copy of your petition addressed to President Truman.

I believe that the industrial strength of Germany should not be destroyed by wide-spread dismantling of German industrial plants. However, it is of the utmost importance to insure that these plants are not run by their previous owners who managed them under Hitler.

The problem of Germany's industrial power is being given the closest attention by the American Government. They are taking every aspect of the situation into consideration.

Sincerely yours,

Hubert H Humphrey

Hubert H. Humphrey

Übersetzung

UNITED STATES SENATE
Committee on Expenditures in the Executive Departments

9. März 1949

An die Herren
Muser, Schenck und Schily
Gußstahlfabrikation
Bochumer Verein
Bochum, Deutschland

Sehr geehrte Herren,

Verbindlichen Dank für die Übersendung einer Durchschrift der Petition an Präsident Truman.

Ich bin der Auffassung, daß das Industriepotential Deutschlands durch ausgedehnte Demontagen an deutschen Industrieanlagen nicht noch weiter zerstört werden darf. Es ist jedoch von äußerster Wichtigkeit, daß wir die Garantie erhalten, daß diese Werke nicht von ihren früheren Besitzern geleitet werden, die sie unter Hitler betrieben haben.

Dem Problem der deutschen Industriekapazität wird von der amerikanischen Regierung größte Aufmerksamkeit geschenkt, und die Lage der deutschen Industrie wird nach jeder Richtung hin genauestens in Erwägung gezogen.

gez. Hubert H. Humphrey

Dr. EUGEN BUDDE (22c) BAD GODESBERG, 10. März 1949
JAHNSTRASSE 25
TELEFON 3639

Herrn
Dr. h.c. Hans B ö c k l e r
1.Vorsitzender des DGB.

K ö l n - Bickendorf
Akazienweg 125

Sehr geehrter Herr Böckler !

Vermutlich werden Sie über den Bochumer Demontageprozess, in dem ich als völkerrechtlicher Verteidiger mitzuwirken hatte, bereits im einzelnen unterrichtet worden sein. Ich selber möchte heute Ihre Aufmerksamkeit in diesem Zusammenhang auf folgendes lenken:

In der vorigen Woche haben Vertreter der britischen Gewerkschaften einen Bericht mit nach Großbritannien gebracht, in welchem die Zwangsarbeitsverpflichtungen in der Sowjet-Zone für den Uranbergbau auf das Schärfste verurteilt werden. Es steht auch fest, daß die deutschen Arbeiter, die diesen Zwangsarbeitsverpflichtungen nicht folgen und in die Westzonen flüchten, von den britischen Besatzungsbehörden in humaner Weise aufgenommen und behandelt werden. Meines Erachtens wäre es zweckmässig, den Vertretern der britischen Gewerkschaften den anliegenden fotokopierten Arbeitsbefehl zu übersenden, welcher der Ausgang für den Bochumer Demontageverweigererprozess geworden ist. Bei den jetzigen Demontagearbeiten sowohl in Bochum, wie in Dortmund, wird ein solcher Befehl nicht mehr verwendet. Vielmehr werden Verpflichtungen jetzt nur noch im Rahmen des Kontrollratsbefehls Nr.3 und der Militärregierungs-Verordnung Nr. 54 vorgenommen, Die Bochumer Arbeiter sind dessen ungeachtet wegen Nichtbefolgung des fotokopierten Befehles, der kein Berufungsrecht zubilligt und Strafe bei Nichtbefolgung androht, verurteilt worden. Dies ist geschehen, obwohl die Verteidigung ein Urteil des International Military Tribunal vom 3.November 1947 gegen Oswald Pohl (Official transcript S. 8065) vorlegen konnte, in dem es wörtlich heißt:

> "Slavery may exist even without torture. Slaves may be well fed and well clothed and comfortably housed, but they are still slaves if without lawful process they are deprived of their freedom by forceful restraint"
>
> --------
>
> "There is no such thing as benevolent slavery. Involuntary servitude even if tempered by human treatment, is still slavery."

Unter diesen Umständen würde ich es sehr begrüßen, wenn Sie Ihre britischen Freunde schnellstens darauf aufmerksam machen würden, daß es nicht bei der Verdammung der Zwangsverpflichtungen zum Uranbergbau bleiben dürfte, sondern daß auch die prozessualen Folgen des fotokopierten Arbeitsbefehls in der britischen Zone radikal beseitigt werden müßten.

Ich rechne damit, dass Sie mir Ihre Zustimmung zu diesem Vorschlag geben werden und bin

mit besten Empfehlungen
Ihr sehr ergebener
E. Budde

Anlage!

UNITED AUTOMOBILE · AIRCRAFT · AGRICULTURAL IMPLEMENT WORKERS of AMERICA (UAW-CIO)

INTERNATIONAL UNION

INTERNATIONAL HEADQUARTERS • 411 WEST MILWAUKEE AVENUE • DETROIT 2, MICHIGAN

WALTER P. REUTHER, PRESIDENT
EMIL MAZEY, SEC. & TREAS.

RICHARD GOSSER, VICE-PRESIDENT
JOHN W. LIVINGSTON, VICE-PRESIDENT

IN REPLY REFER TO
VICTOR G. REUTHER, DIRECTOR
EDUCATION DEPARTMENT, UAW-CIO
28 WEST WARREN AVENUE
DETROIT 1, MICHIGAN

PHONE: TEMPLE 1-7412

Leadership Training • Cooperatives • Union Bookstore • AMMUNITION • Films and Film Strips • Radio • Summer Schools • Week-end Institutes • Union Hall Classes • Pamphlets • Study Kits • Speakers Bureau and Speakers Notes • Health Education • Mat Service • Posters

19 Mai 1949

Werter Freund!

Ich fuege zu Ihrer Information die Abschrift eines Briefes bei, den Walter P. Reuther, der Praesident unserer Gewerkschaft, die mehr als eine Million Mitglieder zaehlt, an den Praesidenten der Vereinigten Staaten richtete. Er fordert ihn darin auf, die Initiative zu ergreifen, damit der andauernden sinnlosen Zerstoerung der industriellen Kapazitaet in Deutschland Einhalt geboten wird, was eine unerlaessliche Voraussetzung fuer die Schaffung eines gesunden und demokratischen Wirtschaftslebens in Deutschland und in ganz Europa ist.

Ich wuerde mich sehr freuen, Ihre Stellungnahme hierzu zu erfahren.

Mit kameradschaftlichem Gruss

Ihr

Victor G. Reuther

Victor G. Reuther
Leiter der Bildungsabteilung

Eingegangen beim Betriebsrat
der
Hochfrequenz-Tiegelstahl
G.m.b.H.
Bochum
am 30.Mai 1949

10. Mai 1949

Seine Exzellenz,
Harry S. Truman
Weisses Haus
Washington

Werter Herr Praesident!

Ich wende mich an Sie in der Hoffnung, dass das grosse Ansehen und die Autoritaet Ihres Amtes und der Regierung der Vereinigten Staaten es Ihnen ermoeglichen wird, die sinnlose Zerstoerung der industriellen Kapazitaet Deutschlands zu verhindern.

Ich wende mich an Sie insbesondere im Hinblick auf sechs Stahl- und drei chemische Werke, die nach dem Befund der mit der Durchfuehrung des Marshall-Plans beauftragten Kommission fuer den Wiederaufbau Europas notwendig sind. Ich hoffe indes, dass der Plan, den ich fuer diese Werke in Vorschlag bringe, auf alle nicht der Ruestungsindustrie angehoerigen Betriebe ausgedehnt werden koennte, die jetzt fuer die Demontage zu Reparationszwecken vorgesehen sind.

Die Weiterfuehrung der erwaehnten 6 Stahl- und 3 chemischen Werke in Deutschland ist bereits von Paul Hoffman wegen der Bedeutung dieser Werke fuer den Wiederaufbau Europas angeregt worden.

Trotz dieser Anregung hat das Drei-Maechte-Abkommen, das kuerzlich in Washington abgeschlossen wurde, die genannten Werke fuer Reparationszwecke vorgemerkt. Im normalen Verlauf der Dinge wuerde das die Demontage bedeuten. Der Charakter dieser Werke laesst aber eine Demontage einer Zerstoerung gleichkommen, weil es viel kostspieliger waere, sie abzubrechen, zu transportieren, und an neuen Standorten wieder zusammenzustellen, als ganz neue Werke zu errichten.

Die Zerstoerung dieser Betriebe wuerde meiner Ansicht nach den Zielen der Innen- und Aussenpolitik Ihrer Regierung geradezu entgegenlaufen.

Sie, Herr Praesident, waren es, der eine Erweiterung der Kapazitaet unserer Stahlindustrie gefordert hat, um der im Weltmasstab bestehenden Stahlknappheit abzuhelfen. Der Abbruch der deutschen Stahlbetriebe wuerde diese Knappheit steigern, unserer ungenuegenden inlaendischen Stahlversorgung eine zusaetzliche Buerde auferlegen und die Arbeiter der amerikanischen Auto- und anderer stahlverarbeitenden Industrien un die Moeglichkeit voller und regelmaessiger Beschaeftigung bringen.

Sie haben vom Kongress einige Milliarden Dollar gefordert und bewilligt erhalten, um den europaeischen Wiederaufbau zu beschleunigen. Ein Teil dieser Fonds wird dazu verwendet, um Europa mit Stahl und Kunstduenger zu versorgen. Die Zerstoerung von deutschen Werken, welche diesen Bedarf befriedigen koennen, buerdet dem amerikanischen Steuerzahler eine unnoetige zusaetzliche Last auf und vermindert die Ergiebigkeit der Betraege, die wir fuer Europa aufwenden.

Ein grosses Ziel, das unserer Aussenpolitik vorschwebt, ist es, die Ausbreitung des kommunistischen Totalitarismus zu verhindern und die Demokratie in der ganzen Welt zu erhalten and zu staerken. Der Aufbau einer lebensfaehigen Demokratie in Westdeutschland ist fuer die Erreichung dieses Zieles von entscheidender Bedeutung. Die unnoetige Demontage deutscher Werke wird deutsche Arbeiter erwerbslos machen und sie in ihrer Verzweiflung in die Arme der Kommunisten treiben. Wie man mich unterrichtet, hat die Nachricht von dem kuerzlich erfolgten Reparations-Abkommen den Kommunisten wesentliche Erfolge in den Betriebsraetewahlen im Ruhrgebiet gebracht.

Aber auch abgesehen von den Beduerfnissen und der Politik der Vereinigten Staaten koennen die Laender, die die deutschen Stahl- und chemischen Werke als Reparationen beanspruchen, dadurch, dass diese Werke in Truemmerhaufen verwandelt werden, nichts gewinnen. Sogar wenn der Wiederaufbau dieser Werke an neuen Standorten ernstlich in Erwaegung gezogen wird, wuerde die Demontage, der Transport und der Neuaufbau eine riesige Verschwendung an spaerlich vorhandenen qualifizierten Arbeitskraeften und an Transportmitteln erfordern, und die Erzeugung mehrerer Jahre wuerde verloren gehen, bevor die Betriebe wieder produktiver Taetigkeit zugefuehrt werden koennten.

Es ist allerdings verstaendlich, dass in der Welt noch immer Furcht vor dem Wiederaufbau der deutschen Industrie im Hinblick auf das daraus sich ergebende militaerische Potential besteht. Aber die Sicherheit, welche die Nachbarvoelker Deutschlands anstreben, kann durch Kontroll-Massnahmen besser gewaehrleistet werden, die dem europaeischen Wiederaufbau-Programm dienen, als durch die Zerstoerung der Produktionskapazitaet Deutschlands. Solche Sicherheitsmassnahmen sind bereits durch die fortdauernde Besetzung Deutschlands, durch den Internationale Ruhr-Kontroll-Ausschuss, den Ruhr-Sicherheits-Ausschuss, und durch die Treuhandverwaltgung, welche das Gesetz 75 der Zweizonen-Militaerregierung vorsieht, gegeben.

Das Interesse aller Beteiligten erfordert es also offensichtlich, dass diese Betriebe in den jetzigen Standorten ausgewertet werden, um die im Weltmasstab vorhandene Knappheit an Stahl- und Duengemitteln ueberwinden zu helfen.

Ich bin ueberzeugt, dass dies unter voller Beruecksichtigung der Rechte und Interessen jener Nationen, welche diese Betriebe als Reparationen beanspruchen, geschehen kann.

Kurz zusammengefasst, schlage ich also vor, dass die in Betracht kommenden Werke unversehrt an ihren jetzigen Produktionsorten belassen werden; dass sie unter der durch das Gesetz 75 vorgesehenen Treuhandschaft der westlichen Besatzungs-Maechte verwaltet werden; und dass den Staaten, die auf Reparationen Anspruch haben, die Erzeugung dieser Werke in demselben Werte, den sie durch die Demontage erhalten haetten, zuerkannt wird.

Wie Sie, Herr Praesident, sicherlich wissen, wurde ein aehnlicher Vorschlag von der Wolf-Mission, welche die deutsche Stahlindustrie fuer die Zwecke de Marshall-Planes untersuchte, bezueglich eines der genannten Stahlwerke (August Thyssen-Huette in Hamborn) gemacht.

Ich Kann nicht glauben, dass die interessierten Staaten die offenbaren Vorzuege, welche die Schonung dieser Werke and ihre Weiterfuehrung im Interesse der Allgemeinheit bietet, nicht einsehen sollten - insbesondere, wenn Sie, Herr Praesident, bei der Darstellung dieser Vorzuege Ihr gewichtiges Wort in die Wagschale werfen. Der einzige Grund, der die Zerstoerung dieser Betriebe als gerecjtfertogt erscheinen liesse, ist die Furcht, dass sie fuer militaerische Zwecke dienen koennten. Aber diese Furcht wuerde mit der Eigentumsuebertragung und den Kontroll-Massnahmen,die ich vorschlage, verschwinden.

Zu Ihrer Information fuege ich ein ausfuerhrlicheres Memorandum ueber diesen Gegenstand bei.

Ich wuerde es aufs waermste begruessen, wenn Sie diesen Vorschlag ernstlicher Erwaegung zufuehren wuerden. Wenn Sie die Zustimmung der anderen interessierten Nationen herbeifuehren, werden Sie, Herr Praesident, der Dankbarkeit aller jener gewiss sein, die fuer die Beschleunigung des europaeischen Wiederaufbaus zur Staerkung der Positionen der Demokratie in der ganzen Welt eintreten.

Ihr ergebener

Walter P. Reuther
Praesident
der Gewerkschaft der Arbeiter
in der Auto-, Flugzeug- und
Landwirtschaftsmachinen-Industrie

Dank

Mein Dank gilt all denen, die mir durch Rat und Hinweise bei der Zusammenstellung der Demontage-Fakten wie der politischen Entwicklung behilflich waren.

Stellvertretend für alle anderen seien namentlich genannt:

Mr. Royster Lyle, Curator, George C. Marshall Research Foundation, Lexington (Va.), USA.
Dr. Volker Wagner, Direktor des Stadtarchivs der Stadt Bochum, wo sich die Sammlung der Dokumente befindet, die ich in diesem Buch benutzt habe.
Dr. Scriverius vom Nordrhein-Westfälischen Hauptstaatsarchiv, Düsseldorf.
Kultusminister Jürgen Girgensohn, Düsseldorf.
Dr. Dascher, Direktor des Westfälischen Wirtschaftsarchivs, Dortmund.
Dr. Schuster, Leiter des DGB-Archivs, Düsseldorf.
Dr. Luft, Direktor des Landtags-Archivs, Düsseldorf.
Dr. Bogumil, Leiter des Stadtarchivs, Essen.
Udo Prager, Leiter der Sozialabteilung der Friedrich Krupp-Hüttenwerke, Bochum.
Frau Kühlborn, Archivreferentin der Friedrich Krupp-Hüttenwerke, Bochum.
Frau Dr. Fischer von der Friedrich Ebert-Stiftung, Bonn.
Dr. Werner, Bundesarchiv, Koblenz.
Dr. Othmar Haberl, Essen.
Dr. Werner Abelshauser, Stuttgart.
Theo Koblitz, Hauptstaatsarchiv, Düsseldorf.